神の聖なる天使たち

ジョン・ディーの精霊召喚
一五八一〜一六〇七

横山茂雄
Yokoyama Shigeo

研究社

今われらは鏡をもて見るごとく見るところ朧《おぼろ》なり

――『コリント前書』十三章十二節

サタンも己《おのれ》を光の御使《みつかい》に扮《よそほ》ふ

――『コリント後書』十一章十四節

自序

十七世紀英国の文人にして医師トマス・ブラウンの代表的著作『医家の宗教』を繙《ひもと》くと、悪魔《デヴィル》や魔女《ウイッチ》、魔術《マジック》について触れた条《くだ》りが見出せよう。多くの碩学《せきがく》が「被造物の階梯を破壊して、霊《スピリット》の存在を疑問視する」のは不可解だとブラウンは難じて、「魔女の存在を疑う者は魔女のみならず霊の存在まで否定している」と断ずる。さらに、悪魔や「迷妄の霊」が人間に取り憑くのを自分は疑わないとして、彼はこうも述べる。

> 我々が果たしたとされる多くの秘密の解明が、善悪双方の天使の啓示に負うのは確かである。「自然の数多《あまた》の驚異すなわち神の御業《みわざ》を探求せんとする人々に、上昇する星宿《せいしゅく》は啓示を与える」というパラケルススの言葉を読むたびに、私は印や註記を施す。按《あん》ずるに、我々人間によって解明されたとされる多くの神秘は、霊たちが親切にも示してくれたものである。[*1]

「上昇する星宿」とあるように、占星術の定める守護霊、守護天使に特に焦点が当てられているにせよ、ブラウンがこの箇所に筆を走らせたとき、霊によって「神秘」を開示された——あるいは「迷妄の霊」に取り憑かれた——例として、エリザベス朝の学者ジョン・ディーが脳裡に浮かんでいたのではあるまいか。[*2] なぜなら、ディーとは、秘奥の神秘、絶対的智識を渇望したあげく、精霊、天使の召喚に没頭した人物に他ならないからだ。

実のところ、ブラウンは、間接的なかたちとはいえ、ディーと関わりをもつことになる。『医家の宗教』の執筆は一六三四年から翌年にかけてのことだが、彼は一六三八年以降はノリッジに居を定め、終生そこに暮らす。そして、同地において、一六四九年にジョン・ディーの長子アーサーと出会い、短い期間ながらも篤《あつ》い交わりを結んだのであった。

ルネサンス期の自然哲学者、隠秘《いんぴ》哲学者たちの多くが聖なる叡智《えいち》を追求したにせよ、ディーが遺した天界との交信記録が他を圧して屹立《きつりつ》しているのは疑えない。彼がこの世を去って既に四百年以上の歳月が経過するけれども、ディーという存在はわたしたちを依然として眩惑しつづけ、安易な理解を拒む。

あらかじめお断りしておきたいのだが、本書はジョン・ディーの生涯と業績を包括的に扱うことを意図してはいない。また、明快にして説得力に富むディー像の構築を目標ともしておらず、むしろ、それを拋擲《ほうてき》、断念したところから出発するものである。つまるところ、本書は、もっぱらジョン・ディーの後半生に焦点を絞り、彼の密接な協力者であったエドワード・ケリー、そして、ふたりの許を訪れた精霊たちと共に繰り広げられた奇怪な劇のあらましを描き出そうとする試みにすぎない。

それはおそらく神秘、崇高、悲惨、滑稽、不条理、不気味さがないまざったものとなるだろう。読者の心のなかに、ディー、ケリー、精霊たちの姿が、一篇の仄《ほの》暗い幻燈劇のごとく浮かびあがってくれさえすれば、わたしのささやかな望みはかなえられよう。

神の聖なる天使たち

ジョン・ディーの精霊召喚一五八一～一六〇七

目次

略号一覧（本書では以下の略号を用いているが、書誌の詳細は「引用及参照書目」を参照）

Agrippa	Agrippa, *Three Books of Occult Philosophy.*
AWS	*John Dee's Actions with Spirits,* vol. II.
CR	John Dee, *The Compendious Rehearsal.*
DD	*The Diaries of John Dee.*
GRM	John Dee, *General and Rare Memorials.*
LC	*John Dee's Library Catalogue.*
MH	'A Translation of John Dee's *Monas Hieroglyphica*'.
PD	*The Private Diary of Dr. John Dee.*
TFR	John Dee, *A True and Faithful Relation.*
'UC'	'An Unknown Chapter in the Life of John Dee'.
Whitby	*John Dee's Actions with Spirits*, vol. I.

神の聖なる天使たち——ジョン・ディーの精霊召喚一五八一～一六〇七

ジョン・ディー(1594 年頃)
WA1898.18 Anonymous, British, John Dee, c. 1594, oil on canvas

第一章　「神の聖なる天使」あるいは「偽りの霊」

神聖ローマ帝国皇帝ルドルフ二世が父マクシミリアン二世から帝位を継いだのは一五七六年のことである。そして、一五八三年になって、宮廷はウィーンからボヘミア王国の首都プラハの城へと正式に遷《うつ》された。都の中心部は旧市街、新市街、ユダヤ人街からなり、いっぽう、皇帝の住まう城はヴルタヴァ川に隔てられた険しい丘の上に聳《そび》えたち、街を睥睨《へいげい》していた。[*1]

ルドルフの皇帝としての政治力については諸説あるが、少なくとも学藝を非常に好んだ人物であったのはまちがいない。彼の統治下のプラハには、ヨーロッパ各地から数多の学者、藝術家、工藝家たちが招かれ、城の美術《クンスト》収蔵庫《カマー》あるいは驚異の部屋《ヴンダーカマー》は欧州全土でも突出したコレクションを誇っていた。[*2]ルドルフが愛顧をかけた藝術家のうち現在で最も有名なのは、彼の祖父フェルディナント一世の代からの宮廷画家ジュゼッペ・アルチンボルドであろう。彼がルドルフを四季を司る神ウェルトゥムヌスとして描いた「肖像画」は広く知られている。[*3]

ルドルフは学問全般を広く奨励、援助したが、ヴェネチアの大使トマゾ・コンタリーニによれば、皇帝はとりわけ「自然物、人工物のいずれであれ、それらをめぐる神秘を聞くのを喜びとしており、これに関して通暁《つうぎょう》する者に対しては誰であっても、耳を傾けた」という。[*4]あるいは、同時代の記録のひとつは、ルドルフが「魔術師、錬金術師、カバラ学者などの類にのみ関心をもち」、「魔術の広範な蔵書を所有」していたと伝える。[*5]

ルドルフの興味が新プラトン主義、ヘルメス哲学、ユダヤ神秘主義、魔術、錬金術、占星術などに大きく傾斜していたのは確かであって、それゆえ、純然たる山師、詐欺師も含めて、これらの分野の学者や実践家たちがヨーロッパ各地から帝国の首都プラハに蝟集《いしゅう》した。既にマクシミリアン二世の頃から、帝国には宗教的に寛容で自由な風土が生まれていたことも大いに与《あずか》っている。

さて、一五八四年夏、プラハを訪れた外国人たちのなかに、わたしたちは齢《よわい》五十七になるイングランドの学者ジョン・ディーとその協力者エドワード・ケリーの姿を認めることができる。彼らの主たる目的は、ルドルフ二世に会い、その恩顧、援助を得ることだった。

既にこの一年近く前、ディーは家族及びケリー夫妻を引き連れてイングランドから大陸に渡ってきたのであるが、ポーランドのクラクフからプラハに移動したのは一五八四年八月九日のことで[*6]、ディーの妻ジェインや子供たちはクラクフに残っていた。

ジョン・ディーは数学、天文学、占星学、光学、地理学、航海術などの研究で夙《つと》に名を知られ、大陸の著名な学者たちと交流を結び、かつまた、当時のヨーロッパで質、量共に抜きん出た個人蔵書を誇った人物である。[*7]にもかかわらず、ディーが皇帝に最も強く訴えようとしたのは自分の学殖や博識ではなかった。たとえば、ディーにはイングランドの宮廷に仕える占星術師としての側面があり、いっぽう、ルドルフは占星学あるいは天文学の奨励保護に意を注ぎ、後の一五九九年には、ディーとも文通していたティコ・ブラーエをボヘミアに招聘《しょうへい》することになり、そして、これに伴いヨハネス・ケプラーも同地に移ってきた。しかし、ディーは、占星術師あるいは天文学者として星界の神秘を皇帝に解き明かそうとしたわけではなかったのである。

プラハに滞在して約一ヶ月後の九月三日に、ディーは願いかなってルドルフから謁見を許された。そのとき、彼が高らかに宣言したのは、「二年半このかた」、絶対的真理が「神の聖なる天使たち」を通じて自分に開示されており、「神から皇帝陛下に伝えるべき伝言がある」ということに他ならなかった。ディーが皇帝に向かって滔々《とうとう》と述べたてた言葉をさらに引くならば、彼は「生涯にわたって学問に精進」し、過去四十年間というもの、「人間が地上において獲得できる最善の智識を手に入れようと努力」してきたが、「現存する如何なる人々も、参照できた如何なる書物も、私が求め渇望する真理を教示してはくれぬと遂に悟った」という。[*8]

要するに、自分は天界と直接に交信しており、それによって得られた神からの啓示を皇帝に教示しようというのである。この時点で、ディーは自分の許《もと》を訪れる「天使たち」のみが秘奥の叡智をもたらしてくれると信じて疑わず、博学の士も稀覯《きこう》の書も絶対的智識の探求においてはもはや無用であり、大した意味をもたないと考えていた。

ディーの存在は、たちまちのうちにプラハの人々の耳目《じもく》を惹《ひ》いたとおぼしい。

プラハにおけるルター派の指導者であったヴァーツラフ・ブドヴェツという人物は、一六一六年になって、以下のように当時を回想している。

ディー博士という学識ある有名なイングランド人が、皇帝ルドルフ二世に謁見するためにプラハにやってきて、最初は皇帝から歓迎された。「キリスト教世界に奇蹟的な改革がほどなく起こって、コンスタンティノープルのみならずローマも滅亡するだろう」と博士は予言した。彼はこういった予言を人々の間に広めようとするのをやめなかった。[*9]

そして、ディーがプラハに到来して約一年八ヶ月後、一五八六年四月の時点では、プラハ駐留のローマ教皇大使フィリッポ・セーガは、「ジョヴァンニ・ディー」と「その連れ」がルドルフの宮廷で「奇矯な迷信」をばらまいているとまで指弾するにいたった。[*10]

ブドヴェツのいう「予言」とは、いうまでもなく「神の聖なる天使たち」からディーに示されたものであった。

このように、神聖ローマ帝国皇帝に天界からの託宣を伝えることを己れの最たる使命だと考えるディーの言動を目のあたりにして、彼をいたずらに不安を煽る予言者として危険視する人々は少なくなかった。ただし、当時のプラハにはこれとは大きく異なる見方も同時に存在した。ルドルフに謁見を許されて間もない九月下旬、ディーは、街に飛び交う噂を耳にして憤激する——自分が「破産した錬金術師」であり、同地にやってきたのは、「皇帝から何がしかを掠《かす》めとろうとする算段」ゆえだというのだ(*TFR*, 244)。つまり、彼はルドルフの錬金術への耽溺につけこむ山師のひとりにすぎないと揶揄《や ゆ》嘲罵《ちょうば》されていたのである。

けれども、これが根も葉もない中傷、風評にすぎないかといえば、そうでは決してなかった。まず、「破産」については、この時期、彼は金銭的にきわめて逼迫した状況下にあり、正鵠《せいこく》を射ていたといえよう。

そして、「錬金術師」という肩書。

ルドルフは、その生涯に、ミヒャエル・マイアーやオズヴァルト・クロールなど多くの錬金術師を公式、非公式に雇い入れた。[*11] 実際、プラハ滞在中、ディーが旧市街に借りた家も、「聖なる石の術に巧みであった学徒」がかつて住まった場所であって、「錬金術的象形文字」で部屋中が飾られていたという(*TFR*, 212)。いっぽう、九月三日の皇帝との謁見との際には触れられていないが、ディーは、プラハに来る遥か以前、イングランドにいた若い頃から、錬金術の研究や実験に精力を傾注してきた。のみならず、皇帝が聖なる予言に耳を傾けるのに熱心でないと悟るや、ディーは戦略を転換、以降はもっぱら錬金術の奥義によって皇帝の愛顧を獲得しようと図ることになるのだ。

要するに、一五八四年のプラハにおいて、ディーは、天界との直接的な交信を誇る予言者にして錬金術師として立ち現われていた。

ジョン・ディーが、水晶を用いて天使あるいは精霊を召喚する作業を本格的に開始したのは、一五八一年暮れであった。その点で、皇帝に対して彼の語った言葉に嘘偽りはなく、まさに一五八四年夏から「二年半」ほど遡る時期となる。

とりわけ重要な転機となる出来事が起こったのは、一五八二年春のことである。この頃、ディーが試みていた天使との交信実験はいったん頓挫をきたしたのだが、三月十日[12]、エドワード・タルボットと名乗る若い男が、ロンドン近郊のモートレイクにあるディーの屋敷を訪問し、自分は並外れた霊的能力を備えていると誇らしげに語った。

この未知の人物に対して、ディーは「神の聖なる天使たち」と交信したいとの熱烈な望みを告げた――自分の所有する特別な「石」を用いて天使を呼び出してはもらえまいかと。

ディーの記すところでは、相手は彼の頼みに応じると、

> すぐさま召喚作業《アクション》に取りかかった。彼は私の机の前で跪《ひざまず》くと(石を面前に置き)、祈禱、祈願などをおこないはじめたのである。その間、私も弁を揮《ふる》って、この召喚作業がうまくいくよう、神とその善なる天使たちに祈願した。そして、十五分、あるいはそれほども経たぬうちに、タルボット氏は石の裡《うち》にひとりの天使のヴィジョンを得た[13]。

タルボットと自称し、「ひとりの天使のヴィジョン」を石の中に視た青年こそ、エドワード・ケリーに他ならない。

ケリーはやがて様々な天使を召喚するだけでなく、長大な対話をおこなって、天界の智識をディーに取りつぐようになる。以降、モートレイクのみならずクラクフ、プラハなど大陸各地を舞台として、およそ八年間に亙《わた》っ

て続くディーとケリー、そして、天使たちの共同作業は、まさにこの日に始まって、本人すら夢想だにしなかったであろうかたちで、博士の命運を大きく変えた。このとき、博士は五十四歳、いっぽう、ケリーは二十六歳であった。

のみならず、この作業によって、ディーの死後の評価はほぼ決定づけられることになった。すなわち、数世紀もの間、悪評と汚名に晒《さら》されつづける運命が彼を待っていたのである。

一五八〇年代初めに開始された天使との交信活動、とりわけケリーの協力を得てからの活動は、しかし、外的な要因によって偶発的に惹き起こされたのではなく、畢竟《ひっきょう》は、内発的なもの、彼の精神のなかで長らく育まれてきたものに胚胎《はいたい》する。彼の後半生は、その前半生と断ち切られたかたちで存在してはいない。したがって、わたしたちは、まずはディーの履歴を、ごく簡単にでも起点から概観しておく必要があるだろう。

ジョン・ディーは、一五二七年七月十三日、ロンドンで生まれた。彼が洗礼を受けたのは、ロンドン塔のすぐ傍に建っていた聖ダンスタン東教会である。*14 父親のローランド・ディーはウェールズ出身で、織物服地商として財をなし、ヘンリー八世に引き立てられて宮廷では儀礼官を務めた。なお、ディーは後に、自分はウェールズの王家の末裔《まつえい》であり、エリザベス女王とも遠縁の関係にあたると主張することになる。

ディーはまずチェムスフォードの教会付属校で学んだが、彼自身の言葉によれば「ラテン語の理解が相応に達していた」ので、一五四二年十一月、十五歳のときにケンブリッジのセント・ジョンズ学寮に入学した。一五四三年から四五年の間、セント・ジョンズにおいては「睡眠は毎晩わずかに四時間」、一日に「十八時間」を勉学に費やしたとディーは回想しているから(*CR*, 4–5)、学問への精進ぶりは半端なものではなかったのだろう。

一五四六年、セント・ジョンズを卒業したディーは、ケンブリッジに創設されたばかりのトリニティ学寮のギリシャ語助講師となっている。最新、最尖端の学問に触れるため、ディーが初めて大陸へと渡ったのは一五四七年五月のことであった。この折にはネーデルラントのルーヴェンに赴き、ゲンマ・フリシウスやメルカトルといった著名な学者の許を訪れている。イギリスに戻った際、彼はフリシウスの考案した天体観測器具やメルカトルの作った地球儀などを持ち帰った。数ヶ月後、また、この年から「天体の及ぼす影響、作用」についての観察を開始したとディーが述べているのは注目すべき事実で(*CR*, 5)、占星術および天文学研究への基礎が既に築かれつつあったといえる。

一五四七年はヘンリー八世が没した年でもあり、王の崩御によって、ディーの父ローランドは急速に権勢を失い、以降、ディー家は財政的に逼迫した状況に追い込まれる。翌四八年、修士号を得たディーは、またもや海峡を越えて、再度ルーヴェンへと向かった。一五五〇年夏までの二年間、彼はルーヴェン大学に籍をおくが、まだ二十代前半の若さにもかかわらず、ディー本人の弁によれば、彼の「哲学的及び数学的研究」への評価は大陸の諸国では高まるいっぽうであったという(*CR*, 6)。

一五五〇年七月、ルーヴェンを去ったディーはパリへと移動、同地でユークリッドの『幾何学原論』などについて講義をおこない、大きな反響を惹き起した。その結果、彼はオロンス・フィネを初めとするフランスの多くの著名な学者の知遇を得たが、そのなかに、後にディーと同じように冥《くら》く危うい領域へと足を踏み入れることになるギヨーム・ポステルが含まれていたのは興味深い。*15

ディーは翌五一年にフランスから祖国へと戻った。ちなみに、彼自身は、帰国後「二度とケンブリッジで研究することはなかった」と記すが(*CR*, 6)、実際にはトリニティ学寮の研究員として在籍していたようだ。*16

一五四七年にヘンリー八世の後を襲ったのは幼少のエドワード六世であったが、帰国したディーは、摂政サマセット公(エドワード・シーモア)の秘書ウィリアム・セシル——後のバーリ卿——に引き合わされた。ディーの父ローランドは儀礼官の職を通じてセシルの父リチャードの知己を得ていたので、その縁故があったのだろう。セシルは有能な政治家で、在位僅かに六年で他界したエドワード六世の後も、メアリー、エリザベスというふたりの女王に仕えつつ、失墜することなく激動の時代を乗りきった。晩年には大蔵卿の地位にまで登りつめる。

セシルの助力で、ディーはイングランドの宮廷内に一定の地位を築くことに成功した。たとえば、ディーはエドワード六世に二冊の手稿本を献呈、その褒賞として百クラウンの年金を賜ったばかりか、一五五三年には、聖職者の資格がないにもかかわらず、アプトン・アポン・セヴァーンの教区牧師禄も与えられた。[*17] なお、本書第七章で述べるように、一五五〇年代半ば頃からディーは錬金術の研究を本格的に開始している。

一五五二年以降、ディーはペムブルック伯(ウィリアム・ハーバート)に仕え、さらに、ノーサンバーランド公(ジョン・ダドリー)の子弟の教育にも携わっていたらしい。ノーサンバーランド公の息、ロバート・ダドリーは後にレスター伯となる人物だが、ディーとは常に良好な関係を保った。ロバートはやがてエリザベス女王の寵臣《ちょうしん》となり、一時は女王との結婚が公然と噂されるほどだった。

一五五三年、エドワード六世が病没すると、年少の王に代わって実質的に国を支配していたノーサンバーランド公とその一派は、六世の従妹でプロテスタントのジェイン・グレイに王位を継承させようとするが、あえなく失敗——六世の姉でカトリックのメアリー・チューダーがイングランドの女王となる。

ノーサンバーランド公によるこのクーデターは、順調に宮廷内での地位を固めつつあったディーにも大きな余波を及ぼし、彼の将来は一気に危うくなってきた。

というのは、ディーの父ローランドのみならず、ディーの仕えていたペムブルック伯もまたクーデター側に加担していたからである。[*18] ペムブルック伯のほうは苦境を切り抜けて何とか失地回復に成功するが、こういった政治的状況の下で宮廷において生き延びるために、ディーがカトリック勢力への迎合という策をとった可能性がなくもない。

カトリック教徒であったメアリー一世は、周知のように、プロテスタントを迫害する熾烈《しれつ》な政策を採り、「血のメアリー」との異名で呼ばれたが、その配下として精力的に働いたのが、女王の即位に伴ってロンドンの司教に返り咲いたエドマンド・ボナーであった。

そして、一五五五年、ディーはボナーの屋敷に一時期滞在したばかりか、彼を「友」とまで呼ぶのだ。[*19] したがって、この時期、ディーが司教の庇護下にあったのは疑えない。さらに、これと照応するかのように、プロテスタントの聖職者ジョン・フォックスの著した浩瀚《こうかん》な『殉教者事蹟』(ラテン語版初版は一五五九年、英語版初版一五六三年、同第二版一五七〇年)には、ボナー配下の聖職者として、ロバート・スミス及びジョン・フィルポットというプロテスタントを尋問するディーとおぼしき人物の姿がとどめられている。[*20]

これがもし真実であるならば、ディーはカトリックの司祭になる道を選んだことになる。ただし、『殉教者事蹟』における以上の記述は、一五八三年刊行の第四版以降は削除されており、錯誤や捏造《ねつぞう》の可能性もあるが、いっぽうで、ボナーによる司祭叙任記録にはジョン・ディーという名前が記載されているという。[*21] ただし、ディー自身の遺した著作、記録の類には、司祭になったと述べる箇所は見出せない。

さて、既に記したように、一五四七年からディーは占星術の研究を開始したのであるが、その評判はかなり高まっていたのだろう、メアリーが一五五四年にスペインの皇太子フェリペ(後のフェリペ二世)と結婚したときに、彼は両者の天宮図を作成するよう求められた。したがって、新たな女王との関係でいうと、彼はまずは占星術に秀でた人物として地位を確立したといえよう。

さて、メアリーの結婚は、英国が将来スペインの支配下におかれてカトリック国と化す可能性を孕《はら》むと共に、メアリーの義理の妹エリザベスの未来をきわめて不安定なものとした。おそらくこのために、一五五五年四月、エリザベスはディーに自分の命運を占うよう求めた。[*22] そういった状況の下で、一五五五年五月、ディーは妖術師の嫌疑で突如として捕縛されることになる。これについては後に再び触れたい。

同年八月に幸いにも無罪となって獄から解放されたディーは、翌五六年一月、メアリー女王に対して「古代の著作家及び遺蹟の回復ならびに保存を望む嘆願書」を草している。ヘンリー八世の命じた修道院の解散や近年の国内の混乱によって、教会や個人の「多数の貴重な蔵書が略奪破壊」された事態を嘆くとともに、ディーは女王に「王立図書館」の設立を提言した。[*23]

一五五八年、カトリックのメアリーが没して、王位がその義妹であるエリザベスに移った際、イングランドの政治的、宗教的状況はまたもや激動をきたした。たとえば、ディーが「友」と呼んだボナーは二年後の一五六〇年には牢屋に送り込まれ、六九年に獄死する。しかし、ディーの場合、エリザベスの戴冠式に定められた日の吉凶を占星術によって判断するという重要な役目に任じられるなど、この大きな危機をとりあえずは乗り切ることができそうな見通しとなった(*CR*, 21)。

実際、即位後のエリザベスは、かなりの期間にわたって、ディーに目をかけることになる。これには、ウィリアム・セシルのみならず寵臣ロバート・ダドリーがディーと密接な関係を有していることが、大きくものをいったとおぼしい。いずれにせよ、占星術師リチャード・ハーヴィは、一五八三年に刊行された占星術論のなかでディーに言及、「女王陛下はお抱えの賢者《フイロソファー》」との名称を彼に与えておられる」とまで記した。[*24]

ただし、エリザベスはディーにある程度までの恩顧を与えたが、いっぽうで、ディーの望んでいたような地位あるいは財政的援助は、約束するだけにとどまり、結局のところ、ほとんど果たすことはなかった。たとえば、一五五九年、ディーはリンカンシャの村ロング・レデナムの教区牧師禄を与えられて、以降、数年間を同地に過ごしたが、金銭的には微々たるものしか得られなかった。[*25]

一五五八年は、ディーの著作がはじめて刊本のかたちで公けにされたという点でも重要な年であった。すなわち、『箴言《しんげん》による占星術序論』である。これは占星術、天文学、光学をめぐる書物であり、一五四七年から開始された「天体の及ぼす影響、作用」についての観察が結実したものといえよう。

一五六二年初頭、ディーは三度目の大陸旅行を開始する。主たる目的のひとつは自分の著作をアントワープで印刷刊行することであった。[*26] 一五六四年六月にイングランドに戻るまでの約一年半の間に、ディーは、アントワープ以外に、ルーヴェン、パリ、チューリッヒ、イタリアのウルビーノ、ヴェニス、ローマ、ハンガリーのプレスブルクといった土地を訪れている。たとえば、一五六三年四月、チューリッヒでは、彼は著名な博物学者コンラート・ゲスナーの許を訪問した。

ディーの著書『象形文字のモナド』がアントワープにおいて出版されたのは、一五六四年三月のことであった。これはごく短い著作ながら、内容は難解晦渋をきわめ、カバラ、数秘術、錬金術などに傾斜する隠秘《いんぴ》哲学者としてのディーの姿が初めてあらわとなった書物である。

大陸から帰国するや、ディーはグリニッジにあるエリザベスの宮廷に伺候したが、ディーの語るところによれば、女王は「マクシミリアン皇帝に献呈した『象形文字のモナド』と題する拙著について、わたし自身から学びたいと忝《かたじけな》くも申された」という(*CR*, 19)。ちなみに、マクシミリアンとは神聖ローマ帝国皇帝マクシミリアン二世を指し、その後を継いだのが息子のルドルフ二世であったことは既に記した。

私生活のほうでは、ディーは、一五六五年、三十八歳のとき、寡婦キャサリン・コンスタブルと結婚する。なお、一五六八年の日付をもつローマ教会側の記録において、ジョン・ディーという人物が「妻を娶《めと》った司祭で、魔法などの怪しげな術に耽る人物」として言及されている事実は注目に値しよう。[*27] これも何らかの錯誤によるものなのか、あるいは、ディーはやはり本当にボナーから司祭に叙任されていたのだろうか。

なお、ディーは、結婚後ほどなくして居をモートレイクに構えた。同地はテムズ川南岸に面し、現在ではロンドンに編入されているが、宮廷とは船を使って交通が容易な場所だった。

一五七〇年、ユークリッドの『幾何学原論』がヘンリー・ビリングスリーによって初めて英訳刊行された際に、ディーは「数学に関する序文」を寄せた。この序文は単に数学のみならず、音楽や建築術などを含む科学、工学技術全般にわたる内容で、近代科学の先駆者のひとりとしてのディーの名声はこれに拠るところが大きい。ただし、同時に数秘学をはじめとするオカルト的要素が見え隠れしており、これも解釈が色々と分かれる。[*28] 翌七一年には、ロレーヌへと旅行、帰途パリを訪れた。

ディーの先進的科学者としての評価の根拠となったいまひとつの著作が、五十歳を迎えた一五七七年に上梓されている。すなわち、『完全なる航海術』であって、題名の示す通り、ディーはここでは、イングランドの国力増強のための航海術の重要性を説き、同時に海軍の創設を唱えた。扉頁には「構想二十四年の後に刊行なる」とあり、[*29] それを信ずるならば、ディーのこの分野における先駆性は際立っている。ただし、公刊されるにいたったのは、本来は四部から成るはずの著作の第一部にすぎない。

一五六〇年代からスペインとイングランドの関係は悪化の一途を辿っており、強大な海軍力を誇るスペインと戦を直接交える可能性は常に意識されていた。なお、フェリペ二世がイングランド攻撃のために無敵艦隊《アルマダ》を実際に派遣するのは一五八八年のことになる。こういった状況を背景として、ディーの『完全なる航海術』は世に出たのである。

そして、一五七七年からの数年間、ディーは、数学、航海術、地理学に関する学識を用いて、イギリスの軍事だけではなく、航海事業、探検事業にかなり干与していた。たとえば、彼は東洋への北西航路の探索について助言を与え、様々な航海計画にも深く関わっていた。いっぽう、一五七八年十一月には、体の不調に陥ったエリザベス女王の治療に関して、大陸の著名な医師の意見、助言を求めるために、レスターから派遣されて海峡を越えた。

私生活のほうでは、『完全なる航海術』の刊行される二年前に妻キャサリンが子をもうけないまま病没しており、ディーは一五七八年二月にジェイン・フロモンズ（あるいはフロモンド）という女性を後添えとして娶《めと》る。同年十一月から翌年二月にかけて、レスター伯とフランシス・ウォルシンガムによって、彼はドイツへと派遣された。七九年七月十三日、ディーの五十二歳の誕生日には長子アーサーが誕生した。

以上が、一五八〇年代初頭にいたるまでのジョン・ディーの生涯のあらましである。ごく簡単に要約するならば、彼は宮廷と密接な関係を有する学者であった。研究分野は、占星学、天文学、数学、光学、地理学、航海学、工学、さらに、数秘術、錬金術などまで多岐に及んでいたが、それじたいはこの時代の学者として際立って特異というわけではない。

そもそも、エリザベス朝において、ディーが数学を含む幾つかの学問分野で名声を得ていた人物であったのはたしかにしても、十六世紀の英国あるいはヨーロッパの自然哲学、科学という枠組のなかで、彼の占めていた位置を測ることは容易な業ではない。

ディーは英国ルネサンス期の思想史、科学史において特筆すべき人物なのか？　あるいは、僅かな紙数を割くだけで事足りる周縁的存在、脚注の域にとどまるべき存在なのか？　このような問いにすら、実のところ確たる答えはいまだに出ていないが、いずれにせよ、本書の目的はそれを解き明かすことにはない。

ただし、ディーが、その生涯のごく早い時期、つまり、超自然的存在との交信に実際に手を染める遥か以前から、悪魔と取り引きする妖術師、魔術師、降霊術師との非難中傷を世間から浴びせられていたことは紛れもない事実である。

たとえば、ケンブリッジ大学を卒業してほどない一五四〇年代半ば頃、ディーは、アリストファネスの劇『平和』の上演にかかわり、舞台装置として機械仕掛けの大きな「スカラベ」を制作して、観衆の度肝《どぎも》を抜いた。当時としては最新の工学技術を駆使したわけだが、これは同時に、ディーは妖術を操る人物だとの「根も葉もない噂」が流れる端緒ともなった[30](*CR*, 5)。

あるいは、先に少し触れたように、宮廷から一定の信用を得ていた時期の一五五五年五月、ディーは妖術を用いた廉《かど》で捕縛された。これは、ひとつには、ディーがエリザベスの未来を占う役目を引き受けたことで、メアリー一世側の嫌疑を引き起こしたためであり、同時にとある人物が、ディーは魔術によって自分の子供のひとりを失明させ、もうひとりを死亡させたばかりか、メアリー女王を「妖術で亡きものにしようと試みている」との廉《かど》で告発したからでもあった[31](*CR*, 20–21)。

結局のところ、ディーは幸いにも叛逆罪、そして魔術を用いた嫌疑の双方で無罪となって、同年八月に獄から解放された。この折には、結果的に放免されたとはいえ、最悪の場合、ディーは叛逆者として死刑に処せられる危機に瀕したわけである。

しかし、それから六年後、フォックスの『殉教者事蹟』英語版初版(一五六三)において、ディーは「大妖術師(the great Conjurer)」として言及されるにいたった[32]。フォックスにとってはボナーは不倶戴天《ふぐたいてん》の大罪人であり、したがって、ボナーときわめて近い位置にいたディーを敵視したのは当然ともいえる。いずれにせよ、同書は広く流布したので、その影響力には少なからぬものがあった。

一五四七年以降、妖術の類《たぐい》は死刑の対象とならなくなっていたのだが、一五六三年に成立した「妖術《コンジュレーション》、蠱術《エンチャントメント》、巫術《ウイッチクラフト》禁止法」によって、「邪霊、悪霊の召霊」を実践して他人の命を奪った輩《やから》は「死の苦しみ」を課されると、再び規定された[33]。したがって、「大妖術師」と呼ばれたことはディーにとって、単に名誉毀損であるばかりではなく、身の危険を意味していた。

その翌年、ディーの著作『象形文字のモナド』が出版された際には、同書の内容が錬金術、ヘルメス哲学、隠秘《いんぴ》哲学などにかかわるものであったため、『殉教者事蹟』の記述とあいまってか、魔術師、妖術師との疑惑が大きく再燃する。ディーの世間的地位はかなり危うくなったらしく、彼は、同書の内容を「理解できないがゆえに非難」

する人々から自分の名誉を守ってくれたとして、女王エリザベスに感謝している(CR, 10)。

さらに、一五七〇年に刊行された『幾何学原論』英訳書に寄せた「数学に関する序文」では、ディーは自分を「地獄の犬の仲間、邪悪で呪われた霊の召喚者」と呼ぶ非難に対して憤慨激昂《げっこう》、

> 自然に基づき、数学的、機械的に考案制作された[中略]驚嘆すべき業を達成したというのに、なにゆえ、真摯な学徒、キリスト教を奉じる謙虚な哲学者は、妖術師と見なされたり、そう呼ばれねばならぬのか？[*34]

との怒りを吐露した。

しかし、ディーは以降も疑惑の対象でありつづけ、かつまた、彼を妖術師として非難したのはフォックスを始めとする新教側だけではなかった。ディーを「妻を娶った司祭で、魔法などの怪しげな術に耽る人物」とするカトリック側の記録については既に触れたが、他にもたとえば、一五八四年に大陸で刊行された通称『レスターの王国』というパンフレットが挙げられよう。

これはレスターとその一派を弾劾する文書で、新教を基盤とする勢力の拡大を恐れる、イングランドのカトリック陣営の人物の筆になるものであった。匿名の著者は、レスターが様々な邪な目的のために抱えている人物を列挙するのだが、そこに私たちは「ディーとアレン(共に無神論者)は算術と妖術のため」という一節を見出す。[*35] なお、アレンとは数学者、占星学者として名を馳せた人物で、ディーとも交流があったトマス・アレンを指す。[*36]

一五九〇年代後半には悪魔祓《ばら》いをめぐる事件に巻き込まれることなどもあって、ディーは自分が世間の無理解と謬見《びゅうけん》によって不当に苦しめられているという意識を終生抱きつづけたが、悪霊と交わる瀆神《とくしん》の徒という非難は、しかしながら、一五五五年に告発逮捕された件を除けば、あくまでも誤解、偏見、もしくは漠然とした伝聞風評に基づいていたことを忘れてはならない。確たる証拠や公けの証言が存在したわけではなかった。

彼が一五八〇年代初めから精霊との交信という危うい領域に実際に踏み込んでからも、事情はほぼ同じだった。要するに、ディーの後半生の活動の詳細、実態そのものは、彼の存命中には、ほんのひと握りの人々を別にすれば、ほとんど世間に知られてはいなかったのである。

晩年の一六〇四年六月五日、七十七歳を目前に控えたディーは、「妖術師、悪霊の召喚者(Conjurer, or Caller or Invocator of divels [sic])」という汚名を晴らすために自分を裁判にかけてほしいとの嘆願状を、時の国王ジェイムズ一世に書き送った。[*37]

ディーがこういった行動をとったのには、長らくディーの庇護者であったエリザベス女王が一六〇三年に崩御して、彼の地位がはなはだ不安定なものとなったばかりか、ジェイムズ一世の魔術に対する姿勢も大きく影響したと思われる。

イングランド国王としてエリザベスの後を襲ったジェイムズは、周知のように、ウィッチクラフトの実在を信じて烈しく弾劾した人物であり、レジナルド・スコットの『ウィッチクラフト曝露』(一五八四)に代表されるような魔女や魔術の合理的説明には強い嫌悪感を抱いていた。

したがって、ジェイムズが一五九七年に『悪魔論』を上梓したとき、その目的とは、「悪魔による霊的攻撃は疑いなくおこなわれており、そのための道具となっている輩を厳格に処罰する必要があるということを、多くの懐疑的な人々の心に明確に示して改心させる」ことに他ならなかった。[*38]

実際、一六〇四年春には、議会では新たな巫術《ふじゅつ》禁止法が審議されていた。これは一五六三年発布の旧禁止法より遙かに厳格なもので、たとえば、他者に肉体的危害を与えずとも、単に邪霊を召喚しただけで、死刑に処しうる。ディーが恐慌状態に陥ったのも無理からぬことといえよう。[*39]

しかし、ディーの送った嘆願状は国王によってあえなく無視され、一六〇四年六月七日、新巫術禁止法は議会を通過した。とはいえ、ディーの憂慮していたような状況は発生しなかった。国王としてのジェイムズは、ディーも含めた大方の予想に反して、巫術や魔術にとりわけ苛烈な弾圧政策をとることはなかったからである。[*40] 最晩年のディーは、残りの人生を捕縛されることなく生きのびた。彼がほとんど世間から存在を忘れ去られ、八十一歳という高齢で没するのは、一六〇八年末あるいは翌年初めのことになる。

だが、死後半世紀の後、事態は大きく変わった。邪霊との接触で身を滅ぼした魔術師として、ディーは忘却の淵から「復活」する。

すなわち、一六五九年、著名な古典学者アイザック・カソーボンを父にもち、自らも学者、聖職者であったメリック・カソーボンの手によって、『多年に亙ってジョン・ディー博士と精霊の間に起こったことの真正にして忠実な記録』(*A True and Faithful Relation of What Passed for Many Years between Dr. John Dee and Some Spirits*)が上梓されたからであった。なお、このフォリオ判で刊行された大部の書を、以下、『精霊日誌』と呼ぶことにしたい。『精霊日誌』は、ディーが遺したまま埋もれていた精霊あるいは天使との膨大な交信記録のかなりの部分を、ほぼそのまま印刷したものである。その意味では、「真正にして忠実な記録」という言葉は誇張ではなく、この書物によって、ディーの後半生の活動は初めて世の広く知るところとなった。

同書に付した長大な序文において、カソーボンは、ディーが邪《よこしま》な動機に駆られた人物ではなく、常に真摯で篤実な学徒であったことを認めたうえで、次のように述べる。

> ディー博士の犯した唯一の、ただし途方もなく恐るべき過ちは、彼が虚言を発する偽りの霊を光の天使であると考え、地獄の悪魔を天国の神と取り違えたことであった。[*41]

したがって、「闇の所業」、すなわち、悪魔やその支配下にある邪霊たちの恐ろしい業が実在することを示す証拠として博士の日誌を公刊するのだと、カソーボンは宣言する。[*42]

カソーボンは精霊たちがディーの単なる「病んだ空想」の産物であることを強く否定、[*43] 序文のかなりの紙数を費やして、奇蹟、悪霊の出現といった超自然現象は迷信などではないと熱弁を揮う。ただし、当時にあっても、このような立場が主流を占めていたというわけではない。

十六世紀、十七世紀の英国あるいは西欧世界にあっては、ジェイムズ一世やカソーボンのように悪魔や魔女の実在を肯定する立場と、レジナルド・スコットのように否定する立場が共に存在した。スコットを例にとるならば、神が奇蹟を示現《じげん》する時代はとうに終わったという見解を彼は採《と》っており、妖術師とカトリック教会の悪魔祓

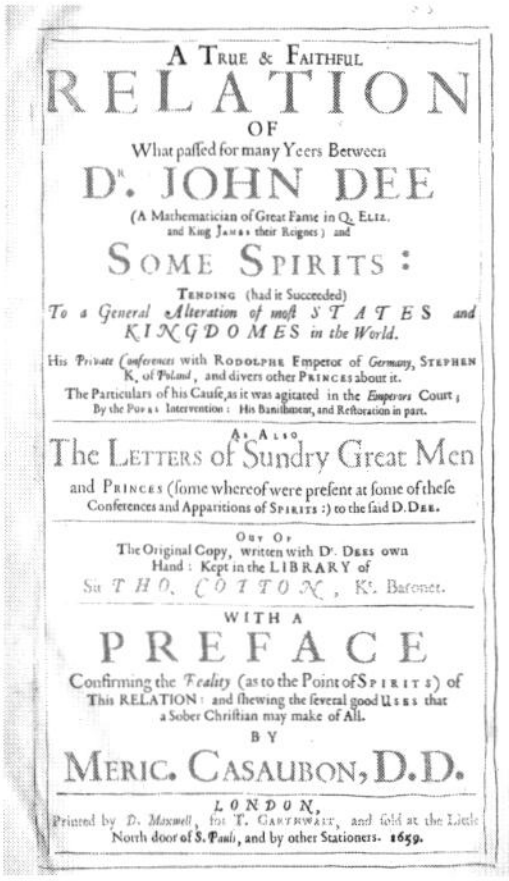

A TRUE & FAITHFUL
RELATION
OF
What paſſed for many Yeers Between
Dr. JOHN DEE
(A Mathematician of Great Fame in Q. ELIZ. and King JAMES their Reignes) and
SOME SPIRITS:
TENDING (had it Succeeded) To a General Alteration of moſt STATES and KINGDOMES in the World.
His Private Conferences with RODOLPHE Emperor of Germany, STEPHEN K. of Poland, and divers other PRINCES about it.
The Particulars of his Cauſe, as it was agitated in the Emperors Court; By the POPES Intervention: His Baniſhment, and Reſtoration in part.
AS ALSO
The LETTERS of Sundry Great Men and PRINCES (ſome whereof were preſent at ſome of theſe Conferences and Apparitions of SPIRITS:) to the ſaid D. DEE.
OUT OF
The Original Copy, written with Dr. DEES own Hand: Kept in the LIBRARY of Sir THO. COTTON, Kt. Baronet.
WITH A
PREFACE
Confirming the Reality (as to the Point of SPIRITS) of This RELATION: and ſhewing the ſeveral good USES that a Sober Chriſtian may make of All.
BY
MERIC. CASAUBON, D.D.
LONDON,
Printed by D. Maxwell, for T. GARTHWAIT, and ſold at the Little North door of S. Pauls, and by other Stationers. 1659.

図版：『精霊日誌』の扉頁【1A】

図版：『精霊日誌』の扉絵【1B】
右下にディー、中央左にケリーが描かれている

い師との差異を認めないばかりか、いずれも根拠のない迷妄として斥ける。[*44]

これは錬金術や占星術などに関しても同じであって、厳密な学問だと主張する人々と迷妄あるいは詐術だと弾劾する人々の双方がいたのである。たとえば、ティコ・ブラーエの天文学が占星術と不即不離の関係にあるいっぽうで、マルティン・ルターのような宗教者は占星術を科学と認めてはいなかった。[*45]

したがって、オカルト諸学の実践者や信奉者に対して、あからさまな嘲罵を浴びせかける人々も少なくなかった。ディーの没後ほどなく上演されたベン・ジョンソンの諷刺喜劇『錬金術師』(一六一〇)を、ここでは例にとってみよう。

この芝居の主人公は、サトルとフェイスという悪漢ふたりにドルという売春婦である。サトルは博学の錬金術師にして占星術にも通じたパラケルスス派の名医、フェイスはその助手というふれこみで、ロンドンのさまざまな階層の人々を騙して金をまきあげる。

その一節を以下に引く。

おまえのいんちき手管《てくだ》の一切合切、
石炭をくりぬいて金か銀の屑をつめて騙したり
篩《ふるい》や大鋏で失せ物を探したり
十二宮図で運勢を判じたり
水晶でもって精霊の幻影をとらえたりとかを
赤いインクで印刷して大々的に暴いてやるぞ

(一幕一場)[*46]

「水晶でもって精霊の幻影をとらえたり」とあるが、それはかりか、他の箇所ではディーのみならずエドワード・ケリーやルドルフ二世の名前じたいが言及される(二幕四場、四幕一場)。したがって、サトルとフェイスの悪漢二人組が誰をモデルにしているのかは、同時代の観客にとっては明瞭であった。*47 作者ジョンソンは錬金術、魔術を詐術とし、それを信じる人々の愚かさを笑っているのである。

それゆえ、『精霊日誌』の同時代の読者は、おのおの拠って立つ世界観にしたがって、ディーを、「地獄の悪魔」と交わるという許すべからざる大罪を犯した人物、世を誑《たぶら》かす唾棄すべき詐欺師、「病んだ空想」に耽った愚者、そして、天使との交信に成功した驚くべき人物のいずれにも解釈できた。

いずれにせよ、編者カソーボンとしては、同書刊行にあたって、みずからの旗幟《きし》を鮮明にしておく必要があり、彼にとって、エリザベス朝の学者は悪魔の巧緻な業に誑かされた哀れな犠牲者であった。ただし、カソーボンのこうした態度は十七世紀半ばの英国の宗教的、政治的事情とも密接に絡んでおり、ある意味では、彼の目的はディーをだしにして同時代の宗教状況を非難することにあったともいえようが、ここではそれに触れる余裕はない。*48

カソーボンの真の意図が奈辺《なへん》にあったのかはさておき、『精霊日誌』は、以降、紛れもない降霊術師、もしくは現実と妄想の区別がつかなかった蒙昧《もうまい》な学者としてのディー像を定着させるのに決定的な役割を果したのである。

第二章「哲学的研究」あるいは「恐るべき迷妄」

7

カソーボンの手によって一六五九年に世に送り出された『精霊日誌』を通じて、ディーについての否定的な像は広く一般に流布していく。

サミュエル・バトラーの諷刺詩『ヒューディブラス』は第一部が一六六三年、第二部が六四年、第三部が七八年に刊行されたが、その第二部では、十七世紀の著名な占星術師ウィリアム・リリーをモデルにしたとおぼしきシドロフェルという「薔薇十字会員」が徹底的に揶揄される。シドロフェルは「ディーの序文[「数学に関する序文」を指す]」(二部三篇二三五行)を読んだことがあるとされ、そして、こういった文脈のなかで、ディーとその協力者エドワード・ケリーがパラケルススやアグリッパらと並んで言及される。

ケリーのあらゆる離れ業は
悪魔の鏡、つまりは石のおかげ
彼は悪魔といないいないいないばーごっこをして
あらゆる謎を解いてみせたが、所詮は浅薄な謎

(二部三篇六三一―六三四行)*1

バトラーが『精霊日誌』を踏まえているのは確実で、ディーとケリーの精霊召喚作業はあからさまな嘲笑の対象となっている。

十八世紀に入ると、一七〇七年にトマス・スミスによる『ジョン・ディー伝』が上梓された。これは簡略ながらディーの没後ほぼ百年にして初めて書かれた伝記で、歴史的には重要な意味を有する。また、同書が数学者、天文学者、尚古家《しょうこか》としてのディーの業績をかなり高く評価している点は注目に値しよう。しかし、ディーの後半生についていうならば、スミスは基本的にカソーボンの見解を継承した。

すなわち、精霊の召喚作業に筆を及ぼすとき、スミスは、ディーが「恐るべき迷妄」、「極端な愚迷」のゆえに、「邪霊」を「天界から送られた神の天使」と信じ込んでしまったとする――「不法にして不信心な野望をもって人間の心の力を超えようと欲した」あげくに、ディーは「悪霊どものなぶりもの、笑いもの、餌食となったのだ」[*2]。しかも、スミスの解釈では、ディーがこうした野望を抱きはじめたのは老年になってからではなく、早くも三十歳代前半に遡る[*3]。

十九世紀以降になると、当然ながら、邪霊と交った人物という超自然的解釈は基本的に姿を消し、妄想の虜《とりこ》となって悲惨な生涯を送った人物という合理的解釈が主流となっていく。そして、否定的なディー像はさらに強調される。

たとえば、ジョン・ロビィの『ランカシャの伝承』(一八二九)――これはかなり広く読まれた通俗書であるが、「占星術師ディー博士」と題された一章を含む。ロビィによれば、ディーは「神から使命を与えられたと想像して、甚だしい妄想に耽り、虚偽を信じてしまった。彼は普遍的知識と無尽蔵の富を求めたけれども、耄碌《もうろく》して無一文の状態で死んでしまったのだ」とされる[*4]。

あるいは、『広く流布した驚くべき迷妄の記録』(一八四一)において、チャールズ・マッケイはディーを迷妄の犠牲者の典型的一例として取り上げる[*5]。また、アイザック・ディズレイリも、「隠秘《いんぴ》哲学者、ディー博士」と題する文章において、ディーはオカルティズムに魅せられたあげく「優れた天分を失った」と総括した。[*6]

一八六一年に刊行された、チャールズ・ヘンリー・クーパーとトンプソン・クーパーの父子による『ケンブリッジ大学人物伝』第二巻収録のディーの項目では、『精霊日誌』は「これまで上梓された書物のなかで最も途方もないたわごと」とされ、天使との交信によって、博士の名声は「最底辺にまで転落」したと述べられている。[*7] 十九世紀末英国の心霊研究《サイキカル・リサーチ》において重要な役割を果たしたアンドルー・ラングでさえ、ディーの遺した天使召喚記録については「気が触れている」と片付けた。[*8]

したがって、人物事典の決定版といえる『英国伝記事典』第一版(一八八五―一九〇〇)において、ディーと天使との交信が「瀆神《とくしん》と愚迷のかたまりで[ディーの]正気さえ疑わせる」と断じられたのも驚くにはあたらないだろう。[*9] つまるところ、十九世紀末から二十世紀初頭にかけては、これがディーに対して下された標準的、一般的な評価だったのである。

とはいえ、隠秘哲学や魔術に真剣な関心を有する人々、その研究に専心する人々の一部が、ディーに対して大きな敬意と関心を払いつづけたのはいうまでもない。カソーボンはディーの召喚した霊を悪魔の配下とみなしたが、これらの人々にとっては、ディーは天界との接触に成功し、かつまた、錬金術の奥義《おうぎ》に迫った偉大にして稀有な先達に他ならなかった。

たとえば、バトラーによって諷刺の対象とされた占星術師ウィリアム・リリーは、その自伝においてディーに言及し、「秘奥《ひおう》のヘルメス学の偉大な探求者、完璧な天文学者、勤勉な占星学者、真摯な幾何学者であり、実のところあらゆる種類の学問に卓越していた」との賛辞を呈した。[*10]

さらに重要な人物として、わたしたちはリリーとも親交があったイライアス・アシュモールを挙げる必要があろう。

好古家、古物蒐集家として著名なアシュモールは、同時に、錬金術、占星術などの熱心な研究家としても知られたが、ディー関連の資料の蒐集に努め、その事蹟を追跡することに執念をみせた。たとえば、アシュモールが編纂した『英国の化学の劇場』（一六五二）は錬金術詩篇を集成したものであるが、そのなかにディーとエドワード・ケリーの簡略な伝記が含まれている点でも逸することのできない文献である。[*11] ただし、これは同時に、既に十七世紀中葉においてすら、ディーの活動が断片的にしか判らなくなっていたことを如実に示す。

そして、実際、アシュモールの努力がなければ、ディーの遺した貴重な手稿類の多くが永遠に失われていたのは疑えない。博士の死から六十数年が経った時点で、既に地上から消えたと思われていた文書を奇蹟的ともいえる僥倖《ぎょうこう》に助けられ入手した経緯は、アシュモールが自らの筆で記録にとどめているので、その挿話を以下に紹介しておきたい。[*12]

一六七二年のことである。アシュモールは、知己のひとりトマス・ウェイルという人物から耳寄りな話を聞かされた。ウェイルの結婚した女性が魔術関係の古い手稿らしきものを所蔵するというのだ。そして、この文書群を譲り受けたアシュモールはただならぬ驚愕と興奮を覚えた。なぜなら、そこには『精霊日誌』に収録されていないディーの召喚作業記録が大量に含まれていたからだ。

これらはどのような事情で散佚《さんいつ》を免れてきたのだろうか。

一六六二年頃、ロンドンのロンバード街に住んでいたジョーンズという男とその妻は、結婚後すぐに買った頑丈な古簞笥《ふるだんす》を移動させようとして、奇妙なことに気づいた。かたかたと中から音がするのである。やがて、彼らは秘密の抽き出しがあるのを発見、そこには数珠《じゅず》や十字架などと共に多量の原稿が隠匿されていた。[*13]

ただし、夫妻は当然ながら手稿の重要性を理解しておらず、同家の女中は何と文書の半数ほどをパイの下に敷く紙として用いていてしまったという。

この発見から二年後に夫のジョーンズは死亡、さらにそれから二年後の一六六六年、ロンドンで起こった有名な大火災でジョーンズの家は烏有《うゆう》に帰し、箪笥も共に焼けてしまった。しかしながら、手稿そのものは持ち出されて残り、件《くだん》のジョーンズ夫人が後に再婚したのがウェイルだったのである。

このようにアシュモールのお蔭でディーの未刊の魔術文書類は幸いにも後世に伝わることになったのだが、アシュモールのおこなった調査には複数の協力者が存在した。

まず、トマス・ブラウン。

本書「自序」で述べたように、ブラウンは一六四九年から五一年にかけての期間、ディーの長男アーサーと親しく交わり、父ジョン・ディーの魔術、錬金術の活動についての回想を聞き出したばかりか、後にその情報を十

図版：イライアス・アシュモール【2A】

図版：ジョン・オーブリ【2B】
Mary Evans Picture Library

図版：ウィリアム・ゴドウィン【2C】
© National Portrait Gallery, London

二歳下のアシュモールに快く提供したのであった。いうまでもなく、一六五九年に『精霊日誌』が刊行された際には、ブラウンはそれを読んでいる。[*14]

ディーの事績の探求において、ブラウンより遥かに積極的な役割を果たしたのが、ジョン・オーブリである。彼はブラウンより約二十歳ほど下になるが、一六七二年六月には、後者の住まうノリッジまで赴いて情報提供を受け、同年暮れにケント及びディーの屋敷のあったモートレイクで実地調査までおこなっている。[*15] この成果もまたアシュモールに伝えられた。

英国伝記文学の傑作とされるオーブリの『名士小伝』に収められたディー伝は、以上のような努力に基づいて執筆されたものである。これじたいはごく断片的なスケッチであるにせよ、悪意や軽蔑の念はうかがえず、ディーはきわめて好意的に描かれている。オーブリは、カソーボンの本や「妖術師」という風評に触れつつも、ディーを「非常に善良な人物」だとした。[*16]

オーブリの曾祖父がディーとは従兄弟同士で親しい仲だったという理由もあるにせよ、やはり、オーブリの自然哲学あるいは科学への関心のありようが、こういった見解の背後に存在するといえよう。オーブリは現在ではもっぱら『名士小伝』の作者として記憶されているが、いわゆる狭義の文学者あるいは好古家の範疇に収まる人物ではない。彼の関心は、錬金術、魔術から民間伝承、習俗にいたるまで、きわめて多岐に渡り、近代考古学の祖でもあった。そもそも、『名士小伝』じたいが、誕生時の星辰の位置が人間の性格や運命に如何なる影響を及ぼすのかという、占星術的研究の側面をもっていたことを忘れてはならない。[*17]

オーブリと密接な関係にあった好古家アンソニー・ウッドも、ディーやケリーには強い関心を払い、彼の大著『オックスフォード大学人物伝』に収められた両者に関する記述もまた、基本文献のひとつである。[*18]

また、十七世紀の聖職者、文人であったトマス・フラーは、やはりオーブリ、アシュモールのグループに属する人物で、彼の死後に刊行された著作『イングランド名士録』(一六六二)においては、ディーとケリーの双方が偏見なしに取りあげられた。アシュモールの『英国の化学の劇場』を主たる情報源にするとはいえ、フラーは天使召喚作業を記したディーの手稿の一部にも目を通している。[*19]

　しかしながら、十八世紀に入ると、魔術、占星術、錬金術、オカルティズムはかつて占めていた地位を失って、影響力が衰え、社会の周縁へと次第に追いやられていく。とはいえ、十八世紀末のフランス大革命に代表される旧来の秩序の顚倒《てんとう》、それに伴うロマン派の勃興などを契機として、状況は再び逆転しはじめる。[*20] 特に十九世紀の半ばから二十世紀初頭にかけては、オカルト復興の動きが大きな勢いとなって欧米を席捲《せっけん》するにいたった。

　影響力の広汎さの点では、スピリチュアリズムと神智学というふたつの潮流が最も大であったといえようが、たとえば英国では、世紀末にいたって、神智学と交錯しつつ、フランスのエリファス・レヴィなどの影響の下、「黄金の暁」のようなオカルト結社に代表されるように、儀式魔術への志向が顕著となった。

　こういった潮流のなかで、ディーも類稀《たぐいま》れな魔術師として「再発見」されることになり、「黄金の暁」の儀礼の一部、いわゆる「エノク魔術」はディーに依拠する。アレスター・クロウリーの場合は、一九〇九年に「祈禱咒《コーリング》」（本書第八章参照）を用いて精霊召喚作業をおこなったばかりか、自らの「過去生」のひとつをエドワード・ケリーとみなすまでにいたった。[*21] この系譜は、一九六〇年代から七〇年代における欧米のカウンター・カルチャーの爆発的興隆を経て、現在の魔術師、オカルティストたちの一部に継承されている。[*22]

　いっぽう、狭義のオカルティストとは異なった視点からディーを高く評価した人物として、ウィリアム・ゴドウィンがいたことをここでは強調しておきたい。『政治的正義』の著者として、あるいは小説『ケイレブ・ウィリアムズ』の作者として知られるゴドウィンであるが、彼が最晩年に『降霊術師列伝』（一八三四）という書物を著した事実はほとんど忘れ去られているからだ。

　同書において、ゴドウィンは、ディー博士を「不幸にも何ものによっても癒すことのできない野心に憑かれ」て「大いなる秘密を得たと空想」、「悲惨な境遇へと陥ってしまう途《みち》を選んだ」人物としてまず規定する。[*23] その意味ではディーは迷妄の犠牲者として捉えられているのだが、しかしながら、ゴドウィンは同時に博士の「何ものによっても癒されない野心」を賞讃してやまない。すなわち、

人間の犯した誤謬は記録に留めるに値する。我々の先祖が難破してしまった岩礁を避けるための警告としてのみならず、我々人間の本性にとって栄えあるものとしてである。すなわち、禁じられた途《みち》へと踏み込み、あまりにも荒唐無稽なものに打ち込んだにせよ、豊かな野心というものが如何に高みへと舞い上がることが可能かを示してくれるのだ。[24]

魔術師を悲劇的にして崇高な一種の英雄として描き出すゴドウィンのロマン派的解釈は、少なくとも文学の分野においては多大な影響を及ぼしたと考えられる。

というのは、既に一七九九年の時点で、ゴドウィン自身が、不老不死を獲得した錬金術師の苦悩と破滅を描く小説『サン・レオン』を上梓しており、究極の智識を渇望した人間の陥った「崇高」な迷妄を主題としているからだ。この作品は、たとえば、後に女婿となるP・B・シェリーに強い感銘を与えた。ゴシック小説の領域では、娘メアリーの『フランケンシュタイン』（一八一八）やC・R・マチューリンの『放浪者メルモス』（一八二〇）が『サン・レオン』の影響下にあるのは明らかである。その意味では、怪物を創造したあげく破滅に追い込まれる科学者フランケンシュタイン博士は、エリザベス朝の魔術師の末裔ともいえよう。[25]

7

さて、史実、史料から大幅に逸脱することなく、ディーの生涯をかなり詳しく辿った初の本格的伝記、すなわち、シャーロット・フェル・スミスによる『ジョン・ディー』が刊行されるのは、ようやく一九〇九年のことで

ある。伝記のあれほど盛んな英国において、ディーの本格的な伝記が出現するのに死後三百年を経た二十世紀初頭まで待たねばならなかったという事実こそが、彼に対する評価の低さ、あるいは忘却を何よりも雄弁に物語っていよう。今となっては残念ながらスミスの書には誤り、不正確さも目立つのだが、錬金術師、魔術師としてのディーの活動に多くの紙数を割き、彼がたとえ「自惚《うぬぼ》れが強く傲慢で虚妄に陥った人物」だとしても、「その真摯にして善良な意図、敬神の念、ただならぬ心の純真さ」は認めねばならないと訴えた。[*26]

他方、純然たる学問の世界でディーの評価に大きな変化の兆しが初めて生じるのは、科学史の分野においてであった。すなわち、一九三〇年代に刊行された二冊の学術書、E・G・R・テイラーの『チューダー朝の地理学』(一九三〇)およびフランシス・ジョンソンの『英国ルネサンス期における天文学思想』(一九三七)をその嚆矢《こうし》とする。

テイラーは、ディーがエリザベス朝において数学、地理学、地図製作、航海術などの分野で傑出していたと唱えて、その再評価を強く促した。ただし、ディーの後半生については、「賢者の石や不老不死の霊薬の探求」に没頭していたことをテイラーはいちおう認めたうえで、同時に、メルカトルがディーと学問上の親交を結んだ事実を強調、「メルカトルの高潔な人格から判断するだけでも、妖術や降霊術に耽ったとの嫌疑をディーから晴らすのに十分であろう」という奇妙な論法を駆使する。[*27]

ジョンソンの場合は、ディーを十六世紀英国における「指折りの数学者」だと規定しつつ、「詐欺師エドワード・ケリーに騙されて、錬金術と水晶予言術に精力を傾けた」後半生のゆえに「科学者としての本当の業績」が霞んでしまったのだと総括した。[*28]

テイラーとジョンソンに共通するのは、前半生の傑出した科学者としてのディーと後半生の錬金術師、魔術師としてのディーを峻別すべきだという見解であろう。端的に要約すれば、前半生は評価に値するが、後半生は無視すべきだということになる。

他方、魔術的、オカルト的伝統を科学の発達と関連づけた八巻本の大冊『魔術と実験科学の歴史』(一九二三—五八)の著者リン・ソーンダイクの場合、テイラーやジョンソンとは意見を異にしていた。『魔術と実験科学の歴史』にディーの名前はたしかに散見されるのだが、ソーンダイクは、ディーは「あらゆる種類のオカルトにのめりこむ神秘的傾向」のゆえに「誤ったことを非常に多く信じた」から、理性的な科学者として信用するわけにはいかないとの断を下した。[*29]

結局のところ、科学者としてのディーと隠秘哲学者としてのディーを分離せずに統合したかたちで初めて捉えようとの試みがなされるのには、I・R・F・コールダーの『英国新プラトン主義者としてのジョン・ディー』(一九五二)まで待たねばならなかった。

十六世紀英国の科学的新プラトン主義が十七世紀における科学の発達に大きな寄与をしたという観点に立つコールダーは、ディーをその「典型的な例」だとみなす。[*30] タイプ原稿で千五百頁を超えるコールダーの浩瀚《こうかん》な博士論文は、徹底した資料調査に基づくが、しかし、その量のゆえにだろうか、未刊行のままにとどまり、残念ながら、成果は他の研究者たちにあまり伝わらないままに終わってしまった。

二十世紀においてディーの評価に劇的な変革をもたらした人物としては、わたしたちはまずフランセス・イェイツを筆頭に挙げねばならないだろう。そして、コールダーの論文の指導をおこなったのも他ならぬイェイツであった。

『記憶術』(一九六六)、『世界劇場』(一九六九)、『薔薇十字の啓蒙』(一九七二)、『シェイクスピア最後の劇』(一九七五)、『エリザベス朝のオカルト哲学』(一九七九)など一連の著作を通して、イェイツは、十六世紀の英国、そして大陸にあっては魔術、科学、哲学、文学、政治が混然一体となっていたと主張し、そういった知的風土のなかでディーが「聳《そび》えたつ存在」で、如何に影響力の大きな人物であるかを力説した。[*31]

イェイツにしたがえば、ディーは「ルネサンスの万能人」、エリザベス朝イングランドにおいて「最も重要な人物のひとり」であった。したがって、彼の世界観、「半ば魔術的でありながら十七世紀へと向かう」世界観を解明することは、「エリザベス朝のみならず、その時代が思想史のなかで占める位置」の理解に大きく資することになる。[*32]

イェイツによって提示された、ルネサンス期における先鋭的科学者にしてヘルメス哲学者としてのディー像、それが旧来のディー評価を大きく覆す力となったのは誰しも否定できまい。

従前は科学史、思想史の専門家のごく一部、そして、オカルティズム、魔術に傾倒する人々のみが関心を寄せるにすぎなかったディーという人物は、かくて、一九七〇年代には、エリザベス朝文化の中心人物のひとりとして大きな脚光を浴びるにいたった。かつ、それと並行して、イェイツを筆頭とするいわゆるヴァールブルク（ウォーバーグ）派の描く英国ルネサンス観が隆盛を極めることになる。今なお標準的研究書とされるピーター・フレンチの『ジョン・ディー――エリザベス朝の魔術師の世界』（一九七二）もまた、コールダーの業績に大幅に依拠しつつ、イェイツの描く知的巨人としてのディー像をなぞっている。[*33]

しかしながら、イェイツの著作、たとえば『薔薇十字の啓蒙』が、その刊行当時にクリストファー・ヒルなど著名な歴史学者によって賞賛を浴びたのは事実であるにせよ、他方、七〇年代前半においてすら一部の研究者から強い批判が向けられたのもたしかである。

たとえば、アシュモールやディーに造詣の深かったC・H・ジョステンは、イェイツが『薔薇十字の啓蒙』で展開した説、つまり、ヨハン・ヴァレンティン・アンドレーエの『化学の結婚』とディーの『象形文字のモナド』との密接な関係には、一片の証拠もないと強く否定、イェイツの「推測」を事実と受けとめないよう強く警告した。[*34]

こういった流れは次第に強くなり、たとえば、一九七九年には、ブライアン・ヴィカーズによる激烈な批判論文「フランセス・イェイツと歴史の記述」が登場した。ヴィカーズは、『薔薇十字の啓蒙』が憶測、推断、誇張によって歴史的事実を大きく歪めた書物だと断定――彼によれば、近代科学は薔薇十字運動に代表される魔術、オカルティズムを母体として出現したというイェイツの主張は、「砂上どころか空中の楼閣にすぎない」[35]。ヴィカーズは、この論文の五年後には、『ルネサンス期におけるオカルト的思考と科学的思考』を編集して、ヴァールブルク派のルネサンス思想の解釈に再び熾烈な批判を浴びせた[36]。

実際のところ、八〇年代半ば以降はイェイツの学説は学界では急速に支持を失っていき、ことディー研究に限定してみても、彼女を批判、否定する視点、あるいは、少なくとも距離をおいた立場から執筆された論文や書物が目につくようになる。最近ではそちらが圧倒的に多数派だといって過言ではなかろう[37]。

イェイツの英国ルネサンス観がもはや権威をもたなくなったことじたいは、本書の主題を外れるので、ここでは仔細にわたって触れない。ただし、ディーにのみ焦点を絞った場合でも、イェイツが精霊、天使との交信という部分を軽視あるいは避けて通ることで、ディー像を構築していたのは否定すべくもない。

というのは、イェイツがディーの精霊との交信と真剣に向き合うべきだと唱えはじめたのは、まとまった著作としては最後となった『エリザベス朝のオカルト哲学』（一九七九）においてにすぎない。しかも、そのときでさえ、ディーがアグリッパの影響下にあったという、既に『ジョルダノ・ブルーノとヘルメス学の伝統』（一九六四）で述べた簡略な意見を繰り返すにとどまっていた[38]。彼女が、もし、エリザベス朝イングランドで「最も重要な人物のひとり」という自説と齟齬《そご》をきたすという理由から、天使との交信活動への没頭という行為について論じるのを避けたとすれば、この点についてだけでも、彼女は残念ながら歴史的事実を歪めてしまったといえよう。

ディーの評価に際して精霊との交信を無視するのは危険だと指摘した最初の人物のひとりとして、ウェイン・シューメーカーがいる。『ルネサンスの奇書』（一九八二）において、彼は『精霊日誌』は「これまでほとんど論じられたことがない」と述べて、その研究の必要性を説いた[39]。

その後、一九八八年になって、アシュモールが入手に成功したものの数世紀のあいだ手稿のままにとどまっていた、『精霊日誌』未収録分の召喚記録が、クリストファー・ウィットビーによって『ジョン・ディーの精霊召喚作業記録』として翻字された。これには注釈、解説も施され、『精霊日誌』では不明だった点をかなりの程度まで明らかにする画期的な業績であった。[*40]

同年には、ニコラス・H・クルリーの『ジョン・ディーの自然哲学』も上梓された。この書物はイェイツによるルネサンス・オカルティズム解釈に疑義を提出する瞠目《どうもく》すべき労作で、ディーが多くをクザーヌスやロジャー・ベイコンに代表される中世的伝統に負うことを明らかにした。のみならず、天使との交信にも一章をあて、それをディーの思想的遍歴の最後に位置づけている。[*41]

そして、クルリーの堅実な研究成果を踏まえて、一九九〇年代末以降、ディーの精霊召喚作業を重視した幾つかの研究書や伝記がようやく刊行されるようになった。[*42] 要するに、ディーの精霊召喚作業について真摯な研究がなされはじめたのは、ごく近年のことに属する――つまり、『精霊日誌』の刊行から数えても、三百数十年という歳月を閲《けみ》した。とはいえ、『精霊日誌』の厳密な校訂版、注釈版すらいまだ実現を見ていないというのが現状である。

だが、ディーについて少しでも調べてみれば分かるように、精霊との交信をめぐってディーの遺した文書は、彼の全業績のなかで量的に突出する――とりわけ一五八〇年代にあっては、彼の内面生活はほとんど精霊との交信に占められていたといっても過言ではあるまい。後に詳しく見るように、この時期、彼は天使からの啓示にほとんどすべてを賭けていた。天使との交信を無視しては、如何なるディー像も描くことはできないのは自明であろう。

にもかかわらず、なぜ研究がかくも遅れてきたのか？

ディーのオカルティズムへの傾斜、没頭という側面じたいは、ここ半世紀ほどで、十六世紀から十七世紀にかけての「科学」の実相がようやく明らかになるにともなって、ある程度は理解が可能になってきたといえる。現在のわたしたちが科学、自然科学と呼ぶものと魔術、オカルティズムと呼ぶもの、それらは当時は混淆《こんこう》していた。分かりやすい例を挙げれば、ニュートンはおろかボイルにいたっても錬金術や魔術に強い関心を有していたことは今や周知の事実であろう。いいかたを換えると、一九三〇年代のE・G・R・テイラーのように、ディーが数学者でありながら隠秘哲学者であった事実について苦しい弁護をする必要を、わたしたちはもはや感じない。

しかしながら、ディーの場合、こういった理解も、あくまで、ある程度までにとどまる。なぜなら、ディーの後半生の活動、五十歳をすぎてから彼が超自然的存在との交信に傾注しはじめた莫大な精力は、魔術、オカルティズムへの深い関心、興味という月並な言葉ではとても括れないほどの過剰さを孕み、わたしたちの生半可な解釈を拒むからだ。

ディーの遺した魔術文書と向き合うとき、その内容と量の双方に、誰しもいったんはたじろぎ、茫然とするはずだ。妄想や狂気というラベルが長らく貼付けられてきたのも不思議ではない――そういった感を抱《いだ》かせるに足るものであるのはたしかだ。異様といっても構わないかもしれない。E・M・バトラーがかつて『精霊日誌』について「現物をじかに読むほかない物語」と呼んだのも、この消息を伝える。[*43]

では、その理由をわたしたちはディーという個人の資質に帰すべきなのか？　それとも、ルネサンス期の文化、世界観の根幹にかかわっており、十八世紀以降の近代西欧文化とは断絶しているからなのか？

ただし、異様と映るのは単に世界観を異にする現代の眼から見た偏見ではないとも思われる。他ならぬカソーボン、十七世紀を生きた彼が、『精霊日誌』を「その種のものとしては如何なる時代の如何なる書物にも匹敵するものはありえない」と断言していることが、ひとつの証左となろう。[*44]

いずれにせよ、天使との対話を仔細に調べれば調べるほど、単純あるいは図式的なディー像は瓦解していく。ある意味では、イェイツがこの側面をほぼ無視したのは、彼女としては当然の判断、戦略だったといえなくもない。

本書の主たる目的は、「自序」で記した通り、ジョン・ディーがエドワード・ケリーと共におこなった精霊召喚作業について語るということに尽きる。いうまでもなく、これは、ディーの全体像を提示する試み、あるいは、英国ルネサンス期の思想、文化においてディーを定位しようとする試みが、わたしの乏しい知識、能力を遥かに超えるという、ごく単純な理由によるところが大きい。

だが、同時に、首尾一貫した明瞭なディー像を描こうとする企ては、イェイツの場合に典型的なように、逆にディーの真の姿を歪めてしまうのではないかというのが、わたしの偽らざる実感でもある。以下、精霊召喚作業という限定された主題を扱っていくわけだが、その異様さをわたしたちにとって理解しやすい枠組のなかで安易に解消しないよう、常に心がけたつもりである。

ディーの後半生の魔術的活動を語るにあたって、わたしたちが資料として依拠するのは、まず何よりも『精霊日誌』である。

世間に奇書と銘うたれた書物は少なくないけれども、『精霊日誌』が真の意味でその名に値するごく稀なもののひとつであることは疑えない。細かな活字によって数百頁にもわたって埋め尽くされたフォリオ版の『精霊日誌』は、まず、その量において読者を圧倒するだろう。だが、解読を真に困難なものにしているのは、量ではなく、内容面の難解さである。難解である理由のひとつは、これが文字通りディーの私的な文書であって、公刊を考慮して書かれたものではないからである。註釈を施した版がいまなお存在しない以上、ディー、そして当時の魔術やオカルティズム全般についてのかなりの予備知識が必要とされよう。

また、『精霊日誌』の本文を読みはじめようとするとき、読者が面食らわざるをえないのは、何の前置き、文脈もなしに、いきなり精霊、エドワード・ケリー、ディーの繰り広げる長大な対話の只中に放り込まれる点だろう。カソーボンの編んだ『精霊日誌』は、実は召喚作業の記録としてはきわめて不完全なもので、たとえば、本書第一章で引用した、ケリーがディーの頼みに応じて初めて水晶の中に天使を視る場面は収録されていない。

ディーとケリーによる初期の召喚記録はアシュモールが入手した手稿群に含まれており、既に述べたように『ジョン・ディーの精霊召喚作業記録』で初めて活字となって、これによりわたしたちはようやく精霊との接触が如何にして開始されたのかを容易に知ることができるようになった(以下、同書は『召喚記録』と略記)。なお、一五八一年以降の召喚作業の記録全体はディーによって『神秘の書』と命名されており、『召喚記録』じたいは『神秘の書』第一書から始まって以下第五書まで続き、『精霊日誌』に先立つ約半年間のディーの魔術活動の実態を詳《つまび》らかにしている。[*45]

いっぽう、『精霊日誌』や『召喚記録』とは別に、ディーは日常の出来事を記した普通の日記を暦などの余白に書き込むというかたちで遺しており、こちらもアシュモールによって初めて発見された。この大半が、十九世紀になってから『ジョン・ディーの私的日録』の題名で活字化されている(以下、『日録』と略記)。[*46]『精霊日誌』、『召喚記録』と較べると量的には僅かとはいえ、これもわたしたちにとって不可欠の資料のひとつをなす。また、一九九八年に刊行されたエドワード・フェントンの編集になる『ジョン・ディーの日記』は、召喚作業記録全体と日記の双方の原手稿から新たに抄出翻字した労作で、『精霊日誌』、『召喚記録』、『日録』とは若干の異同があり、かつ、これのみに翻字された箇所も含まれるので、こちらも随時参照した。[*47]

本書では、以上を主たる資料として用い、さらに、必要に応じて、大英図書館《ブリティッシュ・ライブラリー》に保存されるディーの手稿群を参照した。図については、基本的には原手稿から採っている。[*48]

なお、ディーがケリーを通じて召喚に成功したと信じた超自然的存在を、本書では、精霊あるいは天使として言及しているが、その際に何ら区別はもうけていない。[*49]

オカルティズム、隠秘学、ヘルメス思想や魔術といった言葉も、特に必要がある場合を除いては、いずれもきわめて広義の意味で用いている。ことディーの生きた時代に話を限っても、両者の間に厳密な線を引くのは不可能であるからだ。ディー自身は「魔術(magik)」という言葉を嫌い、自分の隠秘学方面の活動をもっぱら「哲学的(philosophicall)研究」と呼んだ(*AWS*, 16)(本書第三章参照)。'philosophicall' という語はとりあえず「哲学的」と訳しておくしかないが、十六世紀英国にあって、philosophy や philosophical という語は現在より遥かに広範な意味をもっていた。場合によっては、この語は現在我々が自然科学と呼ぶもの全体を意味するいっぽうで、明確に錬金術の謂《いい》でも用いられていた事実に注意されたい。実際、ディー自身が錬金術に限定した意味で用いることもあった(本書第七章及び十三章参照)。[*50] そもそも、錬金術師たちが追い求めた「賢者の石」とは、ラテン語で lapis philosophorum、すなわち the stone of the philosophers に他ならない。

とまれ、ディーにとって、錬金術やオカルティズム、魔術は、神の創造した世界の本質を解明するための学であるという点で、いずれも等しく「哲学的研究」であった。したがって、彼が「渇望した真理」、つまり、世界の秘密、神の絶対的智識を開示してくれるはずの天使との交信は、ディーには当然ながら「哲学的研究」の一環をなしていた。というより、それを「哲学的研究」における最も重要な分野、あるいは最終、究極の段階とみなすにいたったというほうが正確かもしれない。

ところで、「哲学的研究」の道程の果てに、超自然的存在との接触を図るという考えがディーの脳裡に胚胎したのはいつごろになるのであろうか?

本書第一章で引いたように、ユークリッドの『幾何学原論』英訳書に付された「数学に関する序文」において、ディーは、自分に対する「地獄の犬の仲間、邪悪で呪われた霊の召喚者」という非難に怒り、自分を「キリスト教を奉じる謙虚な哲学者」だと規定している。この「哲学者」という語がどのような意味で用いられたにせよ、序文が上梓された一五七〇年、このとき四十三歳であったディーの主たる関心は、既にいわゆるヘルメス的、あるいはオカルト的研究に移行していたものと推定される。

ディーがカバラ、数秘術、錬金術などへの傾斜を鮮明にしたのは、一五六四年に刊行された『象形文字のモナド』においてであるが、最初の著書『箴言《しんげん》による占星術序論』(一五五八)のなかで早くも錬金術への言及がおこなわれた。[*51] さらに、『モナド』刊行後の一五六〇年代後半からは、書物を通しての机上の思弁作業にとどまらず、錬金術の実践段階にまで突入し、かなりの進捗を見ていたのである。[*52]

けれども、絶対的真理の探求に身を焦がすあまり、ディーは次第に錬金の作業の彼方に存在する薄明の領域、後世からは「恐るべき迷妄」と呼ばれることになる世界へと突き進んだとおぼしい。あるいは、錬金術の最終目標を果たすためには、地上の智識では足らぬと悟り、天界より直接に授けられる智識を渇望したともいえよう。『日録』に目を通していくと、遅くとも一五八一年春の時点で、ディーの内面で何か大きな変化が起こっていたことが明瞭に窺える。

たとえば、三月八日には、彼はこう記す。

> 私の部屋でノックするような不思議な音。そして、十回繰り返し発せられた声——梟《ふくろう》の叫びに幾分似てはいるが、もっと長く引き伸ばされ、またもっと柔らかくて、まるで部屋のなかにいるようだ。(*PD*, 11)

これはいったい何なのか。

近代スピリチュアリズムでいうラップ音との類似は明らかであろう。この現象は一度限りのものではなく、同年八月三日及び四日の項にも、それぞれ「夜通し、私の部屋でノックしたり叩いたりする不思議な音」、「今夜も似たような現象」という記載が見出せる(*PD*, 12)。ディーは説明を一切与えていないけれども、彼が不可視の霊的世界と接触をもちつつあると信じていた印象はきわめて強い。

そして、不思議な音が最初に聞こえてから一カ月半後の五月二十五日、わたしたちはディーの唐突な記述に出くわす——「私に与えられた『水晶』の中に幻影《サイト》、そして、私は視た」[*53](*PD*, 11)。

第三章「水晶の中の幻影」

水晶のなかに顕現する幻影、幻像を見る——こういった霊的技法が世界各地に存在するのはいうまでもない。その歴史は疑いなく太古にまで遡《さかのぼ》れるだろうし、さらに、その起源は水や鏡などを用いる技法と交錯している。たとえば、容器に湛えた水を使う最古の例のひとつは旧約聖書の『創世記』四四章五節に見出すことができ、そこでは「銀の杯《さかずき》」が卜占《ぼくせん》に用いる道具として言及される。[*1]

杯、水盤、鏡、水晶のみならず、反射する像さえ得られるならば、多様なものが導入されたとおぼしく、現代のわれわれにとっていささか意表をつかれるものとしては爪がある。英国中世の学僧ソールズベリのジョンが、その著『ポリクラティクス』において回想するところでは、少年時代の彼の教師役を務めた聖職者はこの種の占術、「冒瀆的な術」に耽っており、水盤のみならず、聖油を塗って光沢をつけた爪の表面も用いて、ジョンともうひとりの生徒の両者にヴィジョンを視るよう命じたという。[*2]

ディーの生きていた十六世紀英国にあっては、こういった技法は一般にスクライング(scrying)と呼ばれた。ただし、水の場合はハイドロマンシー(hydromancy)、鏡の場合はキャトプトロマンシー(catoptromancy)、水晶の場合はクリスタロマンシー(crystallomancy)と厳密に区別する語も存在する。[*3]

十五世紀から十七世紀にかけての西欧で最も広くおこなわれた、あるいは知られていたのは、おそらく鏡を使うキャトプトロマンシーで、魔術的な力をもつ鏡は、スペンサーの『妖精女王』やシェイクスピアの『以尺報尺』といった文学作品にも登場する。[*4]十七世紀フランスの学者、好古家ジュール・セザール・ブーランジェは、キャトプトロマンシーについて、「水を一杯に張った盆に一枚の鏡」を置き、「純潔な少年、もしくは、九ヶ月に達していない妊婦」を見者として用いて、鏡のなかにヴィジョンを視させるのだと説明した。[*5]ただし、これは、水も使っているから、厳密にいうならば、ハイドロマンシーと混淆《こんこう》した形態になるのかもしれない。

いっぽう、クリスタロマンシーについては、たとえば、ジョン・オーブリが、『雑纂《ざつさん》』(一六九六)のなかの「緑柱石あるいは水晶の中のヴィジョン」と題する章で、幾つかの事例を紹介している。緑柱石を用いた例では、精霊あるいは天使のヴィジョンが出現する。また、ヘレフォードシャの某呉服屋は、しばしば商品を盗まれたので、その際には、少年か少女に水晶の中を凝視させて、犯人の人相風体を得たという。[*6]オーブリは他にも童貞あるいは処女がヴィジョンを視る役を果たす例を挙げており、ソールズベリのジョンやブーランジェの場合もそうであったように、見者として少年、少女を用いるのが、古代このかた一般的なやりかたであった。古代ギリシャにおけるハイドロマンシーなどでも童貞の少年が見者として用いられた。[*7]

ところで、キャトプトロマンシーにおいては、見者は鏡の裡《うち》に直接的なヴィジョンを視るのがおそらく通例であったようだ。つまり、仮に遠く離れた場所にいる恋人の様子が知りたいとするならば、鏡のなかにその恋人の姿が立ち現れてくる。いっぽう、これに比して、水晶を用いるクリスタロマンシーでは、水晶のなかに精霊や天使の姿がまず出現し、見者の発する問いに答えることも珍しくなかったようだ。

英国におけるクリスタロマンシーの最古の記録のひとつとされるのは、一四六七年、ヨークシャのウムウェルという町で異端の罪に問われたウィリアム・ビッグなる人物がおこなった陳述である。

ビッグは、ウムウェルにやってきてから、水晶を用いる術を頻繁におこなったという。すべて盗難品や紛失品を探し出してほしいとの依頼を受けてのことであって、顧客には身分の高い人々も含まれていた。

ビッグによれば、椅子に座らせた十二歳に満たない少年の手に水晶を持たせ、まず、「我らが父よ《パーテル・ノステル》、アヴェ・マリア、わたしは信じます《クレド》」と唱えさせる。さらに、少年に指示を与えて、

「イエス・キリストよ、あなたの右手より三人の天使をお遣わしになって、わたしたちの問いすべてに真実をお答えください」という言葉をいわせた。それから、被告［ビッグ］の供述に従えば、少年に水晶を凝視させて何か見えるか訊ね、見えるようなら詳細を告げさせた。被告のいうところでは、少年が水晶のなかに盗品あるいは盗人の姿そのものを見ることもあれば、ひとりあるいはふたりの天使の姿を見ることもあったが、天使の数はふたりを超えなかった。天使が現れた場合には、被告は、「救いの天使よ——主なる神、その聖なる名前、処女マリアにかけて、おまえに命じる——わたしたちの発する問いに真実のみを告げよ。虚言をいっさい交えず率直に、そして、わたしやこの場に居合わせる者に危害がないように告げよ」と唱えてから、少年に天使に対して質問をさせた[*8]。

この例からも窺えるように、クリスタロマンシーでは、直接的なヴィジョンが得られるだけでなく、天使や精霊の召喚がごく普通であったように思われる。

さらに、クリスタロマンシーをおこなうにあたっては、通常、少なくともふたりの人物、つまり、術を司《つかさど》る者と水晶のなかにヴィジョンを見る少年などの見者あるいは霊媒の双方が必要であったことも確認できる。特に後者をスクライアー（scryer）と呼ぶ。そして、術を司る者の眼にはヴィジョンが映っていないことには注意されたい。

ビッグの事例からおよそ八十年後の一五四九年、ウィリアム・ウィチャリーなる人物が精霊召喚の廉《かど》で取り調べられ、その証言が残っている。彼も、ビッグと同じく、盗品の探索を引き受けて、スクライアーを用いたクリ

スタロマンシーをおこなった。この事例で興味深いのは、スクライングの際に、彼が「ベイロ」や「スキャリオット」という名の特定の精霊を呼び出していた点であろう。前者について、ウィチャリー自身は「東方あるいは北方の精霊」とみなした。彼はまた「同業者」の活動についても触れ、「水晶を用い、毎日出歩いて宝を求めて掘っている」人物などについて語る。[*9]

以上の例から推すと、スクライングのなかでもとりわけクリスタロマンシーは、盗難品、紛失品、宝探しのために用いられた技術という側面をもつ。換言すれば、村の占い師《カニング・マン》などの使う非常に実用的で「俗」な霊的技法でもあるということだ。本邦でいえば、失せもの探しを得意とするような民間の行者、巫覡《ふげき》のおこなう術にあたろう。

とはいえ、他方ソールズベリのジョンの回想からも明らかなように、中世以降、教会内部の聖職者も含めて、教養があり身分の高い層において、霊的存在を呼び出す魔術は確実に実践されていた。[*10]

たとえば、先に挙げたウィチャリーは、「同業者」のひとりとして、「宝や盗品の発見のために精霊を召喚」する「聖職者にして現在はダラムの貴金属検査官」などを実名で挙げた。聖職者は他にもう一名言及されているが、これはさほど例外的ではなかったらしく、一五三〇年代には水晶を用いて宝捜しをおこなっているとの疑いで捕縛された聖職者の記録が見出せる。[*11]

ディー自身は基本的には魔術《マジツク》という語を忌避したが、それはこの語が一般には死霊召喚術《ネクロマンシー》(necromancy)などと結びつけられ、瀆神《とくしん》的な響きをもったからであろう。ネクロマンシーは語源的には死者(nekroi)の霊を召喚しておこなう占術(mantia)の謂《いい》であるが、死者の霊と称して現れるのは悪霊に他ならないというキリスト教的解釈から、精霊召喚魔術全般を指す場合にも広く用いられた。[*12] しかし、ディーは自分が「神の聖なる天使」を召喚していることを疑わず、異端の所業とは全く無縁だと信じたのである。なお、死霊召喚術以外に、邪霊召喚術《ガウイテイ》(goetry)や善霊召喚術《シアージイ》(theurgy)なる言葉も存在した。高次の霊的存在を呼び出す術について、聖アウグスティヌスは、『神の国』において、まやかしで危険なものだと全面的に否定して、紀元三世紀の新プラトン派哲学者ポルフュリオスを論難したが、その際には theurgy の語源である theurgia という語が使われた。[*13]

さて、中世以降に流布した精霊召喚魔術の手引書、魔術指南書《グリモワール》として有名なもののひとつに、『聖なる書あるいは誓いの書』がある。著者は「テーバイのホノリウス」を自称する人物で、そのため、同書はしばしば『ホノリウスの誓いの書』とも呼ばれるが、天使あるいは精霊を召喚する術を伝授する。[*14] 執筆年代は十三世紀頃と推測されるが、ディーは同書の写本（十四世紀）を所有していた。彼は疑いなく中世の儀礼魔術の伝統をも継承していたのであって、この点は強調しておくべきであろう。この写本は後にベン・ジョンソンが入手して、現在は大英図書館に架蔵される。[*15]

中世に起源をもつ魔術書としては、『誓いの書』以外に、たとえば、ソロモンに由来すると称された『印形術《アルス・ノトリア》』（十二世紀後半か十三世紀初頭）も挙げられよう。さらに、少し時代を下ると、『ソロモンの鍵』（十四世紀か十五世紀頃）や『ミュンヘンの手引書』（十五世紀）などのグリモワールが知られるが、こういった時代のグリモワールの一部では鏡や「石」、爪などによるスクライングが用いられた。[*16]

しかしながら、十六世紀以降で、世界の秘められた奥義を探ろうとする知識人たちに甚大な影響を与えたのは、何といってもドイツのハインリッヒ・コルネリウス・アグリッパの著作であろう。彼の代表的著書『隠秘哲学』三部作は、一五一〇年頃に脱稿、刊本としては一五三三年に上梓された。[*17] 同書は、キリスト教神学、自然科学、そして、魔術、降霊術、カバラ、錬金術、数秘術、言霊術、占星術などの様々な秘教を統合再編した大部なものであった。当然のことながらディーはその刊本を所蔵しており、内容にも通暁していた。[*18] そして、次章で見るように、ディーが天使たちから教示された智識の一部は明らかに『隠秘《いんぴ》哲学』との類似あるいは「影響」を示す。

また、十六世紀後半のイングランドで精霊召喚の実践を通じて高次の知識の入手を目指したのは、決してディーひとりにとどまらない。たとえば、占星術師、医者として知られたサイモン・フォーマンの事例があり、彼もまた水晶を用いたスクライングに手を染めていた。フォーマンは、一五八七年に「魔術《マジック》を実践」、一五八八年には「死霊召喚術《ネクロマンシー》を開始して、天使や精霊を召喚しはじめた」と記しており、この際にスクライアーを雇った。[19]

ただし、この時代においては、精霊召喚をおこなって、それが露見すれば危うい状況に追い込まれたのはいうまでもない。一五六三年及び一六〇四年に成立した妖術や巫術を禁ずる法令については、既に第一章で触れた通りである。それらの先蹤《せんしょう》をなす一五四二年の禁止令では、水晶については特に言及されないものの、「精霊を召喚する術を不法に案出かつ実践」し、「どのような場所の地中あるいは秘められた地点で金銀の財宝が得られるか」が分かると唱える邪《よこしま》な輩《やから》が指弾される。[20]十五世紀におけるビッグの事例でも、本人は天使を呼び出すと称したようだが、陳述の末尾では、水晶のなかに現れたのは天使ではなく邪霊だと司直の側から認めさせられた。また、一五九〇年には、魔術あるいは巫術の儀礼において悪魔《セイタン》と書かれた水晶が用いられた事例まで報告されている。[21]

このあたりで、ディーの『日録』の一五八一年五月二十五日の記述、「私に与えられた『水晶』の中に幻影、そして、私は視た」に立ち戻りたい。これはそのまま受け取るならば、ディー自身がスクライアーとなって水晶を用いたことを示すだろう。

何を視たかについては本人が沈黙している以上、あくまで推測の域にとどまらざるをえないが、クリスタロマンシーと精霊召喚との密接な結びつきを考えれば、ディーが水晶のなかに精霊あるいは天使を視たとしても不思議ではあるまい。[22]ただし、ディーがヴィジョンを視たのはきわめて例外的なことに属し、他には僅か一回のみ記録されたにとどまる(本書第十四章参照)。後に自身が語るように、博士はもっぱら「信仰と想像力によってのみ」天使の姿を視た(*TFR*, 31)。

図版：ジョン・ディーが所蔵していたと称される鏡、水晶球、「神の印章」など【3A】

ところで、ディーがスクライングに着手したのはどうやら一五八一年五月ではなかったようだ。なぜなら、『精霊日誌』に先行する『召喚記録』の前書きには、「一五七九年以降、通常はこの方法[＝スクライング]でおこなってきた」、「一五六九年頃は、別の特別な方法にて」(*AWS*, 6)との条《くだ》りが見出せるからだ。これを信ずるならば、ディーは既に一五七九年の時点から水晶を用いて天使との接触を試みていた。

実際、ディーの『日録』の一五七九年六月二十二日の項には、「水晶透視者たちは作業をおこなった」との短い記載が見られ(*DD*, 5)、その透視者たち、つまりスクライアーのひとりはバーソロミュー・ヒックマンという青年であったとおぼしい。ヒックマンはウォリックシャ出身、一五五四年八月生まれなので(*PD*, 1)、当時はほぼ二十五歳であった。[*23] ちなみに、この人物はディーの晩年にもういちど姿を現すことになる(本書第十六章参照)。『召喚記録』に収められたスクライングの詳細な記述は、時間的には一五八一年十二月より始まるが、それに付した前書きで、ディーは「全智全能の神」に呼びかけて、次のように語る。

若い頃から、私は純粋にして全き叡知、自然界並びに人界両面の真理に対する理解を賜るよう御身[神]に向かって祈って参りました。世界という枠組の裡に賦与された御身の叡智、偉大さ、力が、私に許された才能の下に豊かにもたらされんことを願ってのことでございます。[中略]このような根源的真理を仄《ほの》かにでも示す輝きを発見すべく、これまで多年に亙《わた》り、遠近様々な場所において、幾多もの言語で書かれた幾多もの書物を探求、熟読し、数多の人々と会見し、理性の力をもって苦闘してまいりましたが、しかし、つまるところ、あらゆる努力にもかかわらず、そういった叡智を獲得するには、俗なる学派、教説あるいは人間の発見したものでは決して叶わず、御身から下される超越的な賜物を通して以外にはありえぬと悟った次第です。

(*AWS*, 8)

当時にあっては「自然哲学者」つまり科学者としての名声を得ていたディーだが、しかしながら、彼は、結局のところ、後半生にいたって、「根源的真理」を見出すために、自然現象の徹底的観察や科学的実験の反復から真理へと接近する方法、すなわち近代科学への道を選ぶことはせずに、「魔術」へと全面的に退行したかのごとくである。

ただし、これはあくまで現代の観点からの解釈にすぎず、彼自身としては、「科学」の本道を踏み外したという意識はなかったのかもしれない。

『幾何学原論』英訳本に寄せた「数学に関する序文」（一五七〇）のなかで、ディーは 'Archemastrie' を至高の学問として称揚した。これは普通には応用諸科学に関する高度な専門知識という謂の言葉であるが、ディーはそれを 'Scientia Experimentalis' あるいは 'Experimentall Science' とも呼ぶ。[*24]

したがって、この語は近代的な「実験科学」を意味するという解釈も可能で、実際、そういった解釈に従って、ディーを近代科学の祖のひとりとする説が唱えられてきた。だが、実際のところ、彼が高く評価した Archemastrie とは近現代の実験科学という概念とは縁遠いものであったのかもしれない。

というのは、ディーは、Archemastrie を「光学(Optical Science)」と関連づけるのだが、これは現在の意味の光学とは異なり、ロジャー・ベイコンやアラビアの学者アルテフィウスなどに遡る、鏡などを用いた予言、占いの技術を意味すると思われるからだ。[*25]

以上のようなコンテクストからすると、ディーは、精霊召喚にあたって特にクリスタロマンシーを真理を獲得する手段として選んだとき、中世の儀礼魔術、降霊術を参照しつつも、同時に中世の「実験科学」の技法、つまり Archemastrie を踏襲したともいえよう。

先に触れた一五六九年頃の「別の特別な方法」については何を指すのか不明だが、この時期に「数学に関する序文」が執筆された事実からすると、それもやはり一種の中世的「光学」であったのだろうか。[*26]

ちなみに、ゲーテが『色彩論』歴史篇（一八一〇）でロジャー・ベイコンを論じた際に、以下のように述べているのは示唆に富む。

迷信と普通呼ばれているものの大半は、数学の誤った使用から生まれている。そのため数学者という呼び名すら幻術師や占星術師という呼び名と同じものとみなされた。さまざまの事物の表徴、手相術、占卜術《せんぼくじゅつ》、さらには悪魔祓いの呪文にみられる表徴を思い起こしてもらいたい。こうした奇怪なものは、あらゆる科学のうちで最も明晰な数学からその見苦しい外観を、最も精密な科学からその混乱した状態を付与されている。*27

ただし、迷信とは「誤った手段」を用いるにせよ「真の欲求」と深く関わっているとも指摘して、ゲーテは魔術やオカルティズムを一方的に非難断罪する立場をとってはいない。

とまれ、絶対的叡智への癒しがたい欲望ゆえに、ディーは水晶のなかに姿を現す超自然的存在との交信実験へと本格的に踏み込んでいった。

一五八一年十二月の時点では、一五七九年六月と同じように、ディーは別途にスクライアーを用いた。八一年五月における、自らが単独で水晶のなかに天使を視るという試みは、おそらく期待したような成果を上げることができずに終わり、結局はクリスタロマンシーの通常の作法に立ち返ることに決めたのであろう。

この折のスクライアーはバーナバス・ソールという。彼の履歴についてはほとんど何も分かっていない。年齢すら不明である。ともかく、彼の名前が『日録』に初めて登場するのは一五八一年十月八日、そして、その翌日に博士はこう書き記す——「広間に寝ていたバーナバス・ソールは、真夜中頃、霊的存在によって悩まされた」

(*PD*, 13)。したがって、このときからソールを用いてのスクライングは既に始まっていたのかもしれない。[*28]

ディーは、「優れた見者」、「水晶の裡に、あるいは空中に霊的存在の姿を見るスクライアー」としてのソールの資質に当初は大きな期待をかけており(*AWS*, 10)、作業は定期的に続けられたものと推測されるが、ただし、残存する一五八一年十二月の僅かな記録から判断すると、ふたりの関係はうまくいかず、かつ、成果も乏しかったようだ。そして、半年後の一五八二年三月一日にはこの作業は頓挫をきたすこととなる。というのは、ソールが自分は「もはや如何なる霊的存在の姿を見ることも声を聞くこともできない」(*PD*, 14)と博士に告白したからである。

そして、この失敗したスクライアーと入れ換わりに後釜に座ったのが、一五八四年夏、プラハにディーと共に姿を現したエドワード・ケリーに他ならない。

ソールの告白直後の一五八二年三月八日、九日の両日に、当時はタルボット姓を名乗っていたケリーは、モートレイクのディー宅を友人と共に訪れて、ソールが働いたという数々の不実な行為を暴露した。のみならず、ソールがディーを誹謗した「事実」を、自分は「霊的存在から教えられた」(*PD*, 15)と告げる。それ以前にディーとケリーの間に面識があったという痕跡はまったくないにもかかわらず、博士はこの未知の青年に強い印象を受けて、早くも十日には、ケリーをスクライアーとする天使の召喚作業が開始された。[*29] その一部は既に第一章で引いたが、ディーとケリーによる最初のスクライングの模様は、以下のように『召喚記録』において書き留められている。

エドワード・タルボット氏なる人物が拙宅を訊ねてきた。彼は霊的行法による幻視、示顕に意欲満々で、私自身にもそれに手を染めさせんばかりの勢いであったが、私は辞退した。なぜなら、俗に魔術《マジック》と呼びならわされるものの研究実践をおこなったことはないからである。しかしながら、神の聖なる天使たちと親しく交わり教示を乞うて哲学的《フイロソフイカル》研究の助けを得たいと長らく願ってきたのだと、私は告白した。それから、台座に据えた私の石(これはとある友人から与えられた)を彼の前に持ち出して、この石が(ある方法に従えば)善なる天使たちを呼び出せるという信頼すべき話を聞いていると告げた。さらに、某水晶透視能力者が、かつて私に対して、善天使アンカー(Anchor)をこの石のなかに姿を現すべく召喚するように示唆した旨を話した。そして、タルボット氏にアンカーを、さらに(氏が望むなら)やはり善天使とみなされるアナカー(Anachor)とアニロス(Anilos)も同様に呼び出すよう頼んだ。[中略]氏は早速召喚作業《アクション》に取りかかった。私の机の前で跪《ひざまず》くと(石を面前に置き)祈禱、祈願などをはじめたのである。その間、私も弁を揮《ふる》って、この召喚作業がうまくいくよう、神とその善なる天使たちに乞い願った。十五分、あるいはそれほども経たぬうちに、タルボット氏は石の裡にひとりの天使のヴィジョンを得た。*30

(*AWS*, 16–17)

こうして水晶のなかに現れた天使は、タルボット=ケリーによれば、アンカー、アナカー、アニロスのうちのひとりであるはずで、他のふたりの天使たちも追って出てくるにちがいないという。ディーはここで水晶に近寄り、名前を教えるよう天使に請うた。すると、水晶のなかの存在は、

(E・T[エドワード・タルボット]の耳に)自分の名前はウリエルだと明瞭に述べた。
「あなたは」と、わたし、すなわちジョン・ディーは問うた――「この「石」に(然るべき規則を遵守すれば)応答する存在のひとりなのか?」
ウリエル「然り」
Δ　[ディー]「あなたの他にもいるのか」
VR　[ウリエル]「ミカエルとラファエルだ。ただし、ミカエルがわたしたちの仕事の指導者である」*

Δ　「わたしの所蔵する『ソイガの書』は価値あるものなのか?」
VR　「その書は、神の善なる天使たちによって、楽園にいたアダムに啓示された」＊
Δ　「『ソイガの書』の「表《テーブル》」の読みかたを教えてくれまいか?」
VR　「わたしにも教えてはやれる。だが、ミカエルだけがあの書を解釈できるのだ」＊[＊31]　(AWS, 17)

ここに出てくるギリシャ文字のΔ(デルタ)は、ディーが召喚作業記録のすべてにおいて自分の名前の略号として用いている。ラテン文字のDと対応するからだ。[＊32] いっぽう、VRはウリエル(Uriel)を表す。「(E・Tの耳に)」という箇所には注目されたい。ディーがウリエルを自称する存在の声を直接に聞くのではない。水晶のなかの天使たちとディーの対話、接触は、既に概観したようなクリスタロマンシーの一般的な技法に従って、すべてケリーというスクライアーを介して間接的におこなわれているのだ。したがって、いうまでもなくディーの眼にはウリエルの姿も映ってはいない。

ところで、ディーが所蔵するという『ソイガの書』とはいったい何か?

ディーの助手のひとりの証言によれば、この写本を手に入れるのに、博士は六百ポンドという当時としては驚くべき大貨を投じたらしい。[＊33] 十七世紀末まではディー旧蔵写本とおぼしきものの存在が英国内で確認されているが、その後、行方不明となり、占星術か魔術関係の書物であるということを除き、内容についてはまったく分からなかった。『日録』でも幾度か言及され、ディーは「アラビアの書」とも呼んだ。[＊34]

だが、二十世紀も終わろうとする一九九〇年代半ばになって、『ソイガの書』の写本二種がそれぞれ大英図書館及びオックスフォードのボードリアン図書館に人知れず眠っていたことが判明したのであった。このうち、大英図書館のものがおそらくディーの旧蔵本である。[＊35]

『ソイガの書』の内容、特にディーがこだわっていたその「表《テーブル》」については、後に詳しく考察する必要が生じるだろうが(本書第九章参照)、ここでさしあたり重要なのは、ウリエルの答え、すなわち、同書が「神の善なる天使たちによって楽園にいたアダムに啓示された」という言葉である。

いうまでもなく、人類の祖アダムは神あるいは天使と直接に交渉をもったのであり、ディーの渇望してきた絶対的智識とは、つまるところ、アダムが神から与えられたにもかかわらず、現在の人類からは失われてしまった始源の智識に他ならない。博士が莫大な金を『ソイガの書』の購入に費やしたのも、そういった種類の智識の残存物を求めてのことだったのだが、しかし、同書はディーの理解を拒んだ。かくて、『ソイガの書』も含めて「幾多もの書物を探求、熟読」し「あらゆる努力」をおこなった末に彼が辿りついたのは、天使との接触という手段によってしか絶対的な叡智は開示されないという認識に他ならなかった。

実際、先に引いた『召喚記録』の前書きのなかで、天界よりの直接的な啓示について、ディーは、神と「じかに接した」エノクの名前を挙げ、さらに、神が「善なる天使たちを遣わした」者としてアブラハム、イサク、ヤコブ、ヨシュアなどについても言及、「古えに祭祀の司たちが用いた『見霊石』」に触れる(*AWS*, 8–9)。これは『出エジプト記』二十八章における胸碑《むねあて》などの記述を踏まえるのだろう。ともあれ、聖書に記されているように、太古では、アダム以降も、エノクなどの人間が神と直接に——あるいは天使を介して——交信したのであり、ディーの観点からすれば、神の遺いを通じてアダムの獲得した智識を再び入手することは、彼の生きる十六世紀においても決して不可能ではないはずで、かつまた瀆神の行為ではありえなかった。したがって、ウリエルの言葉を聞いたとき、ディーは興奮を禁じえなかったにちがいない。

さて、『ソイガの書』を解読するのが「長年にわたる自分の大いなる願い」だと繰り返す博士に対して、ウリエルは、ミカエルこそが博士の願いをかなえてくれる存在、「おまえの途《みち》を照らしてくれる天使」との答えを繰り返し、やがて、ふたりの問答はミカエルの召喚方法をめぐるものに移っていく。その後、ケリーはやがて水晶のなかにひとつの図形が浮かびあがるのを見る(図版 3B)。

ウリエルの説明によれば、この図形を金に刻印したものを胸に帯びれば、「あらゆる場所、時、機会に肉体を護ってくれる」という。[*36]

召喚作業に用いるべき台、「聖なる台座《ホーリー・テーブル》」についても指示が与えられ、その大きさは「縦横二キュービットの正方形」(*AWS*, 21)、「高さも二キュービット」(*AWS*, 22)だとウリエルは語るが、ただし、約一年後の一五八三年四月二十八日、最初の説明には誤りがあったということになって、天使から新たに細かな修正が加えられる(*AWS*, 352ff)。

さらに、「聖なる台座」の上に据えるべきものとして「神の印章《シギルム・デイ》(Sigillum Dei)」があり、それについてはこのような解説がなされる(図版３C)。

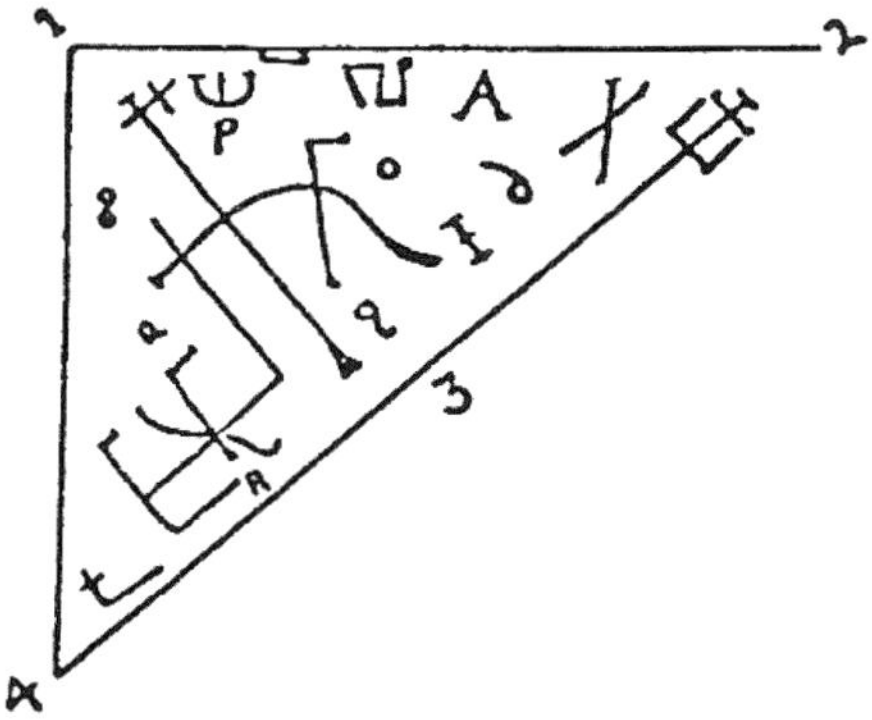

図版：護符【3B】
© The British Library Board, Sloane 3188, fol. 9v

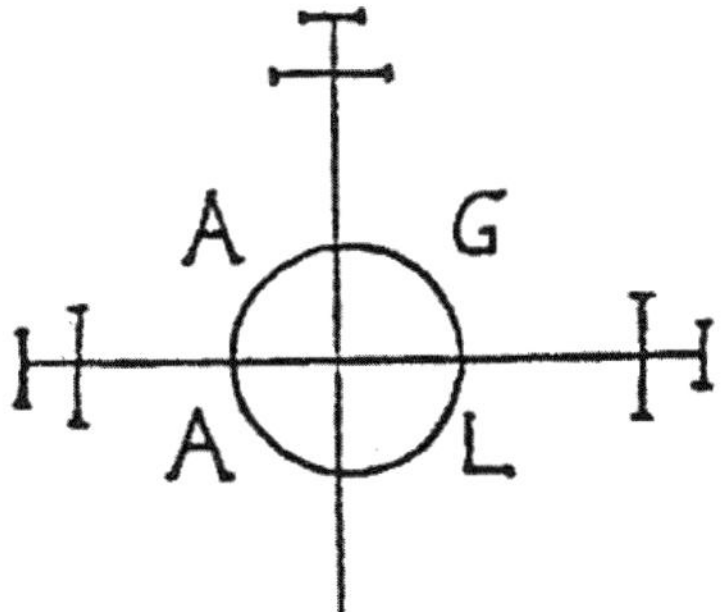

図版：「神の印章」背面の刻印【3C】
© The British Library Board, Sloane 3188, fol. 10r

VR「この印章は完全な蜜臘で造られねばならぬ。「完全」とは、きれいに清められたものの謂だ。色は問わない。直径九インチ、したがって円周は二十七インチを少し越え、厚みは一・一二五インチ強でなければならぬ。そして、その背面には、以下の如き十字が刻まれなければならぬ。[*37]

(*AWS*, 21)

この図に記されたA A G Lは左上から時計廻りにアグラ(AGLA)と読むべきもので、ヘブライ語の「主よ、あなたは永遠に強大である」をラテン文字で表記した‘Atha Gebir Leilam Adonai’の頭文字からなっており、中世及びルネサンス期に聖なる力の謂で広く用いられた。[*38] なお、ウリエルはなにゆえか「神の印章」の表面の刻印について既にディーが知悉《ちしつ》している前提で語るのだが、後日あらためて説明指示が下されるので、これは次章で扱う。

結局のところ、このケリーとの最初のスクライングの試みは、ランドラムガファ(Lundrumguffa)という名の悪霊がディーを破滅させるべく取り憑いているから、それを追い払えとのウリエルの不吉な命令で閉じられるにいたった(*AWS*, 24)。

このようにして、以降およそ八年間に亙って続くディーとケリー、そして、天使との共同作業は幕を開けた。そのとき、ディー博士は既に五十四歳、いっぽう、ケリーは二十六歳である。一五八一年十二月分のソールを用いた僅かな記録と比較するとき、ケリーによる最初のスクライングがこの初回の試みだけでも驚くほど豊かな情報を含んでいるのは明瞭で、ディーは、懐疑心、警戒心を抱《いだ》きつつも、新たなスクライアーとの作業に大きな期待をかけたことだろう。ケリーを媒介として、自分は遂に第二のエノクとなれるかもしれない……。

だが、博士は、そして、おそらくはケリーも、この時点ではまだ夢想だにしていなかっただろう——水晶のなかに顕現して天使を名乗る存在が、今後どれほど膨大で複雑な通信を送ってくるのか、さらに、その存在に操られて、自分たちの未来がどれほど大きく変転するのかを。

第四章　「七の神秘なる統治」

一五八二年三月十日に最初のスクライングをおこなったディーとケリーは、以降、同月十一日、十四日、十五日、十九日、二十日、二十一日と、ほぼ間をおかずに連続して召喚作業を実行していく。一回毎の内容を具《つぶ》さに紹介するのはもちろん不可能だが、長時間に及んだ三月二十日及び二十一日の作業は、密度、内容においてとりわけ瞠目《どうもく》すべきものがあるので、その一部にだけでも焦点を当てて仔細に眺めてみることにしたい。

三月二十日には、天使はウリエルだけでなくミカエルも出現した。後者は「七つの籠」を運んできて、それを手に取ると、

Δ　「金を打ち延ばして作られたような天蓋の縁に吊り下げた」

Mi　［ミカエル］「見よ、これは神秘である。イスラエルの神に祝福あれ」

Δ　「彼は天蓋を広げた、あるいは伸ばしたので、そのために全世界（天も地も石［水晶］のなかにあるようだった）を覆うように見え、スクライアー［ケリー］の眼には今や天は映らなかった。そして、七つの籠は、等距離で地平線の端に吊り下がっているように見えた」

（*AWS*, 67–68）

続いて、ミカエルは、Galas, Gethog, Thaoth, Horlwn, Innon, Anoth, Galethog という七つの聖なる天使の名前を開示する(*AWS*, 68–69)。その後、地平線に浮かぶ籠のうち、東側にある籠がミカエルの許《もと》に飛来して、ミカエルがそれを開くと、炎が吹き出す——

Δ　「そして、彼[ミカエル]は炎から鳩のような白い鳥を取り出した。鳥の胸には七本の羽根があり、最初の羽根——左側のもの——には  の字が書かれている」

Mi　「心せよ。七には神秘が秘められている、すなわち、七は地を統《す》べる七を統べる。ハレルヤ」

Mi　「文字を書き取れ」

Δ　「第二の羽根には小文字の l《エル》が記されている」　(*AWS*, 70–71)

さらに、第三の羽根に記されたのは同じく小文字のl、そして、第四以下はそれぞれ大文字のR、大文字のH、小文字のi、小文字のaと、順に七つの文字が開示される。つまり、zllRHia という文字群が得られたことになろう。

Δ　「彼[ミカエル]は鳥を籠に戻し、傍らに置いた[中略]それから手を伸ばすと、第二の籠が飛来する。彼は白い鳥——さきほどの鳥よりかなり大きく、白鳥くらい——を取り出し、この鳥も胸に七本の羽根をもつ」　(*AWS*, 71)

第一の鳥と同じように七つの文字が読み取られ、以下、第三から第七の籠までほぼ同じ手順が繰り返されていく。第三から第七の籠の中より出現する動物は、順に「草のような緑色の」孔雀、「真鍮のような鱗をもち、炎の

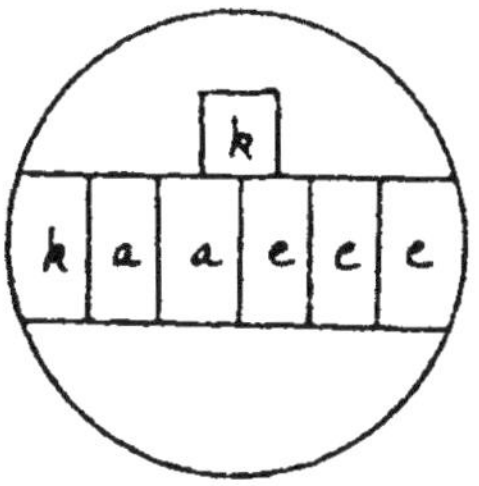

図版【4A】
© The British Library Board, Sloane 3188, fol. 23v

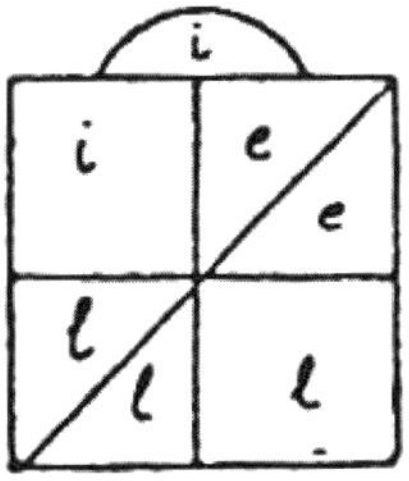

図版【4B】
© The British Library Board, Sloane 3188, fol. 23v

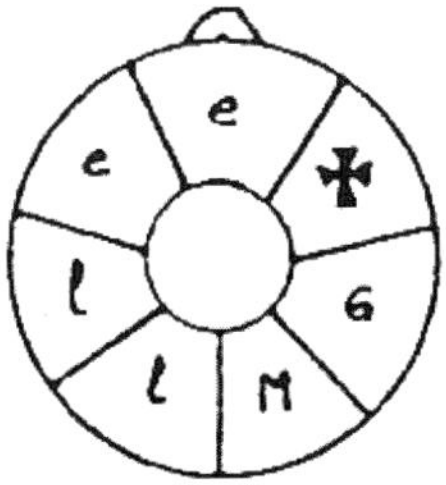

図版【4C】
© The British Library Board, Sloane 3188, fol. 24r

ごとく赤い」グリフィン、「金のような体をした」鷲、「白鳥と同じ大きさの」不死鳥（あるいはペリカン）、「いくつもの羽根をもつ不思議な」鳥である。第三と第四の孔雀とグリフィンの場合は羽根あるいは鱗に文字のみが記されているが、残る三種の鳥の場合には、胸や頭に図版４Ａから４Ｃのような図が描かれる。

かくて、七種類の動物を通じて都合四十九の文字群（ただし、最後の動物の場合、ひとつのみは文字ではなく十字形〔図版４Ｃ〕）が開示されたことになるだろう。ミカエルと共にいたウリエルが、これらの文字を七つごとに並べて書き出すよう指示する。すなわち、次頁図版４Ｄの如くとなる。

そして、これを、開示された最初の文字、すなわち、上の表では左上端に置かれたて から始めて、縦の各列を上から下へと読んでいくようにディーは命ぜられた。

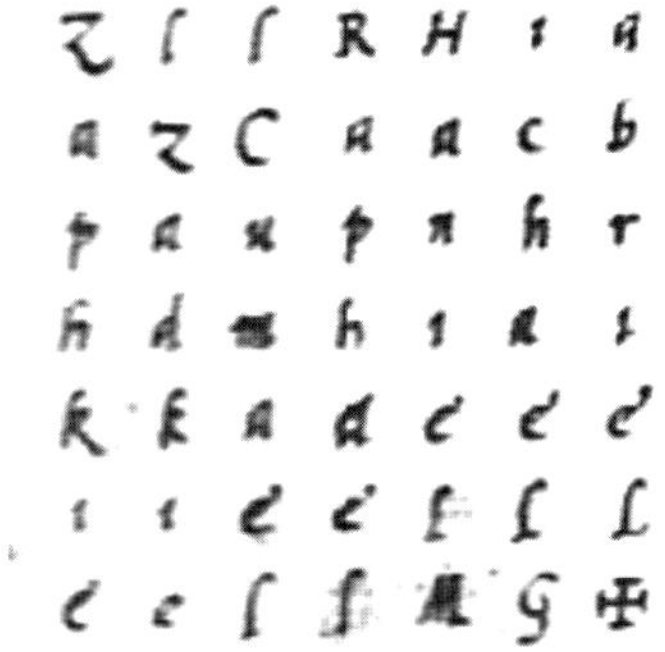

図版【4D】
© The British Library Board, Sloane 3188, fol. 24v

図版【4E】
© The British Library Board, Sloane 3188, fol. 28r

Δ「よって、わたしは、ザフキエル(Zaphkiel)、ザドキエル(Zadkiel)、カマエル(Cumael)、ラファエル(Raphael)、ハニエル(Haniel)、ミカエル(Michael)、ガブリエル(Gabriel)と読んだ」

[中略]

VR「ここにあるすべての文字は能天使(Virtues)の七十二という数を包含する。それらの名前は世界にはまだほとんど開示されてないが、おまえにはいずれ知らされる」

[中略]

Δ「彼[ケリー]は数えきれないほどの多くの天使の姿を書斎の周囲に見た。とても美しく、炎の羽根をそなえていた。そのとき、彼[ミカエル]はこういった——『見よ、かくておまえは邪悪なものから護られるだろう。これらの表を秘とせよ。永遠に生きる者は秘密を洩らさない。いっぽう、人間は無常《はかな》い。さらば』」[*1]

(*AWS*, 77–78)

このようにして、三時間に及んだ三月二十日の召喚作業は終了する。

翌三月二十一日の作業もやはり長時間に及び、ケリーは疲労困憊、「ぐったりとして、頭はいわばぐらぐらになり、眼も眩んだ」状態となってしまい、天使から十五分間の休憩をとるように命じられた(*AWS*, 86)。この日には、図版4Eのような第二の方陣が開示された。

これに記されているのは、ウリエルによれば「神のさまざまな名前で、天使たちにも知られていない」、「人間には口にすることも読むこともできない」ものである(*AWS*, 93)。そして、これら七つの名前は単純に方陣の各横列を左から右に読めば得られるというのだが、実際のところ、二列目がBtzkaselであるなど、発音困難、あるいは不能なものが含まれる。なお、アルファベット以外に数字が含まれるが、これらはすべてLと読むとされる。ただし、唯一の例外は「21 8・」で、ELと読む。

さらに別のかたちで、「私たちの天に隣り合う天に住まう七人の天使あるいは統治者」(*AWS*, 94)の名前も、この表には埋め込まれているとウリエルは告げた。

では、それらはどのような方法で引き出されるのか?

まず左上端のSを起点として、その後は、対角線状にジグザグに左から右へと読んでいく。つまり、最初のSの次に、A(Sの右隣)とB(Sの下)が得られ、続いて、A(最上列左から三つ目)、T及びHが得られるだろう。以降も同じ手順を繰り返していく。かくて、アルファベット以外の数字は先ほどと同じ原則に従うと、最終的に得られるのは、Sabathiel, Zedekiel, Madimiel, Semeliel, Nogahel, Corabiel, Levanael の七つの名前となる。

だが、実はこれだけではない。今度は、右上端の「E 8・」から始め、数字は無視して対角線状に右から左へと読んでいくと、El, Me, Ese, Iana, Akele, Azdobn, Stimcul が得られる(当時の書記法ではvとuは置換可能)。これらは七つの「光の娘たち」の名前だという。なお、この場合は、方陣全体の左上から右下へと走る対角線まで達したところで、読み取り作業は終わる。

いっぽうで、左下端のIから始めて同様な手順を踏むと、I, Ih, Ilr, Dmal, Heeoa, Beigia, Stimcul という七つの「光の息子たち」の名前が現れる。煩瑣になるので詳細は省くが、さらに、「光の娘たちの娘たち」、「光の息子たちの息子たち」の名前も、それぞれ、左上端、右下端から始めることで得られる。

要するに、このひとつの方陣から都合四十二に及ぶ聖なる名前が開示された、あるいは「発生」したのである。そして、三月二十日に示された最初の方陣からは七つの名前が既に得られているので、結局、総数は四十九、つまり七の二乗となる。

ちなみに、こういった文字を配する方陣は、決して天使ウリエルの「独創」ではない。最古の例は古代ローマにまで遡るようだが、[*2] 中世からルネサンス期の幾つかの魔術指南書《グリモワール》にも見出せる。たとえば、本書前章で触れた『ソロモンの鍵』(十四世紀か十五世紀頃成立)には、縦横いずれに読んでも同一の名前が発生する方陣が出てくるし、『アブラメーリンの書』(十五世紀頃成立)にも同様な例が存在する。[*3] 魔術的な方陣については、後に再び触れることになろう(本書第九章参照)。

この二日間に開示された聖なる天使あるいは精霊の名前であるが、一日目の冒頭に与えられた Galas, Gethog, Thaoth, Horlwn, Innon, Anoth, Galethog についていうならば、これらの七つの天使の名前はほぼ未詳である。唯一の例外は Innon であって、アグリッパの『隠秘《いんぴ》哲学』第三書十一章「聖なる名前とその力、効能」にその名前が見える。[*4] いっぽう、ザフキエル(Zaphkiel)、ザドキエル(Zadkiel)、カマエル(Cumael)、ラファエル(Raphael)、ハニエル(Haniel)、ミカエル(Michael)、ガブリエル(Gabriel)については、ラファエル、ミカエル、ガブリエルといった説明の要がない天使も含めて、やはりアグリッパの『隠秘哲学』第二書第十章「数字の七及びそのスケール」において、「神の面前に立つ七人の天使たち」として掲げられる。[*5]

アグリッパのディーに及ぼした影響については、既に本書前章で触れたところであるが、ディーは『隠秘哲学』の刊本を所蔵していたばかりか、同書はケリーと共に召喚作業をおこなっていた部屋に置かれており、水晶の中に現れた天使もまたそれを知っていた。たとえば、三月十四日の『召喚記録』欄外注記に『隠秘哲学』への参照が書き込まれているし(*AWS*, 28, 32)、翌十五日の作業では、天使が「部屋の窓の下にある本」に触れ、ディーは「アグリッパの著書のことをいっておられるのか」と聞き返す(*AWS*, 38)。ちなみに、かなり後になって、天使の伝授する知識の一部がアグリッパの著書からの引き写しにすぎないとケリーが指摘する「事件」も起こる(*TFR*, 158–159/本書第十一章参照)。

また、Sabathiel, Zedekiel, Madimiel, Semeliel, Nogahel, Corabiel, Levanaelも、Corabielを除けば、『隠秘哲学』第三書に、このままの順序で言及されており、アグリッパによれば、それぞれ土星、木星、火星、太陽、金星、月を司る精である。[*6]

Corabaelという天使については、Corabaelといういほぼ同一の名前が『七日間』というグリモワールにおいて挙がっているのは注目するに足る。なぜなら、同書はディー所蔵の『隠秘哲学』第四書(これはアグリッパの名が冠されているが、偽書)に収録されており、彼は召喚作業に際してそれを参照しているからだ(*AWS*, 39)。また、三月十日におけるケリーとの最初のスクライングで言及されたAnchor, Anachor, Anilosという三人の天使も通常の伝承にはまったく見出せないが、『七日間』の召喚儀礼ではAncor, Amacor, Anitorという天使名が用いられており、それらとの類似が窺えよう。[*7]『隠秘哲学』第四書は『アーバテル』というグリモワールも収載、[*8]こちらもディーは参照した(*AWS*, 39)。

したがって、前章で言及した『聖なる書あるいは誓いの書』も考えあわせると、ディーの召喚作業が想像されるより遥かに中世の儀式魔術の伝統に則《のつと》っていたことが分かるだろう。[*9]『聖なる書あるいは誓いの書』のディーへの具体的な影響については後述する。

以上は三月二十日及び二十一日に天使から発信された厖大な情報のごく一部を紹介したにすぎないけれども、これに従って、最初のスクライング(三月十日)では裏面の刻印しか与えられなかった「神の印章《シギルム・デイ》」表面の刻印を、ディーはようやく完成させることができた。[*10] 図版4Fの如くである。

ただ、この手稿に描かれた図には一部欠損が生じているので、イライアス・アシュモールが十七世紀にディーの手稿から転写したものを図版4Gとして併せて掲げておく(64頁)。

ここに記されたさまざまな聖なる名は、もちろん一目で分かるものも多い。たとえば、中央でいちばん内側にある五芒星《ペンタグラム》には、Zedekieil, Madimiel, Semeliel, Nogahel, Corabie といった名前が円環状に配置される。しかしながら、他方、天使の指示に基づいた方法で名前が秘められたものもある。

一例を挙げるならば、外周円に七角形《ヘプタゴン》が内接しており、両者の隙間には文字や記号が並ぶ。この場合、上方左側のGを起点として、数字、十字、Xは無視して反時計廻りで読んでいくと、Galethog が得られる。

あるいは、外周円の帯に配置された文字と数字。

こちらについては非常に複雑な手順を踏まねばならない。ミカエルがディーに与えた指示に従うならば(AWS, 62–63)、アルファベットの大文字は聖なる天使の名前の最初の文字を表わし、他方、数字が付されていない小文字は最後の文字を示す。また、数字がアルファベットの上にある場合は、右方向(時計廻り)にその数だけ升目を移動して読む。逆に、数字が下にある場合は、左方向(反時計廻り)に移動する。

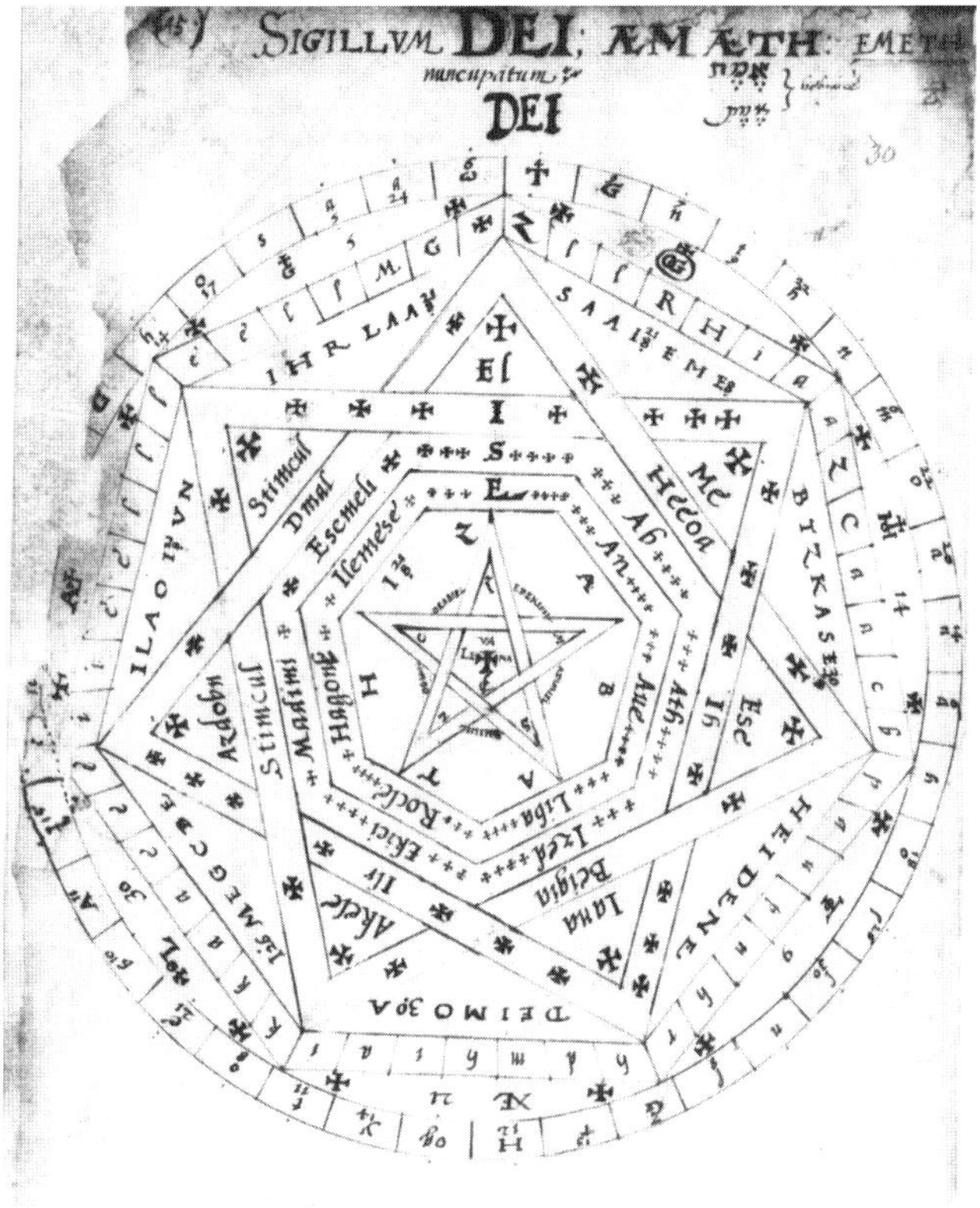

図版：「神の印章」表面の刻印【4F】
© The British Library Board, Sloane 3188, fol. 30r

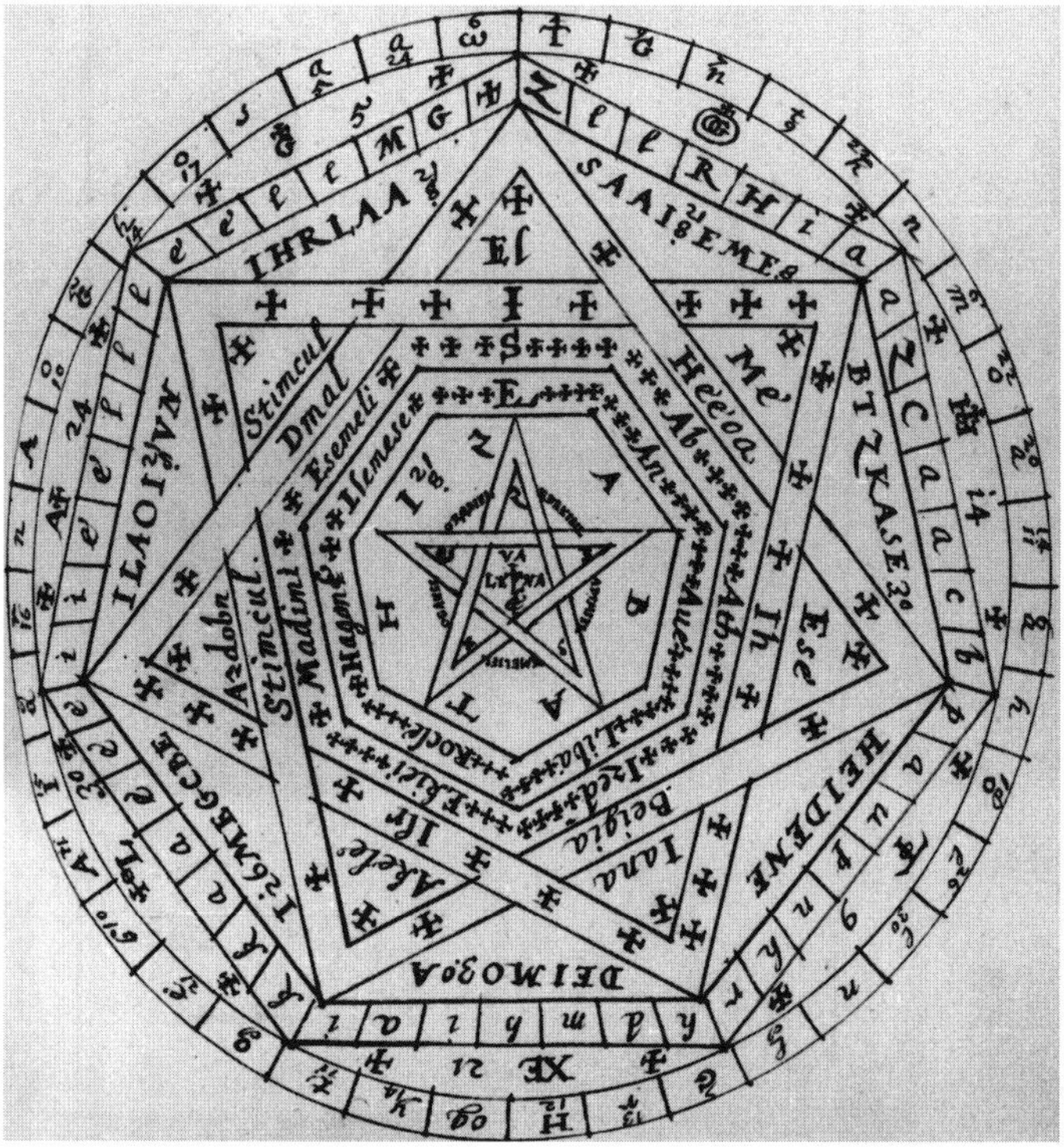

図版：「神の印章」表面の刻印　アシュモールによる転写【4G】

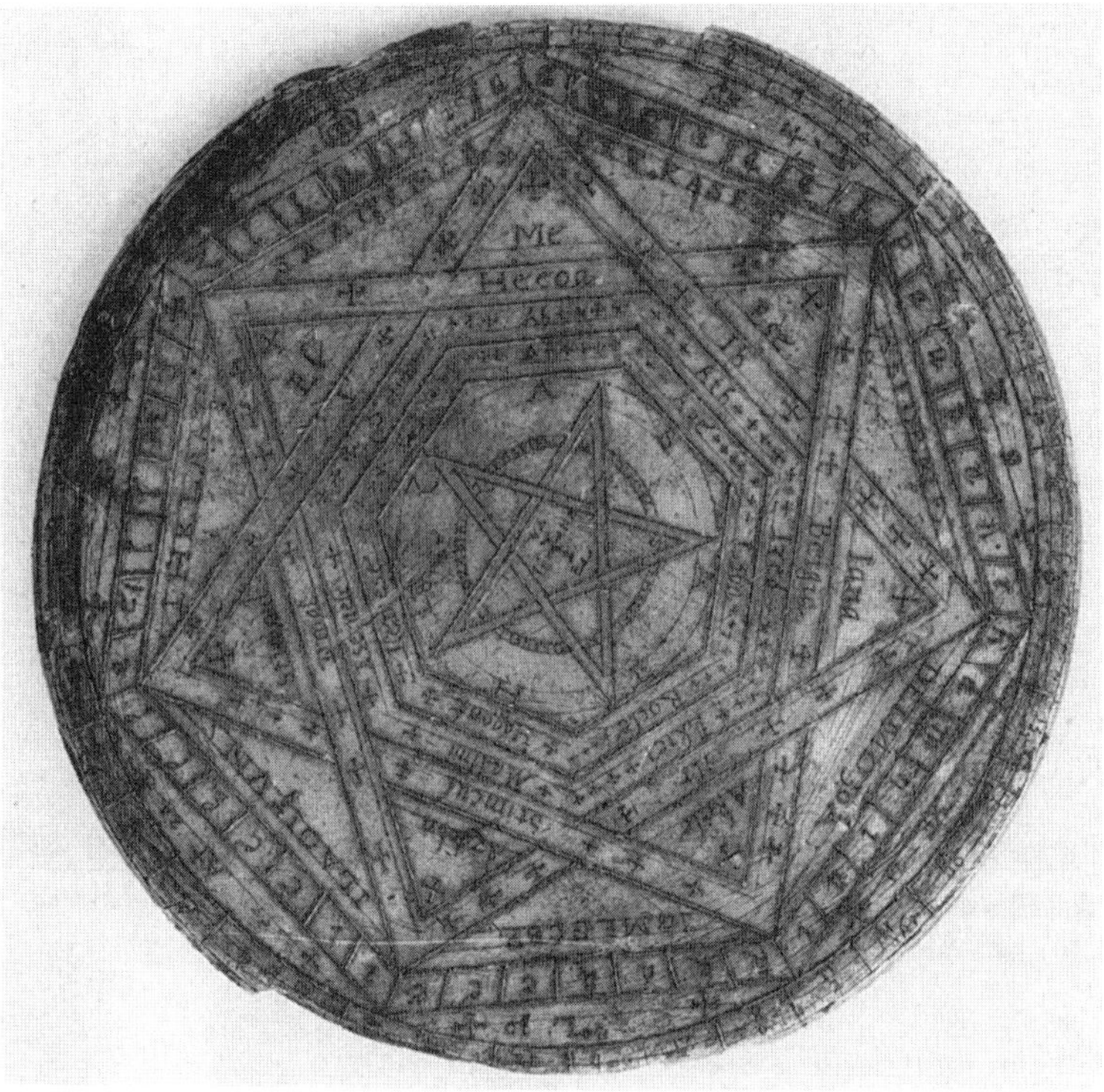

図版：神の印章【4H】

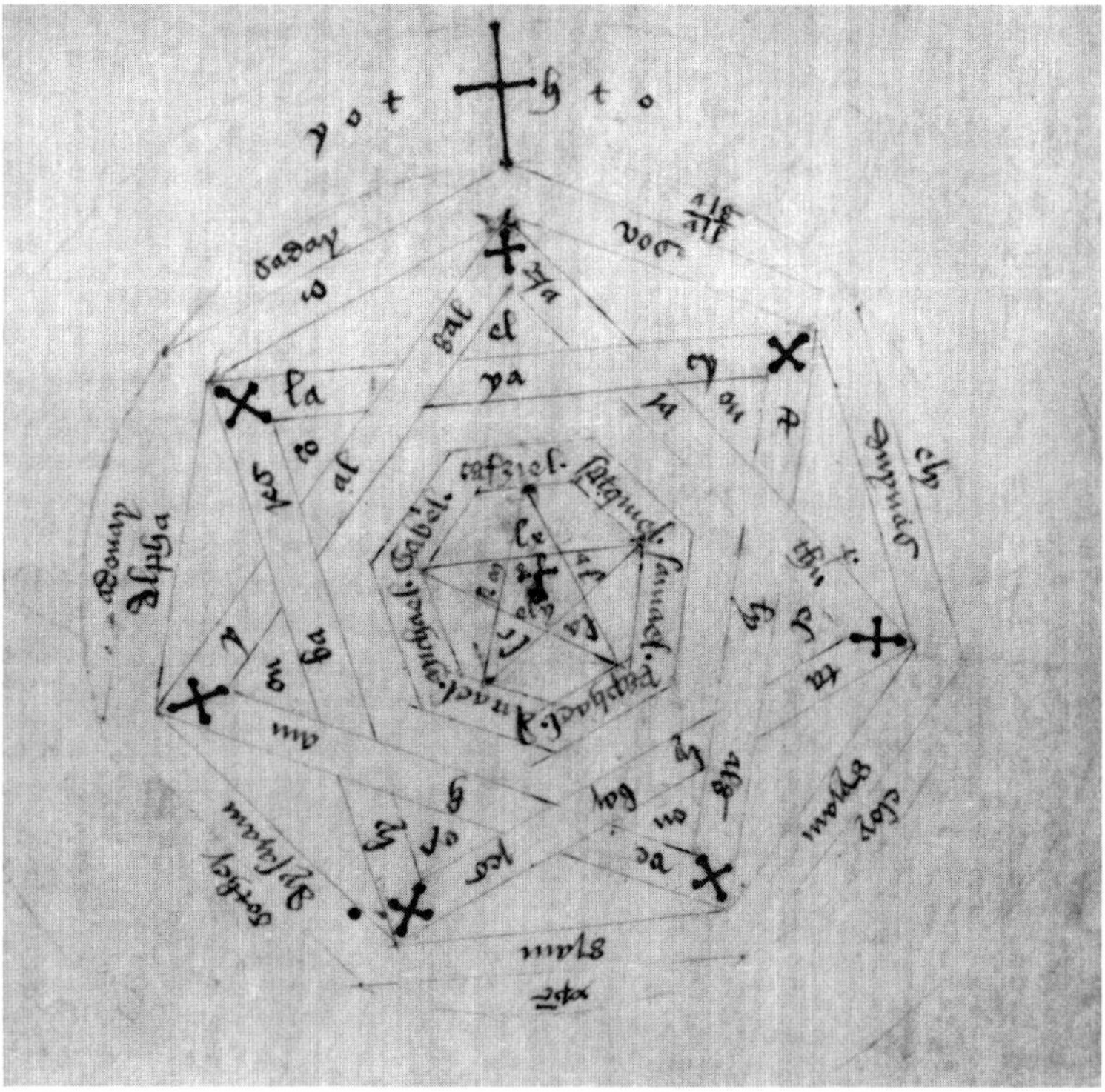

図版：『聖なる書あるいは誓いの書』の「神の印章」【41】

具体的に示すならば、上方ほぼ中央にあるTは、大文字だから、これは名前の最初の文字ということになり、そして数字4が上にあるから、時計廻りに四升移動して、次の文字hが得られる。これを繰り返していくと、やがて数字の付されていないhに到達するから、名前は完成したことになり、かくてThaaothという名が得られる、この作業によって、他にGalaas, Gethog, Horlon, Innon, Anoth, Galethogが得られ、最終的に七つとなる(名前の中央部に生じるaaは、単にaと読む)。要するに、これらは一種の暗号となっているのが分かるだろう。

なお、ディーが実際に使用したと思われる蜜臘製の印章の現物は大英博物館に現存するので、その図版も掲げておく(65頁、図版4H)。

「神の印章」は、「真理の印章《シギルム・エメス》」とも呼ばれる。ディーは、『召喚記録』欄外に、「真理の印章」についてはアグリッパの『隠秘哲学』及びロイヒリンの『カバラの術』を参照せよと注記するが(*AWS*, 34)、『カバラの術』(一五一七)によれば、真理を意味するヘブライ語エメス(Emeth)は神の「印章」に他ならず、そのカバラにおける数価四四一は、ヘブライ語で本質、精髄を意味するEhjehの数価二十一の二乗に等しい。[*11] 周知のように、ドイツの人文学者でアグリッパと同時代人であったヨハン・ロイヒリンのキリスト教的カバラ研究の著作、『驚異をなす言葉』(一四九四)及び『カバラの術』は後世に少なからぬ影響を及ぼしたが、ディーがその双方の書を所蔵していたのはいうまでもない。[*12]

天使からディーに下された「神の印章」の「原型」となった可能性が高いものとしては、『聖なる書あるいは誓いの書』が想定できよう。同書は「神の印章」の制作法を細かに指示しており、その図をディー旧蔵の写本から掲げてみるが、両者には著しい類似性が認められるだろう[*13](図版4I)。

ちなみに、ディーより下の世代には属するがほぼ同時代を生きたドイツのオカルティスト、錬金術師であるハインリッヒ・クーンラートは、その大著『永遠の叡智の円形劇場』(一五九五)に、「神の印章」の4Jのような図を載せている[*14](68頁)。『永遠の叡智の円形劇場』において、クーンラートはディーの『象形文字のモナド』に言及

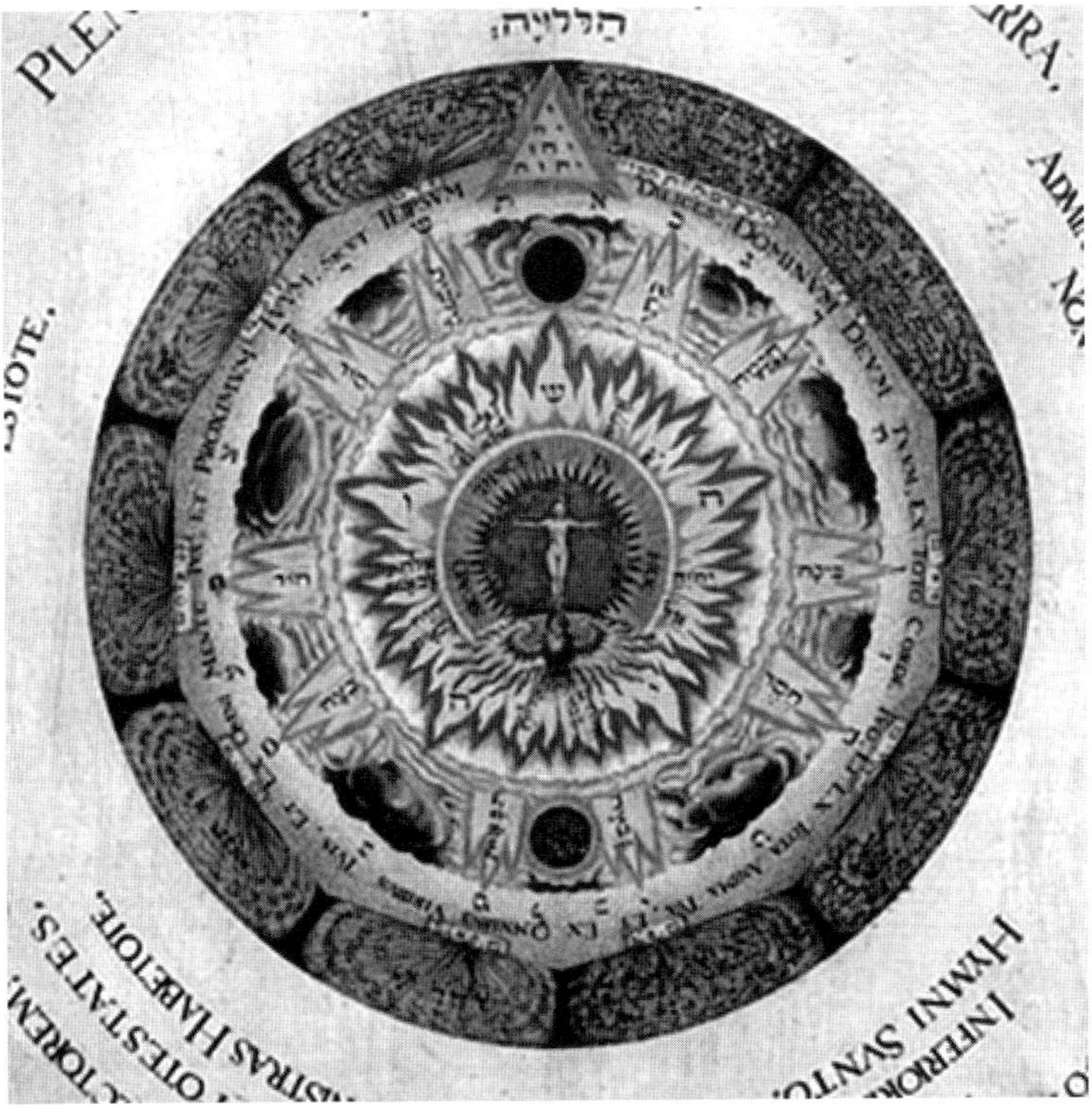

図版：クーンラート『永遠の叡智の円形劇場』の「神の印章」【4J】

するばかりか、一五八九年六月にはディーの許を訪問していた(*PD*, 31)。[*15]

さらに、時代が少し下ると、十七世紀では、博学のイエズス会士で厖大な著作を遺したアタナシウス・キルヒャーが、『エジプトのオイディプス』(一六五二―五四)のカバラの項において、図版４Ｋのような「神の印章」について触れた[*16](70頁)。

図版を比較すれば、先行する、『聖なる書あるいは誓いの書』、あるいは、時代を下ったクーンラートやキルヒャーのものと比較しても、天使あるいはケリーを介してディーに啓示された「神の印章」が、それらに遜色ないどころか極めて精緻な図であるのがお分かりいただけよう。

ともあれ、ディーの召喚作業が、水晶の使用や天使名なども含めて、『聖なる書あるいは誓いの書』に代表される中世の儀礼魔術、善霊召喚術の伝統を踏襲していたことは明瞭である。これはフランセス・イェイツが提示したルネサンス期の魔術師像の危うさを如実に示す一証左となろう。イェイツは、たとえば『ジョルダノ・ブルーノとヘルメス学の伝統』において、ピコ・デラ・ミランドラなどの魔術やカバラの研究が、「天使の名前、ヘブライ語の神の名前、そして、奇矯な魔術的方法で並べられた文字や図などを用いた」中世の魔術とはまったく別物であると唱え、前者を「新たな優美な魔術」、後者を「古ぼけて汚れた魔術」とまで呼んで截然《せつぜん》と区別した。しかし、十六世紀イングランドにおける「新たな優美な魔術」の代表格であるはずのディーが、まさに「古ぼけて汚れた魔術」の継承者という側面を有していたのである。[*17]

さて、三月二十一日の召喚作業の翌日に、ケリーがいったんモートレイクを離れロンドンに向かったので(*DD*, 40)、そのため天使との交信作業は一ヶ月以上中断した。再開されたのは四月二十八日である。なお、本書第二章で述べたように、『召喚記録』は『神秘の書』の第一書から第五書までで成り立つが、この二十八日の記録から

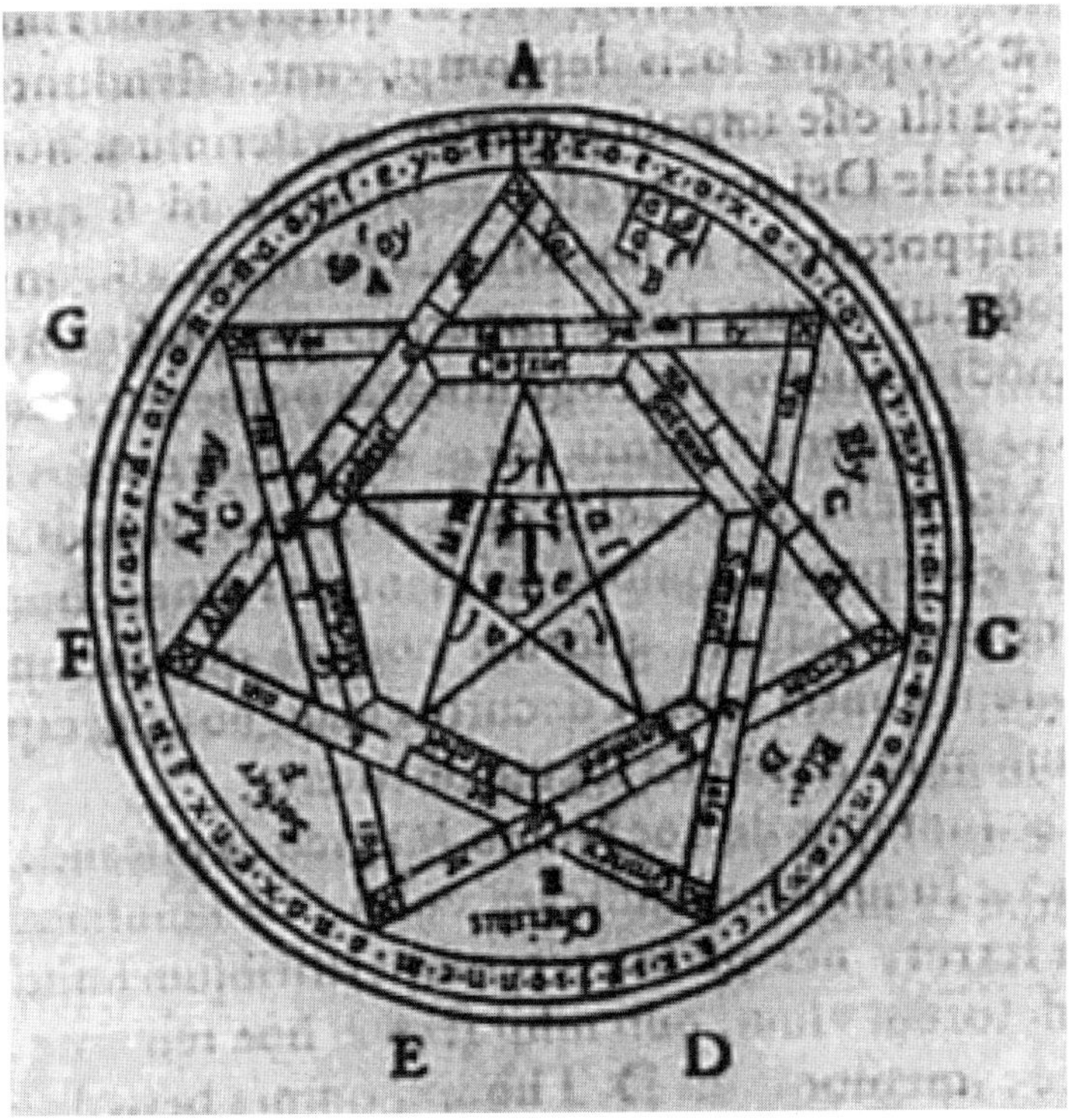

図版：キルヒャー『エジプトのオイディプス』の「神の印章」【4K】
Courtesy of the Bancroft Library, University of California, Berkely

図版：「創造の七つの印」第一の印【4L】
© The British Library Board, Sloane 3188, fol. 33r

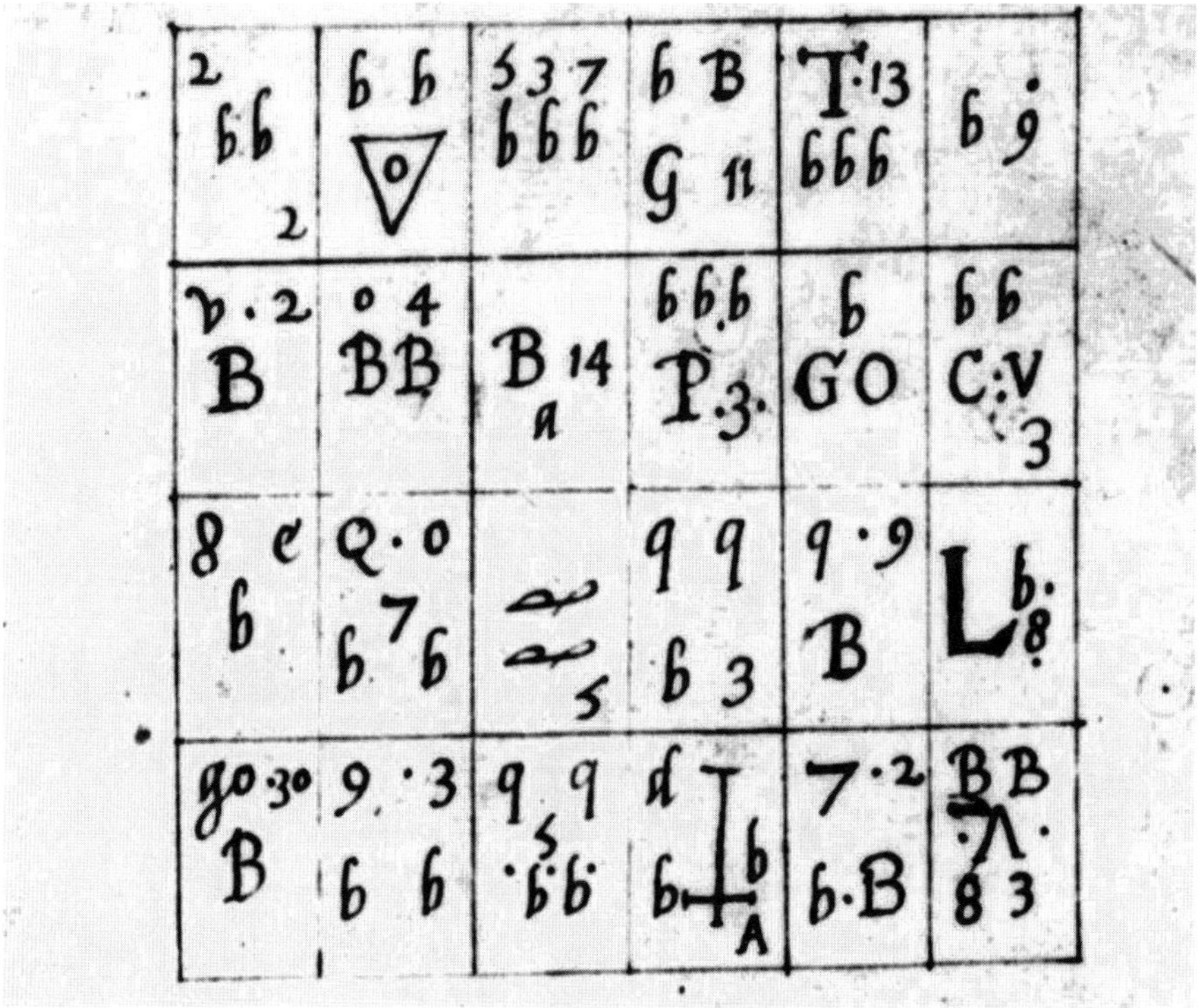

図版：「創造の七つの印」の第四の印【4M】
© The British Library Board, Sloane 3188, fol. 33v

第三書となる。

二十八日の交信記録では、天使ミカエルによって一気に七つの図が開示された。これらは「創造の七つの印(The Seven Ensigns of Creation)」と呼ばれるが、例として、そのうち「第一の印」(71頁、図版４L)及び「第四の印」(図版４M)を掲げておこう。

これらを含めた七つの図に書き込まれたアルファベットは、その多くがBの大文字あるいは小文字であるのだが、きわめて謎めいており、天使はその意味も用途も詳《つまび》らかに説明していない。ただし、神による世界の創造と関係するように思われる。というのは、第一の印について「闇の終わり(Finis Tenebrarum)」という言葉が発せられるのをケリーは聞いており(*AWS*, 105)、これは創世記一章一—四節に対応するからだ。また、これらの印を錬金術における賢者の石の生成過程と関連づける説も提出されているが、たしかにその可能性は少なくないだろう。[*18] なお、「創造の七つの印」は、最終的には一五八三年五月五日の召喚作業で「聖なる台座」の上に記すよう天使ウリエルが指示し(*AWS*, 383–384)、それが実行されることになるので、これらの図がきわめて重大な意義をもつと考えられていたのは疑えない。

翌日の二十九日には、ミカエルからさらに別の図が与えられた。

これらは、「四十九の善なる天使たち」、すなわち「神の下で地上において働く」天使たちの名前を開示する(*AWS*, 119)。まず最初に示されたものは図版４N(74頁)の如くである。

円内に三つの正方形と四つの矩形が十字のかたちをなして配列され、中央の正方形を1として、以下、左上の矩形から時計回りの方向に2から7の番号が付されている。そして、さらにこれら七つの「表《テーブル》」に数字と文字が書き込まれたものが水晶に浮かび上がり、ケリーがそれらを読み取り、ディーが記録したものが図版４Oである(75頁)。これもディーの現存する手稿には欠損があるので、アシュモールが転写したものを併せて掲げる(76頁、図版４P)。

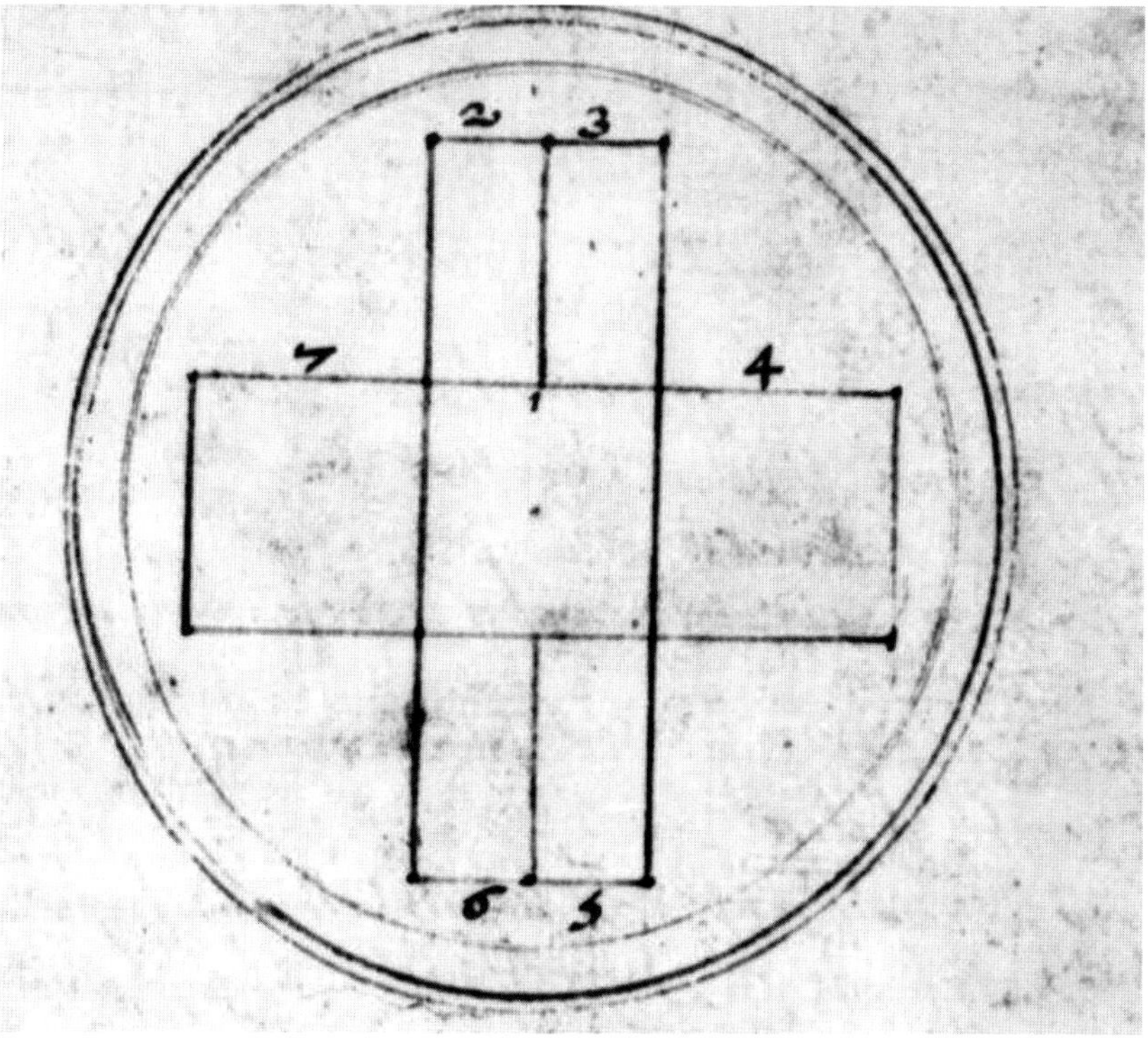

図版【4N】
© The British Library Board, Sloane 3188, fol. 36v

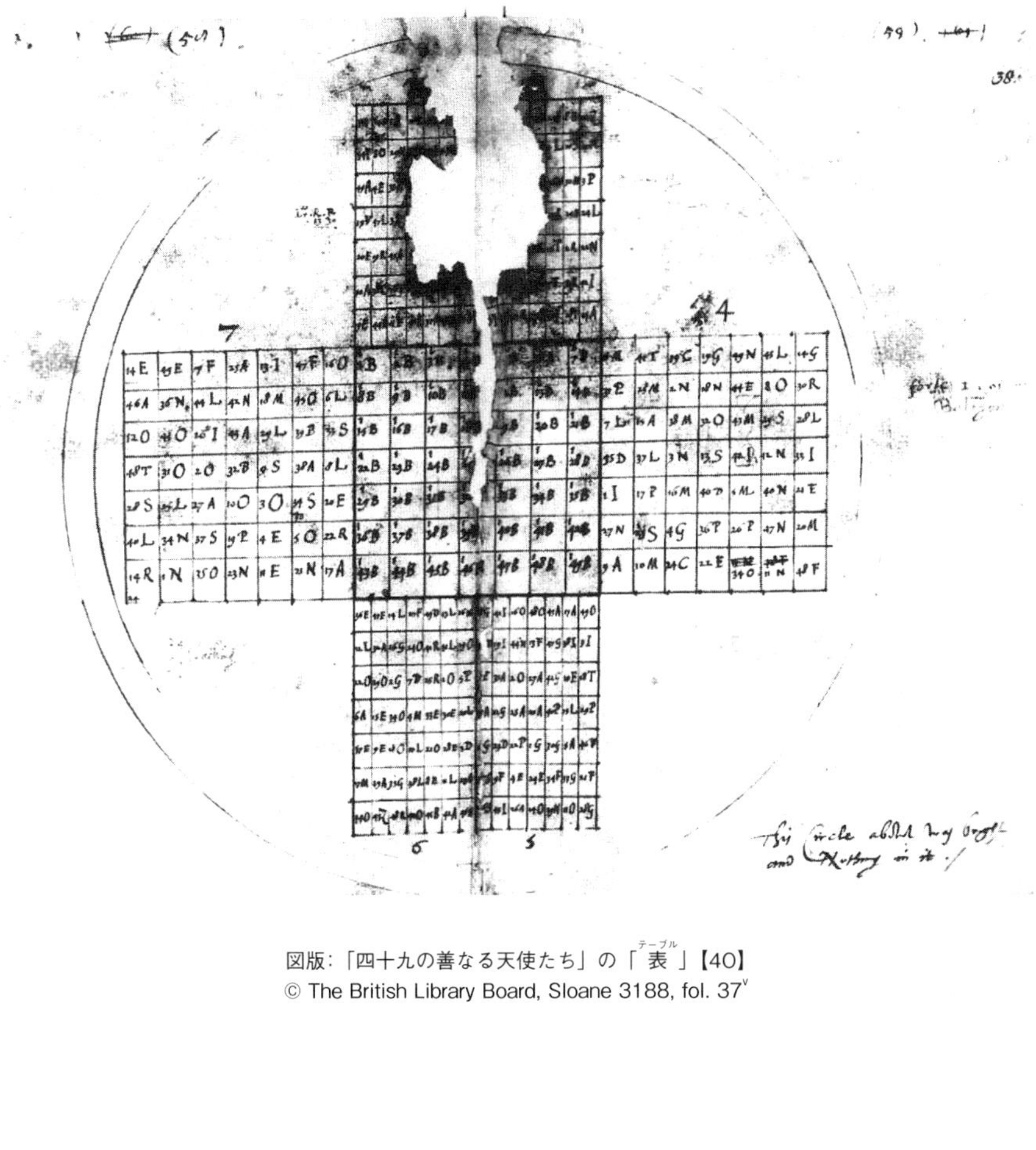

図版:「四十九の善なる天使たち」の「表《テーブル》」【40】

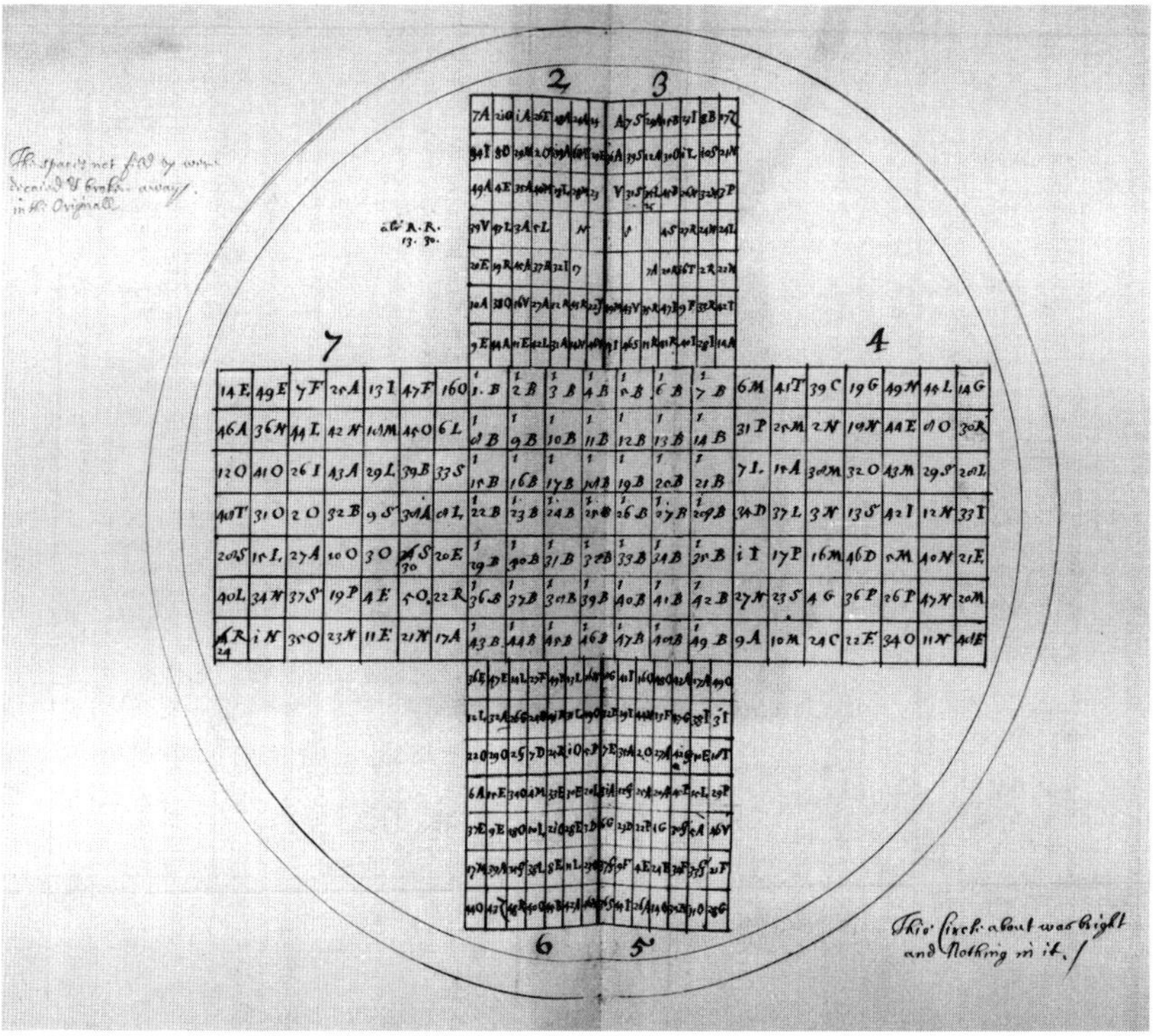

図版：「四十九の善なる天使たち」の「表《テーブル》」 アシュモールによる転写【4P】

中央の正方形、つまり「表」1を眺めていただきたい。四十九個の升目には、「1B　2B……49B」というように、1から49までの数字にいずれもアルファベットBを組み合わせたものが整然と並ぶ。これらの数字はそれぞれ四十九の天使に対応しており、併記された文字が各天使の名前の最初の文字となる。換言すれば、「四十九の善なる天使」の名前はいずれもBで始まるということだ。

「表」の2から7までは、天使たちの名前の二番目から最後(七番目)の文字を示す。第一の天使を具体的な例にとってみよう。「表」2の升目の中で数字の1がついたものを捜すと、「1A」、「表」3では「1L」、以下同様にして、「1I」、「1G」、「1O」、「1N」が得られるから、よって、第一の天使の名前はバリゴン(BALIGON)となろう(なお、「表」2と3の升目には一部空白が存在する)。ディー自身が作成した「四十九の善なる天使たち」の七文字からなる名前のリストを掲げておく(78頁、図版4Q)。

七つの「表」は四十九の天使たちの統べる領域を同時に示しており、ミカエルの説明によれば、「表」1から順に叡智、統治、高貴、取引、大地と海、空気、聖なる叡智である。四十九の天使に関連してはこれ以外にも大量の情報が下されており、その重要性に鑑みて、ディーは『七の神秘なる統治』(*De heptarchia mystica*)と題する手稿を別途にまとめることになる。[*19] ここでは、ディーが整理して自らの手で作った図表のひとつを見てみよう[*20](79頁、図版4R)。

七重の円が七つの区域に分割され、天使の名前が配置される(内側に円形に書かれた1から49の数字は、天使の番号)。各区域はそこに配置された天使たちが統べる惑星を示し、♀(金星)、⊙(太陽)、♂(火星)といった該当するシンボルが書き込まれている。したがって、たとえば第一の天使バリゴンは金星を支配するということになる。

「四十九の聖なる天使たち」についてはとりあえずこの程度にとどめておくが、彼らの名前がすべてBで始まり、他方、「創造の七つの印」にもBが頻出することは注目すべきであろう。Bに対応するヘブライ文字ב(ベート Bet)はヘブライ語聖書の劈頭《へきとう》の文字であるため、ユダヤ神秘主義においては聖なる文字とされてきたからだ。

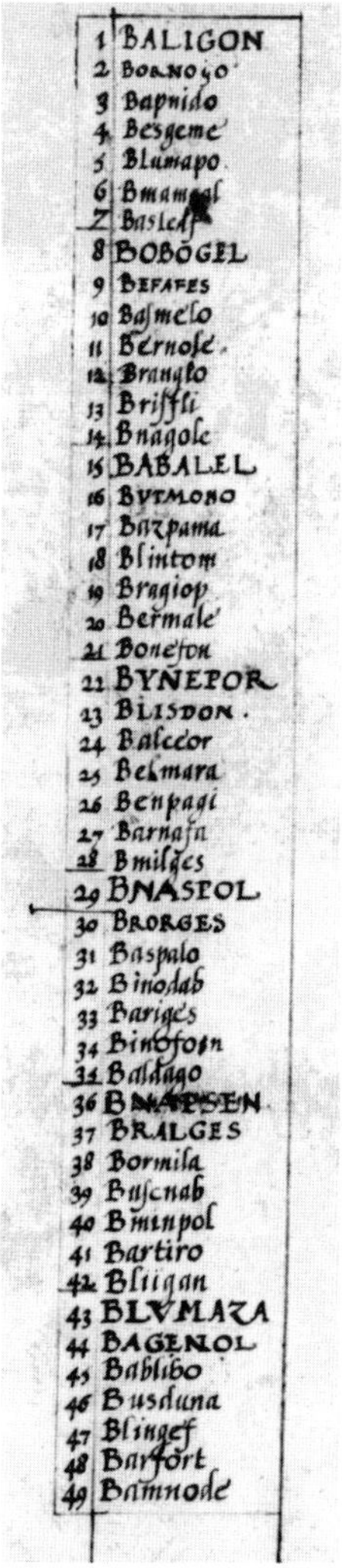
1 BALIGON
2 BORNOGO
3 Bapnido
4 Besgeme
5 Blumapo
6 Bmamgal
7 Basledf
8 BOBOGEL
9 BEFAFES
10 Basmelo
11 Bernole
12 Branglo
13 Brisfli
14 Bnagole
15 BABALEL
16 BUTMONO
17 Buzpama
18 Blintom
19 Bragiop
20 Bermale
21 Bonefon
22 BYNEPOR
23 BLISDON
24 Balceor
25 Belmara
26 Benpagi
27 Barnafa
28 Bmilges
29 BNASPOL
30 BRORGES
31 Baspalo
32 Binodab
33 Bariges
34 Binofon
35 Baldago
36 BNAPSEN
37 BRALGES
38 Bormila
39 Busnab
40 Bminpol
41 Bartiro
42 Bliigan
43 BLUMAZA
44 BAGENOL
45 Bablibo
46 Busduna
47 Blingef
48 Barfort
49 Bamnode

図版：「四十九の善なる天使たち」の名前【4Q】

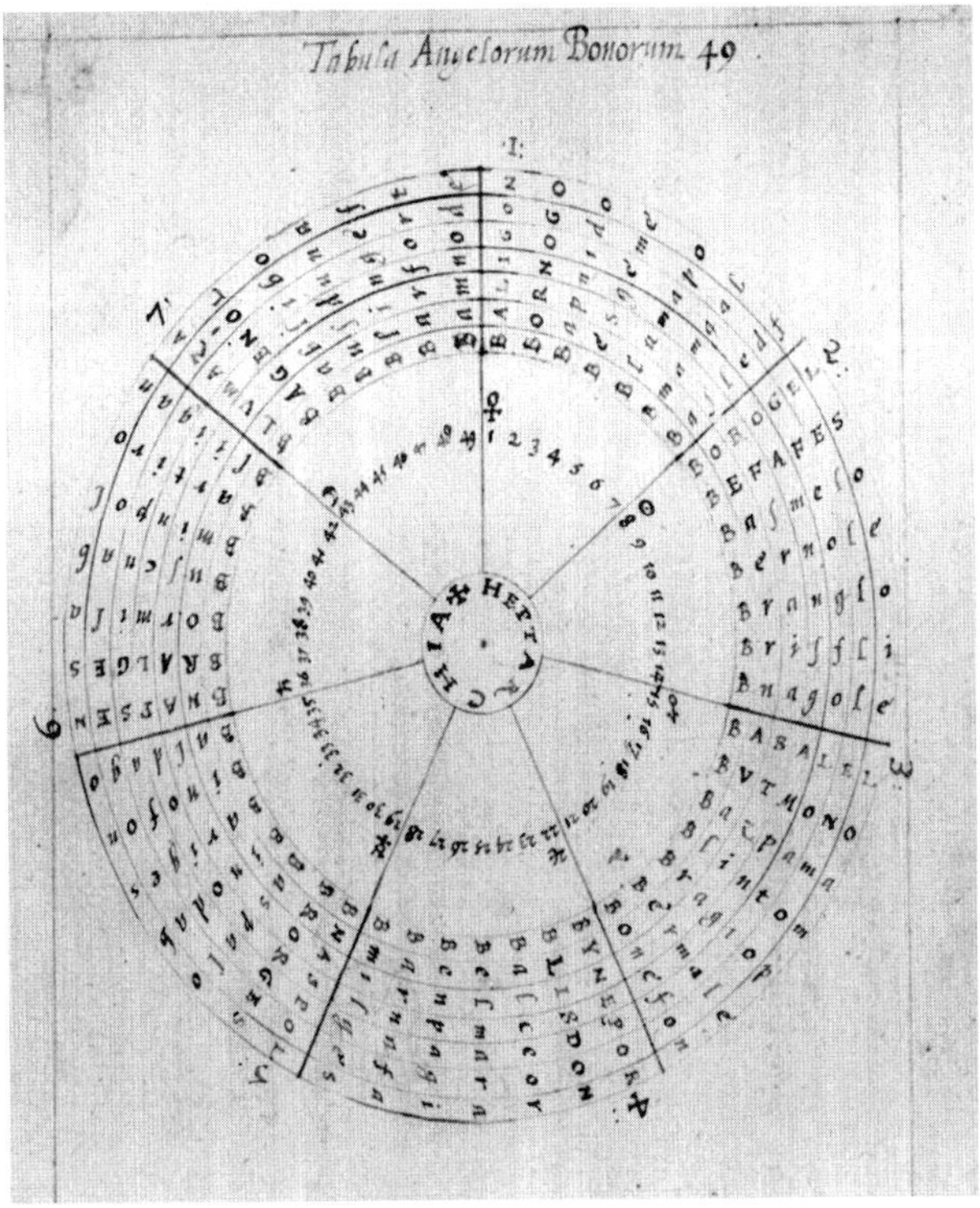

図版：『七の神秘なる統治』の図表のひとつ【4R】

また、既に述べたように、聖書においては神が世界の創造を七日間で終えたこともあって、数字の七が持つ意味の解釈について長い伝統があるのはいうまでもない。

たとえば、ユダヤ神秘主義、カバリズムの歴史においてきわめて重要な意義をもつ経典『創造の書』（成立年代不詳）は、「七つの文字を用いて、神は宇宙の七つの惑星、七つの曜日、男女の魂の七つの門を形作った」、「七つの文字を用いて、七つの宇宙、七つの天、七つの陸、七つの海、七つの河、七つの砂漠、七つの日、七つの週、七つの年、七つの安息期、七つの祝祭、そして聖なる宮殿が創造された。それゆえ、あらゆる天の下で神は七を愛《め》でられた」などと語る。[*21]

また、アグリッパも『隠秘哲学』において、ピタゴラスや聖書を引きつつ「最も効験ある数字」と七の重要性を説いた。[*22]

そして、水晶のなかに現れた天使たちも、七の重大な意義を繰り返しディーに説く――「七つの数字は神の七つの座」（*AWS*, 76）、「神は一にして七である」（*AWS*, 76）、「七は天と地の秘密をかたちづくる」（*AWS*, 80）、「七において、七によって、すべてをなす」（*AWS*, 81）。実際、以降も、七という数字は、ディーに伝授される様々な秘奥の智識の根幹を統べていく。

ごく一端を紹介するにとどまったとはいえ、ディーとケリーが召喚した天使たちから、如何に厖大な情報が堰《せき》が切れたかのように一気に流入してきたかは実感していただけたかと思う。そして、三月二十日、二十一日に開示されたのがそれぞれ七×七の方陣ひとつであったのに比して、四月二十九日の時点では七×七×七の升目をもつ「四十九の聖なる天使たち」の「表」が下される事実は、その異様なまでの加速度を如実に物語っている。ケリーという突如として出現した新たなスクライアーによって、ディーが秘奥の智識の源泉と遂に自分は接触を果たしたと信じたとしてもたしかに不思議ではあるまい。だが、それは同時に出口のない迷宮へと足を踏み入れることであったのだ……。

第五章 「おぞましい嘘」

2

エドワード・ケリーというスクライアーを得たディーは、天使との交信に一気に沈潜していくわけだが、先に進む前に、ここで彼らの召喚作業の実践形態について少し見ておきたい。

一五八二年三月二十日の『召喚記録』を再び例にとってみよう。

三月二十日 火曜 午前十時頃

Δ 「あなたはウリエルですか」

VR 「そうだ。おまえの献身に感謝する。ただし、今はおまえの許《もと》を訪れることはかなわない。昼の十二時になったら役に立てるだろう」

Δ 「神の御意に」

昼 二時頃

Δ 「十二時にわたしの協力者［ケリー］は他の事で忙しく、その状態が午後二時頃まで続いた。二時になってわたしたちが石のところに赴くと、ミカエルとウリエルが現われた。ただし、ミカエルはすぐさま立ちあがると姿を消し、再び現われたときには、後についてくる者がいて、その右肩に七つの小さな籠をかけて運んでいる。籠は金製のように見えた」

Mi　「ミカエル」「扉を閉めなさい」

Δ　「わたしの書斎の外側の扉は開けておいたが、内側の扉は閉めてあります」　（AWS, 67）

いっけん些細な話に終始し、引用に値しないと思えるかもしれない。しかしながら、実際には幾つか重要な事実を含む。

第一に、この日、召喚作業が開始されたのが午前十時であり、天使とケリーのそれぞれの事情により中断遅延したとはいえ、午後二時には再開された点に注意されたい。

一般には、ディーとケリーのスクライングは、日常から隔絶した環境でおこなわれたものと漠然と考えられがちであろう。彼らふたりが、人々の寝静まった深更《しんこう》に蠟燭の揺らめく光のなかで、水晶を前に密かに作業を進める光景が脳裡に浮かんでくるかもしれない——たしかにそれはわたしたちの想像力に強く訴えかけるだろうが、事実は異なる。もちろん夜の場合もあったにせよ、家族や使用人が起きて活動している時間、午前中や昼間に召喚作業は頻繁におこなわれたのだ。

たとえば、ケリーとの最初のスクライングにしても、開始されたのは昼前で、いったん中断の後、夕刻五時から再開された。博士にとってすべての仕事のなかで最も重要なものであったはずの召喚作業は、重要さのゆえに、それじたいがまさに日々の業務と化していたのである。また、夜に較べて、朝や昼が清浄な時間帯だという考えとも関連するのかもしれない。

第二に、召喚作業のおこなわれた場所——ディーがモートレイクに構えていた家での召喚作業は、もっぱら彼の書斎でおこなわれたが、とはいえ、大きな屋敷ではなかったので、この書斎は家の他の区域から隔離されていたわけではなかった。たえず家族や使用人が書斎の周囲を往来し、かつまた、貴顕の士、市井の人々を問わず多くの訪問者があった。たとえば、ディーは天使ミカエルに「家内の者が食事をしたいと待っているから、作業を中止して構わないか」と聞くこともあり[*1](*AWS*, 54)、ときには家庭生活と渾然となった状態で天使召喚作業が進められた事実が歴然と分かる。

さらに、三月二十日の記録における「わたしの書斎の外側の扉は開けておいたが、内側の扉は閉めてあります」というディーの言葉は、書斎の扉が二重になっていたことを示す。前室を備えていたのかもしれない。ただし、この二枚の扉は遮蔽性を保証していたわけでは決してなく、室内の声はかなり外に漏れる状況であったらしい。というのは、たとえば、この記録の翌日、二十一日のセッションでは、ミカエルは「大いなる神秘」を示すに先立って「誰にも聞かれないように家内の者たちの耳をふさいでおこう」と語るからだ(*AWS*, 86)。

作業中に二枚の扉の双方が開いていたこともあったとおぼしく、宮廷からの使者が精霊召喚中の書斎に不意に飛び込んでくる「事故」すら後に起こった。さすがにこの際にはディーは恐慌状態をきたした(*TFR*, 23)。ディーとしてもこういった環境は望ましいものではなく、一五八二年五月四日には、書斎とは別の奥まった「小さな部屋」を召喚作業に用いて構わないかというお伺いをミカエルにたてるにいたったが、確たる回答は得られていない(*AWS*, 137)。なお、ケリーは、当初は博士の家には住み込んでいなかったと思われる。

天使あるいは精霊たちが顕現する——厳密にいえば、ケリーが彼らの姿を見ると称する——のは水晶の中であることは縷々《るる》述べてきたところだが、それでは、ケリーとディーは実際にはどのような水晶を用いたのであろうか。

ディーは水晶を単に「石《ストーン》」と呼ぶいっぽうで、「見霊石《ショウ・ストーン》」と記すこともあったが、ひとつだけでなく複数、少なくとも三種類の「石」を所有したと推測される。

ケリーに先立ってバーナバス・ソールと共におこなったスクライングでは、「大きな水晶球」が用いられている(*AWS*, 12)。いっぽうで、これとは別に、ディーはとある友人から譲渡されたという「枠に嵌《は》められた石」(*AWS*, 13)も持っていた。ケリーとのスクライングを開始したときに使用されたのは後者のほうで、これについてはディーが簡略なスケッチを残しているので、掲げておく(図版5A)。

　これらに加えて、ディーの許を訪れた天使たちのひとりは、一五八二年の晩秋になって、もうひとつの水晶を彼に与えた。

　すなわち、十一月二十一日の召喚作業において、水晶を持ってきたというメッセージが天使からもたらされ、その後、ケリーは部屋の一隅、「西の窓」のほうを指差して、床に「卵くらいの大きさで、明るく煌々《こうこう》と輝く透明なもの」が見えるとディーに教えたのである。その場所に近づいたディーの眼には「丸くて、掌よりも小さなもの」が映った——彼が触ってみると、「冷たくて固かった」(*AWS*, 218)という。これが第三の石である。カソーボンは『精霊日誌』序文で「ディーはどこへ行くにも『石』を携えていたが、天使から与えられたというので『天使の石』と名づけていた」と記しているが、この「天使の石」とは第三の水晶を指す。[*2]

　召喚作業では複数の石が同時に用いられることもあったようだ。たとえば、かなり後の一五八六年四月十日のプラハにおける召喚作業では、「双方の石を台から外せ」云々の言葉が見られるからだ。[*3]

　ちなみに、大英博物館にはディー旧蔵と称される水晶が存在するが、しかし、それが本当にディーの用いた三種の水晶のいずれかであるのか、あるいは、記録には残っていない第四の石であるのかは定かでない(第三章45頁の図版3A参照)。

　他方、ロンドンのウェルカム医学史博物館にも、ディー旧蔵とされる水晶が収蔵されるが、それには十七世紀の医師、占星術師であったニコラス・カルペパーによる一六五一年の日付の入った添書が附属している。添書によれば、この水晶は「一五八二年十一月」に天使ウリエルがディーに与えたものであり、カルペパーの言葉が本

図版【5A】
© The British Library Board, Sloane 3188, fol. 8r

当ならば、これが第三の石に該当する。彼はこれを一六四〇年にディーの長子アーサー・ディーから譲り受けたという。この水晶にはウィリアム・リリーのメモも附されており、リリーは一六五八年にこれをカルペパーの未亡人から買ったと記す。[*4]

大英博物館には、水晶とは別に、やはりディーが所有したと称される黒曜石製の鏡が蔵されている（第三章45頁の図版３A参照）。これはコルテスによって滅ぼされたメキシコのアステカ王国の遺物だと推測されるが、この鏡は、一七七一年に、ゴシック小説の嚆矢《こうし》『オトラントの城』（一七六四）の著者として名高いホレス・ウォルポールの購入するところとなり、彼はディーが召霊作業に用いた鏡だと唱えた。だが、こちらも確たる証拠は存在しておらず、召喚作業の記録に一切言及がない。[*5]

また、一六六八年にウィーンの帝室図書館を訪れたエドワード・ブラウンというイギリス人医師、すなわちトマス・ブラウンの息子は、同館の所蔵になる鏡、すなわち「ルドルフ皇帝が多くの不思議な幻影を見たり、精霊と会話する手段となった」とされる「魔法の鏡」を目にしており、それは「おそらくケリーが用いたのと同一、あるいは似ている」と父親に書簡で報告した。[*6] この「魔法の鏡」の素性も、その後の行方も不明だが、大陸のどこかにいまなお眠っているのかもしれない。

前章で見たように、ディーとエドワード・ケリーの協同作業は、開始から僅か一ヶ月半ほど経過した一五八二年四月末の時点で、質量共に圧倒的な天界の智識を博士に開示した。ディーは天使と直接に交信することはできず、あらゆるメッセージはケリーを介してのみディーに伝達されたのだから、ケリーの存在の重要性は強調するまでもあるまい。水晶などは単なる道具立てにすぎないといえよう。

だが、それでは当時二十六歳のこの青年はいったい何者だったのだろうか。

ケリー自身は、ずっと後になって「真理のために多大な苦難を蒙った者のひとりとして、わたしの履歴、人品が後世に知られることを望みたい」[*7]（『賢者の石について』）と書き記すことになるが、しかし、後世は彼にあまりに冷酷であり、一般には、ケリーは、博士を妄誕《もうたん》の虜《とりこ》とした山師、詐欺師として、悪名のみ高い。既に第二章で少し触れたが、十七世紀からこのかた、ケリーは悪漢として揶揄、弾劾、非難されてきた。この状況はディーの再評価が進んだ二十世紀半ば以降においてもほとんど変わらず、ディーを研究する学者たちでさえ、その大多数はケリーについていえばほぼ同じような評価を与えているにすぎない。

たとえば、ディーを劇的なかたちで復権させたフランセス・イェイツの場合、ケリーを「敬虔《けいけん》な師をたぶらかしたペテン師」だと何の証拠も論証もなしに切り捨てた。[*8]『ジョン・ディーの自然哲学』（一九八八）によって、イェイツのディー解釈を大幅に覆し、かつまた、召喚作業を含めてディーの全体像を描こうと試みたニコラス・H・クルリーにしても、「ディーが召喚作業に魅了され、天使たちの啓示を無邪気に信じこんだために、ケリーはディーを操ることが容易となり、彼は作業を完全にやめると脅すと共に、天使との対話を自分自身の目的にかなった方向にむけた」として、やはり無垢の博士と邪悪なケリーという構図を描く。[*9]

いっぽうで、スクライアーが誰であれ交信内容はほとんど変わらないとして、ディーこそが交信の核心だとする説も唱えられる。[*10]交信の中味が常にディーの関心を色濃く反映していたのはなるほどその通りだが、しかしながら、少量のみ残存するバーナバス・ソールなど他のスクライアーたちによる召喚作業記録と比較するとき、ケリーを介してもたらされた情報が驚くほど複雑かつ豊富な内容を含んでいる事実は歴然で、否定すべくもない。

このように、近年の多くの学問的著作においてすら、ケリーは、根拠なしに、あるいは事実を無視、歪曲してまで、はなから詐欺師扱いされたり、その役割を過小評価されてきたのである。

しかしながら、おいおい明らかになっていくように、ディーとケリーの関係は不可解きわまるものであって、人間精神の暗部がときに仄《ほの》見える。まずは彼の前半生に関して素描を試みてみることにしよう。

とはいえ、エドワード・ケリーの生涯については資料が乏しく、その実像に迫るのは容易ではない。特にディーと出会うまでの履歴には空白が多く、曖昧な話や「伝説」が大半で、ほとんど何も分かっていないというべきだろう。[*11]また、ディーとは異なり、ケリー自身の遺した記録はごく僅かしかない。

まず、ディーが作成した占星図によれば、ケリーの生まれたのは一五五五年八月一日である(*PD*, 1)。[*12]彼はウスターの出身と伝えられ、オックスフォードで学んだとされるが、大学には記録は残っていない。[*13]ただし、記録が失われた、あるいは、入学はしたが学位を取らないまま退学した可能性はあるだろう。ちなみに、後に登場する弟のトマス・ケリーについては、一五八二年にオックスフォードへ入った記録が存在する。[*14]また、ウスターシャの記録には、彼の生年に近い「エドワード・ケリー」が二人発見できるが、そのうち一五五五年八月二日に受洗した人物は、ディーの占星図が伝えるケリーの生年月日にほぼ符号する。[15]

ケリーが若い頃に、地券あるいは貨幣偽造の科《とが》によって、ランカスターで耳を切り落とされる罰を受けたという話が古くから伝わっており、かつまた、彼の片耳が何らかの理由で切断された、あるいは変形していた可能性がなくはない。[16] ケリーが実際に犯罪に手を染めていたか否かは議論の分かれるところであるが、その真偽は措《お》いて、彼がタルボット姓を一時期名乗っていた事実は、司直の追及を逃れる必要があったことを示唆するかもしれない。

アシュモールは、ジョン・エヴァンスなる占星術師が錬金術によってケリーが作った黄金をその妹から見せられたということを、一六七五年の時点で書き留めた。これはアシュモールがウィリアム・リリーから聞いた話で、さらに、ケリーはウスターで薬剤師としての訓練を積んだという。[17]

いっぽう、前科者の汚名以外にも、ケリーは身の毛もよだつ降霊術を実践した人物として指弾されてきた。これは、ジョン・ウィーヴァーの著した『古代墳墓論』（一六三一）が出所である。同書の第九章は様々な種類の墓荒らしについて論じており、なかでも最も忌まわしいものとして、魔女や魔術師による、死者を蘇らせて未来を予言させる術を挙げ、その実例のひとつとしてケリーが言及された。すなわち、ランカスターの某所で、ケリーはひとりの友人と共に墓を暴き、そこに眠る死体を呪文を用いて蘇らせ予言をさせたのだという。なお、ディーがここにはまったく登場してこないことに注意されたい。[18]

『精霊日誌』（一六五九）の出版間際になって、『古代墳墓論』における記述を知ったカソーボンは、急いで後記をしたため、同書の該当箇所を引用、かくのごとき悪魔的所業に耽った人物と手を結んだ点でディーは「まったく許し難い」と憤激した調子で述べた。[19] また、レジナルド・スコットの『ウィッチクラフト曝露』第三版（一六六五）上梓の際に付け加えられた文書のなかで、匿名で素性不明の著者は、やはりウィーヴァーを典拠に、降霊術師としてのケリーに言及した。[20]

ウィーヴァーのケリーに関する記述にいかほどの信憑性があるのかは判然としないが、しかし、注目すべきは、ウィーヴァーがケリーの別名をタルボットと明記した点である。ケリーがタルボットと名乗ったことを示すディーの手稿(『召喚記録』)はこの時期に存在すら知られていなかったので、ウィーヴァーがケリーという人物について独自の情報を入手していた可能性は高い。[*21] なお、ケリーが両耳を切られたという話も『古代墳墓論』が最初に伝えた。

ちなみに、降霊術を実践するディー博士とケリーの図と称する版画は十九世紀以降に広く流布、多くの書物にこれまで掲げられてきたが、本来は、ウィーヴァーの記述に基づいて、ランカスターの墓所におけるケリーとその友人を描いたものであり、博士が描かれているわけではない[*22](次頁、図版5B参照)。

このように、ケリーの前半生については信頼できる証言、文書の類がほとんど残存しておらず、さらに、ディーのほうでもこの若者の存在をかねてから熟知していたわけではなかった。両者の出会いについては既に簡単に触れたけれど、まず第一に強調しておくべきは、ケリーあるいはタルボットという人物が、ディーによって偶然見出されたのではなく、スクライアーとしてディーに用いられていたバーナバス・ソールの弾劾者、告発者として博士の前に立ち現れた事実であろう。

いまいちど確認しておくと、一五八二年三月初めに、ソールが「もはや如何なる霊的存在の姿を見ることも声を聞くこともできない」(*PD*, 14)と博士に告白したため、両者のスクライングは頓挫をきたした。そして、ソールの告白のまさに直後、三月八日、九日の両日に、モートレイクをクラークスンという人物と共に訪れたケリー、自称タルボットは、ソールがスクライアーとして数々の不実な行為を働いたばかりかディーを誹謗したと告げ、しかも、これを「霊的存在から教えられた」(*PD*, 15)のだと主張したのである。[*23]

ケリーとディーがそれまでに面識がなかったのは確実なのだが、以上のような経緯は、少なくともケリーの側では、博士がスクライアーを用いて天使との交信を試みていた事実を、何らかのかたちで知っていたことを強く

図版:「死者の霊を召喚する魔術師エドワード・ケリー」【5B】

匂わせる。ある意味で、これはケリーが偽の霊媒、詐欺師であったという説の有力な証拠となるかもしれない――すなわち、絶妙のタイミングで博士の前に現れて、金銭その他の目的で博士に取り入ろうとした人物であったと。

そして、ケリーが二度目にディーの許を訪れた三月九日、後者の『日録』には「この学殖豊かな人物は、正餐後、わたしの魔術《マジック》についての智識を増大させるために自分のできることは何でもしようと約束してくれた」との記載が見られる(*DD*, 25)。博士がケリーという人物にたちまち魅了されたのは疑えず、ケリーがもし詐欺師だとするなら、その戦略は完全に成功したかのように思える。

だが、いっぽうで、このときディーは既に五十四歳であり、弱冠二十六歳のケリーが魔術やオカルティズムについてかなりの研鑽を積んでいなければ、人一倍自尊心の強かった博士に「学殖豊かな人物」とまでいわせるのは困難であっただろう。さらに、三月九日の時点ではまだスクライング、あるいはそれに類した行為は一切おこなわれていない。したがって、ケリーが、短時間の会話のみによって、長年にわたって秘奥の叡智を追求してきた人物に己れの知識の深さを印象づけたのは疑えない。[*24]

それればかりではない。ケリーが、ディーに甘言で取り入った詐欺師、あるいは、ディーをも瞠目させるに足る学識を備えた人物のいずれであったにせよ、両者の関係は、最初から最後まで複雑怪奇をきわめており、ステレオタイプの構図を描くことは到底かなわないのである。

たとえば、先に引いた「この学殖豊かな人物は、正餐後、わたしの魔術《マジック》についての智識を増大させるために自分のできることは何でもしようと約束してくれた」という『日録』の記載。実は、この後に、「……おぞましく途方もない嘘」という言葉が書き込まれており、かつ、「この学識ある人物」云々も含めて、全体に線が引かれて抹消されている。

のみならず、この抹消箇所の上部には、「これを読む者は、それが恥ずべき嘘であると確信していただきたい。なぜなら、タルボットはそのような事柄[魔術]を研究したことなどないし、何事においても清廉潔白であるからだ」との書き込みが存在する。いったい誰がこれを記したのか？

タルボットすなわちケリーに他ならない。

というのは、以上の書き込みの上に今度はまたディー自身による書き込みがあり、こう述べられているからだ——「これはタルボット氏、かの学殖豊かな人物が、不当にもわたしの記録を見つけて、みずから書いたものである」。[*25]

要するに、いささか驚くべきことながら、ケリーはディーの日記に勝手に目を通し、自分の筆を入れたのである。しかも、ディーの側でもその事実に気づいていたのだ。なお、これは一度だけのことではなく、以降も同様な例が幾度か繰り返される。[*26]

両者の関係の異様さ、それが一筋縄ではいかないことを教えてくれるものとしては、さらに、スクライングが開始されたばかりの三月十日の『召喚記録』の記載が挙げられよう。すなわち、その欄外にはディーの書き入れがあって、ケリーが博士の許を訪れた真の理由とは、

わたし［ディー］がもし邪悪な霊と交渉しているのであれば、わたしを罠に陥れようとするためであり、このことを彼［ケリー］は後に幾度も告白した。[*27]　（*AWS*, 18）

と述べられているのだ。

内容から推すと、以上が後の時点で書き込まれたことは明白だが、ディーの言葉を信ずるならば、ケリーは博士の「哲学的研究」を助けるどころか、あからさまな悪意、敵意をもって接近してきたことになろう。そして、ディーの側でも、出会った当初は魅了されたものの、ほどなくして同時に強い疑い、懸念をケリーに抱くようになったことは明らかである。

「罠に陥れ」るとは、彼は博士が悪霊と交信していると司直に告発するつもりだったのか。あるいは、それを種に金を脅し取ろうとしたのか。前者の場合には、宗教や政治に絡む動機が想定できよう。いっぽう、後者の場合には、ケリーは詐欺師とはまた別種の悪漢となるだろう。

しかし、以上のような解釈も、一五八二年三月十日から四月末までにかけておこなわれた召喚作業の内容、その質と量を考慮に入れるとき、大きく揺らいでこざるをえない。なぜなら、博士が邪悪な所業に耽っていると曝露する、博士を「罠に陥れ」る、そのためだけに、ケリーがかくも多大な手間と時間をかける必要があったとはいささか信じがたいからである。目的と手段が均衡を失するといえよう。

いずれにせよ、天界の奥義を求めて一心不乱に協同作業をおこなう魔術師とその弟子、あるいはそれとは逆に、若いながら非道卑劣な練達の詐欺師にはなからまるめこまれて疑うことのない愚かな篤信の老博士といった像は、どちらもここには存在していない。それだけはたしかだろう。しかも、わたしたちがいずれ見るように、最後にはふたりの社会的な立場すら完全に逆転して、短い期間とはいえケリーのほうが力と名声を得るようになるのだから。

単純素朴な解釈では闡明《せんめい》できない両者の関係は、出会いの最初から波乱含みであり、実のところ、召喚作業開始から二ヶ月経たない一五八二年五月初旬の時点で、いったん破局の危機に瀕する。

発端となったのは四月二十九日におこなわれたスクライングである。このとき出現した天使ミカエルは、理由を説明しないまま、ケリーに対してとある指示を与えた。その後で、

Δ　「彼[ケリー]はミカエルが何を望み、強いようとしているかを話してくれた。それについて彼はひどく動

揺しているように思われ、わたしにこう言った」

E・T　「エドワード・タルボット、すなわちケリー」「ミカエルはわたしが世俗に身を委ね、かつ、世俗を避けねばならないと言った。つまり、わたしが結婚せねばならぬという意味だ。そうする気はわたしには毛頭ないし、また、わたしの立てた誓いに背く以上、良心の咎めなしにそんな真似はできない。それゆえ、天使たちの言葉には何か別の意味があるものと思いたい」

Mi　「おまえは指示を守らねばならない。おまえはわたしたちの意向を知っている」　(*AWS*, 126)

だが、この件は簡単に落着しなかった。それどころか、月が変わって、五月四日におこなわれた召喚作業では、結婚をして身を固めるようにとの意に染まぬ指示が与えられたことを理由に、ケリーはもはや天使たちとは関わりたくないと宣言するにいたる。自分の不快感、怒りを示すためだろう、ケリーは神への祈りの最中でも帽子をとらなかったという(*AWS*, 130)。そして、この日の作業は何とか終了したものの、同日にケリーは本当にモートレイクを立ち去ってしまう。

ところで、ケリーの立てた「誓い(vow and profession)」というのが具体的に何を指すのか不明である。ケリーはカトリックの聖職者ではなかったのかとの説も提唱されているが[*28]、他にこれを支持する具体的な証拠は存在しない。ただし、純然たる仮説としては興味深いところもある。第一章で少し触れたように、ディーはカトリック勢力からはたしかに敵視されていた。したがって、ケリーが、精霊召喚という瀆神《とくしん》行為を暴いて「妖術師」との確証を摑むためにカトリックから送り込まれてきた一種の密偵、つまり、博士を「罠に陥れ」るために接近してきた人物であったとするのは、ある程度の説得力をもつように思えるからだ。しかしながら、この説では、ディーに取り入ってからケリーのとった行動の説明がまったくつかない。

なお、後になって判明するのだが、天使の指示に憤激して召喚作業をいったん中断したにもかかわらず、ケリーはほどなくして結婚した。時期は一五八二年の末頃か翌八三年初頭にかけてと推測されるが、妻となったのはチッピング・ノートン出身のジョーン（あるいはジェイン）・クーパーである。彼女についてディーが最初に言及するのは、一五八三年四月二十九日のことで（*AWS*, 367）、ディーは結婚の時期を一五八三年だとする（*TFR*, ＊3）。彼女は一五六三年六月生まれだから（*PD*, 1–2）、当時二十歳に満たず、また、ケリーより八歳年少であった。[*29]

さて、ケリーはごく短期間だけ博士と諍《いさか》いになったのではなかった。実際には、同年十一月十五日までの半年間以上、天使召喚記録は完全に途絶してしまう。のみならず、その間の経緯がまたもや複雑怪奇をきわめる。

ここでも、ケリーが詐欺師だという説はいささか説得力を失ってくるだろう。天使との交信をやめるといいだしたのは他ならぬケリーのほうなのだから。もちろん、博士の気をいっそう引くために、博士を交信作業にさらに没頭させるために、辣腕《らつわん》の詐欺師たるケリーがあえて中止を口にしたのだという解釈も不可能ではない。[*30]

ケリーが立ち去って二日後の五月六日、ディーは、自分の妻ジェインについて、『日録』にこう記している——彼女は「夜の八時から一晩中、そして翌朝八時まで怒り狂い」、「わたしの許に正直で学殖豊かな者としてやってきた人物について、ひどくわたしを責めたてた」というのだ。[*31]

具体的な名前は挙がっていないけれど、この「学殖豊かな者」がケリーであるのは疑えない。というのは、ディーは、妻の怒りは「クラークソン氏の助けでおさまった」とも書いており、このクラークソンは最初にケリーをディーの許に連れてきた人物であるからだ。ただ、いったいジェインがなにゆえ狂乱状態に陥ったのか、ケリーが何をしたのか、説明は一切与えられない。また、ディー自身も意見を洩らしていない。

しかしながら、約三週間経過した五月二十九日、その日の『日録』に、ディーは「わたしはエド《ママ》・タルボット［ケリー］の邪《よこしま》な性質とおぞましい嘘を理解した」と記すにいたった[*32]（*DD*, 45）。「邪な性質とおぞましい嘘」とは、既に言及した『召喚記録』の三月十日の項へのディーによる書き入れ、つまり、ケリーは自分を陥れるためにやってきたのだという言葉と同じことを意味するのだろうか。

この時点でケリーは信用できない人物だとの結論に達したはずの博士だが、なにゆえか、翌々月には両者の関係は修復好転の兆しを急に見せはじめる。七月十三日には、ディーは「タルボット氏が午後三時にやってきて、わたしは彼とはとげとげしい言葉を交わしたが、最後には友好的な関係で別れた」と『日録』に記す[*33](*PD*, 16)。だが、これも束の間のことにすぎなかった。僅か三日後の七月十六日には、ディーは「わたしはタルボットがぺてん師(cosener)だと確認した」(*DD*, 46)と述べる[*34]。つまるところ、ケリーを「ぺてん師」だと最初に断定した人物は、誰あろう、ディー自身なのである。

なお、七月十九日には、かつてのスクライアーであるソールがディーの許を訪れた事実は注目に値する。その際、ディーはソールの「多くの虚偽の報告」について叱責したと『日録』で述べるが(*PD*, 16)、ケリーとは完全に絶縁して、天使召喚作業をこのお払い箱にした前任者の手を借りて再開しようとする意図を、ディーは抱いていたのかもしれない。この箇所は後に抹消されるが、ケリーは「恐るべきぺてん師の到来」とのコメントを書き加えた。また、七月十六日のディーの「タルボットがぺてん師だと確認した」という記載も同じように抹消され、その箇所には「人を中傷する恐るべき虚偽」とのケリーの書き込みがおこなわれる[*35]。

七月十六日の記載を最後にケリーへの言及は『日録』において長らく絶え、それが再び現れるのはようやく十一月七日のことになる。そこには「E・ケリー氏からの第二の書簡を受け取る」とのみ記されている[*36](*DD*, 47)。ごく短い記述ではあるが、ディーの遺した記録でケリーがタルボットではなく本名で言及されるのはこの箇所が最初であり、その意味では重要だと思われる。

この時点になって、ケリーはようやく本名を博士に明かしたわけだが、ただし、それが如何なる理由によるものなのか、博士がどう受けとめたのか、そして、両者の関係に如何なる影響を与えたのかなどについては、ディーが何の感慨も洩らしていない以上、わたしたちには知る術《すべ》もない。

とまれ、この手紙によって両者の諍いはとりあえず終止符を打たれたとおぼしく、八日後の十一月十五日、六ヶ月以上の空白を経て、召喚作業が再開された。[*37] かくて『神秘の書』は第四書に突入し、ディーはその冒頭に「ケリーと和解の後に」とラテン語で書き入れた(*AWS*, 138)。以降、タルボットの名前でケリーが言及されることはない。

第六章 7 「粉薬」、「本」、「巻物」

一五八二年十一月十五日に再開された召喚作業では、冒頭からいきなり新たな天使たちが登場してくる。すなわち、ハゴネル(Hagonel)とカーマーラ(Carmara)である。前者は同年三月二十一日に開示された「光の息子たちの息子たち」のひとりであり、後者は四月二十九日に示された「四十九の善なる天使」の最初に出てくるバリゴン(Baligon)の別名だという(*AWS*, 139ff)。

召喚作業はほぼ連日にわたっておこなわれ、天使たちは厖大で複雑な情報を次々と開示していくが、十一月十七日の召喚作業では、「これらの神秘についての知識に参入するのは、おまえ以外にはこの作業者[ケリー]のみとなろう」との言葉がディーに与えられる(*AWS*, 175)。すなわち、博士にとって不可欠な協力者としてのケリーの地位は天界から保証されることになった。また、十一月二十日の記録には、図版６Ａのような精霊の姿が見出せる。描かれた絵は稚拙ともいえるものだが、それだけにかえって異様な迫力に富む[*1](*AWS*, 204)。髪の部分は手稿では赤インクで着色されており、焔で燃え上がっているかのようである。

十一月二十一日の召喚作業においては、ディーはカーマーラに対して、もっと簡明な分りやすい形式で知識や指示を与えてもらえないかと頼み、かつまた、ケリーを通じて書き取った託宣には、自分、あるいはケリーの聞き誤り、書き誤りが介在して、それゆえに正しく理解できないのではないかという疑念を表明した。実際、ディー

図版：精霊の図【6A】

がケリーとスクライングを開始してほどない時期の四月には、スクライングが終わってから、ケリーがその内容を訂正したこともあった(*AWS*, 60)。しかし、カーマーラの答えは「彼[ケリー]を通じておまえが受け取ってきたものに一切の曖昧さはない」であった。(*AWS*, 209)。また、既に第五章で触れたように、この日の召喚作業においては、天使はディーに「卵くらいの大きさで、明るく煌々《こうこう》と輝く透明な」水晶を授ける(*AWS*, 218)。もちろん、この挿話は、ケリーが恥知らずな詐欺師だという説の重要な証拠のひとつとなろう。

このように、ふたりの「和解」の後に順調に再開された召喚作業であったが、ただし、十一月二十二日以降、再度中断されるにいたる。ケリーが再びモートレイクを去るからだ。しかしながら、今度は博士とケリーの不和に起因するものではなかった。

ディーの『日録』の二十二日の記載によれば、ケリーはロンドンを経由してブロックリーという場所に向かったらしく、当初は十日ほどで戻ってくる予定だった[*2](*PD*, 17)。ちなみに、この直後の十一月二十四日、ディーは以下のような不吉な夢を見る。

> 死んで、それから臓腑を取り出される夢を見た――わたしは色々な人と共に歩き、話をしたが、そのなかには大蔵卿がおり、彼はわたしが死んだときには家に来て私の蔵書を焼くことになっていた。彼が不機嫌な様子でわたしを見ていると思った。
>
> (*PD*, 17)

「大蔵卿」とはウィリアム・セシルを指しており、この夢の内容はディーの今後の運命を考えると誠に興味深い。さて、ごく短期間の旅行の予定にもかかわらず、結局のところ、ケリーがモートレイクに戻ってくるのは一五八三年三月二十二日、召喚作業が再開されるのは翌二十三日のことであり、四ヶ月に及ぶ中絶となった。前章で記したように、ケリーはこの時期に結婚したものと思われる。実は同じ頃にディーは天界ではなく俗界の重要な事業に忙殺される状況に置かれており、ケリーとのスクライングに従事する余裕がなかったのかもしれない。その点については後に見ることにして、『神秘の書』第五書の劈頭《へきとう》をなす三月二十三日の召喚作業記録を眺めてみよう。

三月二十三日　土曜日　正午　ブロックリーのジョン・ヒューセィ氏と(三月二十二日に)やってきたE・K[ケリー]は、彼とヒューセィ氏が不思議な方法で入手したものについて、天使たちから教えを乞いたいと願った。すなわち、とある霊的存在の指示と導きでノースウィック丘で発見した文書である本と巻物についてである。彼らふたりは未知の文字で書かれた巻物の解釈を何とか試みようとして、わたしの許《もと》にやってきたのだ。

(*AWS*, 220)

ブロックリーとはコツウォルド地方の村の名前で、ノースウィック丘はそこから北西一マイルほどのところに位置する。ヒューセィなる人物の素性はまったく不明であるが、ともかく、この男と共に、ケリーは霊的な啓示によって書物と巻物を丘の一角から掘り出したとおぼしい。

さらに、ふたりは同じ場所で「粉薬(powder)」も発見していた。しかしながら、ケリーは当初はその事実を隠蔽しており、一ヶ月近く経った四月十八日の召喚作業において、イル(Il)という精霊がこのことに触れてようやくディーの知るところとなった(*AWS*, 338)。この粉は「赤く凝固したもので、くりぬかれた石に入っていた」という(*AWS*, 388)。

要するに、長らく不在であったケリーがディーの許に持ち帰ったのは、書物と巻物と粉薬の三点である。そして、このうち、書物と粉薬は錬金術に深く関わる。

書物と粉薬については、十七世紀半ばになって、ディーの長子アーサーが、友人のトマス・ブラウンに対して、

以下のように語った。すなわち、

　ディーとケリーの金属変成作業は、ふたりが所有していた少量の粉薬によっておこなわれたのだが、それはどこか古い場所で発見されたものだった。発見の際、粉薬の傍らには一冊の本もあった。それには象形文字しか記されておらず、父は［解読に］多大な時間を費やした。[*3]

だが、ブラウンによれば、アーサーは博士がその解読に成功したとは述べなかった。

いっぽう、アシュモールは、『英国の化学の劇場』（一六五二）において、ケリーが錬金の「霊薬(elixir)」をグラストンベリー修道院の廃墟で発掘したと述べた。[*4]この時点では、アシュモールは『召喚記録』手稿を入手していなかったので、これが真相を知らずに伝聞に基づいておこなわれた記述であるのはまちがいない。

　さらに、アシュモールの後、ドイツの学者ダニエル・ゲオルク・モルホフが、『金属の変成』（一六七三）において、ケリーはディーの前に姿を現わすに先だって、ウェールズの山中を放浪した時期があると唱えた。その折に、とある宿屋の主人から、ケリーは、近隣の教会からかつて発掘された、錬金術の奥義を記す古い手稿と白と赤の粉薬の入った容器を獲《え》たというのである。[*5]

　こういった説は、ルイ・フィーギュエやA・E・ウェイトなどの著作を通じて流布し、一部は変形潤色されたかたちで、二十世紀半ばまで延々と生き延びてきた。[*6]とはいえ、これをまったく根も葉もない虚偽であると考える人々は多かったし、実際、いかにも後世に捏造《ねつぞう》された伝説の類《たぐい》のごとく響くだろう。しかしながら、『召喚記録』が明らかにしているように、時期と場所こそ不正確であったものの、ケリーが錬金作業にとって重要な粉薬と、本と称するものを発見、所有していたのは紛れもない事実であったのだ。

　実際、たとえば、ケリーが持ち帰った本、すなわち錬金術の秘伝書とおぼしきものについては、『ダンスタンの書』として、『召喚記録』のみならず『日録』と『精霊日誌』の双方においても幾度か言及が見られるし、ケリーは同書から抜粋まで作成した。*7

ダンスタンとは、グラストンベリー修道院長であった聖ダンスタンを指す。カンタベリーのオズバーンが『聖ダンスタン伝』(一〇七〇)において伝えた、若き日のダンスタンがグラストンベリーの鍛冶場で作業中に出現した悪魔の鼻を火箸で摑んだという話は人口に広く膾炙《かいしゃ》し、そのため、彼は鍛冶屋の守護聖人とされたばかりか、魔術師、錬金術師だとする伝承もかなり古くから広まっていた。*8 ケリーが錬金術の霊薬をグラストンベリー修道院の廃墟から発見したというアシュモールの記述は、こういった伝承を反映する。

霊薬、つまり粉薬のほうは、後になってディーとケリーの金属変成作業が進捗するにつれてきわめて重要な意味を帯びるようになり、『精霊日誌』における召喚作業で頻繁に触れられるようになる。*9 これがケリーが発掘した粉薬と同一であることは、同書の一五八四年二月二十二日の「E・Kがイングランドで本と共に発見した赤い粉薬」という記述からも明らかだ(*TFR*, 69)。

また、ケリーが本や秘薬を発見するよう手引をしたのは、一五八三年春の時点では「ある霊的存在」と素性が不明だったが、ベン(Ben)という名前の精霊であったことが四年後の一五八七年四月十七日になってようやく開示される(*TFR*, *12)。なお、一五八四年四月二十一日、ケリーの所有する秘薬がいわゆる「賢者の石」に他ならないのか否かをディーは天使に問うているが、無視された(*TFR*, 92)。この粉薬の重要性は、その一部をディーがおそらく死ぬ間際まで手放さなかった事実からも窺える(本書第十六章参照)。

現代の我々からすれば、どこかの地中から発見された錬金の霊薬、秘薬とは如何にも眉唾ものめいて聞こえるかもしれない。しかし、実際に効力がないにしても、ディーの時代にあっては、こういった話がかなりの信憑性を有したことを忘れてはならない。

たとえば、ディーと同時代のイングランドの錬金術師トマス・チャーノックは、自分の師のひとりであるバースの修道院長（おそらくはウィリアム・バード）は「霊薬」を所有したが、修道院解散令が出た折、それを壁に隠していて盗まれてしまったと語った。[*10] あるいは、時代がかなり下った一六七〇年代において、世を騒がした錬金術師ヨハン・ヴェンツェル・ザイラーの場合、彼はルドルフ二世側近から霊薬を入手したのだが、それは元を辿ればケリーの所有物だという説が真剣に囁かれたほどであった。[*11]

いっぽう、ケリーがコツウォルドで発掘してきたもののうち、「巻物」のみは、錬金術ではなく埋蔵金が絡む。これが最初に言及されるのは三月二十四日の召喚作業で（*AWS*, 228）、やがて、その巻物が、一見したところ未知の文字で書かれた暗号文、そして、謎めいた十の絵図から成り立つことが明らかになる。まず暗号文を掲げよう（図版 6B）。

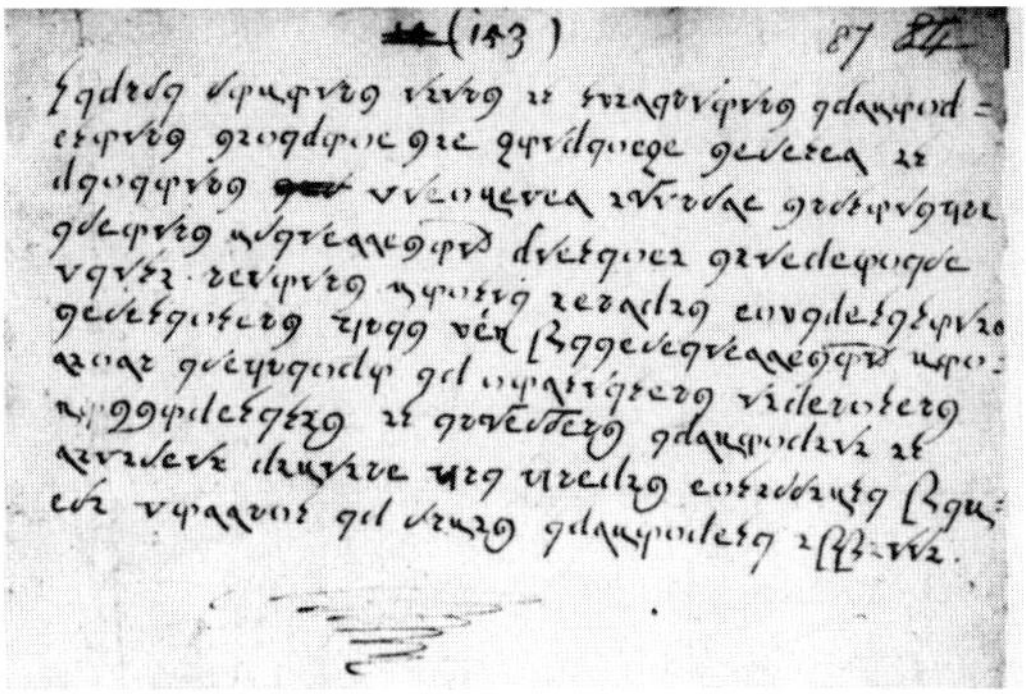

図版：暗号文【6B】
© The British Library Board, Sloane 3188, 87r

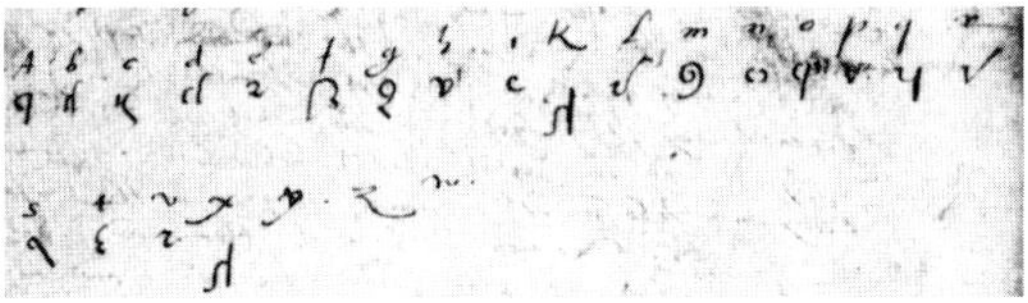

図版：「未知の文字」と
ラテン文字アルファベットの対応表【6C】
© The British Library Board, Sloane 3188, 88r

先に引いたアーサー・ディーの証言、つまり、粉薬と共に発見された「一冊の本」、「象形文字しか記されておらず」、博士が解読に失敗したという本とは、あるいはこの巻物を指すのだろうか。もしそうであるならば、アーサーの言葉とは裏腹に、博士は実は解読していたことになる。

『召喚記録』の四月十一日の記載は巻物についてのみであり、以下のように始まる。

> 四月十一日　火曜日　午後四時頃に宮廷より帰宅して書斎でしばらく過ごしてから、先に言及した暗号文の解読を試みようと思いついた。E・Kも乗り気になって、巻物を持ってきてくれた。最初は半ば諦めかけたが、色々と試した挙句、ようやくにして原文はおそらくラテン語だろうと推測、これが本来はラテン文字のアルファベットで書かれたものだと発見した。
>
> (*AWS*, 323–324)

すなわち、この暗号が簡単な置換法によることが判明したのである。つまり、文字自体に意味はなく、それぞれがラテン文字のアルファベットの一字ずつを置換したものにすぎない。ディー自身が書きとめた「未知の文字」とラテン文字の対応表を掲げておこう[*12](前頁、図版６C)。たとえば、୨という文字はmを表す。これにしたがって解読していくと、「メナバンの種々《くさぐさ》の物、埋蔵宝の在所を示す図」'Tabula locorum rerum et thesaurorum absconditorum Menabani . . .' で始まるラテン語の文章が浮かびあがる(*AWS*, 324)。つまり、往古にブリテン島に侵攻してきたデーン人の王メナバンが、敗退して退却する前に、地中に財宝を隠し、その在処《ありか》を示すというのがこの巻物の絵図なのである。[*13] それでは、ディーが転写した十の絵図のほうを見てみよう(図版６D)。

一枚の絵がひとつの埋蔵場所に対応しているとおぼしく、したがって埋蔵箇所は計十カ所となる。そして、絵の中に書かれた文字が、具体的な地名を示す。ディーの解読結果は図版６Ｅのごとくである(110頁)。

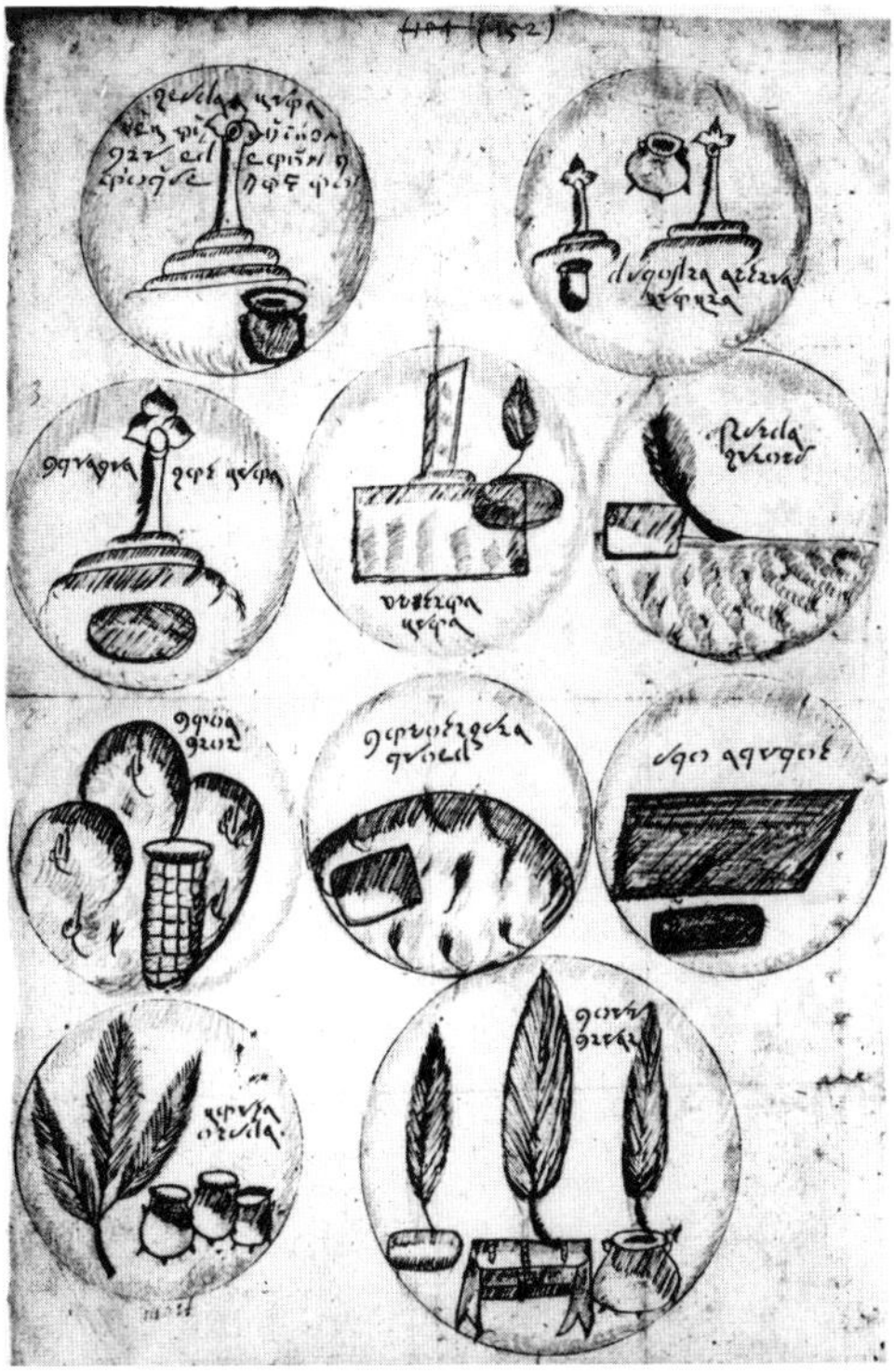

図版：巻物の十葉の絵【6D】

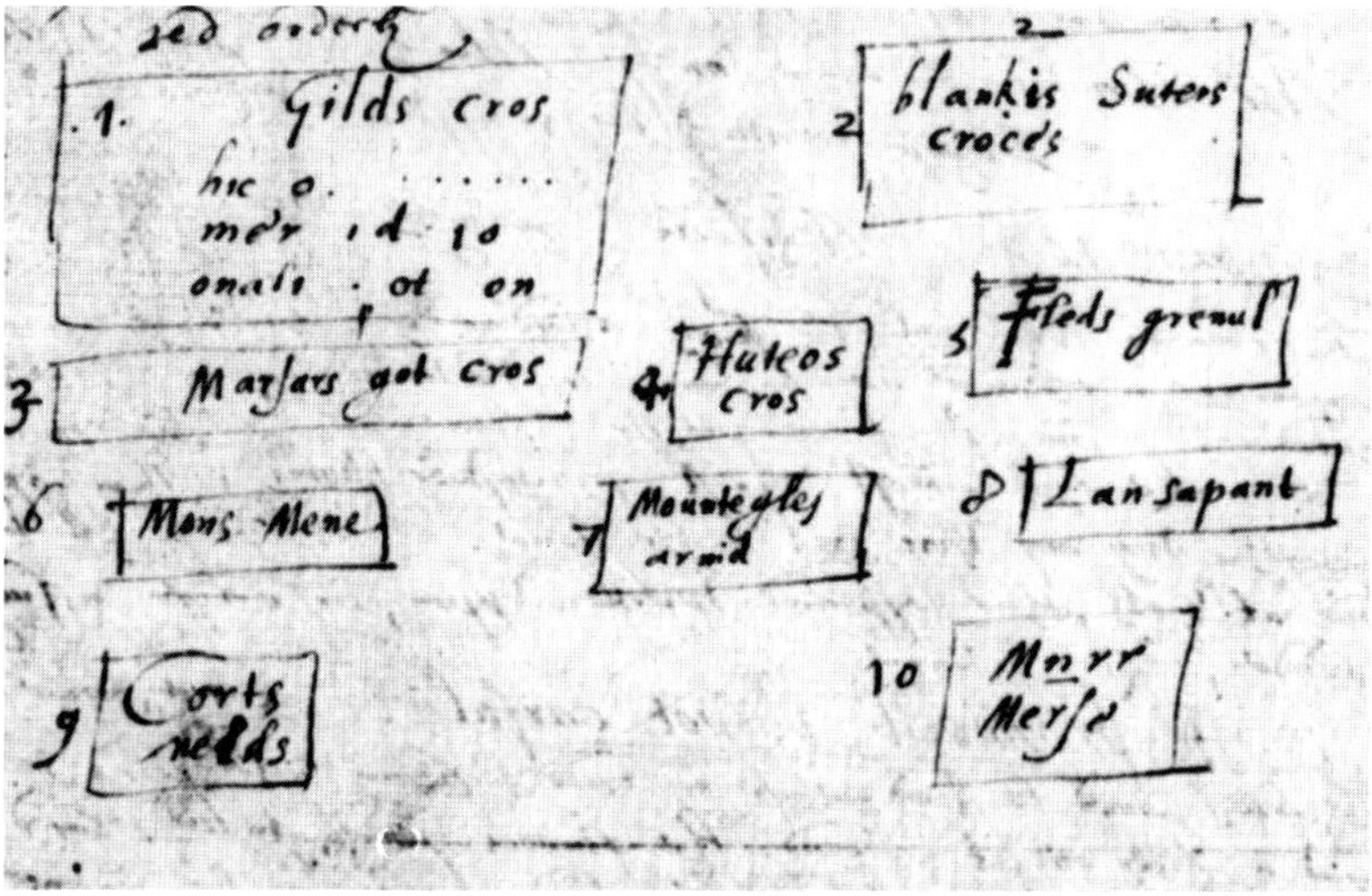

図版：埋蔵された宝の在処【6E】
© The British Library Board, Sloane 3188, 88r

ただし、Gilds Cros, Huteos Cros, Mons Mene など明らかに地名と思われるものもあれば、Lan sapant のように意味不明のものも含まれる。[*14] このうち、Huteos Cros について、ディーは、ケリーが巻物などを発見した場所は Huers Cross で、それと同一ならんと注記している(*AWS*, 325)。これはノースウィック丘にかつて立っていた十字架を指すと思われる。

かつて、十字架の立つ場所はしばしば埋蔵金の在処と考えられた。たとえば、十六世紀の尚古家《しょうこか》ジョン・リーランドは、ノーサンプトンシャのブラックリーにある三つの石造の十字架の倒壊は、宝を狙った人々の所業だとした。[*15] また、十字架の立つ場所を掘り起こす人々は、「十字架掘り(cross-digger)」と呼ばれ、当然というべきか、瀆神《とくしん》の徒と見なされた。リーランドと親しかった聖職者ジョン・ベイルは、魔女、魔術師、降霊術師(necromancer)、悪魔召喚師(devil-raiser)などと並べて、「十字架掘り」の名を挙げる。[*16] したがって、忌まわしい降霊術師というジョン・ウィーヴァーの非難はおいても、もしコツウォルドでの発掘作業が世に知られていたとしたら、ケリーは少なくとも「十字架掘り」の名は甘んじて受けねばならなかっただろう。

ところで、秘匿された古代の宝にかかわる巻物をケリーが地中から掘り出して持ってきたことを、ディーはどのように受けとめたか。単にケリーに頼まれて暗号を解読しただけのことだったのか。

答えは否である。

ディーが書物の蒐集に尋常ならざる情熱を傾けたのは周知の事実であり、その対象となったのは無論刊本にとどまらず、手稿写本の探索にも精力を費やした。既に第一章で述べたように、彼は貴重な古写本、古文書類が英国各地で失われつつある状況に大いなる危惧を抱き、その早急な回収、保存を早くから訴え、「王立図書館」の設立まで提言した。図書の蒐集、保存を国家的におこなうよう主張した点で、彼は時代の遥か先をいっていたといえよう。[*17] 古物蒐集家としてもディーは高い地位を占めたわけであるが、実は、その裏に影のように貼りつくかたちで存在したのが、埋蔵金、宝探しへの情熱に他ならない。

この巻物の出現より九年ほど遡る一五七四年十月三日、ディーが大蔵卿ウィリアム・セシルに宛ててしたためた長文の書簡は、地中に隠された宝にディーがどれほど強く惹《ひ》かれていたかを示す。この書簡で、彼は自分は埋蔵金の研究に二十年という歳月を費やしてきたと誇り、さらに、エリザベス女王から埋蔵金探索の権利を独占する権利を認可してはもらえぬかと乞うた。[*18] 埋蔵金や宝の所有権は、イングランドでは、既にヘンリー一世統治下の十二世紀初頭頃に、王に属するものと定められていたからである。[*19]

ケリーが巻物、本、秘薬を発見したブロックリーは、今なお人口約二〇〇〇人ほどの小さな村であるが(現在はグロスタシャの行政区分に属しているが、かつてはウスタシャ)、この村のあるコッツウォルドを含めイングランド南部地域は、昔から古墳に埋められた黄金や宝をめぐる伝承の多い場所であった。[*20] したがって、ケリーがブロックリーで粉薬や巻物を発掘したという話は、ディーにはおそらく説得力をもって響いたのではあるまいか。

さらに、セシル宛の書簡において、ディーが埋蔵金発見のための手段として、「夢」、「ヴィジョン」、「親和力と反撥力の作用」などを挙げていることはきわめて重要であろう。[*21] たとえば、ケリーが巻物を発掘する二年以上前、バーナバス・ソールをスクライアーとして短期間だけ用いた時点で、ディーは天使の助力によって土中に秘匿された財貨を発見しようとしていたようだ。というのは、ソールとの召喚作業記録のなかに「隠された宝について(de Thesauro abacondito)」という言葉が見出せるからだ(*AWS*, 13)。要するに、一五八三年の時点で、ディーは埋蔵金の発掘に約三十年というもの執念を燃やし続けてきただけでなく、魔術的な回路、霊的な技法を通して地中の宝に接近できると信じていたのである。

ジョン・オーブリは、ウェールズのブレコンシャのとある池でディーが妖術によって金塊を発見したという話をロバート・コットンから聞いたと記した。[*22] これ自体には確たる証拠がなく信憑性を欠くが、ディーが超自然的な方法で埋蔵金を探しているという事実は世間で噂になっていたのかもしれない。

埋蔵金といえば現代では俗の俗なるものという印象を与えるかもしれないが、しかし、それは同時に聖と俗が交錯する場でもあった。宝探しにおいては、多くの場合、超自然が大きな意味をもつ。埋蔵金を求める人々は、掘る場所、時期などについて、しばしば透視能力者の助力を仰いだ。さらに、悪霊、精霊、妖精などが宝を守護すると信じられた場合には、そういった超自然的存在を召喚、あるいは追い払うための儀式が必要であった。[*23]

十六世紀イングランドでは、超自然的存在の召喚を埋蔵金の発見手段として用いるのは珍しいことではなく、たとえば、ヘンリー八世治下の一五二〇年代の複数の文書には、王の認可を得て宝探しがおこなわれた際、水晶を使っての精霊召喚が実践された記述が見出せる。[*24]それゆえ、ディーがスクライングによって埋蔵宝についての情報を得ようとしたのは決して例外的事例ではない。そもそも、本書第三章で指摘したように、クリスタロマンシーじたいが物品探しと強く結びついた技法であったことを想起されたい。

時代を下ると、たとえば、十七世紀の貴族、政治家グッドウィン・ウォートンのような人物もいる。彼は錬金術に凝るだけでなく、天使や妖精のお告げを頼りに生涯宝を探し続けたが、いっぽうで、一六九七年には海軍大臣の地位にまで昇りつめた。ウォートンの場合、スクライアーの役を務めたのはメアリ・パリッシュという女性で、ディーとケリーの埋蔵金探索からおよそ百年後の一六八四年三月八日、たとえば水の入ったコップ――つまり、ハイドロマンシー――を用いて、彼らは天使ウリエルの召喚に成功した。[*25]

ところで、地中に埋もれた宝と最も深い関連があるとされた超自然的存在は妖精《フェアリー》であった。十五世紀末のイングランドの記録には、埋蔵金の発掘に「親切な妖精」が絡む例が見出せるし、先に触れた一五二〇年代の記録のひとつでは、ウィリアム・ステイプルトンという修道士が、オベロン、すなわち、シェイクスピアの『真夏の夜の夢』で最もよく知られる妖精の王を召喚しているのが注目されよう。[*26]また、一六四九年の日付が入った埋蔵金探索のための魔術書の手稿でも、妖精についてのかなり詳細な説明が見られる。[*27]

こうした伝承、迷信が広まっていた事実は、エリザベス朝の演劇にも反映されている。本書第一章で取りあげたベン・ジョンソンの喜劇『錬金術師』のなかで、娼婦ドルは妖精の女王に扮して詐欺を働くのだが、そのときに妖精のもつ財宝への言及がおこなわれる(五幕四場)。あるいは、シェイクスピアの『冬物語』でも、羊飼いの台詞《せりふ》に「わしは妖精によって金持ちになるといわれていた」、「これは妖精の黄金だ」などの言葉が見出せよう(三幕三場)。さらに十七世紀末には、英語で書かれた最初の妖精論『秘密の国』(一六九〇?)において、著者のスコットランド人ロバート・カークは、「妖精の丘」に埋められた宝とその発掘の事例について語ることになる。*[28]

ディーが妖精という存在をどう捉えていたかは不明である。ただし、ごく断片的な記述は存在する。一五八二年三月九日、つまり、ケリーが二度目にディーの許を訪れた際、『日録』に「この学殖豊かな人物は、正餐後、わたしの魔術についての智識を増大させるために自分のできることは何でもしようと約束してくれた」との記載があるのは前章で記したが、実は、この箇所には、「妖精と共に」もしくは「妖精に関して」と読み取れる言葉も記されていた(*DD*, 25)。また、一五八三年二月四日の日記には、前後の文脈とは無関係に、唐突に「妖精」という語が出現する(*DD*, 53)。まったくの推測にすぎないが、これらもあるいは埋蔵宝と関連するのかもしれない。*[29]

いずれにせよ、巻物の暗号文を解読するのに見事成功したディーが、地下に埋もれた財宝を発見するための助言を天使たちに求めたのはいうまでもない。当初、天使たちはそのような世俗の願いに否定的であったけれども、しかしながら、やがて態度を変え、十の場所から土のサンプルを採集してくるよう命ずる(*AWS*, 337)。この後、なぜか十カ所であるはずの場所は十一カ所となるのだが、ともかく、五月九日にはケリーは採集旅行に出かけた(*AWS*, 399)。したがって、ディーとケリーはすべての場所を何とか自分たちの力で同定したものと思われる。なお、巻物に描かれた十の絵図そのもの、壺や植物の葉などがいったい何を意味するのか、ディーがどう解釈したのかは、『召喚記録』にはいっさい記されていない。

ケリーが首尾よく十一の場所から土を持ち帰ってくるのが、五月二十二日である(*AWS*, 399)。しかも、僥倖《ぎょうこう》にも、この時点で、地下を発掘する公式許可をディーは宮廷から実際に得ることができていた(*AWS*, 400)。

かくて、埋蔵宝の発見が今や目睫《もくしょう》に迫るかとディーの昂奮はいやがおうにも高まったにちがいないが、五月二十五日になって、土のサンプルをどうすべきかとの問いを天使に発してみると、サンプルは「そのままの状態であれば、既に完全に消滅した」という不可解な答えしか戻ってこなかったのである(*TFR*, I, 9)。

結局のところ、秘められた宝を入手するという三十年来の宿望はあっけなく潰《つい》えてしまったわけだが、当然ながら、ディーにしてみればそう簡単に諦めることはできなかった。一五八四年二月二十二日、このときディーは経済的に苦境にあり、召喚作業において「デーン人の宝」についての話を蒸し返す(*TFR*, 69)。だが、天使の反応は素っ気ないものだった——「自然を司る叡智に較べれば、現世の宝など些事《さじ》にすぎない」(*TFR*, 71)と。

第七章　錬金の夢、海彼の富

前章で概観したケリーとディーの和解後の活動で注目すべき点のひとつは、「実体」が連続して出現していることであろう。つまり、それまでの召喚作業では、すべてはスクライアーのケリーが水晶の裡《うち》に見た、あるいは天使から聞かされた、もっぱら視覚と聴覚による知識、情報であって、物質的レヴェルでの顕現、奇蹟は生起していない。しかし、一五八二年十一月に水晶の現物が天使から下されたのを皮切りに、翌年三月にはコツウォルドの村からケリーが本、巻物、粉薬を持ち帰るなど、地上の世界に属する具体的な「物」がディーの眼前に次々と現れてくる。

換言すれば、ケリーは、自分という人間が博士の研究にとって如何に重要不可欠な存在であるかを示す物的証拠を一気に与えているわけで、実際、ケリーがコツウォルドから携えてきた品物は、いずれもディーが長期間にわたって探求してきた領域に密接に連関するものだった。巻物に暗号文書で示された埋蔵金については既に見た通りだが、より重要なのは書物と粉薬、すなわち錬金術のほうである。

一五八四年夏のプラハにディーは「予言者にして錬金術師」として立ち現れたと、本書第一章で記した。そして、実のところ、十七世紀前半、とりわけ『精霊日誌』が上梓されるまでは、山師、真摯な学者、はたまた妄誕の犠牲者かは措《お》くとしても、一般には博士とケリーはもっぱら錬金術における協同作業者とみなされていた。それゆえ、ベン・ジョンソンの劇『錬金術師』はディーをモデルにしたものだとジョン・オーブリは明言した。[*1] また、アシュモールの場合、『英国の化学の劇場』において、ディーとケリーの関係を「哲学的、化学的実験の協力者」と総括したが、「哲学」も「化学」もそこでは共に錬金術の謂《い》で用いられている。[*2]

では、ディーの錬金術への沈潜はいつから始まったのだろうか。

少なくとも文献面での研究が、ディーの生涯のかなり早い時期、すなわち、二十代の終わり頃に本格化したのは確実である。なぜなら、一五五六年にディーは自分が読んだ錬金術書の一覧を作成しているからだ。のみならず、ディーがこれらの書物におこなった書き入れは、彼が錬金術の実践、実験についても意欲的であったことを窺わせるに足る。[*3] このように若いときから金属変成の研究を進めていたディーであったが、彼が錬金術への傾斜をほぼ公《おおや》けに宣明したのは、一五六四年に刊行された『象形文字のモナド』においてである。

ラテン語で書かれた『象形文字のモナド』は量的にはごく短い著作にすぎないが、全篇が抽象的な議論で埋め尽くされており、内容は難解晦渋《かいじゅう》をきわめる。同書をメリック・カソーボンは「支離滅裂」と難じたけれども、[*4] これはひとつには、ディー自身が言明するように、その内容が無知な「俗人」の手によって曲解悪用されることを恐れて、故意に曖昧に書かれたためもある。[*5] ただし、主題をなすのは、題名の示す通り、「象形文字のモナド」であって、その点では一貫するといえよう。[*6]

ディーの唱えるところによれば、世界の根源をなすのは「モナド」、つまり「単子」に他ならず、換言すれば、世界の一切の秘密は「モナド」に包含される。そして、「モナド」は一種の象形文字によって示すことができるという。混乱を避けるために、この象形文字あるいはシンボルのほうを以下「モナス」と呼ぶことにしよう。なお、世界の根源を構成する単一の要素、原理という概念じたいが古代から連綿と存在するのはいうまでもなく、たとえばルネサンス期のオカルティストでは、アグリッパが『隠秘《いんぴ》哲学』第二書で議論している。アグリッパによれば、この単一原理は、元型界においてはヘブライ文字のי（ヨッド yod）で、物質界においては賢者の石で表象される。[*7]

さて、ディーの唱えるこのモナスは『象形文字のモナド』の扉頁に掲げられた（図版7A・7B参照）。天文学あるいは占星術において水星《マーキュリー》を示すのに用いられる記号☿を基にしているのは、一目瞭然だろう。ただし、水星のシンボルは、本来は半円、円、十字を上から順に積み重ねた形をしているが、ディーはこれに複数の大幅な改変を施した。最大の改変は、その底部をなす十字の下に占星術で白羊宮を示す記号、♈が付け加えられたことだろう。さらに、半円と円――前者は月、後者は太陽を表す――は単に接する形から交錯する形に変更され、のみならず、半円のほうは細い三日月形となり、いっぽう、円の中心には点が付加された。[*8]

モナスじたいのこういった特徴から、ディーが宇宙、世界の根源を解き明かす鍵を天文学あるいは占星術に求めているのは明白であろう。ディーの説くところによれば、メルクリウスすなわちマーキュリーとは、エホヴァによって我々人間の許《もと》に送り込まれた「あらゆる天文学の再建者、再興者」に他ならず、モナスという「聖なる書法」を

> 我々は新たな教えの基礎として確立することができる。あるいは、その助けによって、完全に亡失して人類の記憶から消し去られた教えを復活させることができる。[*9]

要するに、モナスを用いれば、神がアダムの時代にあっては直接的に人類に賦与していた根源的な叡智、秘奥の知識をわたしたちは再び手にすることができるのだ。

さらに、モナスは文字を用いた言語的書法であるのみならず、点、線から成り立つがゆえに、同時に、幾何学的、数学的書法でもある。したがって、『象形文字のモナド』において、ディーは言語と数をめぐる秘教的議論を展開していき、カバラやゲマトリアといったユダヤ神秘主義思想への傾斜は顕著である。ただし、彼の唱えるモ

図版：『象形文字のモナド』初版本の扉頁【7A】
Courtesy of the Library of Congress, LC-Q155. D31

図版:『象形文字のモナド』初版本の扉頁の拡大図【7B】
Courtesy of the Library of Congress, LC-Q155. D31

ナスとは、伝統的なカバラ、「俗のカバラ」とは別物であって、人間界の文字、言語ではなく、「聖なる言語」、存在の根源そのものに関わる「真のカバラ」である。[10]

それでは、『象形文字のモナド』において、錬金術はどのような位置づけがなされるのか。

既に見たように、モナスは占星術における水星《マーキュリー》のシンボルを基盤にするが、このシンボルは錬金術にあって重要な役割を果たす水銀《マーキュリー》をも同時に表す。したがって、モナスが錬金術的表徴として機能していることは、同時代の秘教探求者たちにとっては容易に看取できたといえよう。そもそも、ルネサンス期にあっては、天界の神秘を探求する天文学／占星術と対比して、錬金術を、「低次の天文学／占星術(astronimia inferior)」だとみなす考えが一部で育まれていたことを忘れてはならない。すなわち、占星術と錬金術の両者は表裏一体、不即不離をなすものとみなされていた。「低次」というのは、錬金術が天界ではなく地上界を対象とするからである。[11]

ディーは、公刊された最初の著作『箴言《しんげん》による占星術序論』(一五五八)の扉頁に『象形文字のモナド』のモナスとほぼ同一の図を印刷したばかりか、既に「低次の天文学」という言葉を本文で用いていた。[12] そして、『象形文字のモナド』においては、ディーは「星辰界の天文学は低次の天文学の源にして導きとなる」と断言するまでに至る。[13] つまり、星辰が地上界に及ぼす影響、その支配力を理解せずに、金属変成は達成できないことになろう。[14]

さらに、ディーの時代においては、カバラを錬金術と結合させる動きも出現していた。たとえば、十六世紀前半のイタリアの聖職者で錬金術を研究したジョヴァンニ・パンテオが、錬金術とはすなわち「金属のカバラ」だと説いており、ディーはその影響を強く受けたと思われる。[15]

したがって、以上のような文脈におくとき、一見したところは占星術、カバラ、数秘術的な色彩の濃い『象形文字のモナド』を、錬金術の書、すなわち、単一原理＝賢者の石の奥義を難解な言葉を通して開示した著作と解釈することができよう。

この際、特に重要となるのは、既に言及した水星あるいは水銀のシンボルへの白羊宮のシンボルの付加だろう。

なぜなら、占星術では白羊宮は地水火風の四大のうちの火と関連づけられており、しかも、ディー自身、これを付け足したのは「モナドの実践には火の助けが必須である」ことを示すためだと強調するからだ。[16] この点では、ディーは『象形文字のモナド』を金属変成の秘密を示す書として明確に意図していたといえよう。

あるいは、扉頁に描かれたモナス。その図が卵のような楕円形の枠のなかに描かれた点に注意していただきたい。これは天文学、占星術の文脈からはもちろん天体の軌道を指し示すかに思えるが、同時に、いわゆる「哲学者の卵」、すなわち、賢者の石が生成される容器を連想させるとするのはあながち牽強《けんきょう》附会《ふかい》とはいえまい。実際、ディーは、本文において、惑星の楕円軌道も含めた「卵形」全般について、図版を掲げたうえで論じる。[17] 加うるに、扉頁下側には創世記二十七章二十八節から「ねがはくは神天の露と地の腴《あぶら》を汝にたまへ」が引かれているが、「天の露」と「地の腴」は、錬金術の世界ではそれぞれ「水銀」と「硫黄」を表すものとして用いられた。

いうまでもなく、『象形文字のモナド』という著作の受容、解釈のありかたは多様であった。

最もよく知られた例としては、ヨハン・ヴァレンティン・アンドレーエの『化学の結婚』(一六一六)が挙げられよう。この書物には、ディーへの言及はなしに、唐突にモナスの図が掲げられる[18](次頁、図版7C)。

あるいは、ディーより後の世代の英国の医師、オカルティストで、パラケルススの強い影響下にあったロバート・フラッドは、ケプラーとの論争において、四という数をめぐる議論で自説の根拠としてディーのモナスを持ち出した。ただし、モナスの細部には変更があり、しかも、ディーの名前は触れられない。[19]

アタナシウス・キルヒャーの場合には、その著『パンフィーリのオベリスク』(一六五〇)や『エジプトのオイディプス』(一六五二―五四)で、やはりディーのものとは説明せずにモナスの図を掲載して、それがエジプト起源であると唱えた(次頁、図版7D、126頁、図版7E)。なぜなら、キルヒャーは象形文字がエジプトの賢者ヘルメス・トリスメギストゥスによって発明されたと信じていたからである。[20]

ディーのモナスはこのようにオカルティスト、神秘主義者たちにかなり広範な影響を及ぼしたのであり、ヤー

図版:『化学の結婚』に掲げられた「モナス」【7C】
Courtesy of the J. Paul Getty Trust

図版『エジプトのオイディプス』 キルヒャーによって「エジプト化」された「モナス」【7D】
Courtesy of the Bancroft Library, University of California, Berkeley

コプ・ベーメ関係の著作の挿画にまで流入したのが確認できる。[*21]

だが、十六世紀、十七世紀にあっては、錬金術の奥義書として読み解こうとする立場が圧倒的に多数派であったのは疑えない。錬金術師ハインリッヒ・クーンラートが『永遠の叡智の円形劇場』(一五九五)で『象形文字のモナド』に言及していた事実は既に本書第四章で触れたが、そればかりか、同書掲載の図版のひとつにはモナスが書き込まれた。[*22] 植民地時代のアメリカの錬金術師ジョン・ウィンスロップ二世の場合などは、ディーのモナスを自分の個人的なシンボルとして用いた。[*23] いっぽうで、ドイツの医師アンドレアス・リバウィウスは、『象形文字のモナド』を錬金術書あるいは化学書としての観点から批判した。[*24] さらに、一六〇〇年頃に『象形文字のモナド』の英訳を企図したトマス・ティムという人物は明らかに同書を錬金術書と捉えていたし、錬金術書を集成したものとして名高い『化学の劇場』初版(一六〇二、ドイツで印行)に『象形文字のモナド』は収録されたのである。[*25]

ディーの錬金術への沈潜を歴史的な文脈において理解するために、ここで当時の錬金術について簡略にでも概観しておく必要があるだろう。

十六世紀及び十七世紀にあっては、この分野を山師、詐欺師が跋扈《ばっこ》するいかがわしい領域とみなす人々が少なくなかったことは、十七世紀初頭のベン・ジョンソンの『錬金術師』に端的に窺えよう。既に十六世紀後半において、レジナルド・スコットは、『ウィッチクラフト曝露』において、錬金術の迷妄を非難した。[26]

しかしながら、同時に、かなりの数の学者や教養ある人々が金属変成の術に真剣な関心を寄せたことも厳然たる事実であり、少なくとも彼らにとって、錬金術とは、天文学あるいは占星術と並んで、依然として自然哲学《ナチュラル・フィロソフィ》、つまり、自然科学の正統な一分野を構成していたということは可能だろう。実際、本書第二章で指摘したように、哲学《フィロソフィ》、哲学的《フィロソフィカル》という語は、十六世紀から十七世紀の英国において、現在の我々が自然科学と呼ぶもの全体を意味するいっぽうで、明確に錬金術の謂《いい》でも用いられた。

ディーより下の世代に属するフランシス・ベイコンの場合にあっても、パラケルススなどの方法論を非難しつつも、錬金術の目的じたいは高貴なものと認めたし、[27]十七世紀半ばに生まれたアイザック・ニュートンが錬金術を熱心に研究した事実は現在では広く知られていよう。[28]そして、錬金術関連の書物の出版点数が英国において頂点に達するのは、十七世紀後半、一六五〇年から八〇年にかけてのことだとされる。[29]

この時代の西欧で、錬金術の牙城のひとつとなったのはパラケルススを信奉する一派で、彼らの「化学哲学《ケミカル・フィロソフィ》」は、金属変成のみならず、医学、薬学、化学など広範な分野を包括する。[30]そもそも、パラケルスス派に限らず、十七世紀末以前には、錬金術《アルケミー》(alchemy)と化学《ケミストリー》(chemistry)という二つの言葉が指すものが截然《せつぜん》と区別されていたわけではなかった。近現代の言葉の定義からすると錬金術に合致するものが時にケミストリーと称され、逆に化学に近いものもアルケミーと呼ばれたりした。これまで言及した『化学の劇場』、『英国の化学の劇場』といった錬金術書の題名に、「化学」が冠されている所以《ゆえん》であり、要するに、個々の学者、学派によって、錬金術、化学、占

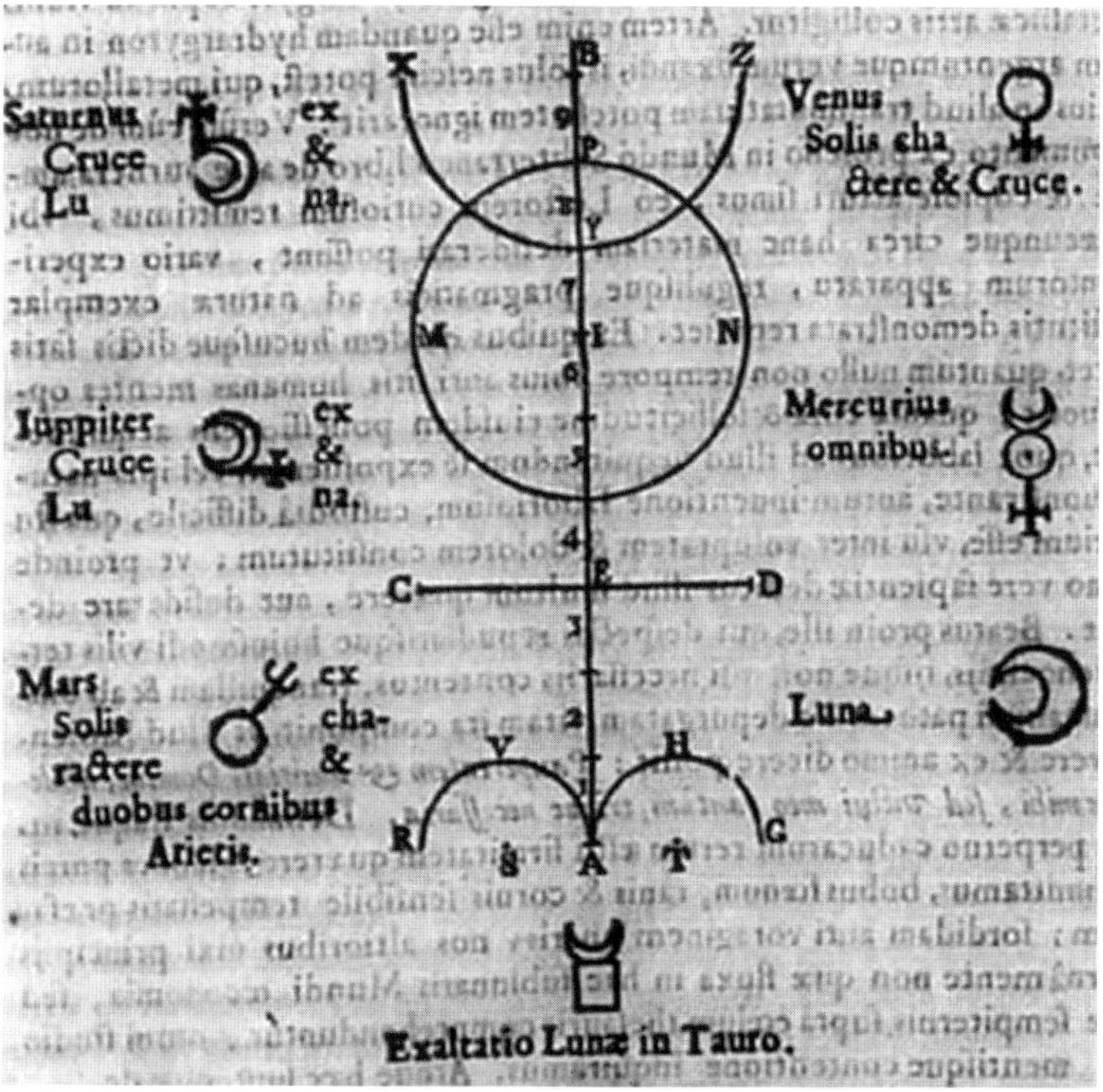

図版『エジプトのオイディプス』の「モナス」【7E】
Courtesy of The Bancroft Library, University of California, Berkeley

星術、天文学、数学、カバラ、ヘルメス思想、さらには医学、薬学、鉱物学、冶金術などがさまざまな度合で混在、混淆、習合していたというのが当時の実態に他ならない。換言するならば、そのスペクトラムの両端には著しい差異が存在したともいえよう。[*31]

したがって、占星術、天文学の研究に早くから打ち込むいっぽうでパラケルスス派の思想を熟知するディーが、本格的な錬金術の研究へと進んだのは、決して逸脱した奇矯な行為ではなかったことは銘記すべきだろう。[*32]ただし、ディーは、パラケルススの影響を受けつつも、化学、薬学、医学に傾いた錬金術には関心を払わなかったものとおぼしい。[*33]

さて、イングランドにおける錬金術研究の実状について、いま少し詳細に眺めてみよう。イングランドの生んだ錬金術師としては、まず十三世紀のロジャー・ベイコンを筆頭に挙げねばならないだろうが、ディーの時代より一世紀前の十五世紀にあっては、エドワード四世の宮廷が、ジョージ・リプリーやトマス・ノートンといった著名な錬金術師たちを擁して、錬金術のいわば黄金時代を形成した。当然ながら、ディーは、ロジャー・ベイコンは言うに及ばず、リプリーやノートンの著作の写本も多数蒐集所蔵していた。[*34]実のところ、ディーと同時代のイングランドの錬金術師たちの活動については今なお具体的な資料がきわめて乏しいのであるが、そのなかでかなりの事蹟が判明している例外的存在として、トマス・チャーノックがいる。

チャーノックについては既に本書第六章で名を挙げたが、一五二〇年代半ば頃にケントで生まれているから、ディーと同じ世代に属する人物で、一五八一年に死去するまで、生涯の大半を金属変成の研究に捧げた。[*35]その死後、一世紀近く経過してから発見された手稿において、チャーノックは、一五六六年に「エリザベス女王に献呈した『哲学《フィロソフィ》の書』をセシルという大臣の許に届けた」と記していた。[*36]「セシル」がディーの庇護者であったウィリアム・セシルを指すのはいうまでもなく、さらに、書名の「哲学」とはもちろん錬金術を意味する。チャーノックの自伝的詩篇もまた『自然哲学大意』（一五五七）と題され、彼は「自然哲学者」を自称した。[*37]

『哲学の書』じたいは、その所在が長らく確認されないままで、早い時期に亡失したものと考えられていたが、二十世紀後半になって、セシルが保存していたチャーノックの自筆稿本が発見されるにいたった。

同書のなかで、チャーノックは七年間の錬金術実験をおこなうために総計八百ポンドの援助をしてほしいと女王に向って訴え、仕事の場としてはロンドン塔がふさわしいとする。七年間の労苦の暁には賢者の石が得られて、純金を造出することができるのみならず、石の万能の霊薬としての効能で、女王には若さと長寿が約束されようというのである。そして、万が一失敗したならば、斬首刑に処されても構わないとまでチャーノックは言い切る。

結局のところ、チャーノックは、エリザベスからの援助を受けられないまま、この世を去ることになるのだが、『哲学の書』が献呈されたのとほぼ時期を同じくして、エリザベスは実際にひとりの錬金術師を雇い入れた。コルネリウス・ド・ラノイ(あるいはド・アルネト)という名前の人物で、「重量五万マルク分の純金」を造り出すと豪語したので、一五六五年にテムズ川沿いのサマセット・ハウスの一隅に実験室を与えられ、年額百二十ポンドという潤沢な俸給を与えられた。しかし、めぼしい成果を挙げないまま、一五六七年には、女王を欺いた廉《かど》でロンドン塔に囚われの身となった。彼の履歴はほとんど不明だが、この件の実務差配《さはい》にもやはりセシルが関与した。*38

セシル絡みでは、リチャード・イーデンの名前も逸することはできない。イーデンは大陸の航海術の書物を英語に翻訳するなどしてリチャード・ハクルートの先駆者として歴史に名をとどめる人物だが、一五四〇年代末から五〇年代初頭にかけて、錬金術師として活動した事実が明らかになっている。その後、一五五二年、彼はセシルの秘書として雇い入れられたが、一五五三年にノーサンバーランド公のクーデターが勃発した際には、苦境に陥る。イーデンの父親トマス・イーデンは、ディーの父ローランドと同様、反物商であり、クーデターを支援する側にいたからである。一五五五年には、彼は宗教的異端の嫌疑でいったん捕縛された。*39

また、一五七〇年代には、ウィリアム・メドリーという人物が、鉄を銅に変成させることができると称して後援者を募り、宮廷内ではセシル、さらにトマス・スミス、レスターなどが資金を投じた。これは投機の対象としての錬金術が貴族たちの間で熱心におこなわれた実態が分かる好例であろう。なお、メドリーもまた喧伝《けんでん》したような成果が挙げられず、一五七六年には投獄の憂き目にあった。[*40]

それより少し前の一五七〇年頃には、ドイツのリューベック在のジョン・ピーターソンという人物が錬金術器具を提供、ロバート・スミスという人物が錬金術を実践して黄金を造り出すという申し出が、エリザベス女王になされた。[*41]

以上に挙げた錬金術師たちはいずれもディーと直接の接触はなかったようだが、『賢者の石についての論』(一五七五?)という錬金術詩篇を遺したエドワード・クラドックは、ディーと交流があった。彼はオックスフォード大学で神学を教えていたが、アンソニー・ウッドによれば、「化学に没頭し、霊薬すなわち賢者の石を得ようと多くの歳月を費やした」という。彼はレスターとは近い位置にいたようで、『賢者の石についての論』はエリザベス女王に献呈された。[*42]

あるいは、錬金術詩篇『咲き乱れる花畑《ブルームフィールド》』(一五五七?)を遺したウィリアム・ブルームフィールドの場合、ディーより上の世代に属するが、ディーと面識があった可能性が絶無ではない。ただし、決定的証拠は存在しない。ディーやイーデンと同じく、彼も若い頃に妖術を用いた嫌疑をかけられたが、やはり処罰は免れた。彼はヘンリー八世の宮廷からある程度の庇護を受けたらしい。一五七四年頃に書かれ、エリザベス女王に献呈された文書で、彼は自分が「自然の秘密」、すなわち、錬金術の「秘められた智識」を所有すると述べている。なお、彼の錬金術思想にはプロテスタンティズム神学との混淆が見られる。[*43]

このような今では忘却の淵に沈んだ人物たちは措いても、エリザベスの宮廷の有名人士のなかには、錬金術の研究に自ら従事した、あるいはその可能性があった人物は少なくなかった。

たとえば、高名な詩人でもあった廷臣フィリップ・シドニー。彼はレスターの甥にあたるから、ディーとはかなり近い位置にいた。また、シドニーの両親ヘンリー及びメアリー・シドニーがそもそも錬金術に深い興味をもっていた。そして、彼と交流のあったパラケルスス派の医師トマス・モフィットによれば、シドニーは「ディーを教師として、ダイアーと共に、星界の知識(starry science)たる化学を学んだ」という。[*44]「星界の知識たる化学」が錬金術を意味するのは明白であろう。モフィットの証言の信頼性はともかく、少なくとも、シドニーがディーの『象形文字のモナド』を知っていたのは確実である。[*45]

シドニーの妹でみずからも詩人であったペムブルック伯爵夫人メアリー・ハーバートについていえば、錬金術の実践に自ら打ち込んだことが当時は広く知られていた——オーブリによれば、彼女は「化学に秀で、毎年、その研究に多くを費やした」という。[*46]いっぽう、シドニーと共にディーから錬金術を学んだとされる「ダイアー」とは、シドニーの親友エドワード・ダイアーを指す。彼はレスターに引き立てられて一五六五年に宮廷に入り、やがて、ディーとも親交を結ぶ。博士が「尊敬すべき友人」と呼ぶほどの仲になったばかりか[*47](*GRM*, 2)、錬金術のみならず探検航海事業においてもディーと深く関わることになる。彼については本書第十五章で詳しく触れる。

このように、エリザベスの宮廷内では、錬金術を虚偽の学あるいは詐欺とはみなさない人々がかなりの数存在した。さらに、財政を一挙に好転させうる事業としての錬金術にエリザベスやセシルがいかほど強い関心を抱いていたかは、本書の末尾近くでいっそう明らかになるだろう。とりわけセシルはディーの運命に大きな影響を及ぼす。

ここで再びディー自身の錬金術研究に立ち戻ることにしよう。若い時期から金属変成の術に強い関心を寄せ、一五六四年には『象形文字のモナド』を刊行するにいたったディーであるが、彼のこの領域への沈潜が決して思弁的、形而上学的な性質にとどまるものではなかったことは強調しておかねばならない。錬金術をもっぱら精神的、霊的な観点から解釈する傾向は、十九世紀のオカルティストたちに端を発し、二十世紀に入ってからはC・G・ユングの大きな影響の下に加速していく。[*48]こういった流れはしばしば行き過ぎを生じて、ディーのみならずルネサンス期の多くの錬金術師たちが金属や薬品を用いた実験を繰り返し、文字通りの黄金創出を最終目標にしていた事実を軽視あるいは無視してしまう。

ディーのモートレイクの屋敷にしても、当時の英国で最大級の個人蔵書を誇った点だけに焦点が当てられがちであるが、実験室、実験所としても規模が大きかったことを忘れてはならない。ディーの記すところによれば、彼はその設備に二百ポンド以上の金銭を費やしたというが、注目すべきは、「化学物質」や陶器、金属、ガラスなどの「容器」の存在が大筆特書されていることで、彼の実験室が錬金術に力点を置いたものであったことが窺えよう。[*49] ただし、残念なことに、ディーの錬金術実践の具体的記録は、天使召喚作業とは異なり、ほとんど遺っていない。これはディーが詳細な記録をとどめなかったからではなく、そういった文書は彼に限らず錬金術師たちにとっては秘中の秘に属するものであったからで、おそらくは本人が厳重に秘匿《ひとく》したまま散逸したのだろう。

とはいえ、ごく断片的な実験録は残存しており、たとえば一五八一年の記録では、ディーは、☾(=銀)を硝酸(aquafortis)で溶解し、そこに雨水を注ぐといった作業をおこなっている。[*50] ディーが錬金術の実践に初めて手を染めたのは、現存資料から確認できる限りでは、『象形文字のモナド』の刊行から三年後の一五六七年で、この年からディーはロジャー・クックという人物を錬金術実験の助手あるいは弟子として雇い入れた。[*51] 両者による作業は十数年に亙《わた》って営々と続けられる。『日録』によれば、一五七九年十二月二十八日、ディーはクックに「塩の霊薬の大いなる秘密」を教示した(*PD*, 7)。この記述は、錬金術への没頭が一五七〇年代末においてはかなりの成果を挙げつつあったと、少なくともディー自身は信じていたことを物語っていよう。

クックは一五八一年九月上旬にはディーと不和になってモートレイクを去るが(*PD*, 12–13)、同月下旬には、その後任として、シュルーズベリ出身のロバート・ガードナーなる人物がすぐさまやってくる(*PD*, 13)。このように、エドワード・ケリーが出現した一五八二年春の時点で、ディーの金属変成の弛《たゆ》まぬ実践作業は十五年間に及んでいたのである。

ところで、本書第二、三章で見たように、ディーが天使召喚作業をおこなうようになった動機は、彼自身の言葉によれば、天使から「哲学的研究の助けを得たい」ためであった(*AWS*, 16–17)。この「哲学的研究《フィロソフィカル》」はもちろん広義の意に解すれば自然哲学、自然科学全般を——あるいは少し限定した場合には、オカルティズム全般を——指すものとなるが、同時に、狭義の錬金術研究の謂で使われた可能性を否定できない。ディーは明らかに錬金術の意味で「哲学的」という語をたびたび用いているからだ。[*52] そして、錬金術実験の開始が一五六七年で、いっぽう、その二年後の一五六九年には何らかのかたちで天使召喚作業を彼が始動させたのは、示唆的といえる。つまり、ディーは天上界からの助けを借りて一気に錬金の奥義を入手せんとしたのかもしれないのである。実のところ、聖なる存在との交渉がディーの錬金術実践と深く結びついていたことは、助手のガードナーとの作業からも明瞭に看取できよう。すなわち、一五八二年五月二十日、ガードナーは博士に「神聖なかたちで彼に開示された賢者《フィロソファー》の石の組成物についての嬉しい知らせをもたらしてくれた」とされ、その三日後にもふたたび「ガードナーが霊的存在から教えられた大いなる哲学的《フィロソフィカル》秘密」という記述が『日録』に見出せるからだ(強調は引用者、*DD*, 44–45)。

ここで見逃してならないのは、ガードナーが精霊とおぼしき存在から「哲学的秘密」を開示された五月下旬とはケリーがディーと諍《いさか》いをおこして不在の時期であった点だろう。博士はケリーとは別の回路を通して精霊あるいは天使から錬金術についての重大な知識を得たことになる。要するに、ディーにとって、「霊的存在」との交信、交渉は錬金術の秘密の探求に必須なものとして認識されていたといえよう。

以上のように、ディーの錬金術への関心は、思弁的、精神的な域にとどまるのではなく、物質としての賢者の石を創出、卑金属を貴金属に変成しようとする具体的な実験作業を伴っていた。しかし、同時に、天使や精霊たちの属する超自然的世界から下される智識なしには達成が困難だという認識にも立つ。そもそも既に『象形文字のモナド』において、ディーはエメラルドや水晶の中にヴィジョンを視る人々に言及しており、[*53] その意味せんとするところはこういった観点から初めて十全に理解できよう。したがって、天使、精霊という存在の助けを借りて黄金の創製を実現しようとした点においてのみ、ディーの錬金術は「霊的」であったといえるかもしれない。
だが、ディーはこの点でも決して特異であったわけではない。管見の及ぶ限りでは詳細で包括的な研究は未だなされていないが、十六世紀から十七世紀にかけて秘奥の智識を探求する一部の人々は、ディーと同じような考えを抱いていたようだ。ただし、金属変成の作業と天界との交渉については、どうやらふたつの異なった立場が存在したものと推測される。すなわち、ディーのように霊的存在との交渉を通じて錬金の奥義が開示されると考える人々と、それとはまったく逆に、錬金術あるいは賢者の石が天界との交渉の回路を開く鍵となると考える人々の双方が存在した。

たとえば、『精霊日誌』を編纂したカソーボンの場合、錬金術の様々な秘密が霊との交信によって明らかになるのは大いにありうることだと述べる。しかし、ディーの行為を瀆神《とくしん》的と弾劾する立場にいるカソーボンであるから、賢者の石を造ったのは悪魔に他ならぬと断定した。[*54]

他方、アシュモールは、賢者の石の獲得は単に最初の一歩にすぎず、錬金術師が究極的に目指すべきは「天使の石(Angelicall Stone)」であり、それは「夢や啓示を通して、天使の姿を目の当たりにし彼らと会話を交わす能力」を賦与してくれると唱えた。この「石」は「目には映らず、触ることも重さを量ることもできない」とされる。さらに、「魔法あるいは千里眼の石(Magicall or Prospective Stone)」というものも存在し、それを使えば全世界を見渡せ、望むものすべてを見たり聞いたりできるという[*55]——アシュモールはディーとケリーの用いた水晶を思い描いたのだろうか？

あるいは、ロバート・ボイル。ニュートンと同じようにボイルが錬金術に対して真剣な関心を払った事実は、一九九〇年代になってようやく全容が明らかになったにすぎないが、ボイルが未刊行のまま遺し、近年発見されたばかりの対話篇でも、錬金術はやはり秘められた知識への回路として立ち現れる。すなわち、そこには、たとえば、「賢者の石の獲得は別種の知識への入口で、善なる精霊との交渉を実現する手段となりうる」という一節が見出されるのだ。[*56]

ボイルは錬金術のみならずオカルト諸学に終生深甚な関心を寄せ続けたけれども、しかし、宗教上の疑念、逡巡も常に抱いていた。錬金術や魔術に沈潜する行為はキリスト教信仰にとって許されないのではないかという懐疑に、彼は絶えず苦しめられたのである。たとえば、ディーと同じく、ボイルもまたスクライングに魅せられ、霊的ヴィジョンが顕現するという触れ込みの凸面鏡を実際に入手までした。しかしながら、彼がその際に採った行動はディーと著しい対照をなす。つまり、鏡のなかに浮かび上がるはずの像を見たいという欲望を、彼は結局は封じた。ボイルの親友でこの話を本人から聞き取ったソールズベリの主教ギルバート・バーネットによれば、ボイルは、

そのとき、人生でもかつてないほどの好奇心を覚え、鏡を覗き込みたい誘惑に駆られた［中略］しかし、自分を抑えた。彼はそれを自分が発揮した最大の克己心だと考えていた。[*57]

こういったディーとボイルの差は、ふたりの生きた時代の宗教的、思想的状況の違いに一概に帰すことはできないように思われる。たとえば、ボイルの同時代人であったオーブリの場合を考えてみよう。『名士小伝』に描かれたディー像から容易に推測できるように、オーブリは魔術に興味を持ちつつも、そのことに良心の咎《とが》めや恐怖などをまったく感じていない。したがって、彼は精霊との交渉のような話題についても淡々とした態度で記録することができたのである。[*58]

とまれ、鏡を前にして自分の欲望を抑えようとしたとき、ボイルの脳裡にディー博士の辿った数奇な運命が浮かんだことは想像に難《かた》くない。なぜなら、彼がディーとケリーの錬金術実験に並々ならぬ興味を示した事実が今や明らかになっているからだ。本書前章で見たように、ケリーがウェールズの片田舎で錬金の粉薬を得たという

話は、虚偽ながら十七世紀以降に広く流布、この典拠となったのはドイツのダニエル・ゲオルク・モルホフの『金属の変成』で、同書にはこの情報は「ある貴顕の人物」から教示してもらったとのみ記される。しかし、書簡のなかで、モルホフは「貴顕の人物」が誰あろうボイルであることを明らかにしたばかりか、ボイルが実際にケリーの縁者から話を聞き出したと述べた。[*59]

さて、ディーが天使召喚作業に没頭した動機のひとつが錬金術であったとすれば、初期段階におけるケリーとディーの関係も再考する必要があるだろう。換言すれば、彼は天使界との交信を実現させる優れたスクライアーというだけではなく、出現した当初から、金属変成を実現するための重要な鍵を握る者としてディーの眼には映ったかもしれないということだ。

たとえば、第五章で見たように、ケリーは薬剤師としての訓練を積んだという説があって、それがもし本当だとすれば、彼は錬金術の実践に必須な薬品類の知識を蓄えていたことになるだろう。また、アンソニー・ウッドに従うならば、ケリーは、ディーと出会う前の一時期、トマス・アレンの許にいたという。[*60] アレンは数学者、占星学者として著名で、ディーと交流があったことは本書第一章に記した。彼はディーと同じく妖術師と弾劾された人物であり、オーブリの記すところによれば、「数学用の器具や望遠鏡を多数部屋に置いていた」ために、無知な世人はアレンが悪魔と交渉があると信じたという。[*61] ウッドの説が真実ならば、ケリーはアレンからあるいは錬金術についての知識を伝授されたかもしれない。いっぽうで、ケリーが貨幣偽造と関わったとする話も、それが単に犯罪に手を染めたということだけではなくて、錬金術を騙った詐欺、つまり、銅などを金や銀に偽装する技術に長《た》けていたことを暗示するのだろうか。

以上はいずれも確実な証拠を欠き、憶測の域を出ないのは確かである。しかしながら、本書の後半で明らかになるように、出会って僅か六年後にして、ケリーは博識を誇るディーに錬金術の奥義を授ける側に廻り、博士ではなくケリーの名前が卓越した錬金術師として大陸に轟《とどろ》くことになる。それゆえ、ケリーがディーと出会う前から錬金術についての豊富な知識を有していたとするほうが、むしろ妥当な推測ではあるまいか。ディーの「学殖豊かな人物」というケリー評も、それに関わるのかもしれない。そして、ケリーが金属変成の秘義を開示する『ダンスタンの書』と粉薬と称するものをコッウォルドの丘から掘り起こしてきたときに、ふたりの立場が逆転する兆しは既に生じていたともいえよう。

ところで、一五八二年五月初旬から翌八三年三月下旬にかけて、ディーとケリーによる精霊召喚作業は二度に及ぶ途絶を経たわけだが、実は、この時期、博士は人間界の事業に忙殺されていた。第一章で述べたように、ディーは、数学、天文学、地理学などの広汎な知識を基盤に航海術の分野にも精通しており、一五七七年には『完全なる航海術』第一部を上梓した。「構想二十四年」を謳《うた》う同書で、ディーは航海術の軍事、国防における重要性を力説して、海軍を創設すべきだと主張する。[*62] 実際、一五七七年の十一月下旬から翌月上旬にかけては、頻繁に宮廷を訪れ、女王、そして、フランシス・ウォルシンガムやクリストファー・ハットンといった大物の廷臣に会見している。とりわけ、十一月二十八日には、エリザベス女王こそがグリーンランドやフリースラントなどの正当な所有権をもつのだと熱心に説いた(*PD*, 4)。ちなみに、ウォルシンガムは、レスター伯とは公私共に密接な関係にあり、ディーにとっても近い存在であった。

また、ほぼ同時期に執筆され未刊のままに終わった文書群では、彼はかつてアーサー王が築いた強大な帝国をイングランドは再建すべきだと唱えると共に、ウェールズの王侯オウエン・メドック(あるいはマドック)が早くも十二世紀においてフロリダ地域の入植に成功していたと述べた。[*63] かくて、ディーはカタイへの容易な北方航路が存在すると説きつつ、エリザベス女王が北アメリカへの正当な権利をもつと唱えたのである。

ディーがこの分野で重要な貢献を果たした学者だということは、同時代の宮廷人の一部は認めるところであった。たとえば、チャールズ・マーベリーという外交官は、「ディー師がその学識をもって最近に女王陛下に示したように、陛下は北半球のあらゆる島を支配する女性だと正当に自らを呼ぶことができる」と一五八一年に述べている。[*64] とはいえ、いっぽうで、セシルがディーの海軍案などには冷淡な態度を取ったのも事実である。[*65]

ただし、ディーは単に学者として自説を唱えただけではなく、現実の航海事業、探検事業にも深く関与した。たとえば、『完全なる航海術』第一部が刊行される前年の一五七六年には、ディーは、マーティン・フロビシャーと接触して、自分の知識を授けた。ディーがこの探検家の存在を知ったのは、本章で先に言及したエドワード・ダイアーの教示によるものである。ダイアーとディーの間では航海探検事業をめぐって早くから交渉があったらしく、ディーによれば、一五六〇年代半ば頃に、ダイアーの要請で、「大西洋論」という航海論を執筆したという。[*66] なお、かのリチャード・ハクルートが、主著『英国民の主要な航海』初版(一五八九)冒頭で、ダイアーに謝辞を述べている事実からも、後者が当時占めていた位置が窺えよう。[*67]

フロビシャーは北西航路開拓を主張した人物のひとりで、一五七六年、七七年、七八年の三度にわたって現在のカナダ北東部にあたる地域への航海をおこなった。ディーがフロビシャーに助言、指導を与えたのは最初の航海の直前にあたる。[*68] この最初の航海で、フロビシャーはエスキモーのひとりを英国に連れ帰って大きな反響を呼んだが、[*69] 黒い鉱石と称するものも持ち帰った。これは金を含むという触れ込みだった。一五七七年一月十六日には、レスター伯、フィリップ・シドニー、ダイアーがディー宅を訪問しており(*PD*, 2)、これはフロビシャーの鉱石に絡んでのことかもしれない。シドニーは、件《くだん》の鉱石が「他の金属が一切混ざっていない純金」だという話を一五七七年十月一日付書簡で伝えている。[*70] いっぽう、シドニーの親友ダイアーのほうはもっと深くこの件に関わった。すなわち、ウォルシンガムの依頼で鉱石の鑑定までおこなったのだ。[*71] この事実は、ダイアーがかなりの程度まで化学や金属学に精通していたことを示しており、記憶にとどめておいていただきたい。

かくて、シドニー、ダイアーのみならず、女王、貴族たちを中心にフロビシャーの次の探検への投資熱が高まり、ディー、そして前述のトマス・アレンもその動きに加わった。[*72] しかしながら、後に鉱石はほとんど無価値なものと判明して、ディーを含む多くの人々が金銭を失った。[*73]

いっぽう、同じく一五七七年十一月には、ハンフリー・ギルバートがディーの許を訪問した(*PD*, 3)。ギルバートは、ウォルター・ローリーとは異父兄弟にあたる人物で、ローリーと同じく探検、植民計画に情熱を傾けた。彼もまた北アメリカへの北西航路開拓を主張しており、ディーは、既に「数学に関する序文」のなかの航海術に触れた箇所でギルバートに言及しており、後には重要な助言や情報を提供していく。[*74] 両者が密接な関係にあったことは、一五八〇年九月六日に、ギルバートが、ディーに対して、自分の探検が成功した暁には、「北緯五十度以上の地で発見されたものすべての権利」を認可するとの約束を与えた事実から明らかであろう[*75](*PD*, 8)。また、ギルバートが雇ったポルトガルの船乗りシモン・フェルナンデスが、同年十一月に、海図を携《たずさ》えてディーの許を訪れた。[*76]

ギルバートは探検の資金集めのために、北アメリカの土地に関する特許認可状の権利を分譲したが、[*77] この権利譲渡書を入手したひとりとしてジョージ・ペッカムというカトリック陣営の有力者がいる。彼はイングランドのカトリック教徒をアメリカに移住させるという計画を推進していた。一五八二年七月十六日、すなわち、ケリーとディーが不和になって召喚作業が中絶した時期、ペッカムはモートレイクを訪れて、ディーの情報提供を求め、その見返りとして新大陸の五〇〇〇エーカー(現在のニューイングランド、ニューヨークを含む)の所有権を譲ると約束した[*78](*PD*, 16)。そして、翌八三年十一月、ペッカムが刊行した『サー・ハンフリー・ギルバートによって近年なされた発見についての真正な報告』においては、マドックが北アメリカの発見者だというディーの所説が援用されている。[*79]

さらに、一五八三年一月以降、ディーは、ハンフリーの弟エイドリアン・ギルバート、そして、探検家のジョン・デイヴィスの企てていた北西航路の探検計画にも本格的に加わる。その経緯は『日録』の一月から三月にかけての記載から明らかで、これを後援していたのがダイアー、そして宮廷の重要人物ウォルシンガムであった事実も分かる[*80](*PD*, 18–19)。こういった流れのなかで、三月六日には、ディーは、エイドリアン・ギルバート、ジョン・デイヴィスと共に、北西航路に重大な関心を寄せるモスクワ会社の幹部たちと会合をもった[*81](*PD*, 19)。いっぽう、同年六月十一日、ハンフリー・ギルバートのほうはニューファウンドランドを目指して英国を出航、目的地に辿り着くことには成功したが、九月初旬、帰途に船が難破して海の藻屑《もくず》と消えてしまう。また、ジョン・デイヴィスは一五八五年夏に探検航海に出立するものの、その時期にはディーは大陸に滞在しており、彼はここでも金銭的利益を得ることに失敗した。

ディーが第三者にとどまることなく、航海、探検へと積極的に干与したのには、様々な動機が想定できるだろう――たとえば、西欧人が未踏の領域への地理学、博物学上の知的好奇心、イングランドをスペインなどに比肩する強大な帝国にしたいという野心、あるいは、埋もれている叡智への関心など。一五七七年、ディーはフランドルの著名な地理学者オルテリウスに送った書簡のなかで、探検によってもたらされる厖大な情報知見を集積することで、人類の堕落以前の始原の智識を回復できるだろうと述べている[*82]。それゆえ、こういう側面をことさらに強調すれば、航海事業への没頭も神学上、秘教上の欲求に駆られてのことだといえなくもない。だが、見逃してならないのは、きわめて現実的な動因、つまり経済上の理由である。

一五七〇年代後半からディーが金銭に困窮していた事実は、『日録』の一五七七年の借金の記録からも窺えるし(*PD*, 3)、加うるに、起死回生の策となるはずであったフロビシャーの探検への投資が失敗に終わって、さらなる痛手を負ったものと思われる[*83]。いっぽうで、一五八二年には、ディーにとって別の不幸な事態が生じた。エリザベス女王がかねてから彼に約束していた国教会の終身教区牧師禄、つまり、安定した収入を保証される身分が遂にカンタベリー大主教によって認可されたのだが、ディー自身の手続き上の過ちもあって、獲得できない結果に終わってしまったのである[*84]。

『完全なる航海術』第一部（一五七七）において、ディーは、自分はこれまで、英国が「名誉、富、力」において栄えるべく諸科学の知識を用いて粉骨砕身《ふんこつさいしん》してきたが、結果として得られたものは「忘恩の徒」の無関心さ、ディーの「忠節な企てを嘲笑う輩《やから》」の中傷だけだったと憤った。ディーはこのとき既に齢《よわい》五十を数え、「寿命の終わり」が近いと意識していた。[*85] しかし、学者としてかなりの名声を獲得し、女王の愛顧にもある程度は恵まれたものの、確たる世俗的身分、地位や収入を手に入れることは一向に実現していなかった。絶対的知識の探求に精進し、万巻の書物や多数の実験器具を購うために大貨を投じてきたにもかかわらずである。それどころか、一五七〇年代末から困窮の度合は強まり、一五八二年には有利な牧師禄の望みも絶たれてしまう。かくて金銭的に安定した立場で研究に専念できる方途を失ったディーが、海彼の富をもたらす可能性を孕む探検航海事業にいっそう深く関与して、逼迫《ひっぱく》した状況を一気に打開せんとしたとしても不思議ではなかろう。

金属変成作業についてもおそらく同断である。錬金術へとディーを駆り立てたのは、第一に、天界の啓示によって地上の物質界を統《す》べる究極の原理を闡明《せんめい》したいという欲望であっただろうが、同時に、黄金を造出して富を攫《つか》みたいという現実的な目標も潜んでいたにちがいない。ひとつの観点からすれば、航海術、錬金術の双方ともいわば当時の最尖端のテクノロジーであり、一攫千金《いっかくせんきん》を夢見て自ら実践する人々、あるいは投機の対象とする人々が数多く存在した。フロビシャーの例に明らかなように、航海術の場合でも、黄金への欲望が人々を駆り立てたのである。

さらに、錬金術と航海術が単に金銭的利益にのみ絡むものではなかった点も重要である。既に見たように、多大な影響力をもつふたりの政治家、セシルとウォルシンガムはそれぞれ錬金術と航海術に強い関心を払っており、これらの領域で顕著な業績を実際にあげることができれば、エリザベスの宮廷での栄達の途が開け、少なからぬ政治的権力を揮《ふる》えるのは明らかであるからだ。実際、『完全なる航海術』第一部の献呈先はエリザベスの寵篤《ちょうあつ》いクリストファー・ハットンに他ならない。そして、ケリーという人物が出現するのは、ディーがこのように経済的、社会的に逼迫した時期とまさに重なりあっており、一五八三年春にケリーが埋蔵金と錬金術をめぐる重大な発見を後者にもたらしたのは、決して偶然ではありえないだろう。

ただし、ディーが、もっぱら世俗的欲望の隠れ蓑《みの》として、聖なる真理、叡智の追求という大義を用いていたわけではあるまい。根源的、天上的知識の探求という欲望と富や権力、地位の獲得という欲望、それらはディーの内面において截断《せつだん》されずに複雑に交錯しており、渾然一体であったというほうが正確だろう。というか、近代以降における単純な聖と俗の概念に拠《よ》って、ルネサンス期を生きたディーのような人物の世界観を判断するのはきわめて危うい。たとえば私たちには実学の典型と思える航海術ですら、この時代には魔術やオカルティズム、さらには錬金術と繋がっていたからである。

ジョン・デイヴィスを例にとってみよう。彼は一六〇七年になって『船乗りの秘訣』という航海技術の手引書を上梓、そのなかでディーの数学上の知識を賞賛した。[*86] これから判断する限りでは、彼がディーから伝授されたのは航海に必要な科学的実用知識のみであったかに思えよう。しかしながら、事実はそうでなかった。

ディーが魔術に手を染めた最も初期に属する事例としては、一五六八年のものが知られている。彼はこのときW・エメリーという名のおそらくは霊能者の協力を得て、とある人物の誕生日などについての情報を超自然的な方法で入手する。そして、その人物とは他ならぬデイヴィスであった。[*87] デイヴィスは若い頃にディーの屋敷で暮らしたとする説も存在するが、[*88] 少なくともこの時点でディーがデイヴィスと面識のあった可能性は大である。ディーの『日録』に後者の名前が初めて記されるのは一五七九年十月十八日のことで、しかも、この際には、エメリーのみならずエイドリアン・ギルバートも同時に登場する——「エイドリアン・ギルバート氏とジョン・デイヴィスが当方と和解して、わたしや他の人物に対するエメリーの不正直で偽善的、悪魔的方策を暴露した」(*PD*, 6–7)。ディーとデイヴィス及びエイドリアン・ギルバートとの交際が航海術のみならず魔術をめぐるものであったことを、この記載は強く示唆するものといえよう。

そして、デイヴィスが、エイドリアンの兄ハンフリー・ギルバートと共に、早い時期からスクライングを実践していた確度はきわめて高い。というのは、一五六〇年代後半の魔術手稿のひとつには、デイヴィスがハンフリー・ギルバートとおぼしき人物とおこなった召喚作業が記録されているからだ。この際にデイヴィスはスクライアーの役を務めた。この日付が一五六七年である事実はきわめて重要で、なぜなら、現存する資料から確認できるディーのスクライング作業開始の年、一五七九年より遥かに先行するからだ。[*89] したがって、デイヴィスがごく早い時期から何らかのかたちでディーの魔術実験に手を貸していた可能性すら生じてくる。

　他方、いささか驚くべきことに、一五八三年の春、エイドリアン・ギルバートは、ディーとケリーによる天使召喚作業に短期間ではあるが同席までしていた。たとえば、三月二十六日のスクライングにおいて、ディーは「エイドリアン・ギルバートはこれらの神秘を頒《わ》かちもつべきなのか」(*AWS*, 240)という問いを天使に発し、肯定する回答をもらう。[*90] そして、ギルバートの召喚作業への参加は、彼の探検が成功した暁には「イエス・キリストの名前」を新大陸の原住民に広めようという計画に関わっていた[*91](*AWS*, 240)。当然ながらデイヴィスもまた同時期の召喚作業に加わることを希望したのだが、三月二十八日、天使の側はこれをにべもなく拒絶した(*AWS*, 252)。

　さらに、エイドリアン・ギルバートの場合、錬金術にも手を染めた。オーブリによれば、彼は後には優秀な錬金術師《ケミスト》として名を上げ、既に触れたシドニーの妹、ペムブルック伯爵夫人の実験室に雇われる。[*92] したがって、ディーと彼との関係には金属変成の研究も深く絡んでいたのかもしれない。

　かのウォルター・ローリーも錬金術を熱心におこなったとオーブリは伝えており、さらに、ローリーが一六〇三年からロンドン塔に長期にわたって幽閉された際に、「錬金術に没頭した」という証言も存在する。[*93] そして、ロンドン塔幽閉時代に、ローリーは、同じく囚われの身だったヘンリー・パーシー、すなわち、「魔法使いの伯爵(the Wizard Earl)」と綽名《あだな》された第九代ノーサンバーランド伯と密接な親交を結ぶのだが、一六〇〇年代半ばから末にかけて後者がロンドン塔内部での実験助手として雇い入れた人物のなかに、わたしたちはロジャー・クックの名前を見出す。[*94] そう、クックとは一五六七年から八一年までディーの錬金術実験を手伝った人物であり、ここには当時の錬金術研究のネットワークが垣間見える。

とまれ、イギリスの航海史、探検史に今なお名前をとどめるデイヴィスやギルバート兄弟たちが同時に魔術や錬金術に関与した事実が、近現代の世界観からは異様とも思えるルネサンス期の文化の相貌をまざまざと照らしだしているのは確かであろう。

第八章　「エノクの書」

ディーとケリーによる精霊召喚作業においては、厖大《ぼうだい》で性質を異にする複数の知識情報がほぼ同時に錯綜して天界より下され、しかも、場合によっては、長期間にまたがって開示されるため、矛盾撞着も多々あって、簡明に記述するのがきわめて困難である。たとえば、一五八三年春の召喚記録には埋蔵金探索、錬金術、航海探検事業が交錯するだけではない。人類から失われた太古の叡智、究極の知識が書物のかたちをとって遂に啓示され始めたのも、まさしくこの時期であった。

一五八三年三月二十四日、この日、水晶の中に姿を見せた天使は、「新たな世界」がやがて出現すると高らかに宣言した後、一冊の書物を取り出す――ケリーによれば、「そのすべての紙葉はあたかも黄金の如くで、いっぽう、文字は鮮血で記されているように思える」(*AWS*, 226)。この書物、すなわち『エノクの書』は四十八葉から成るが、さらにもう一葉、「現在、過去、未来にわたって知られることのない」ものが存在すると天使は語った(*AWS*, 227)。

神の聖なる書といえば、『ヨハネ黙示録』で触れられる「生命《いのち》の書《ふみ》」(三章五節、二十章十二節)がまず想起されよう。すなわち、「すべて生命の書に記されぬ者はみな火の池に投げ入れられたり」(二十章十五節)とあるように、神と共に永遠に天で暮らすべく定められた者の名前が載った書物である。ただし、『ヨハネ黙示録』は、「生命の書」以外に「数々の書《ふみ》」があったとも述べる(二十章十二節)。

二日後の三月二十六日に、『エノクの書』のヴィジョンが再び現れた。

E・K　紙葉にはすべて[縦横に]線が引かれ、方陣を成す。これらの方陣の升目の中には文字が記されるが、文字数は一定していない。すべて、鮮血のような色で書かれている。いずれの紙葉にも縦横四十九×四十九から成る方陣が描かれ、かくて升目の数はひとつの方陣につき二四〇一となる。(*AWS*, 235)

つまり、図版８Ａのような方陣である。

ここで留意すべきは、開示されているのはあくまで「書物」であるということだ。つまり、紙葉にはその表側と裏側があり、したがって紙葉一枚につきふたつの方陣が描かれる。

そして、この升目に書かれた文字は図版８Ｂの如くであった。

いうまでもなく、これらは埋蔵金の在処《ありか》を示す巻物に用いられた文字(本書第六章参照)とは別のものである。天使は「我らが天界の言葉」(*AWS*, 232)、神の「声にして言葉」(*AWS*, 234)と呼び、いっぽう、ディーが「天使の言葉と声」(*AWS*, 233)、「神の最初の言語」(*AWS*, 236)と欄外に注記しているように、これら二十一の未知の文字は、天界の聖なる言語のアルファベットであり、約一ヶ月後の四月二十八日に天使が告げたところでは、「人間の創造」及び「人間の魂が造物主に似せて造られた御業《みわざ》」を表象する(*AWS*, 352)。なお、紙葉の数、升目の縦横の数が四十九、そして、文字の数が二十一と、聖なる数七の乗数あるいは倍数となっているのは指摘するまでもあるまい。

前日の三月二十三日には、いったん中絶していた召喚作業が再開され、ケリーが錬金術の奥義書と埋蔵金の在処を示す巻物をコツウォルドの丘で発見した事実をディーに告げており、したがって、第六章ではこれらを物的レヴェルでの啓示と捉えたが、別の観点からすると、地上界に属する書物と天界の根源的な書物がほぼ並行して出現したことになろう。

イルメス(Ilemesse)という名の天使は、四月十八日、自分たちがディーに教えはじめたものについてこのように説明する。

Il　[Ilemesse]「それは楽園で教えられた言語だ」

Δ　「誰に対してでしょうか？」

Il　「[神が]アダムの心に流し込まれた」

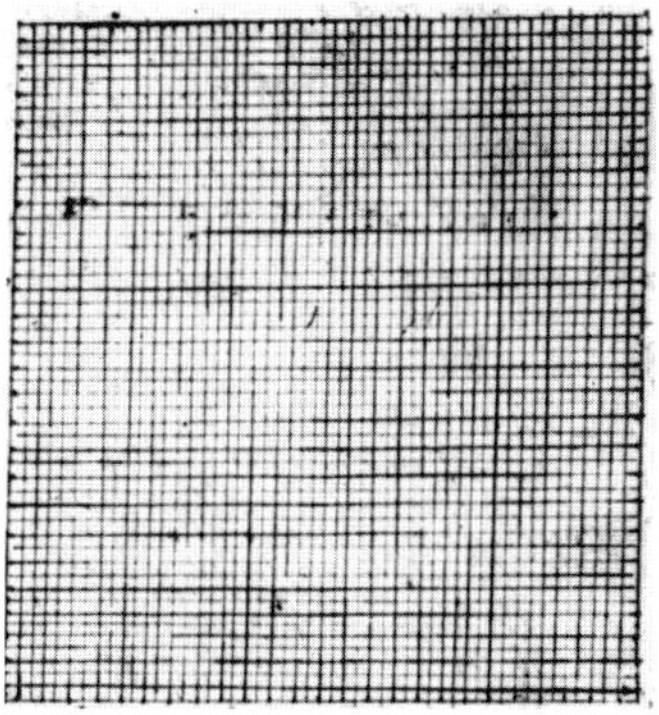

図版【8A】

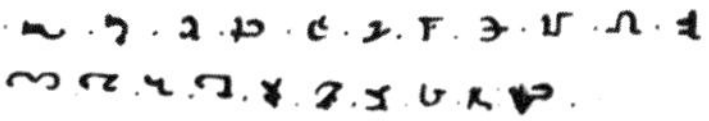

図版【8B】

Δ　「アダムは誰にそれを用いたのですか？」

Il　「チェヴァ［＝イヴ］に対してだ」

Δ　「アダムの子孫も同じ言語を使ったのでしょうか？」

Il　「然《しか》り、バベルの塔が倒壊するまでは」（*AWS*, 333）

すなわち、これはアダムに啓示された始原の言語《リングア・アダミカ》に他ならない。なお、約一年後の一五八四年四月二十一日（新暦）の召喚作業で、天使ガブリエルは、「アダムが堕罪以前の無垢の状態で話した言語で、それ以降、今にいたるまで人間には一度たりとも発せられたり、開示されたことはない。この言語においてのみ、神の力は働き、叡智はその本来の性質のまま伝達されるのだ」とも述べる（*TFR*, 92）。

この言語を用いてアダムが記した書がかつて存在したとイルメスに教えられ、ディーは思いを巡らす。

Δ　おそらくは、それは後には口承で次々と伝えられたのだ。エノクの書、エノクの預言も同じ言語で記されたのだろう。なぜなら、新約聖書の『ユダの書』にはエノクの預言への言及があるからだ――「アダムより七代に當るエノク彼らに就きて預言せり。曰く『視《み》よ、主はその聖なる千萬《ちよろず》の衆を率ゐて來りたまへり。これ凡ての人の審判《さばき》をなし、すべて敬虔ならぬ者の不敬虔を行ひたる不敬虔の凡ての業と、敬虔ならぬ罪人の、主に逆ひて語りたる凡ての甚だしき言とを責め給はんとてなり』」［『ユダの書』十四―十五節］と。

Il　「おまえに説いておかねばならない。大洪水の前には、神の霊は人間たちのなかでまだ輝いていた。彼らの記憶力は今よりも強大で、理解力は明晰で、その口承は計り難い」（*AWS*, 333）

『創世記』によれば、人類の始祖アダムより七代目にあたるエノクは六十五歳でメトセラをもうけ、その後三百年というもの、「神と偕《とも》に」歩んだが、「神かれを取りたまひければをらずなりき」という(五章二十四節)。

また、「神むかしは預言者等《たち》により、多くに分ち、多くの方法をもて先祖たちに語り給ひし」という言葉から始まる『ヘブル人への書』でも、「信仰に由《よ》りてエノクは死を見ぬように移されたり。神これを移し給ひたれば見出されざりき。その移さるる前に神に喜ばるることを證《あかし》せられたり」(十一章五節)と記されている。つまり、エノクは神と直接交渉があったのみならず、生きたまま天に移されたという特権的地位を占めていた。既に本書第三章で触れたように、『召喚記録』前書きにおいて、ディーは神と「じかに接した」エノクについて言及しており(*AWS*, 8)、天使召喚作業によって自分が第二のエノクとなることを夢見てきた。その夢がまさに現実のものとなろうとしているのだ……。

さて、アダムあるいはエノクの言語(以下、基本的にはエノク語と呼ぶ)のアルファベットは、左から右ではなく右から左に並べられる。なぜなら、この言語の書記法では、ヘブライ語などと同じく、右から左に書くからだ。天使は、さらにこれらのアルファベットの名称、及び、ラテン文字アルファベットとの対応関係を、ひとつずつ説明していく。

次頁の図版8Cでいちばん上にある文字を例にとれば、これは「パ(Pa)」と呼ばれ、bに対応する。ラテン文字アルファベットとの対応を、ディーは整理しなおして図版8Dのようにまとめた(151頁)。なお、水晶の裡《うち》に顕現したエノク語アルファベットのヴィジョンを書き写すにあたって、ケリーが若干の過ちを犯したということで、同年五月六日には、改訂された図が作成される(151頁、図版8E)。たとえば、最初の図でラテン文字tと対応する(gisg)は、改訂版ではとかなり大きな差異が存在する。[*1]

エノク語の文字は単に開示されただけではない。天使は「おまえたちはふたりともこれらの聖なる文字を暗記せねばならぬ」とディーとケリーに要求──それに対して、さすがのディーも「諸事万端多忙」につき暇《いとま》がないと斟酌《しんしゃく》を乞うのだが、答えはもちろん否であった(*AWS*, 241–242)。

図版：エノク語アルファベットの名称及びラテン文字アルファベットとの対応表【8C】

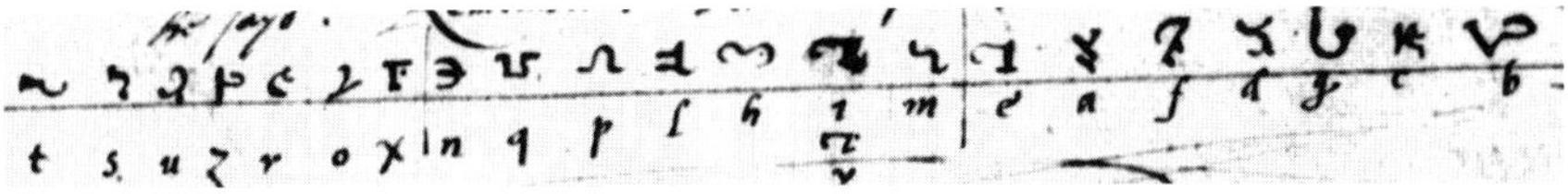

図版：エノク語アルファベットとラテン文字アルファベットの対応表【8D】

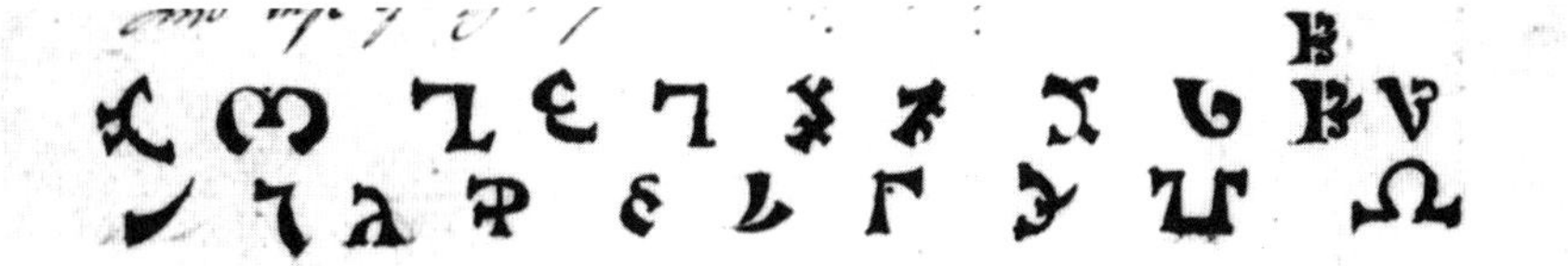

図版：「改訂」されたエノク語アルファベットの表【8E】

三月二十九日――この日はキリストの受難を記念する聖金曜日にあたっていた――の召喚作業では、『エノクの書』の第一葉表側、つまり、第一頁目の方陣、その第一行目(横列)に並ぶ四十九個の升のそれぞれに記された言葉が教示される。この際に、天使は言葉を構成する文字をその名称でひとつずつ教えていく。要するに、仮にギリシャ語であるとした場合、「愛」を意味する「*ἔρως*(エロス)」ならば、エロスと発音されたものを*ἔρως*と書き取るのではない。epsilon(エプシロン)、rho(ロー)、omega(オメガ)、sigma(シグマ)という個々のアルファベットの名称が音読されて、「epsilon rho omega sigma」と記していく如きものである。具体的に見てみよう。

天使は、書物の劈頭《へきとう》、第一頁第一行の第一の升に記された言葉を金の笏《しゃく》で指し示しつつ、エノク語のアルファベットの呼称で一文字毎に、keph(=ceps), van, don, graph, fam, veh, na と読み上げ、これをケリーを介して聞き取ったディーが書き写していった。これはラテン文字に移せば、Zuresch(=Zuresk)となろう。

『召喚記録』手稿では第一行目の書写内容は図版8F、8Gのように記録されており、左側のアラビア数字の番号は一から四十九の升目に対応する。

以上を元にして、四十九のエノク語から成る文章がラテン文字に転写された――'Zuresk od adaph mal *zez* geno au marlan oh muzpa agiod pan ga *zez* gamphedax Kapene go(le) od semelabugen donkna fian ga vankran vreprez adeph avxe drux Tardemah va tzests grapad. zed vnba domiol adepoad chieuak mah oshe daph Onixdar pangepi adamh gemedsol a dinoxa hoxpor adpun dar garmes.'(MS Sloane 3188, fol. 69^{r})。

ディーはここに色々と注記を書き込んで、修正補訂を施した。また、この転写には幾つかの誤りが含まれる。[*2] 第一行目で最長の言葉(semelabugen)は十一字(短いものはaの一字、odやgaの二字)から構成されているので、如何に煩瑣な作業であるかは容易に想像がつくだろう。三月三十一日の召喚作業で、『エノクの書』の第一葉第一頁目の第二行目が同様の手順で開示されるにいたって、あまりに過大な作業量に、究極の真理を得るにはいかなる犠牲もいとわないはずのディーもさすがに動転困惑して、「何らかの省略、あるいは簡潔な方法」を考えてはも

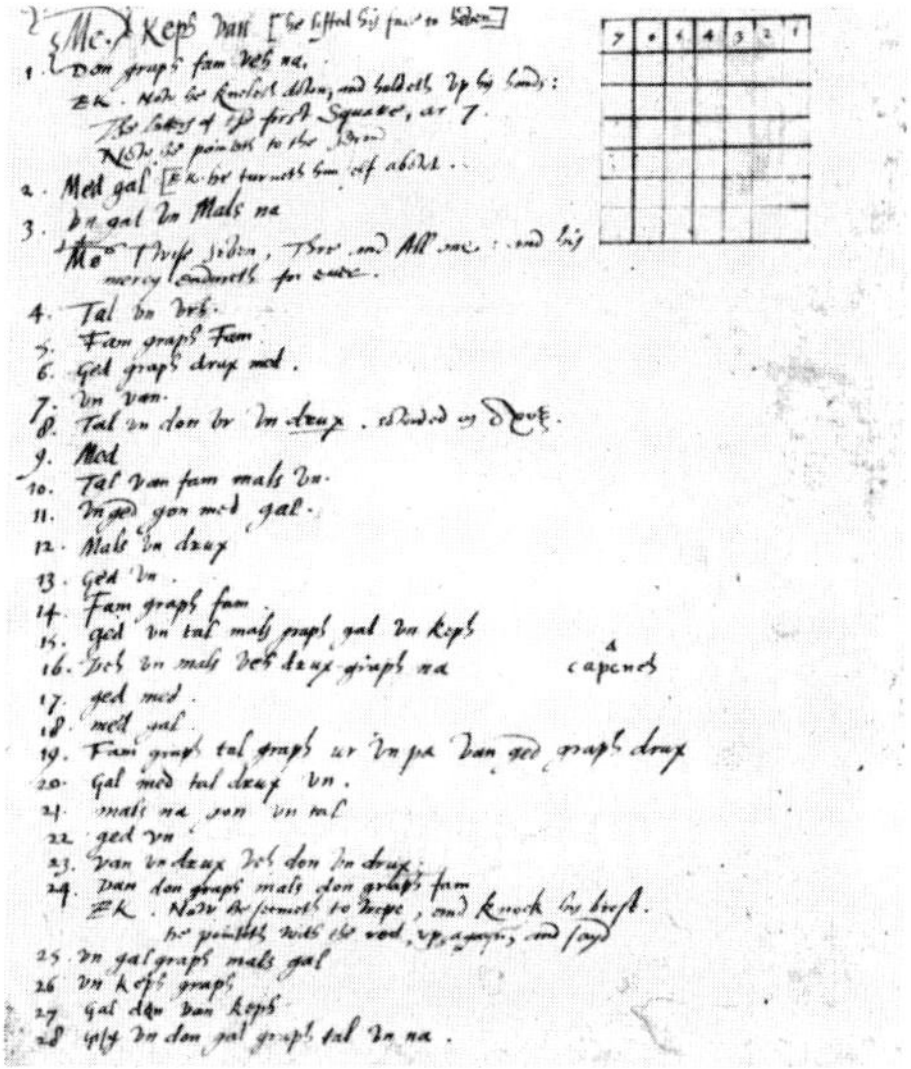

図版：『エノクの書』第 1 行目の 1 番目から 28 番目の語【8F】
© The British Library Board, Sloane 3188, fol. 68v

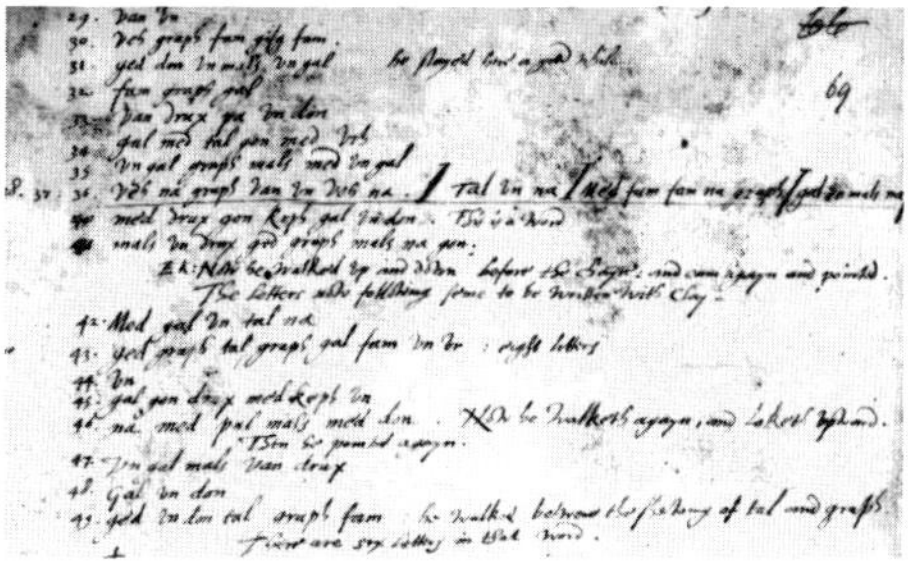

図版：『エノクの書』第 1 行目の 29 番目から 49 番目の語【8G】
© The British Library Board, Sloane 3188, fol. 69r

らえないかと天使に懇願した(*AWS*, 267)。だが、その刹那《せつな》、水晶からヴィジョンは消え失せ、天界の大きな怒りを買ったことをすぐに悟らざるをえない。

ただし、ほどなくして天使の側も軟化、第三行目以降は、方式が変更されるにいたった。すなわち、水晶のなかに出現した「書物」の紙葉のヴィジョンの文字群を、エノク語のアルファベットを何とか習得したケリーが視覚的に読み取った上で、Palce duxuma ge dem... のように音読、ディーがそれを書き取る方式へと負担の軽減化が図られる(*AWS*, 271–272)。とはいえ、ケリーは「頭が灼ける」(*AWS*, 272)という苦しみの叫びをあげた。また、この場合に、ケリーが、たとえば dem という語を「ディー・イー・エム」と依然として文字単位で読み上げていったのか、あるいは、「デム」と語単位でまるごと淀みなく発音して、ディーがそれを dem と書き写したのかは判然としない。[*3]

第一葉の表側と裏側のふたつの方陣、総計四八〇二の升目を四八〇二のエノク語で埋める作業が終了したのは、四月六日のことであった。天使たちはこれらふたつの方陣を一組として、それを一枚の「表《テーブル》」[*4]と呼ぶ。念のために繰り返しておくが、一升につき一語であるから、四八〇二とは字数ではなく語数である(*AWS*, 307)。四月五日には、ケリーは「書物」の表紙のヴィジョンも見せられる。それは「青色で、薄くて軽い絹でできており」、さらに、Amzes naghézes Hardeh という言葉が記されていた。このエノク語は「遍《あまね》き創造をおこなった主の遍き名前が賞揚されんことを」を意味するという(*AWS*, 300)。

だが、これで終了したのはわずかに第一葉の表と裏の転写にすぎない。しかも、四月六日に天使は、「諸々の秘密」を開示するこの書物、「この世界を解き明かす鍵」は、「四十日以内」に書き取らねばならぬとの厳命を下す[*5](*AWS*, 303)。これは、神の命によって四十日で九十四の書物を書き取ったエズラの故事(『第四エズラ書』十四章四十四節)を祖型とするのかもしれない。[*6] 実際、ディーは天使との対話のなかで「エズラの失われた書」について質問を発した(*AWS*, 334)。

第二葉以降の方陣では、基本的に一升に埋められるのは一字のみで、したがって、作業量は大幅に軽減する。最終的には第一葉も含めて四十八葉(あるいは四十八枚の「表」)、すなわち総計九十六の方陣が開示された。これらの方陣あるいはマトリクス群はケリーによる浄書稿が残されており、彼はそれを『第六の聖なる神秘の書』(*Liber mysteriorum, sextus et sanctus*)と命名する。[*7] ただし、第一葉表裏を成すふたつの方陣、つまり、一升につき一語が入る方陣は作成されていない。きわめてサイズの大きな紙でも用いない限り困難であるからなのか。また、方陣にはそれぞれエノク語による名称が付されている。なお、ケリーの浄書稿末尾には、明らかに『エノクの書』とは別種の方陣が数葉見出せるのだが、これについては次章で説明したい。

厖大な量の文字を書き取る全作業が終了したのは一五八三年五月六日のことで(*AWS*, 390–391)、「書物」が最初に開示された三月二十九日から数えて三十九日目にあたっていた。例として、'alla opnay qviemmah' と題された方陣を掲げておこう(次頁、図版 8H)。

また、四月二十六日には、天使から「聖なる台座《テーブル》」の詳細な図面が与えられた。これについては天使召喚作業において重要な役割を果たすべきものとして、約一年前に最初の指示が下りていたのだが(本書第三章参照)、この日の図面はさらに訂正増補を施したものであった(*AWS*, 351ff)。最終的に制作された台座の図版は『精霊日誌』刊本に掲げられ、以降多くの書物に転載されてきたから、ディーの魔術作業といえば、これをまず想起される方も多いだろう(157頁、図版 8I)。

ご覧のように、中央の三×四の方陣、及び、外周の升目に記されているのはエノク文字に他ならない。いっぽう、円をなして配置されている七枚の図は、前年の一五八二年三月二十八日に下された「創造の七つの印」(本書第四章参照)である。外周の升目についていうならば、その四隅はすべて共通する文字 (＝B)で埋められており、実質的に各辺二十一字から構成される。そして、方陣及び外周の文字群は共に、「創造の七つの印」の直後に与えられた「四十九の善なる天使たち」(本書第四章参照)の名前からBを取り除いたもの——つまり、[B]aligon,

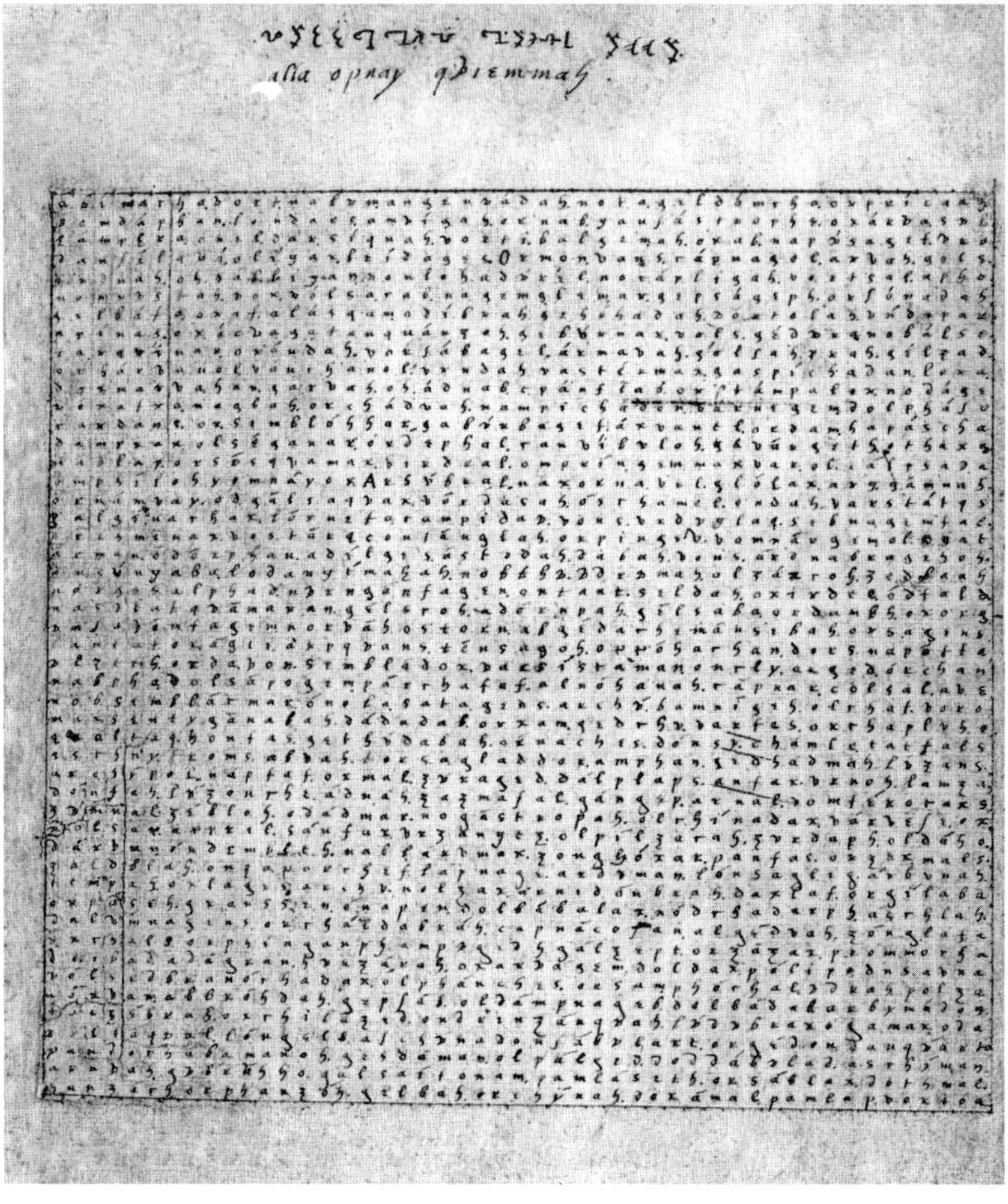

図版：『第六の聖なる神秘の書』の ‘alla opnay qviemmah’ 方陣【8H】

図版：『精霊日誌』刊本に掲げられた「聖なる台座」【81】

[B]agenol など――が天使の指示による入り組んだ方式で並べられている[*8](*AWS*, 358–359, 380–381)。

ただし、おそらく彫師のミスなのだろう、『精霊日誌』刊本の図版では、実はエノク文字の配列がすべて左右逆である。ディーがラテン文字によって書き留めた本来の正しい配列、は図版８Ｊの如くになる。[*9] たとえば、中央の方陣の第一行(横列)は、左から右に gisg（＝t), gon(＝i or y), med(＝o)とされているから、とあるべきだろう。

ちなみに、「聖なる台座」の現物じたいは今や失われてしまったが、アシュモールはそれを実際に見ており、寸法形状などを仔細に記録している。十七世紀後半に作られた縮小複製品は残存する。[*10]

『エノクの書』に戻ろう。第二葉以降の方陣は基本的に一升につき一字であるとはいえ、幾つかの例外も含まれる。たとえば、数字も混じる〝pagesgem〟と題された方陣をご覧いただきたい(160頁、図版８Ｋ)。こと視覚面に限っても鮮烈な印象を残すものであるのは言を俟《ま》たず、実際、カソーボンは、『エノクの書』の「表《テーブル》」の代表例として、これを見やすいかたちで『精霊日誌』刊本に翻刻した(161頁、図版８Ｌ)。

しかも、たとえば中央に位置する円内の升目を熟視すると、BORNOGO という七つの文字からなる言葉が、縦横及び対角線上に四回浮かびあがってくるが、これもまた「四十九の善なる天使たち」の名前のひとつなのだ[*11](162頁、図版８Ｍ)。

ただし、大変な労苦の末にすべての図をラテン文字で書き取ってすべてが終わりというわけではなかった。その作業が完了する前日、すなわち、一五八三年五月五日に、天使は「この書物は四十日以内に彼[＝エノク]の文字によって完成させねばならない」と命ずるからである(*AWS*, 378, 381)。要するに、ディーとケリーは天界の文字で書かれた原本を作成するように求められた。五月八日には、これについて、ディーは「紙か羊皮紙のいずれ

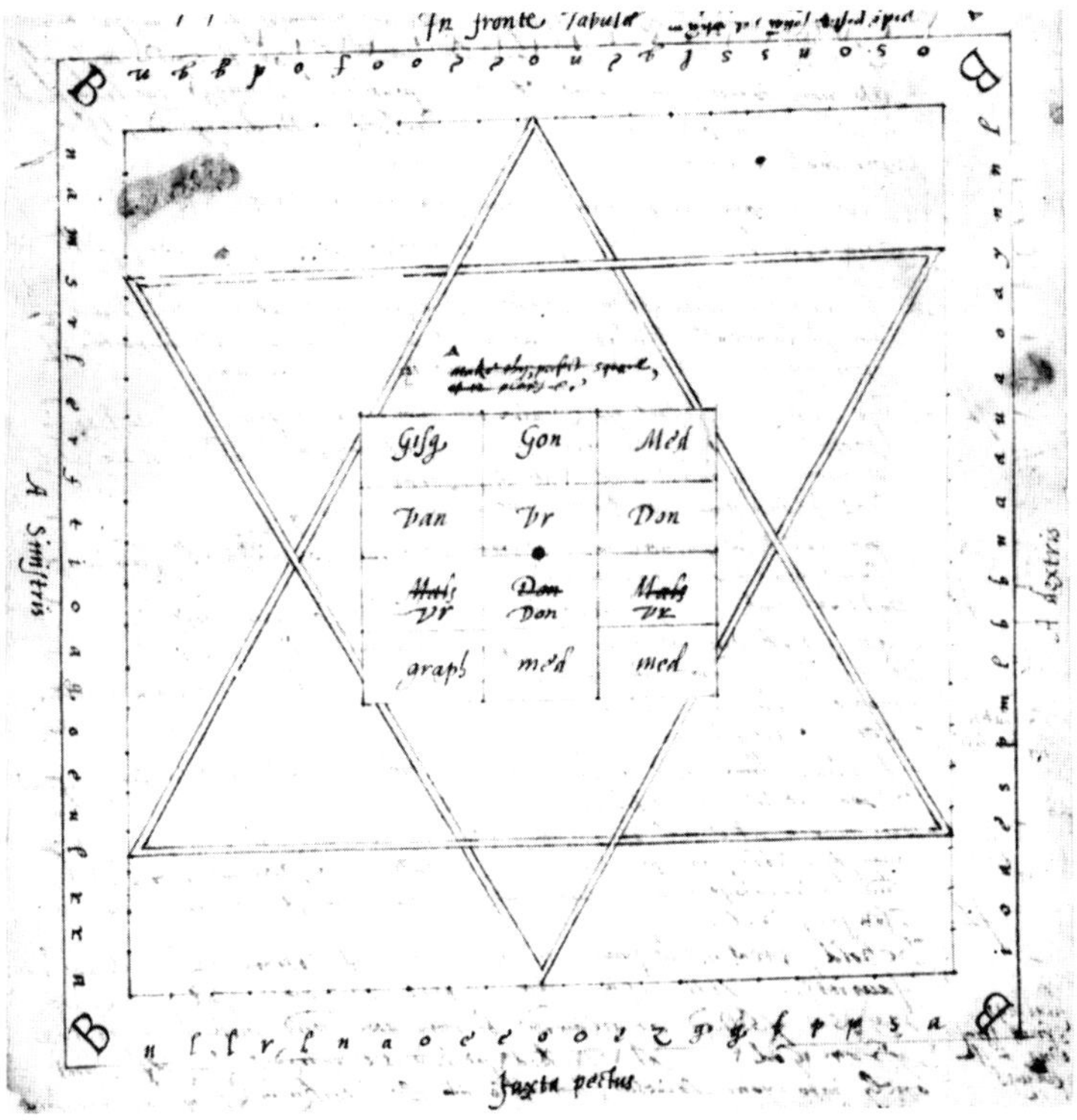

図版：『精霊日誌』手稿の「聖なる台座」の文字配列【8J】
©The British Library Board, Sloane 3188, fol. 94ʳ

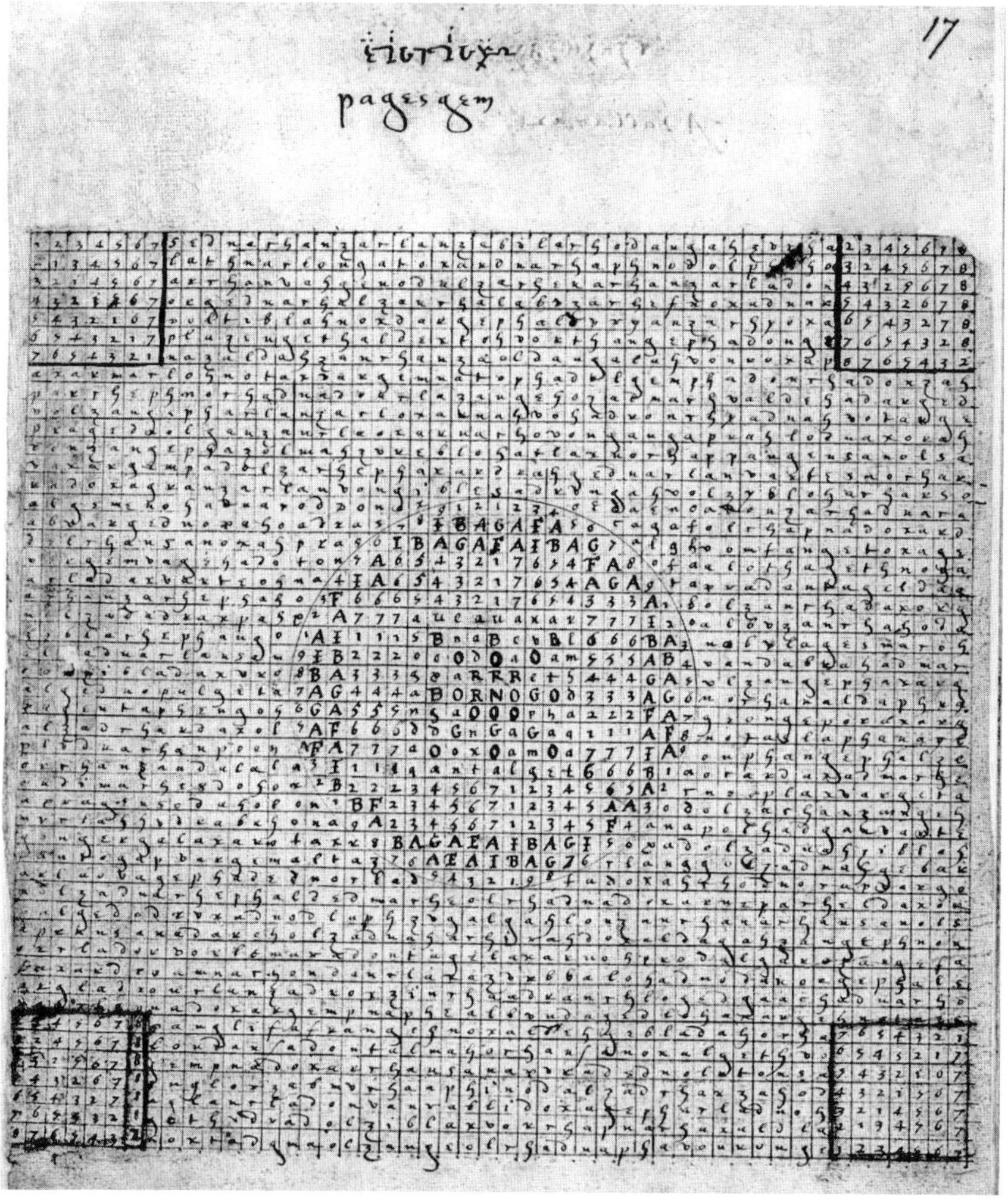

図版：『第六の聖なる神秘の書』の 'pagesgem' 方陣【8K】

図版：『精霊日誌』刊本に掲げられた 'pagesgem' 方陣【8L】

図版：『第六の聖なる神秘の書』の ‘BORNOGO’ 拡大図【8M】
© The British Library Board, Sloane 3189, fol. 17r

に書けばいいのか、方陣の罫線は緑か青のいずれで引けばいいのか」などの質問を発する(*AWS*, 391)。

この天界の本の書写が実際に始まるのは、一ヶ月以上経過した六月十八日のことであり、『日録』の同日の項には、赤字で「『ロガー』の書き取りを開始(Logah incoepi scribere)」と特筆された(*DD*, 93)。だが、「ロガー」とはいったい何を意味するのか?

『召喚記録』によれば、この日、ガルヴァー(Galvah)という天使が、ケリーとディーに向かってこう語った。

> この書物についていうならば、それはLogahと呼ばれなければならない。おまえたちの言語では「神からの言葉」の謂《いい》となる。Loagaethと綴《つづ》れ。ただし、発音は「ロガー(Logah)」である。この語は、それが孕む深遠さの点において重大な意味を有する。[*12] (*TFR*, 19)

また、『精霊日誌』刊本には印刷されていないが、ディーは、当該箇所欄外の「書物の題名」という言葉の下に、手稿では絵も描き込んだ[*13](次頁、図版8N)。

エノク語とされているとはいえ、この聖なる始原の書物の正式な名称「ロガー」という音の響きじたいは、ギリシャ語のロゴス(言葉)、すなわち、『ヨハネ傳福音書』劈頭《へきとう》の「太初に言《ことば》あり、言は神と偕《とも》にあり、言は神なりき」(一章一節)の「言」を直ちに連想させよう。

ガルヴァーはさらに続けて以下のように述べる。

> また、おまえが第一葉と呼ぶものは実はこの書物の最終葉である。第一葉[=最終葉]は秩序なき混沌であり、それゆえ世界の無秩序を意味している。無秩序の言葉、それを予言する言葉だ。おまえたちの言語の書き方に従って、この書物を逆向きに書き取れ。ただし、[エノク語の]文字の形を変えてはならない。[*14] (*TFR*, 19)

図版：『精霊日誌』手稿欄外の「書物の題名」【8N】
© The British Library Board, Cotton Appendix XLVI, vol.1, fol. 15^{r}

きわめて唐突で混乱を誘うような説明というほかない。

ここでは、「おまえたちの言語の書き方に従って、この書物を逆向きに書き取れ」という指示にも明らかなように、エノク語は右から左へと記されているという前提を念頭におかねばならない。つまり、このような書記法では、書物となった場合には、西欧の書物で第一葉が位置するところは——日本語の書物と同じように——最終葉に該当するだろう。したがって、ディーはこの時点までずっと最終葉(第四十九表)を第一葉(第一表)と思い込んできたということになる。そして、ガルヴァーという天使の名前はまさに「終り」を意味するという(*TFR*, 19)。いっぽう、本章の冒頭で述べた通り、この書物は四十九葉から成るが、そのうちの一葉は「現在、過去、未来にわたって知られることのない」(*AWS*, 227)ものだという。それゆえ、ディーにこれまで開示された四十八葉とは要するに第二葉から最終葉であり、残る第一葉は永劫に秘められたままにとどまることになるはずだ。

しかしながら、ここで予期せぬことが起こる。水晶から突如として光線が発せられてガルヴァーの体を貫き、その顔はケリーからディーへと向けられて、こう告げるのだ——「四十九番目を書き取れ。おまえはまだ四十八［葉］までしか持っていない」と。そして、

ガルヴァーの頭は直視できないほどに煌々《こうこう》と燃え上がり、殊に彼が言葉を発するたびに、熱せられた鉄が鍛冶屋の鉄床《かなとこ》で打たれるときのように火花がきらめく。注目すべきは、幾つかの言葉が発せられる際には、世界中のありとあらゆる生き物、獣が本来の形態で出現、特に蛇、龍、蟇《ひき》など醜くおぞましい生き物が現れた［中略］Larb という言葉が発せられたときに、第一の光線が［水晶から］放たれ、蛙や蛇も出現した。Exi という言葉が発せられると、第二の光線が放たれた。[*15]

(*TFR*, 19)

この箇所には Loagaeth で始まるエノク語も羅列されており、その三行目及び四行目に Larb と exi という語が含

まれているから、これが「四十九番目」に示された真の「第一葉」とおぼしい[*16](図版8O)。また、さきほどの書物の絵と同じく『精霊日誌』刊本には印刷されていないが、手稿欄外には「四十九番目の表」という書き込みも見える(図版8P)。

ディーは「いま受け取った二十一の言葉をどうすればいいのか」、「どのように書けばいいのか」との質問を発するが(*TFR*, 20)、たしかにこれは当然の疑問であって、縦横四十九×四十九の升目に文字、数字が埋められる他の四十八の表とは性質が大きく異なる。これに対してガルヴァーは「それぞれが二十一字からなる五つの表に記さねばならない」との回答を与えており(*TFR*, 20)、おそらくは縦横三×七あるいは七×三の方陣を五種作成せよという意味なのだろう。そうすると、この「表」に限っては、方陣ふたつではなく五つから構成されている

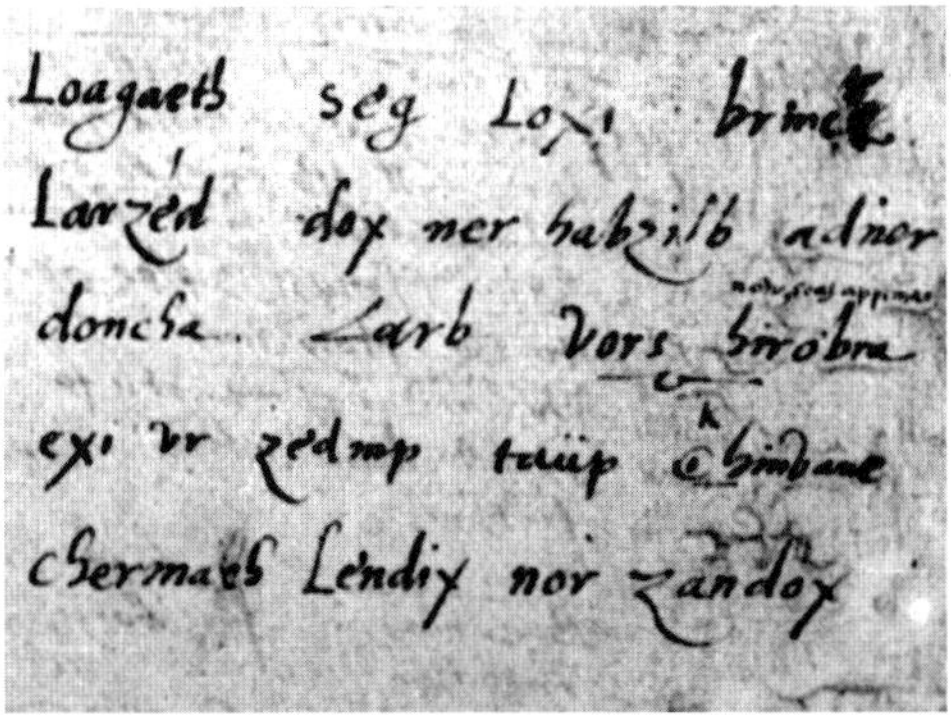

図版:『精霊日誌』手稿の『ロガー』の「第一葉」?【8O】
© The British Library Board, Cotton Appendix XLVI, vol.1, fol. 15r

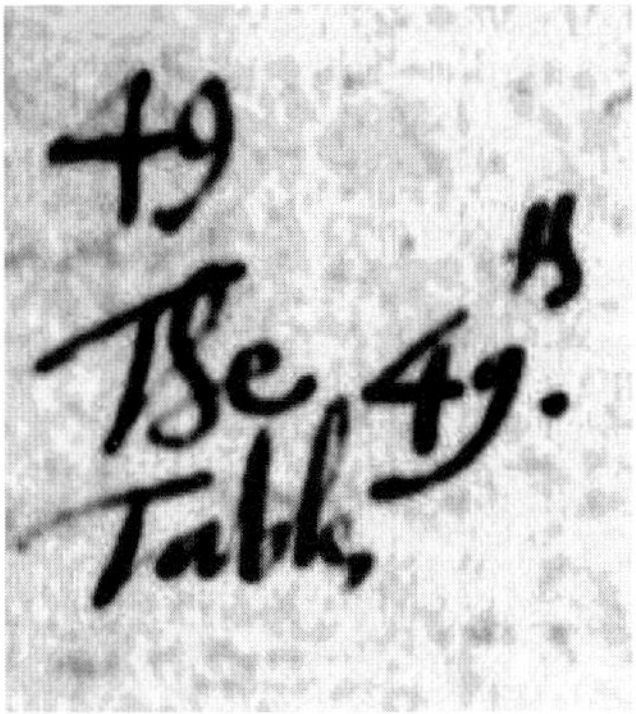

図版:『精霊日誌』手稿欄外の「四十九」、「四十九番目の表」【8P】
© The British Library Board, Cotton Appendix XLVI, vol.1, fol. 15r

ことになり、二十一字の文字を五通りの配列で並べていくのだろうか。また、ディーは語数を「二十一」としているが、実際には二十二語ある。冒頭の Loagaeth は表題ということで、テクスト本体は残る二十一語ということなのか。

とまれ、この「真」の第一葉の浄書稿は現存しておらず、詳細は未詳である。ただし、後日(一五八四年二月十一日)になって、別の天使が「おまえたちは四十九の表を手にしている。これらの表のなかに、天使たちの神秘で聖なる声が含まれる」(*TFR*, 64)と述べるので、四十九葉すべてが与えられたことじたいはどうやら疑えないようだ。

ディーとケリーがラテン文字で『エノクの書』を書き取る作業を僅か三十九日間で完成に漕ぎ着けたのは、まさに驚異的な膂力《りょりょく》というほかない。しかしながら、さらに膨大な手間を要するエノク文字版原本『ロガー』の書写をやはり四十日以内で終えよとする天使の命令に、ふたりは周章狼狽したにちがいない。「四十日以内」という命令じたいは五月五日に下されているが、天使の意図は、この日からではなく作業の開始日から数えて四十日ということなのであろう。とはいえ、『ロガー』の書写が始まったのは六月十八日であるから、七月中には完了する必要がある。これは無理難題というほかなく、早くも六月下旬にはディーは深い絶望感に襲われた。加うるに、第十章で詳述するが、五月以降にはディーとケリーの将来を大きく変転させる事態が同時に進行しており、ディーには時間的、精神的にまったく余裕がなかった。

六月二十九日の『召喚記録』には以下のような記載が見出せる。

Δ 「『ロガー』の」第七葉裏側の方陣の題名を書こうとしたとき(E・Kはわたしの傍に座っていた)、天使マディミ(Madimi)が以前のように少女の姿で現れたので「中略」来る八月以前に達成せよと命ぜられた作業に自分は途方もなく打ちひしがれていると彼女に告げた「中略」能《あた》うかぎりのことをやってみた挙句、要求されているかたちで完成するのはほぼ不可能だと思えたからだ。
(*TFR*, 26)

「神はわたしたちの肩に担える以上の重荷を負わし給うた」(*TFR*, 27)とするディーは、自分を助けてくれる者が必要だと懇願、いっぽう、マディミはこの願いを意外にもあっさり聞き入れて、彼女の「母親」である別の天使をこの場に召喚した。そして、この天使はディーがやりかけた書写稿を期日までに替わって完成してやろうと快く請け合ってくれたのである……(*TFR*, 27)。

実のところ、この件の顛末は定かではない。

そもそも、『召喚記録』は七月四日の記載でいったん途切れてしまい、次は同年九月三日から再開されたので、その間の記録が欠損しているからだ。ただし、たとえば翌年の一五八四年四月十二日(新暦)における天使との対話などから推すと(*TFR*, 78)、『ロガー』原本の書写作業はその時点でもまだ終わっていないように思える。だが、いっぽうで、その一ヶ月半後の同年五月二十八日(新暦)、天使は、『ロガー』について、それを召喚作業の際に聖なる台座に置くよう命じると共に、「銀色」の革で装丁し、大きさは縦八インチ、横七インチ、厚さ七インチにせよときわめて具体的な指示を出した[*17](*TFR*, 159–160)。なおかつ、一五八四年八月十六日(新暦)には、銀色の装丁にすることができなかったとディーは天使に釈明しているので[*18](*TFR*, 217)、そうすると、少なくともエノク文字による『ロガー』原本の書写稿じたいはいちおうの完成を見たのだろうか。

だが、もし完成していたとしても現存しておらず、残念ながらわたしたちには以上の疑問に答えることがかなわない。

神より下された始原の書物である『エノクの書』あるいは『ロガー』には、しかし、いったい何が記されているのか。この点については、天使は沈黙を守り続ける。厖大な文字量にもかかわらず、Bornogo など天使の固有名、あるいは Loagaeth の定義といった僅かな例外を除き、その意味するところについてはまったく説明がなされてこなかった。ディーとケリーは、内容については分からないまま、天界の指示に従ってひたすら書写してきたにすぎず、換言すれば、それは単なる文字の羅列にとどまっていた。

本書ではディーとケリーの召喚作業を基本的には時間軸に沿って叙述してきたのだが、ここでは原則を逸れる必要があろう。というのは、『エノクの書』のヴィジョンが初めて出現してから一年が経過した一五八四年春になって——つまり、ディーとケリーが既にイングランドを離れて大陸に渡りクラクフ滞在中の折に——『ロガー』の四十九の「表」(つまり、九十八の方陣)に包含されているはずの究極の知識を入手するための手段がようやく伝授されるからである。一五八四年四月十二日(新暦)、この日に現れた天使ナルヴェージ(Nalvage)は、それを「『理解の門』」を開くための「自然界の鍵」と定義し、「祈禱呪《コーリング》」と呼ぶ。つまるところ、これらの「祈禱呪」を誦《じゅ》することで「自然界に含まれる万物」が会得できるのだ(*TFR*, 77)。それは「無謬《むびゅう》の教義」であって、

> 四十九の表、そして四十九の声あるいは祈禱呪に包含される。それらは自然界の鍵であり、四十九ではなく四十八の理解の門を開くもので(なぜなら、うちひとつは開くことができない)、おまえはそれらによってすべての門を動かす知識を得るだろう。 (*TFR*, 77)

「理解の門」を開け「理解の都」に入るための「鍵」であるから、「おまえたちには万事が可能となる」とも、後には説明された(*TFR*, 145)。

四十九の「表」に対応する四十九の「理解の門」のうちのひとつは開くのが許されていないとの理由で、「祈禱呪」じたいの数は四十九ではなく四十八となる。しかも、「祈禱呪」の最後のものは僅かな字句の変更で三十通り

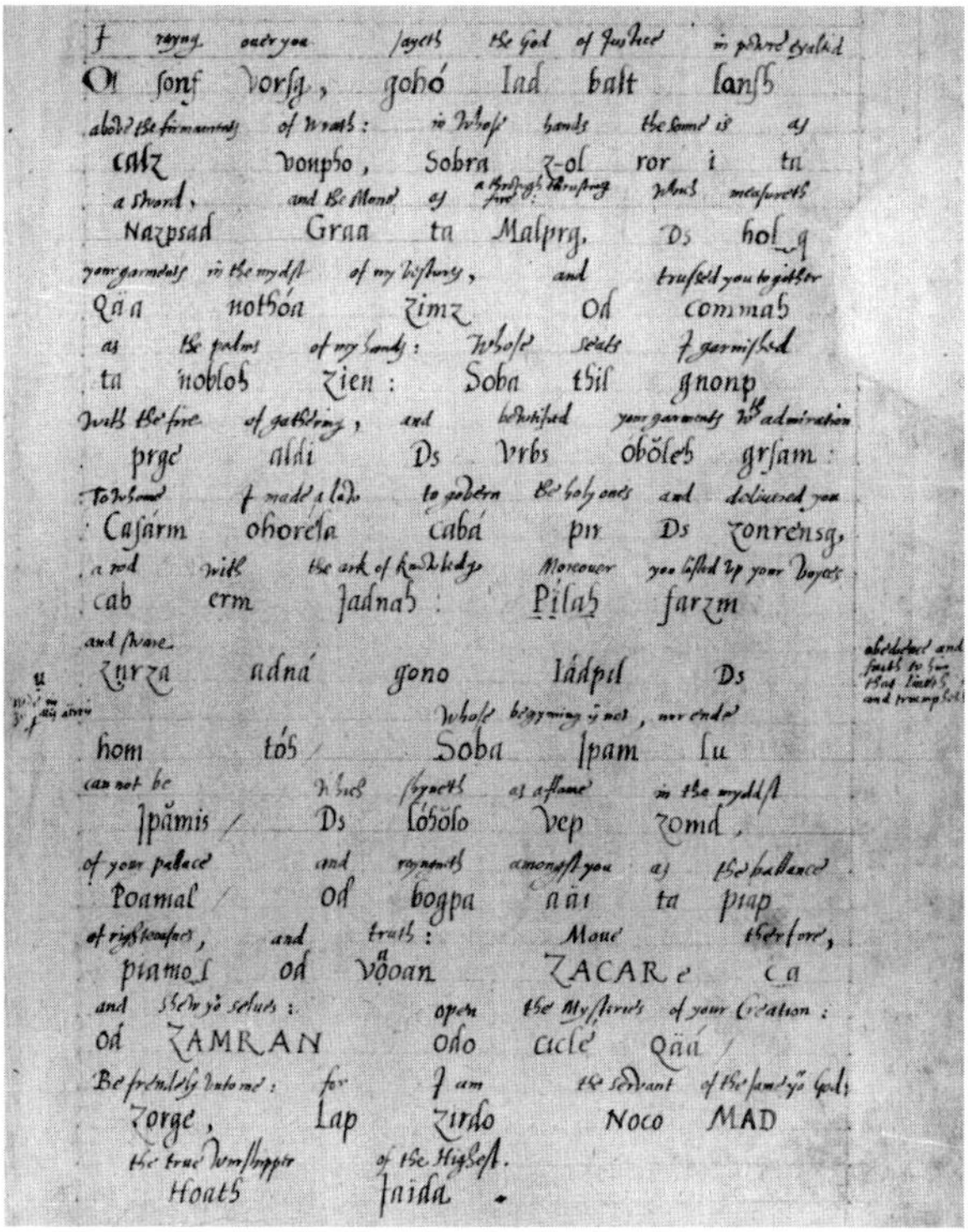

図版：『天使の四十八の鍵』に浄書された第一「祈禱咒」【8Q】

に使えるので、実際には計十九種類であった。これらを書き取る作業は来る八月一日までに終えよとの厳命が下り、ディーとケリーは一五八四年四月十三日から七月十三日(いずれも新暦)までの三ヶ月で完了した(*TFR*, 78–209)。

「祈禱咒」についても、『天使の四十八の鍵』(*48 claues angelicae*)と題した浄書稿(ラテン文字転写版)が別途作成されているので、その冒頭を眺めてみよう[19](図版 8Q)。

これが第一「祈禱咒」となるが、その本文は二行目から始まっており、一行目は天使から教示された翻訳である。つまり、英訳と本文が交互に並んでおり、「祈禱咒」本文一行目(手稿二行目)、二行目(手稿四行目)にかけての 'Ol / sonf / vorsg, / gohó / Iad / balt / lansh / calz / vonpho,' については、'I / rayng / over you / sayeth / the God / of Justice / in power exalted / above the firmaments / of Wrath:'(「『我は汝らを統《す》べる』と正義の神は曰《い》う――『憤怒の蒼《そう》穹《きゅう》より遥か上に高められた力でもって』」という訳が逐語的に与えられる。

語彙の点では、十九の「祈禱咒」で総計約二百五十の異なった単語が用いられた。ただし、その半数以上は一度しか出現していないので、これだけの僅かな数のサンプルからは、エノク語が真正の言語か否かを判断するのは不可能に近い[20]。さらに、「逐語訳」はすべての「祈禱咒」に付されているものの、これがどれほど当てにできるかは心もとない。

とはいえ、動詞の活用変化や語根にあたるものを見出せるのは確かである。真の意味での言語であるかどうかは措《お》いても、この段階にいたって、エノク語は、単なる文字の羅列ではなく、語彙や文法を備えるとおぼしきかたちで初めて立ち現れてきたのだ。たとえば、第一「祈禱咒」で英語の動詞 say の三人称単数形 sayeth と同義とされる gohó は、他の「祈禱咒」においては、一人称単数形で gohus, 一人称複数形で gohia, 現在分詞形で gohol など明瞭な変化を生じている。あるいは、理解するという動詞は om で、その名詞は oma, omp というかたちで用いられる[21]。

だが、他方、「祈禱咒」の開示方法は煩雑きわまるばかりか、謎が多く、実際に如何なる方式でディーに伝授されたのかは今なお解明できていない。

ここでは、八十六語からなる第一「祈禱咒」が下された際について、具体的に見てみよう。まず、その前提として、第一から第四の「祈禱咒」については、天使がラテン文字で一文字づつ右から左へと逆向きに教えていることを理解していただかねばならない。つまり、第一「祈禱咒」の場合、Ol という言葉で始まり、Iaida という言葉で終わっているから(図版 8 Q)、天使はこれを‘a-d-i-a-I……l-o’の順序で開示した。天使ナルヴェージによる第一「祈禱咒」の開示はこのように始まる。

> A。(第6の表《テーブル》の 2014 は) D。
> (#) 第13の表の 7003 はI。
> Aは第21の表を 11406 下方に。
> Iは最後から2番目の表。Iaida という言葉が何であるかは日没までには教えよう。Iaida が[第一]「祈禱咒」の最後の言葉だ。[*22]

この指示から明らかなのは、「祈禱咒」の文章が、一文字ごとに『エノクの書』の「表」、つまり、方陣の升目から得られているということだ。[*23] また、同じ文字Iであっても、それぞれが異なった手続きで導き出される事実には注意されたい。

ここで想起すべきは、一五八二年三月二十日及び二十一日に与えられた縦横七×七の升目をもつ二つの方陣、さらに同年四月二十九日に与えられた同じく七×七の升目を持つ七つの方陣である。いずれも天使、精霊の名を「発生」させる一種の「装置」となっていたことをご記憶だろうか(本書第四章参照)。ただし、たとえば前者では、升目の文字を左から右に、あるいは対角線上に読んでいくというごく単純な方式が採用されていた。翻って、それから二年を経過したこの時点では、四十九×四十九の升目をもった方陣が少なくとも九十六枚与えられており、量の面で飛躍的に増殖したばかりか、以下に見るように、「祈禱咒」を「発生」させる仕掛も複雑さを増している。

九十六の方陣の総計230496(49×49×96)個に及ぶ升目をいちばん効率的に扱う方法は、常識的に考えれば、方陣ごとに縦列左端か右端、横列最上端か最下端のそれぞれの升目に番号や記号を振って、その交点によって升目を表示する格子《グリッド》方式だろう――たとえば「第1方陣3VI」というように。しかしながら、「第6の表の2014」という言葉は、二つの方陣をまとめてひとつの「表」としているばかりか、それらの升目すべて(2401×2)に固有の番号が振られたことを示唆するごとくである。他方、「第21の表を11406下方に」という言葉は、方陣の各縦列の端に番号が宛てられたように響くが、しかし、それでは「11406」という数字の桁数と矛盾をきたすだろう。

さらには、たとえば第一「祈禱咒」の七十二番目の言葉Zacarについて与えられた以下のような指示は、どのように解釈すればよいのか。

R　第16表　上昇22006
A　第19表　下降23012
C　第30表　上昇30006
A　第39表　左角から下降42012
Z　第46表　上昇312004　Zacarと呼べ。

(*TFR*, 80)

「Z」の箇所に「上昇312004」とあるのに注目されたい。既に述べたように九十六の方陣の升目の数は最大で総計230496であって、312004という数字は不可解きわまりない。[*24]

したがって、これらの数字は表記通りの数を示すのではなく、別のシステム、何らかのアルゴリズムに拠る可能性が高いといえようが、現存する記録からはその概要の推測すら困難である。ただし、きわめて煩瑣であったことだけは確かで、「祈禱咒」を開示する作業中に、天使ナルヴェージはディーに向かって、「辛抱強く、倦まずに学び、耳を澄ませ」(*TFR*, 77)、「辛抱強くあれ――根気を要すると言っておいただろう」(*TFR*, 79)と告げる。[*25] なお、ナルヴェージは、「祈禱咒」を下すのとほぼ並行して、一五八四年四月十日及び十二日(いずれも新暦)に、表面に文字が配列された台座、さらには、複数の文字列を教示しており(*TFR*, 74–76, 78)、これが一種の「鍵」となっているようにも思えるが、定かでない。

以上で『エノクの書』、『ロガー』のあらましについては終えたいが、この天界の書物の開示過程は、ケリーとディーの関係、特に前者が召喚作業で果たした役割について考えるうえでもはなはだ示唆に富む。

本書第五章で記したように、魔術やオカルティズムの信奉者を除けば、ケリーはディーの秘教への盲信、叡智への渇望につけこんだ詐欺師だという説が依然として主流をなす――ケリーは常に博士の関心を巧みに煽り、操ったのだと。たしかに、ケリーが聖なる天使の名や天界からの託宣と称するものを水晶の前で次々と口走っただけであったなら、彼を単なる詐欺師として片づけて問題はあるまい。しかしながら、『エノクの書』、『ロガー』の規模と複雑さ、さらには、その書写に費やされた厖大な時間と労力を具《つぶ》さに知るとき、四百数十年経過した今もなお、わたしたちは啞然として言葉を失わざるをえないだろう。

まず、ケリーの立場に身をおいてみよう。そして、彼が詐欺師であったと仮定して、『エノクの書』をディーに開示しようとする際に、彼が何をしなければならなかったか、何をしたかを考えてみたい。

ケリーはまずエノク語のアルファベットを「考案」したうえで、その一字づつの名称を作成しておく必要がある。この準備じたいはさして時間も手間もかからないだろうが、その後には、方陣の夥《おびただ》しい数の升目をひとつづつ埋めていくという辛苦に満ちた作業が待ち構えている。しかも、少なくとも一部は一定の法則に従って配列せねばならない。なぜなら、文字群のすべてが即興で無作為に発せられたものでないことは、先に紹介した“pagesgem”と題された方陣の例からも歴然としているからだ。しかも、それはスクライングの初期段階の啓示内容との一貫性、整合性まで備える。周到な予備作業に基づく原稿なしには、あのような方陣をディーに口頭で開示することはほぼ不可能であって、「祈禱咒」の発生システムについてもやはり同断であろう。

　のみならず、ケリーはいったいどのようにして「原稿」を盗み見たのか。つまり、彼はあくまで水晶の中のヴィジョンあるいは天使の伝えた言葉として『エノクの書』を一文字づつ示していかねばならないのだが、「原稿」を隠しもっている事実を面前のディーに気取られずに遂行するのは多大な困難を伴うからだ。もちろん、何らかのトリックを駆使したのかもしれない。[*26] あるいは、記憶術に長《た》けた人物、それとも、尋常ならざる映像的記憶の持主であって、すべてを暗記していたのか。後者の場合、これだけでも単なる詐欺師と呼ぶのが憚《はばか》られる才能であろう。

　だが、そもそもの話、ケリーが詐欺師だとしたら、ディーですら怯《ひる》み、時には途方に暮れるような煩瑣で膨大な作業を両者に強いる『エノクの書』の開示と書写を、なにゆえ構想せねばならないというのだろう。たとえば方陣の場合、一五八二年春の方陣の内容だけでも博士に感銘を与えるのに十分であったはずだ。かつまた、ディーが富裕な貴紳ならいざしらず、一五七〇年代後半このかた、彼は安定した地位、身分を得られないまま経済的に厳しい状況にあり、大規模な詐欺を仕掛ける相手としては甚だ不適である。普通の定義からすると、詐欺とは、動産、不動産のような物質的利益であれ、社会的地位、資格のような非物質的利益であれ、その獲得のために不当、不法な手段を用いる行為であろう。したがって、利益を上回る労力や金銭は必然的に投下、投資されないはずだが、ケリーの場合は明らかにその原則を大きく踏み外す。残存する記録から判断する限り、『エノクの書』が下された時点で、ケリーは博士からまとまった金銭的な報酬を得ていないし、職や身分を与えられてもいないからだ。しかも、ケリーは『エノクの書』の開示作業のさなか、一五八三年四月下旬には、天使への不信感を爆発させ、ディーとの間に深刻な諍《いさか》いが生じていた。

四月二十日　この土曜日、E・Kとわたしの間に激しい揉め事があった。彼は召喚作業全体がまったく信用できない、それは人を誑《たぶら》かす邪霊が自分［ケリー］を破滅させようとしておこなっているというのだ［中略］さらに、こんなことをして時間を無駄にしたくない、生計を立てられるような知識を学習修得したい、この家では自分は厄介者で、牢獄に住んでいるようなものだと訴えた。

(*AWS*, 339)

エノク語のアルファベットを水晶の裡に読み取っていく際に、ケリーが上げた「頭が灼ける」いう叫び。それはたしかに真実味を帯びており、天使たちが自分を「破滅させよう」としているというのは、彼の偽らざる実感だったのかもしれない。なお、一年後の一五八四年五月二十四日、つまり、「祈禱咒」が下されてほどない時期にも、召喚作業をやめたい、なぜなら天使たちが実は邪《よこしま》な霊にちがいないからだと、ケリーはディーに訴える。天使が海外の地理について教える内容が、アグリッパの著作の一節——しかも、プトレマイオスに依拠した記述——を剽窃《ひょうせつ》したものであったからだ(*TFR*, 158)。これについては本書第十一章で再び触れる。

ちなみに、精霊召喚術をおこなう人々にとって、邪な霊が出現する危険性は常に強く意識されていた。たとえば、パラケルススは以下のような警告を発した。

邪霊たちは人間を誤謬に導くのを好む。それゆえ、彼らの予言は普通は当てにならないし、いんちきに基づく［中略］精霊たちは、彼らと接触して儀式をおこなおうとする人々に、ある言葉や名前を発するよう教えるが、それには何の意味もない。彼らはそういったことを自分たちの愉しみのためにおこない、信じやすい人々を犠牲にして遊んでいる［中略］概していうならば、こういった精霊たちは欺瞞と虚言において互いに鎬《しのぎ》を削っているのだ。[*27]

したがって、ディーもこういった危険性は重々承知していたはずだが、頑としてケリーの訴えには耳を貸さなかったのである。

とまれ、ケリーが費やしたはずの時間と労力は、彼が実際に得たものとあまりに均衡を失しており、これを詐欺と称するのは、言葉の拡大解釈の誹《そし》りを免れないのではなかろうか。よしんば召喚作業の当初はケリーの側の詐欺行為であったにせよ、[*28]『エノクの書』の開示が始まった時点辺りを境として、そこから逸脱してまったく別種のものと化していったごとくである。究極の知識へのディーの飽くなき欲望に応《こた》えてケリーが『エノクの書』を「創造」したという意味では、それは紛れもなく両者の共同作業であり、しかも、両者のどちらにとっても統御不能なものへと増殖変容していったかのような印象は拭えない。彼らは自らの創り出した「書物」に逆に支配されていくのである……。

第九章　始原の言語

『エノクの書』は、しかしながら、ケリーとディーによって宙空から忽然と創出されたわけではない。以下、その魔術的、秘教的背景について若干の考察を試みてみたい。

神と聖なる言語で言葉を交わし、生きたまま天に入ったエノクという存在は、古くから多くの人々の関心を強く惹《ひ》きつけてきた。中世においては、たとえばロジャー・ベイコンは、エノクを太古の叡智を所有した人物にして、ヘルメス・トリスメギストゥスと比肩する存在とみなしていた。[*1] また、ルネサンス期英国では、レジナルド・スコットの『ウィッチクラフト曝露』に従うならば、魔術師、オカルティストたちはアダム、アベル、エノクなどの名前を付した書物で箔をつけようとしたが、彼らが最も重きをおいたのはエノクであったという。[*2]

ただし、十六世紀の時点では、エチオピア語に訳された「エノクの書」、すなわち、旧約聖書偽典のいわゆる『エチオピア語エノク書』(『エノク第一書』)が実在する事実は、西欧世界ではまだ知られていなかった。[*3]

とはいえ、例外的人物として、ギヨーム・ポステルの名前が挙げられよう。

傑出した東洋学者、比較言語学者、旅行家にして神学者、カバラ学者であったポステルは、「世界の母」、「新たなエヴァ」と彼が呼ぶ老女ジョアンナとの出会いとその後の神秘体験を通じて、最終的には自分を預言者、第二のエリヤと確信するにいたった。したがって、当然ながらカトリック教会からは異端視され、晩年の二十年間近くを狂人として幽閉されて過ごすことになる。そして、東方に秘められる叡智に早くから注目していたポステルは、ローマ在住中の一五四六年の時点で、同地のエチオピア人司祭から『エチオピア語エノク書』について教えを受けた。[*4] のみならず、『種々《くさぐさ》の起源について、あるいはラテン語圏世界の最も強大な事共《ことども》』(一五五三)において、ポステルは、アダムが「聖なる言語」によって所有していた始原の叡智は口承でエノクにまで伝えられ、エノクはその一部を書物のかたちで記録した人物だと唱えた。[*5] 本書第一章で述べたように、ディーは一五五〇年にパリでポステル本人と出会ったばかりか、『種々の起源について』も含め十冊以上の著作を蒐集架蔵して精読していた。[*6] アダムの書き記した叡智は「後には口承で次々と伝えられ」、「エノクの書、エノクの預言も同じ言語で記されたのだろう」という本書前章で既に引いたディーの言葉には、ポステルの影響が明瞭に認められよう。[*7]

始原の言語《リングア・アダミカ》という概念と並行して、ヘブライ語を聖なる最古の言語とみなす考えも長い歴史を有する。ポステルの場合、カバラの研究などを通じて、ヘブライ語こそがあらゆる言語の祖語であり、「知識の鍵(clavis scientiae)」であると説いた。[*8] かつまた、ポステルは古代シリア語も重視しており、親交のあったドイツ人ヨハン・フォン・ヴィトマンシュタットが一五五五年にシリア語版新約聖書を刊行した際には、協力を惜しまなかった。[*9] そして、ディーは同書も一五六二年からの約一年半にわたった三度目の大陸旅行の際に入手していた。[*10]

文字、アルファベットそのものの神聖視も太古より連綿と続くところであり、とりわけ神秘主義や魔術、オカルティズムにおいて重要な役割を果たしてきた。たとえば十五世紀後半頃に成立した魔道書《グリモワール》『ラヅィエルの書』には、神がアダムに与えた聖なる文字、言葉だとしてヘブライ文字で綴った語が掲げられており、[*11] いっぽう、現実のカルデア語楔形文字とは何ら関係のない「カルデア文字」というアルファベットも、魔術の世界では流布していた。[*12] アグリッパがヘブライ文字の '(ヨッド yod)の裡《うち》に世界の根元原理の表徴を看て取ったのは本書第七章で記した通りであるが、彼の場合、『隠秘《いんぴ》哲学』第三書において、ヘブライ語の「太古の書法」を複数提示しており、そのひとつ「天界の文字」(図版9A)は「モーゼや預言者たちが用いたもの」だという。[*13] これとは別に、アグリッパは同書でさらに「精霊の文字」（図版９Ｂ）も掲げる。

ポステルとヴィトマンシュタットにしても、古代シリア語の文字の形そのものに神聖な意味が込められていると考えた。[*14] また、ポステルと同国人のジャック・ゴオリは、『象形の使用と神秘について』（一五五〇）で、象形文字には魔術的力があると唱え、ディーは同書もシリア語版新約聖書と前後して入手している。[*15] なお、『象形の使用と神秘について』は暗号術をも論じており、これについては後に触れたい。

ところで、エノク語が右から左に書かれるのはヘブライ語の書記法に倣《なら》ったものであるのは明白であろうが、それでは、エノク語の文字、アルファベットについては何らかの先蹤《せんしょう》が存在するのだろうか。

この点について、メリック・カソーボンは『精霊日誌』序文で、エノク語のアルファベットは「テセウス・ア

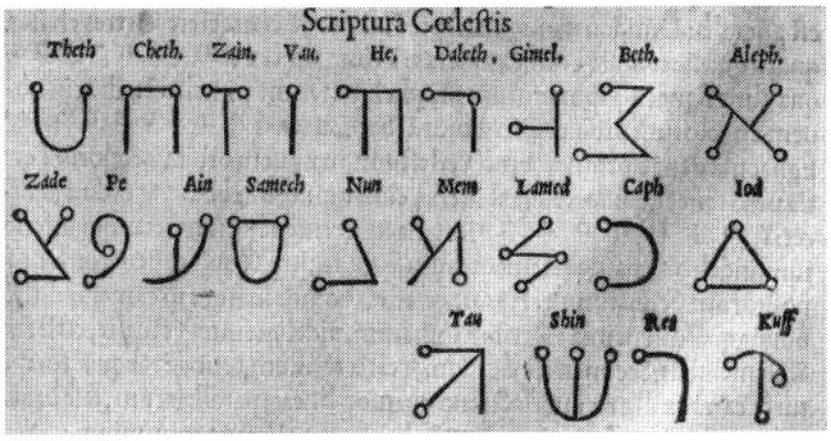

図版：アグリッパ『隠秘哲学』第三書に掲げられた「天界の文字」【9A】

図版：アグリッパ『隠秘哲学』第三書に掲げられた「精霊の文字」【9B】

ムブロウス」の「魔術書」に掲げられた文字を引き写したものだと記した。[*16] これはどうやらイタリアの東洋学者テセオ・アムブロジオの著作『カルデア語、シリア語、アルメニア語、その他十種の類似した言語の手引き』(一五三九)収載の様々なアルファベットを指すとおぼしいが、ただし、エノク語アルファベットと一致するような文字はそこには見出せない[*17](図版9C)。

しかしながら、少なくともエノク語のアルファベットという着想じたいは、ディーあるいはケリーの独創、発明ではなかった。錬金術とカバラを結合させたジョヴァンニ・パンテオがディーに及ぼした影響については本書第七章で触れたが、パンテオの主著でディーが架蔵していた『錬金術と対抗するウォアルカドゥミア』(一五三〇)には、「エノク語のアルファベット」を謳《うた》うものが印刷されているからである[*18](184頁、図版9D、9E、9F)。ただし、このアルファベットも天使がディーに与えたものとは似ておらず、むしろ、アグリッパが「河の流れの文字(scriptura transirus fluuii)」と称したヘブライ語の「太古の書法」との類同性が窺えよう[*19](185頁、図版9G)。つまるところ、エノク語アルファベットの典拠あるいは「種本」となったものが仮に存在したとしても、現時点ではそれは突きとめられていない。

とはいえ、方陣の升目に一見したところランダムに並べられた夥《おびただ》しい数の文字という形式についていうならば、ディーが天界から受け取った『エノクの書』あるいは『ロガー』には、実は紛れもない祖型、雛形が存在していたのであった。

ご記憶だろうか、本書第三章で触れたように、一五八二年三月十日、ディーとケリーによる初めてのスクライングにおいて、ディーは自分の秘蔵する写本『ソイガの書』なるものに言及した——その際に出現した天使ウリエルは、ディーの質問に答えて、同書を「神の善なる天使たちによって、楽園にいたアダムに啓示された」と説明する(*AWS*, 17)。のみならず、ディーは『ソイガの書』の「表《テーブル》」が解読不能であるとウリエルに訴えてもいた。『ソイガの書』のラテン語写本は数世紀にわたって行方不明であったのだが、大英図書館とオックスフォードの

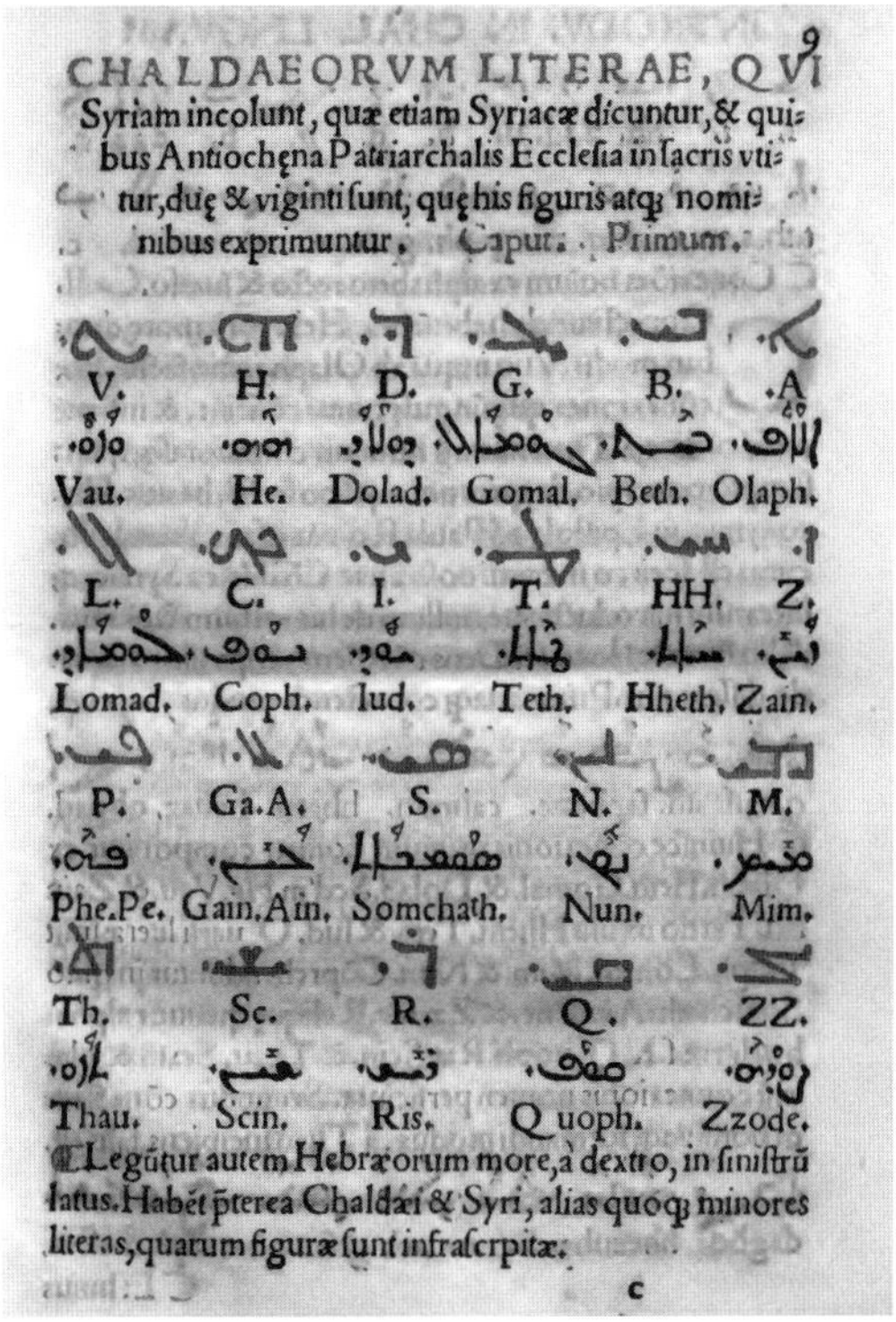
CHALDAEORVM LITERAE, QVI Syriam incolunt, quæ etiam Syriacæ dicuntur, & quibus Antiochęna Patriarchalis Ecclesia in sacris vtitur, duę & viginti sunt, quę his figuris atq; nominibus exprimuntur. Caput. Primum.

V. H. D. G. B. A.
Vau. He. Dolad. Gomal. Beth. Olaph.
L. C. I. T. HH. Z.
Lomad. Coph. Iud. Teth. Hheth. Zain.
P. Ga.A. S. N. M.
Phe.Pe. Gain.Ain. Somchath. Nun. Mim.
Th. Sc. R. Q. ZZ.
Thau. Scin. Ris. Q uoph. Zzode.

¶ Legũtur autem Hebræorum more, à dextro, in sinistrũ latus. Habẽt p̃terea Chaldæi & Syri, alias quoq; minores literas, quarum figuræ sunt infrascripitæ.

c

図版：『カルデア語、シリア語、アルメニア語、その他十種の類似した言語の手引き』に掲げられた
シリア語アルファベット【9C】

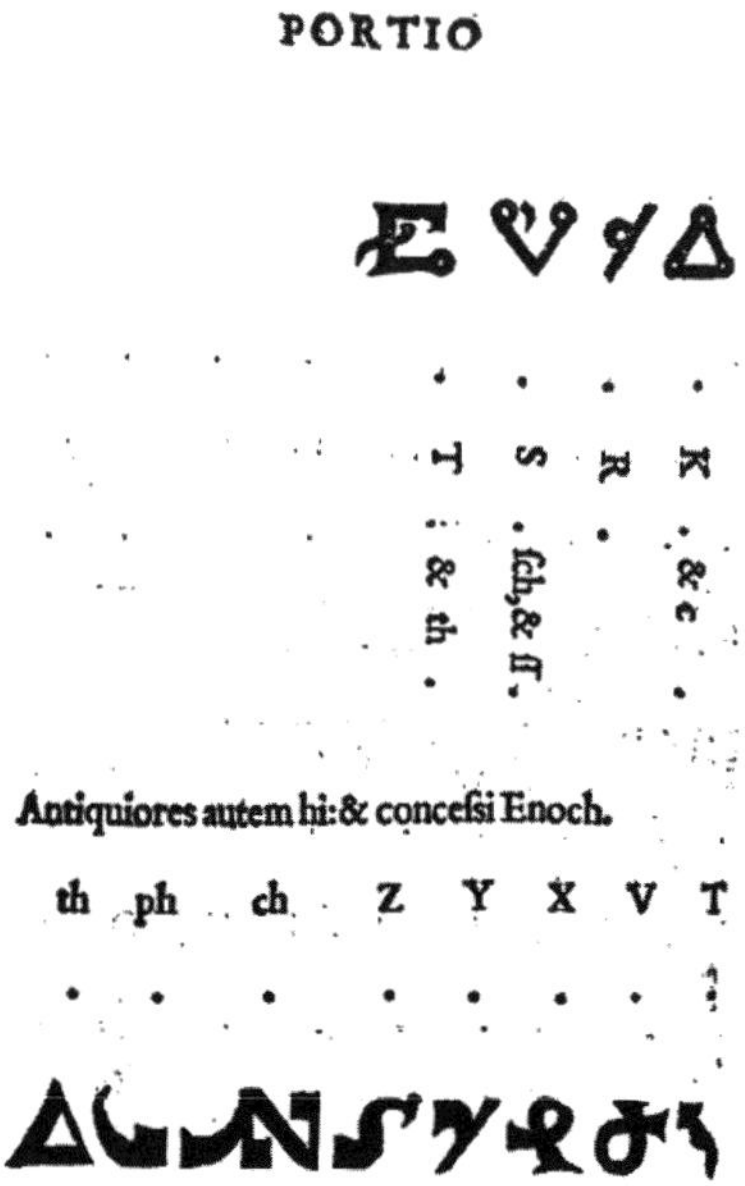

図版【9E】

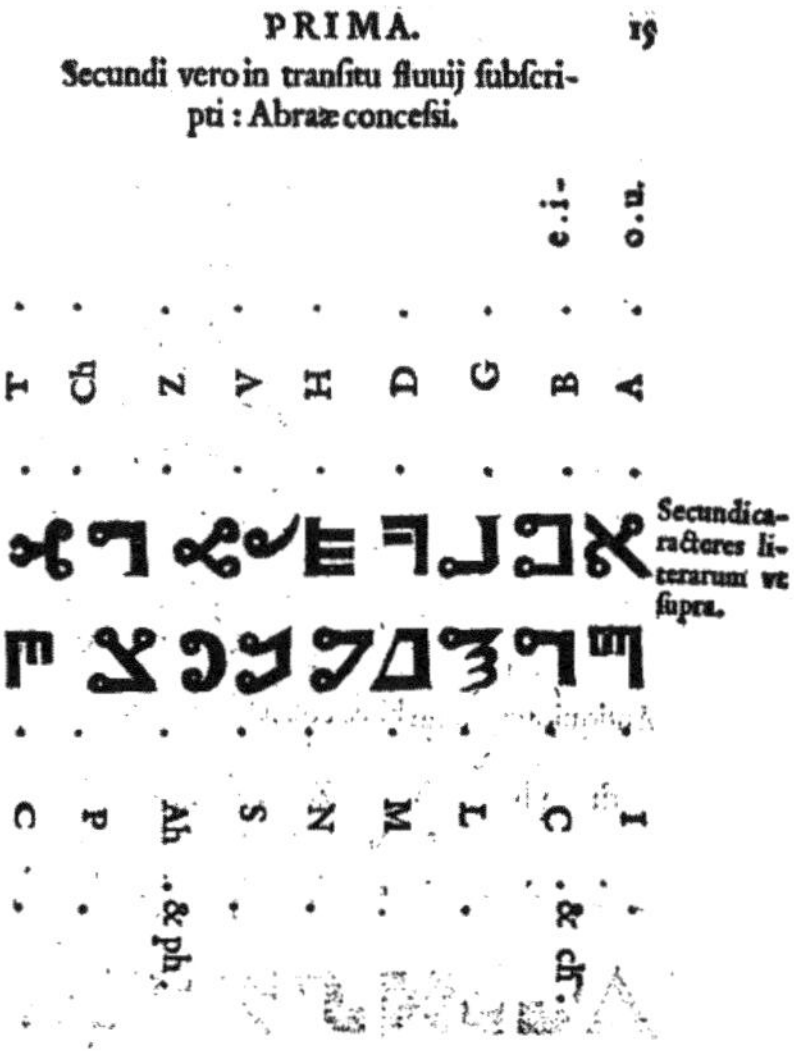

図版【9D】

図版【9F】

図版 9D～9F は
ジョヴァンニ・パンテオの
エノク語アルファベット

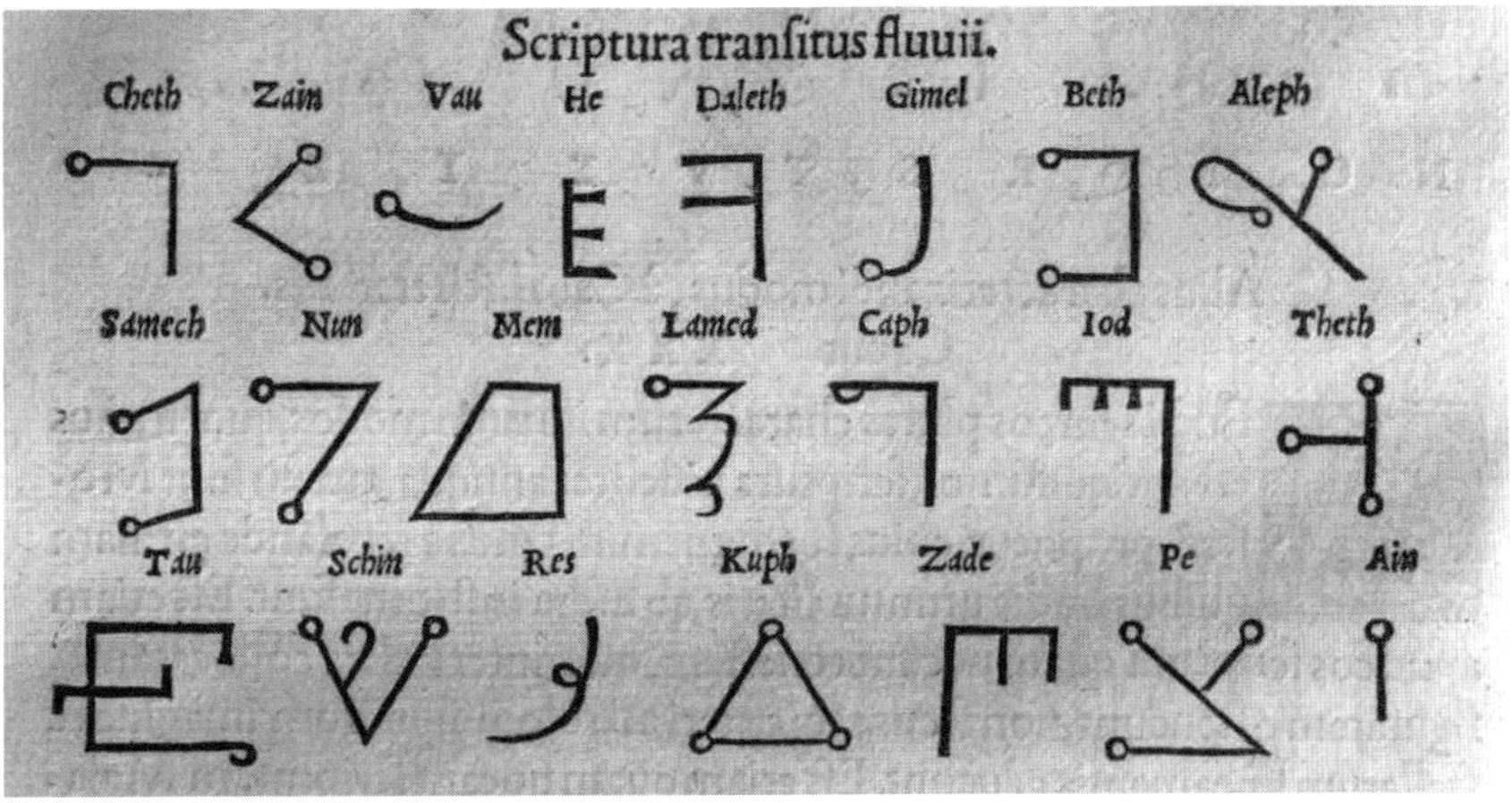

図版：アグリッパ『隠秘哲学』第三書に掲げられた「河の流れの文字」【9G】

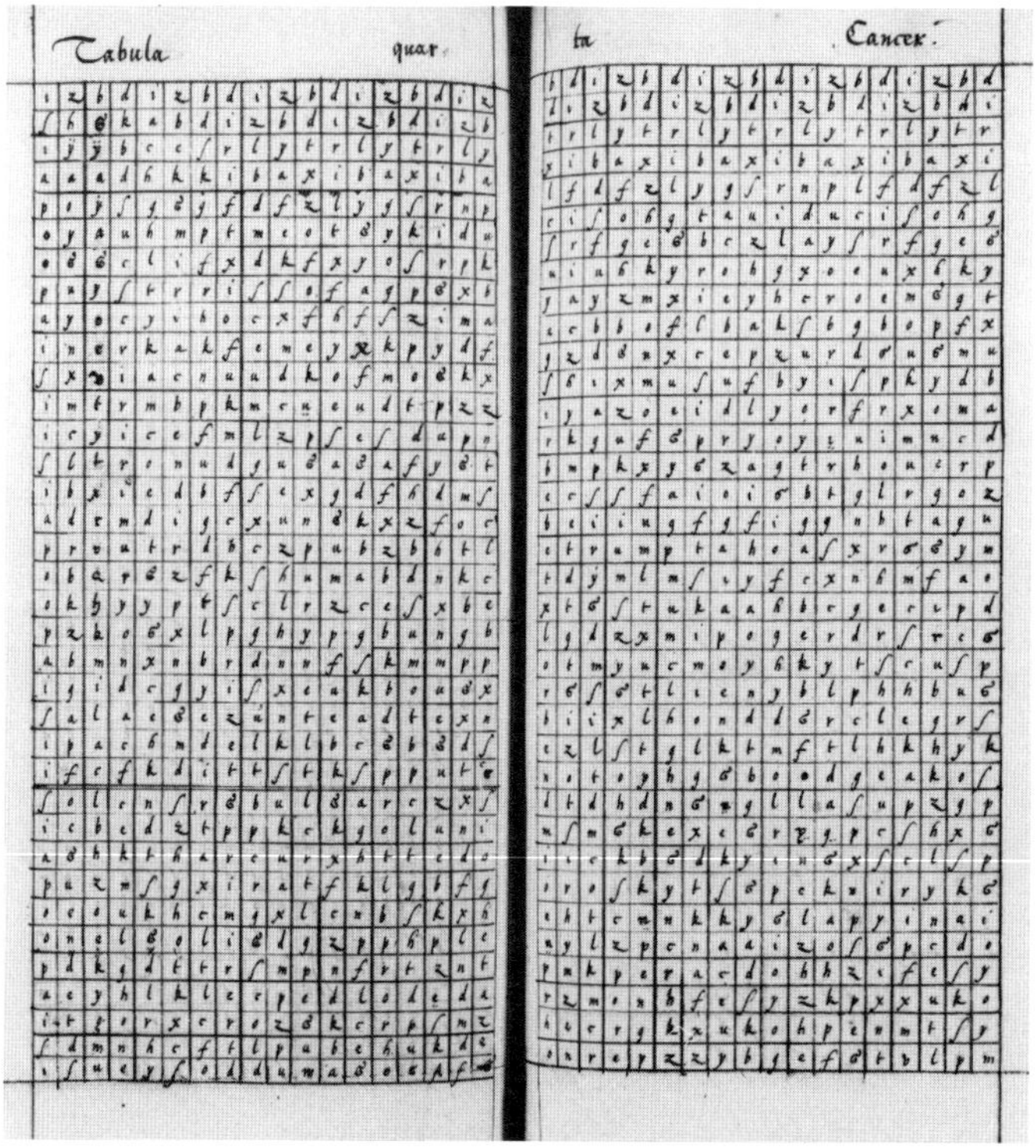

図版：『ソイガの書』の第四表「巨蟹宮」【9H】
© British Library Board, Sloane 8, fols. 105^{v}–106^{r}

ボードリアン図書館に一冊づつ現存するのが一九九〇年代になってようやく確認され、前者がディーの旧蔵本だと推定される。[*20] この写本冒頭に記されている題名は *Aldaraia sive Soyga vocor*、すなわち『アルダライアもしくはソイガと我は呼ばれる』というもので、「占星術、魔術の論攷《ろんこう》」という副題が別の手跡で書き込まれている。著者の名前は添えられておらず、成立時期は中世後期か近世初頭かと推測されるが、由来については何も明らかになっていない。

ディーが解読できないとした同書の「表」は、総計三十六枚が掲げられる。たとえば「巨蟹宮《きよかいきゆう》」と題された第四表をご覧いただきたい(図版9H)。

これは見開きになっているが、左右の頁でひとつの表をなす。縦横三十六×三十六の升目の数は一枚の表につき一二九六、すべての升目にラテン文字が一字づつ記入されており、したがって文字数は全体で四万六六五六にのぼる。

『エノクの書』との類似は喋々《ちようちよう》するまでもあるまい。『ソイガの書』では方陣の構成が六という数を基本にしていたのを、七に拡大変更したのが『エノクの書』だともいえよう。

『ソイガの書』の「表」あるいはマトリクスの名称は、第一表から二十四表までは白羊宮以下十二宮のそれが用いられ、第二十五表から三十一表までは土星、木星、火星、太陽、金星、水星、月、第三十二表から三十五表までは地水火風の四大《しだい》の名前が振り当てられる。残る一枚は「師(Magistri)」と呼ばれている。したがって、副題が示唆する通り、占星術もしくは錬金術の何らかの奥義を秘めた図表という印象を強く与えよう。けれども、文字群の配列は基本的には法則性の窺えない順序としか思えず、ディーが途方に暮れて天使に助けを乞うたのも当然であったろう。

だが、少し仔細に眺めてみるならば、ひとつだけ反復するパターンらしきものは発見できる。おそらくディーもそれには気づいていたはずだ。すなわち、いちばん左側の縦列であって、第四表でいえば、「i・s・i・a・p・o」

という文字列が浮かび上がってくるだろう。他の図でも、すべて組み合わせは異なるものの、縦列最左端には常に六字からなる文字列、「n・i・s・r・a・m」、「r・o・e・l・e・r」、「i・o・m・i・o・t」、「s・d・u・o・l・o」などが見出せる。しかし、重要とはいえひとつの手掛かりであるにとどまり、これだけでは「解読」できない。

これらのマトリクスの文字群が一定の規則に従って並べられている事実は、二〇〇六年になって、暗号学者ジム・リーズのコンピュータ解析によって初めて突きとめられた。[*21] 煩瑣《はんさ》になるので詳細は省くが、「i・s・i・a・p・o」など最左端縦列の六文字はコードワードの機能を果たしており、さらにaからzの二十三のラテン文字にそれぞれ1から23の数値を振り当てるなどの操作を経たうえで、所定のアルゴリズムを用いることで文字列が発生する。要するに、『ソイガの書』の「表」は出鱈目《でたらめ》な魔術的方陣どころか、複雑な方法に基づいて厳密に構成されており、きわめて高度な暗号の一種であったのだ。

ところで、最左端縦列をもういちど眺めていただきたい。既にお分りかと思うが、「i・s・i・a・p・o」の次に並ぶ六文字は「o・p・a・i・s・i」、すなわち、「i・s・i・a・p・o」を逆に綴ったものである。これはすべての表に共通しており、最左端縦列では常にコードワードとその逆綴りが交互に並べられる。この逆綴りは『ソイガの書』の著者が頻用するところであって、たとえば、本文ではlapis(石)がsipal、pater noster(我らが父[なる神])がretap retsonというかたちで出現する。したがって、書名の「ソイガ(Soyga)」も「神聖な」を意味するギリシャ語*ἅγιος*のラテン文字表記agyosを逆に綴ったものであるが、[*22] しかしながら、一五八三年四月十八日の召喚作業では、天使はそれを否定した[*23](*AWS*, 332)。

亡失したと長らく考えられていた『ソイガの書』が発見されたことで、『エノクの書』のマトリクスの直接の祖型はかくて遂に明らかになった。さらにまた、『エノクの書』のケリーによる浄書稿『第六の聖なる神秘の書』の末尾には、『エノクの書』の「表」とは形式の異なる方陣が八枚記されており、由来や正体がまったく不明だったのであるが、実はこれらすべてが『ソイガの書』から転写されたものである事実も併せて判明した。『第六の聖なる神秘の書』から、その方陣のひとつを掲げておこう(次頁、図版9 I)。

これは先に掲げた『ソイガの書』第四表とまったく同一であり、『エノクの書』が『ソイガの書』に基づいて創出されたことに疑いの余地はない。

文字を並べた魔術的な方陣については既に簡単に触れたが(本書第四章参照)、たとえばアグリッパの場合、『隠秘哲学』第三書二十五章においてヘブライ文字を配列したカバラ的な方陣について簡略に説明、実例を幾つか挙げている。[*24] ヘブライ語の二十二のアルファベットを用いるため、これらは二十二×二十二、あるいは二十二×十一の升目となるが、いずれも配列方法はさほど複雑なものではない。[*25] そのうちのひとつ、「置換正表(tabula commutationum recta)」と題されたものを掲げる(191頁、図版9 J)。

この表では、横列一行目の升目に右から左に א(アレフ)、ב(ベート)と順に並べられた二十二のヘブライ文字は、次の行から一文字づつずれて配置されているのが分かるだろう。一瞥しただけでは単なるこけおどしの魔術的小道具に見えるかもしれないが、実は、これを用いれば、「平文」、つまり普通の文を、当時としては最新式の暗号文に変換することができたのである。

ただし、このシステムはアグリッパが独自に編み出したものではない。彼はドイツのヨハネス・トリテミウスの暗号書『多表書記法』に収められた「正表(tabula recta)」を借りたものと推定される。同書の刊行は一五一八年であるが、既に一五〇八年には完成していた。そして、トリテミウスの「正表」は、多表換字法の嚆矢《こうし》として、すなわち、フランスのブレーズ・ド・ヴィジュネルが考案した所謂《いわゆる》「ヴィジュネル表」の先駆をなすものとして暗号史に夙《つと》に名高い。[*26]

トリテミウスはベネディクト会のシュポンハイム修道院長を務めた人物で、ウィッチクラフトを厳しく弾劾するいっぽう、魔術やオカルティズムに通暁《つうぎょう》した人物でもあった。したがって、同時代の人々からしばしば悪魔と交渉をもつ妖術師との非難を浴びせられたが、彼は自分が探求するのは正統的キリスト教信仰の許容する「自然

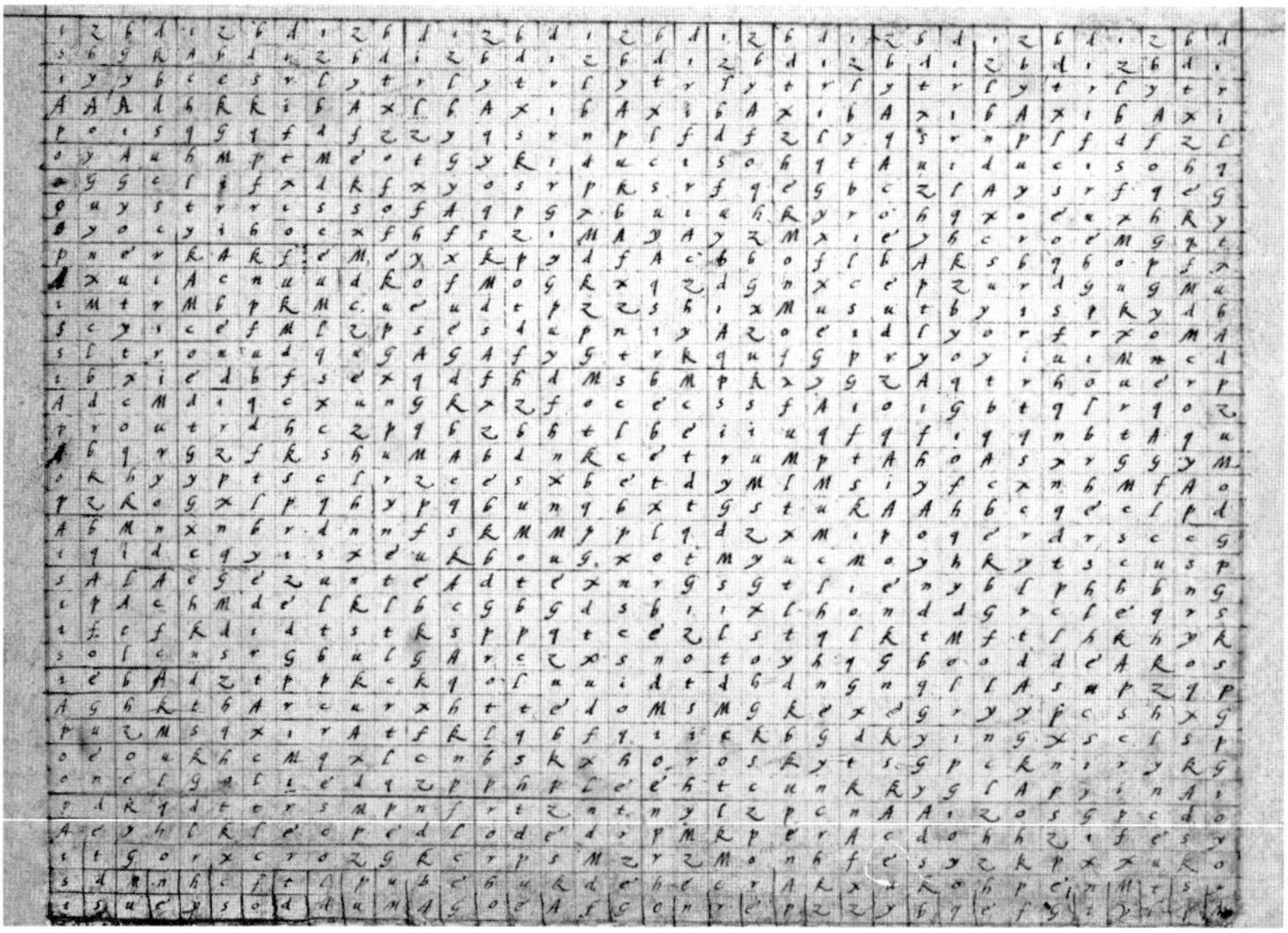

図版：『第六の聖なる神秘の書』に見出せる『ソイガの書』の「表」の転写【91】
© British Library Board, Sloane 3189, fol. 64^{v}

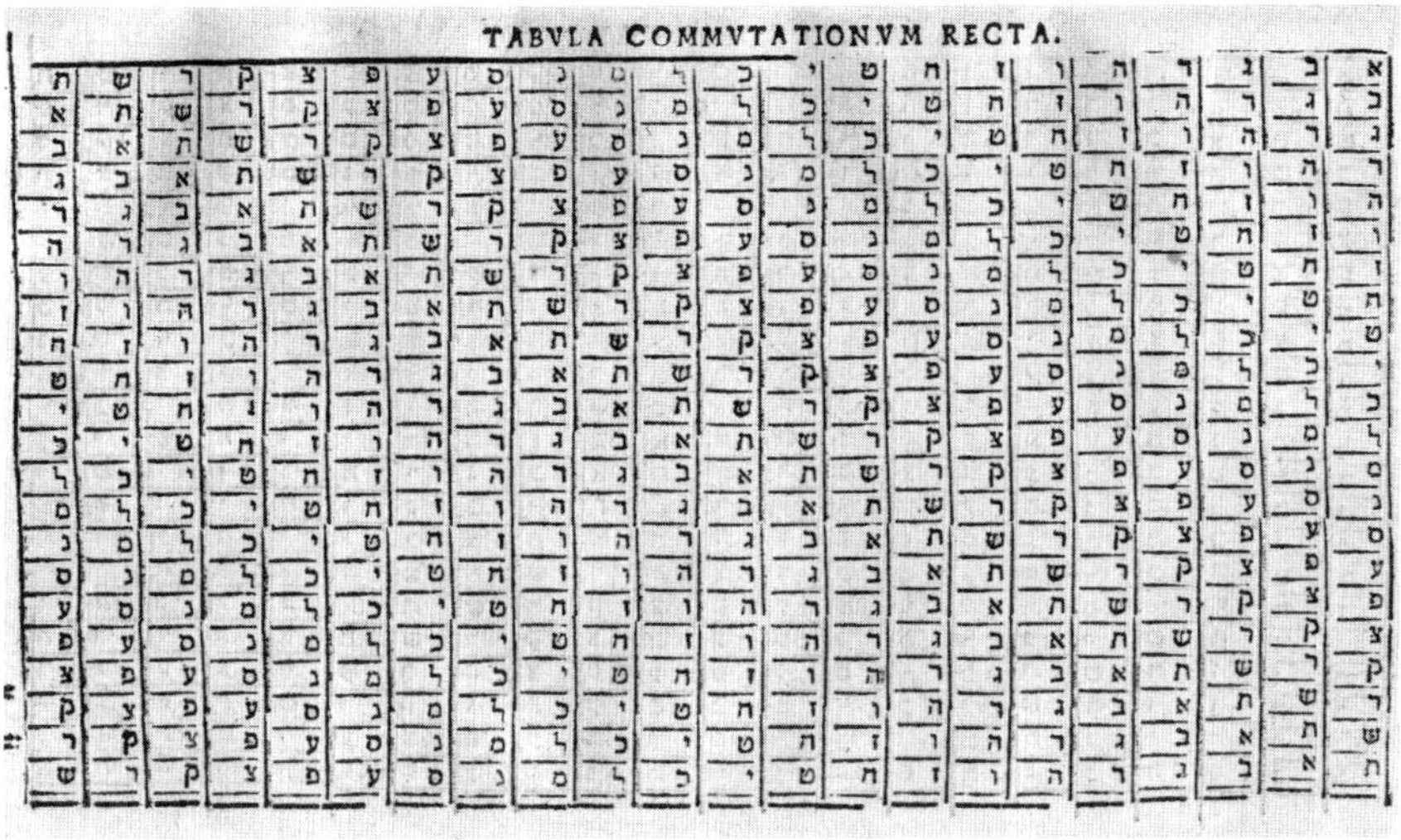

TABVLA COMMVTATIONVM RECTA.

א	ב	ג	ד	ה	ו	ז	ח	ט	י	כ	ל	מ	נ	ס	ע	פ	צ	ק	ר	ש	ת
ב	ג	ד	ה	ו	ז	ח	ט	י	כ	ל	מ	נ	ס	ע	פ	צ	ק	ר	ש	ת	א
ג	ד	ה	ו	ז	ח	ט	י	כ	ל	מ	נ	ס	ע	פ	צ	ק	ר	ש	ת	א	ב
ד	ה	ו	ז	ח	ט	י	כ	ל	מ	נ	ס	ע	פ	צ	ק	ר	ש	ת	א	ב	ג
ה	ו	ז	ח	ט	י	כ	ל	מ	נ	ס	ע	פ	צ	ק	ר	ש	ת	א	ב	ג	ד
ו	ז	ח	ט	י	כ	ל	מ	נ	ס	ע	פ	צ	ק	ר	ש	ת	א	ב	ג	ד	ה
ז	ח	ט	י	כ	ל	מ	נ	ס	ע	פ	צ	ק	ר	ש	ת	א	ב	ג	ד	ה	ו
ח	ט	י	כ	ל	מ	נ	ס	ע	פ	צ	ק	ר	ש	ת	א	ב	ג	ד	ה	ו	ז
ט	י	כ	ל	מ	נ	ס	ע	פ	צ	ק	ר	ש	ת	א	ב	ג	ד	ה	ו	ז	ח
י	כ	ל	מ	נ	ס	ע	פ	צ	ק	ר	ש	ת	א	ב	ג	ד	ה	ו	ז	ח	ט
כ	ל	מ	נ	ס	ע	פ	צ	ק	ר	ש	ת	א	ב	ג	ד	ה	ו	ז	ח	ט	י
ל	מ	נ	ס	ע	פ	צ	ק	ר	ש	ת	א	ב	ג	ד	ה	ו	ז	ח	ט	י	כ
מ	נ	ס	ע	פ	צ	ק	ר	ש	ת	א	ב	ג	ד	ה	ו	ז	ח	ט	י	כ	ל
נ	ס	ע	פ	צ	ק	ר	ש	ת	א	ב	ג	ד	ה	ו	ז	ח	ט	י	כ	ל	מ
ס	ע	פ	צ	ק	ר	ש	ת	א	ב	ג	ד	ה	ו	ז	ח	ט	י	כ	ל	מ	נ
ע	פ	צ	ק	ר	ש	ת	א	ב	ג	ד	ה	ו	ז	ח	ט	י	כ	ל	מ	נ	ס
פ	צ	ק	ר	ש	ת	א	ב	ג	ד	ה	ו	ז	ח	ט	י	כ	ל	מ	נ	ס	ע
צ	ק	ר	ש	ת	א	ב	ג	ד	ה	ו	ז	ח	ט	י	כ	ל	מ	נ	ס	ע	פ
ק	ר	ש	ת	א	ב	ג	ד	ה	ו	ז	ח	ט	י	כ	ל	מ	נ	ס	ע	פ	צ
ר	ש	ת	א	ב	ג	ד	ה	ו	ז	ח	ט	י	כ	ל	מ	נ	ס	ע	פ	צ	ק
ש	ת	א	ב	ג	ד	ה	ו	ז	ח	ט	י	כ	ל	מ	נ	ס	ע	פ	צ	ק	ר
ת	א	ב	ג	ד	ה	ו	ז	ח	ט	י	כ	ל	מ	נ	ס	ע	פ	צ	ק	ר	ש

図版：アグリッパ『隠秘哲学』第三書に掲げられた「置換正表(tabula commutationum recta)」【9J】

魔術」、すなわち「自然の叡智」であると応酬した。[*27] そして、トリテミウスの著作はアグリッパやパラケルススに強い影響を及ぼした。アグリッパの場合、トリテミウスの熱烈な崇拝者であり、一五〇九年には彼の許《もと》を訪問、そのときの感激を記した献呈文は『隠秘哲学』巻頭に付されている。[*28] また、先に触れた「精霊の文字」について、アグリッパは、それを『聖なる書あるいは誓いの書』の「作者」テーバイのホノリウス(本書第三章参照)が伝えたものとするが、これは既に『多表書記法』の説くところであった。[*29]

ディーもトリテミウスの著作には早くから関心を寄せていた。一五六三年二月、大陸に旅行中のディーは、アントワープからウィリアム・セシルに宛てて送った書簡において、興奮した調子で次のように語る——「ある書物[の写本]と遭遇したばかりなのですが、今まで他の人々は一千クラウンもの大金を払うと申し出ながらも、この本を入手できなかったのです——不可欠にして有益で、人間の智識においてこれほど適切で役立つ書はありますまい」。[*30] 彼をかくも欣喜雀躍《きんきじゃくやく》させた写本とは、暗号学におけるトリテミウスのもうひとつの著作『秘密書記法』に他ならない。

『秘密書記法』の刊本は一六〇六年になるまで出版されなかったが、執筆されたのは一五世紀末のことで、十六世紀においては写本の形態で流通、一部の学者たちの間で熱心に読まれていた。政治外交の世界において暗号がきわめて重要な武器となることはいうまでもなく、同時代の多様な分野における尖端的知識や技術を貪欲に吸収していたディーが、トリテミウスの『秘密書記法』の入手に躍起となったことじたいは不思議ではなかろう。

『多表書記法』についていえば、ディーは初版本を含めて三種の版本を入手していた。[*31] さらに、他にも複数の暗号学の書物を架蔵しており、この分野でかなりの研鑽を積んでいたのであった。[*32] ケリーがもたらした巻物の換字式暗号をたやすく解いたのも、当然だといえる(本書第六章参照)。先に引いた書簡の相手がエリザベスの宮廷の有力者セシルである事実を考慮すれば、「不可欠にして有益」というディーの言葉は、暗号、暗語が国事にとって重要であるという意味に解するのがおそらく妥当だろう。

ところで、トリテミウスの『多表書記法』が純然たる暗号書であることに異論の余地はないにせよ、他方、『秘密書記法』の性質をめぐっては、その解釈が長らく大きく分かれていた。この書物は三部から成り、第三部は未完にとどまったのだが、注目すべきは、どの部分においても精霊召喚によって文書が秘密裡に伝達されるとトリテミウスが説いたことであろう。この点に関して、トリテミウスは既に生前中から瀆神的《とくしん》だとの非難を浴びた。[*33] こういった文脈において、カソーボンは、『精霊日誌』序文で、『エノクの書』の「表」との関連から、トリテミウス、その『秘密書記法』、さらにはヴィジュネルにまで言及している。[*34]

二十世紀の研究についていうならば、『秘密書記法』第一部、第二部における精霊召喚は暗号の鍵の寓意的表現にすぎないという解釈に落ち着いたものの、こと第三部については意見が分裂したままだった。たとえば、P・D・ウォーカーはこの箇所のみは魔術書だと判定、いっぽうで、W・シューメーカーは第三部も含めて暗号書だと唱えた。[*35] 結局のところ、一九九〇年代になって、この論争に最終的な決着がつけられるにいたった。すなわち、ドイツのトリテミウス研究者、そして先に名を挙げたアメリカの暗号学者リーズが、それぞれ別個に、『秘密書記法』第三部の暗号の解読に成功したのである。[*36] そして、トリテミウスの暗号書が精霊召喚術を装いつつ実は最新の言語テクノロジーを提示していた事実は、ディーの精霊召喚作業全体の解釈にあたって大きな意味をもつ。

実のところ、暗号の観点から『精霊日誌』を考察すべきだという意見は、早くも十七世紀末に提出されていた。ロバート・フックは、ボイルなどとは対照的に錬金術、魔術というものを真っ向から否定した科学者であるが、一六九〇年夏に王立協会で行った講演において、ディーが遺した天使との交信記録は実際にはすべて「自然と技術」を暗号で綴った物語だと説いた――なぜなら「ディーはその時代にあっては傑出した知識を備えた人物であり、あの書物『精霊日誌』に表面的には含まれる辻褄の合わない馬鹿げた空想を生むことができるとはとても考えられない」からだという。[*37]

もちろん、フックの解釈は合理的説明を求めて逆に不合理に陥った好例であって、これまでわたしたちが見てきたことから明らかなように、『精霊日誌』や『召喚記録』全体が暗号ということは到底ありえない。しかしながら、いっぽうで、ディーの精霊との交渉、とりわけ『エノクの書』に暗号術が深く関わっていることもまた疑いようのない事実であろう。ただし、ルネサンス期においては、暗号という領域が現代とはまったく異なった世界観の枠組のなかで探求されていたことを私たちは忘れてはならない。換言するならば、暗号が「合理的」なシステムに則るという外見に惑わされては、本質を見誤ることになろう。

世界が神によって書かれた一冊の書物に他ならないと観ずる考えは当時多くの人々に共有されていたが、いっぽうで、この世界あるいは自然という「書物」の解読は当然ながら容易ではなかった。ディーの『象形文字のモナド』について、本書第七章ではもっぱら錬金術の文脈から論じたけれど、ひとつの「モナス」あるいは象形文字が世界の根源的秘密を表徴すると説く同書が、こういった世界観に根ざすのは言を俟《ま》たない。[*38] かくて、十七世紀にあっても、トマス・ブラウンは、『医家の宗教』の一節で、自然を「象形文字」で書かれた「手稿」に喩《たと》えたのであった。[*39]

自然という「書物」の難解な文字の羅列——それはすなわち一種の暗号に他ならず、そこに隠された神の叡智を解き明かすことこそ、当時のオカルティズム、あるいはトリテミウスが標榜した「自然魔術」の目指したところであり、そのとき、暗号術は単なる実用技術の域を遥かに越えた意味を帯びるだろう。解読方法が人智を凌駕するかに思える暗号システムとは、いわば錬金術における「賢者の石」に等しく、究極の聖なる知識につながるものといえる。現代では暗号史にのみ名をとどめるヴィジュネルにしても、実は錬金術に没頭しており、また、暗号術をも対象とした『象形の使用と神秘について』の著者ゴオリの最大の関心事がやはり錬金術であったというのは、驚くべきことではない。[*40] この時代において、暗号術と錬金術ひいてはオカルティズム全般の間には断絶、乖《かい》離《り》が存在するどころか、両者はむしろ重なりあう領域だったのである。

『象形文字のモナド』において、ディーは、『ヨハネ黙示録』の神の言葉「我はアルパなり、オメガなり」（一章八節)を踏まえて、「アルファベットの学は大いなる神秘を内包する。なぜなら、あらゆる神秘を創りだした唯一の著者である神が自らをアルファベットの最初と最後の文字に喩えられているからだ」とし、ギリシャ語のみならずヘブライ語、ラテン語のアルファベットの最初の文字は「神から発せられ、人間に委ねられた」と主張した。[*41]しかし、そのいっぽうで、『象形文字のモナド』の中心命題たる「モナス」の基盤をなすものとして、彼は「真のカバラ」という概念をも提出した――これは「人間が書くことのできる周知の文字」、つまり既存の諸言語に依拠する「俗なカバラ」とは截然《せつぜん》と区別すべきものであり、「我らの聖なる言語」であると。[*42]換言するならば、「モナス」とは「聖なる書法」であって、それを用いれば、アダム以降は「完全に亡失して人類の記憶から消し去られた教え」を復元できるはずなのだ。[*43]だが、結局のところ、「モナス」は「聖なる言語」、「聖なる書法」たりえなかった。既にわたしたちが見たように、『象形文字のモナド』の出版から十数年経た一五八一年末、ディーは、神に向かって、根源的真理の獲得は「御身から下される超越的な賜物を通して以外にはありえぬと悟ったのです」(*AWS*, 8)と語りかけざるをえなかったからである。

『秘密書記法』第三部をディーがどのように解釈したのかは詳《つまび》らかではない。[*44]だが、『ソイガの書』に出会ったとき、同書に掲載された三十六枚の「表」に彼が大きな衝撃を受けたのは想像に難くない。それが暗号であるとしたら、トリテミウスやアグリッパの著作に出てくるものに比して格段に高度で複雑な暗号にちがいないという事実は、彼にも推測できたであろう。しかも、精霊召喚作業の開始後ほどなくして、同書が「神の善なる天使たちによって、楽園にいたアダムに啓示された」という教えを受けるにいたって、ディーはその暗号、秘められた書記法が秘奥の聖なる知識、神の絶対的叡智を反映しているという確信を深めたことであろう。こういった過程を経て、『エノクの書』は顕現、あるいはケリーとディーの共同作業によって「創出」されたのである。ディーにとっては、神の言葉を真に伝える書物であれば、地上から失われた始原の言語と文字で記されているばかりか、人間による解読を拒むかのような「聖なる書法」に依拠していなければならなかったといえよう。

しかも、『エノクの書』の方陣あるいはマトリックスは決して静止したテクストではない。『ソイガの書』を踏襲しつつも大規模に拡大され、「祈禱咒」の例に見られるごとく、「聖なる言語」を発生させる動的な装置として機能している。『エノクの書』あるいは『ロガー』とは、奔流のごとき文字の羅列、目も眩むような夥しい数の文字の群れから、神の言語を生成するシステムに他ならない。そして、原理上は、ここでは人間は直接的に介在していないともいえよう。天から霊感、啓示を得たと称する者が、神の言葉を恣《ほし》いままに語るのではない。文字列という装置が、ある方式に厳密に則った入力作業を通して「神の言葉《ロガー》」を出力するのだ。

第十章　ポーランドからの賓客

ウィリアム・キャムデンといえば、著書『ブリタニア』（一五八六初版）で名高い尚古家《しょうこか》、歴史家である。本書第一章で簡単に記したように、ディーは尚古学、歴史学の分野でも先駆的役割を果たし、年下のキャムデンとも交流があった。[*1]

キャムデンの『エリザベス女王年代記』（一六一五初版／一六二五第二版）はディーの死後に刊行されたが、その一五八三年の項に、わたしたちは以下のような記載を見出す。

> ロシアと国境を接するポーランドから、この年の夏、シラディアの宮中伯アルベルトゥス・アラスコが女王に謁見するためにイングランドを訪れた。彼は学識豊かにして眉目《びもく》秀麗、長い顎髭をたくわえ、立派で美しいいでたちであった。女王からは丁重に遇され、貴族からは宴席で手厚いもてなしを受けた。かつまた、オックスフォード大学からは学問上の催しで歓迎を受けた。四ヶ月間滞在の後、彼は負債に追われて、秘かに出国した。[*2]

アルベルトゥス・アラスコとは、ポーランドの宮中伯オルブラヒト・ワスキのこと、また、シラディアとはポーランド中部に位置する古都シェラツを中心とする地域を指す。なお、ワスキの名前については様々に表記されるが、本書では、便宜上、以降は基本的には英語表記のひとつアルバート・ラスキで統一する。[3]

キャムデンは何も触れていないけれど、実は、このラスキこそディーとケリーの運命を大きく変える契機となった人物に他ならない。彼がエセックスの港ハリッチを経てロンドンに到着したのは、一五八三年四月末――『エノクの書』の書写作業の最中《さなか》であった。

イングランドに突如として姿を現したこのポーランドの貴族について、別の史書、通称『ホリンシェッドの年代記』(正式には『イングランド、スコットランド、アイルランドの年代記』)は、以下のように伝える。

彼はそこそこの背丈で、愛想のよい顔つき、顔色はイギリス人のようで、非常に長い顎髭を蓄えていた〔中略〕彼の性格についていうならば(世間の眼に映った限りでは)高貴であり、言葉づかいは心地よく、機知は賞賛に値する。多くの言語に通じていることは明らかであった。[4]

権勢を誇る大貴族であったラスキは、当時ポーランド王の地位にあったステファン・バトーリを表向きは支持したが、いずれは自ら王位に就かんとする野心を燃やした。彼は勇敢な武人であるとともに、学術文藝を保護奨励し、一五六〇年代、七〇年代にはみずから軍事、政治に関する書物を著わしている。[5]

イングランドの宮廷側が、ラスキの訪問予定を把握したのは、彼が到来する一ヶ月半ほど前のことであったらしい。一五八三年三月十八日に、バーリー卿ウィリアム・セシルは、エリザベスの寵臣《ちようしん》で副侍従であったクリストファー・ハットン宛の書簡でこの件について触れ、ラスキは「非常に重要な人物」で「ステファン王〔バトーリ〕の即位このかた、重きをなしている」から、女王が彼を歓待するよう求めた。[6]ディーはセシルのみならずハットンとも近い位置にあり、ディーの『完全なる航海術』第一部はハットンに献呈された[7](本書第七章参照)。

そして、これとまったく同日、ディーの『日録』にラスキの名前が初めて登場する――「ポーランドから戻ったノース氏が、女王に伺候してから後に、わたしのところに来た。ポーランドのアラスキ《ママ》宮中伯から宜しく願いたいとの伝言」[*8]（*PD*, 19）。つまり、ラスキはイングランド来訪に先だって既にディーと接触を図っていたことになる。

ラスキ自身とイングランドとの関わりは一五七三年秋にまで遡る。このとき、彼はヴェネチアでフィリップ・シドニーに出会い、親交を結んだのであった。セシルは、ラスキについての情報を得たのはレスター伯ロバート・ダドリーからだと書簡に記しており、レスター伯は甥であるシドニー経由でラスキの動向について掌握していたのだろう。[*9]

一五八〇年代初頭のイングランドでは、フランス及びスペインがイングランドをカトリック国家にする策謀をめぐらしているとの不安が昂《たか》まっており、八三年末にはフランシス・スロックモートンによる陰謀計画が発覚することになる。また、スペインの圧政下にあったネーデルラントを公式に支援するかどうかは七〇年代からイングランドにとって常に大きな問題であり、結局、一五八五年に、エリザベスは同地に軍を派遣、その司令官がレスター伯であった。

したがって、一五八三年春にカトリック圏であるポーランドから訪れたラスキに対して、イングランド側は警戒の眼を向けざるをえなかった。とはいえ、バルト諸国との貿易の拡張を目論んでいた当時のイングランドにとって、ポーランドは同時に重要な拠点となるべき国でもあった。それゆえ、セシルがラスキの訪英計画にすばやく反応したのも当然であろう。

ただし、シドニーと知り合った七〇年代にはラスキはポーランドの政治状況において重要な鍵を握る人物のひとりと目されたが、八〇年代には既にその影響力をかなり失っていたようだ。つまり、セシルはこの宮中伯の力をいささか過大評価したのかもしれない。[*10] 実際、ハットンの側では、セシルの要請に対して、ラスキについてはもっと知る必要があると慎重に応じた。[*11]

ラスキについては、さらにニコラス・フォーントによる証言も残る。フォーントは一五八〇年頃からウォルシンガムに秘書として仕え、また、フランシス・ベイコンの一族と親密な関係にあった人物である。一五八三年四月三十日付のフランシスの兄アンソニー・ベイコンに宛てた書簡で、フォーントは「女王陛下とその領土を見んと欲してイングランドにやってきた」というラスキについて詳しく語る――このポーランド人貴族は卓越した武人であるばかりか、非常に礼儀正しく、イタリア語やラテン語などを流暢に話し、

きわめて裕福で、女王陛下の申し出を断って自弁で我国に滞在している。女王陛下は彼との会話を喜ばれ、来訪して僅か一週間のうちに二度もお目通りされた。彼はこの夏の間は滞在して、我国の幾つかの地方に旅をするつもりらしい。女王陛下は彼を翌週ナンサッチなどに遣《や》って、身分にふさわしい饗応を受けさせようと考えておられる。その後で、わたしたちは彼の来訪の立場と目的についてさらに知ることになるだろう。[*12]

フォーントはラスキが「裕福」だと伝えるが、キャムデンが「負債に追われて」云々と述べたように、その裕福さは見かけだけにすぎず、フォーントはまんまと欺かれていたことになる。彼は故国では極端な浪費家、「底が抜けた財布」として知られており、豪奢な生活を好み、広大な領地を所有するものの、その大半は抵当に入っていたのである。[*13] イングランドの側でラスキの訪問の真の意図について測りかねていたことは、フォーントの書簡の末尾からも窺えよう。

それではラスキの来英の目的とはいったい何だったのか？

フランスの大使としてロンドンに駐留していたミシェル・ド・カステルノーも、ラスキの動静には然るべき注意を払い、イングランドがロシアに武器を売るのをやめさせるために来訪したのだと本国に報告した。[*14] ただし、こ

の情報の真偽は不明である。当時のフランス国王アンリ三世は、かつて一七五四年の一年間だけポーランド王の地位にあり、この期間にラスキとは対立関係を生じた。そのため、アンリはフランスへの入国を拒絶する旨を、カステルノー経由でラスキに伝えた。[*15]

この時期のヨーロッパの状況を考えると、ラスキの訪問が政治や外交と無関係の単なる物見遊山であったとは考えにくい。けれども、その背後に政治とは直接に関わらない動機が同時に存在した可能性は否定できない。すなわち、このポーランド人貴族は、単に学術、文藝を保護したばかりでなく、錬金術やオカルティズムへの興味をかねてから抱いていたからだ。たとえば、一五六九年には、彼はパラケルススの著作のラテン語訳出版に資金を提供した。[*16]

したがって、ラスキがイングランドに渡ってきた目的の少なくともひとつは、ディーのような著名な隠秘《いんぴ》学者と親しく交わり、叶《かな》うならば、ポーランドへ連れ帰り、庇護下におくためであったとするのは、さほど無理な想定ではなかろう。[*17]ただし、両者の接触がもっぱら学問的、非世俗的関心に根ざすものだとするのも早計である。既に述べたように、ラスキの財政は実質的には破綻していた。ディーのそれも、航海事業、探検事業への積極的干与にもかかわらず、危機に瀕していたこと、彼の錬金術への没頭が経済的事情と無関係ではなかったであろうことは、本書第七章で述べた。この観点からするならば、以下のような構図が描けるかもしれない。

すなわち、ラスキにはディーが錬金術の奥義を握る人物として映っており、その研究を援助することで一気に莫大な富、ひいては王位まで摑めると考え、他方、ディーの側では、エリザベスの宮廷から決して得られなかった手厚い庇護や潤沢な財政的支援を与えてくれる富裕な貴人のパトロンをラスキの裡《うち》に見出したのだと。[*18]ディーの場合、自分の知識、業績は大陸で高く評価されているという自負を確実にもっていたし、イングランドにいてはもはや苦境を打開できないという意識すら芽生えていたかもしれない。それゆえ、ラスキの名前が『日録』に初めて記された三月二十八日、この日の召喚作業で、ディーが「聖なる台座」をモートレイクから持ち出して構わないのか、他の場所で召喚作業ができるのかという問いを天使に発している事実は注目に価する(*AWS*, 256)。早くもこの時点で、ディーはラスキと共にイングランドを離れ、大陸に渡ることを視野に入れていたのだろうか。

しかしながら、たとえ経済的事情が動因のひとつであったにせよ、ディーの世界では聖と俗は常にあざなわれた縄のごとく結びついて分かちがたく、わたしたちはここで終末論の文脈において彼とラスキの行動を考察しなければならない。

ディーの『日録』には、五月一日の項にラスキがロンドンに到来した旨の記載が見られる(*PD*, 20)。その四日後の五月五日、召喚作業において、ディーは、このポーランドの貴族が「わたしと近づきになって話をしたいと強く望んでいる」が、どのように処すればいいのかと、天使ウリエルに助言を求めたが(*AWS*, 388)、この日のウリエルとの対話は他にもきわめて興味深い内容を含む。

前夜にディーと食事中、ケリーは突如ヴィジョンに襲われており、それは「大海原、そこに浮かぶ多くの船」、さらに「ひとりの女が背の高い黒い男に首を斬られている」という光景であった。この解釈を問い質した博士に対して、ウリエルは答える。

前者は海外諸勢力がこの国の安寧を脅かすことを予見する。それはほどなく実行に移されるであろう。後者はスコットランド女王メアリーの死を意味する。これも遠からず起こる。
(*AWS*, 389–400)

いささか驚くべきことながら、この場合には、天使の予言は見事に的中した。すなわち、スコットランド女王メアリーの断首刑、及び、スペインの無敵艦隊《アルマダ》による英国攻撃は、それぞれ一五八七年、八八年に現実のものとなったからである。

だが、ここで重要なのは予言が的中した事実ではない。その背景をなす、イングランドのみならずキリスト教世界全体に暗雲がたちこめ、大変革の時が近づいているという意識、危機感にこそ目を向けなければならない。そもそも、この危機感は『エノクの書』、『ロガー』の開示じたいと深く関わっていた。

この予言が下る約五十日前の三月二十四日、『エノクの書』のヴィジョンが最初に出現したとき、「新たな世界」がやがて到来すると天使が宣言したことをまず思い出していただきたい。いっぽう、五月五日とは、『エノクの書』の膨大な書写作業がようやく終了する一日前にして、エノク文字によって『ロガー』を書き取れとの命が降った日でもあった。この唯一至高の書たる『ロガー』から、「始原の時より亡失した幾つもの聖なる書も回復されるだろう」、「不完全な虚偽から完全な真理が、そして、偽りの非難すべき誤謬から真の宗教が、弁別されるだろう」と、天使ウリエルはディーに説く。「完全な真理」を人類が取り戻す「新たな世界」は目睫《もくしょう》に迫っているのだ(*AWS*, 378)。

けれども、単に至福の時が訪れるわけではない。それは同時に大変動、大災厄を伴うのであり、ほどなくして「終末が到来する」とウリエルは語る(強調は原文のまま、*AWS*, 378)。まさにそのために、『エノクの書』、『ロガー』の書写を僅かな時間で完成させるように、天使はディーとケリーに急がせたのである。既に一ヶ月前の四月六日、ウリエルは、「今から五ヶ月目が、天、地、そして、あらゆる被造物にとっての大いなる苦難の始まりとなる」との警告を発していた(*AWS*, 302)。五ヶ月目とはすなわち一五八三年九月を指す。『ロガー』の最終葉とは「秩序なき混沌であり、それゆえ世界の無秩序を意味する。無秩序の言葉、それを予言する言葉だ」という本書第八章で引いた天使ガルヴァーの発言(一五八三年六月十八日)も、この文脈で捉えねばならない。

世界の終末、あるいは大変動がほどなくして地上を襲うという託宣についていうならば、しかし、それは、天使たちを通じて、ディーとケリーにだけ密かに下されていたわけではなかった。

一五八三年とは、ディーの専門領域のひとつである占星術、天文学において大きな意味をもつ年であった。なぜなら、まず、土星と木星が合《ごう》をなすからだ。さらに、この年には、黄道十二宮のうち天蠍《てんかつ》、双魚《そうぎょ》、巨蟹《きょかい》が百二十度の角度で三宮一対《トライゴン》をなす——つまり、正三角形をかたちづくる——時期が終わり、それに替わって、白羊、獅子、人馬の三宮一対の時期が始まる。前者は水のトライゴン、後者は火のトライゴンと呼ばれる。土星と木星の合じたいは約二十年に一度起こるが、それが水から火のトライゴンへの移行と重なるのは、世界創造このかた僅か六回しか起こっていないとされており、のみならず、その第五回目はキリストの生誕した年と合致していた。[*19]なお、合の影響力が発動するのは、一五八三年から五年後の八八年だと唱える人々も存在した。[*20]

いずれにせよ、一五六〇年代から八〇年代にかけての西欧世界では、少なからぬ数の天文学者、占星学者が、キリストの再臨、世界の大変革や災厄が迫っているという発言をおこなった。たとえば、ティコ・ブラーエの場合は、一五七二年十一月に突如として天空に出現した新星とも関連づけて、このような星の配置が自然界、人間界に大きな変動をもたらすと確信した。[*21]いっぽう、ブラーエは批判を加えたが、影響力の点できわめて強かったのは占星術師ツィプリアン・レオヴィッツの見解である。一五六四年に刊行された著作『惑星の大いなる合について』で、レオヴィッツは「新たなトライゴン、すなわち火のトライゴンが今や近々に迫る以上、疑いなく新たな諸世界が生まれるだろう。だが、その先駆けとして不意に激甚な変動が起こる」との警鐘を鳴らした。[*22]ディーもこの書物の初版を刊行時に購入、書き込みをおこなっている。[*23]

したがって、当時の人々の多くが世界の破滅が近いとの予言を信じるようになったとしても不思議ではなかった。先に引いた『ホリンシェッドの年代記』は、一五八三年から八八年にかけての「世界の最終的消滅あるいは驚異と恐怖に満ちた変化」についての予言騒動に言及し、「愚者や阿呆と呼ばれるのを嫌う人々」までが狂乱したと述べる。[*24]

こういった予言騒動の反響の残滓《ざんし》は一五九〇年代の文学作品に見出すことができよう。たとえば、トマス・ナッシュの諷刺文『文無しピアースの悪魔への嘆願』(一五九二)には、「土星と木星の恐るべき合とやらに関する馬鹿げた『占星術論』を執筆」した「愚かなとんちき野郎」を嘲笑う箇所がある。ここで罵倒されているのは占星術師リチャード・ハーヴィで(本書第一章参照)、彼は一五八三年初頭に『一五八三年四月二十八日に起こる、ふたつの強力な惑星、土星と木星の大いなる合に関する占星術論』を上梓した人物——もちろん、彼の予言は見事に外れてしまい、ナッシュの非難攻撃するところとなったわけだ。[*25] また、シェイクスピアの『ヘンリー四世 第二部』二幕四場(一五九〇年代後半に執筆)では、登場人物のひとりポインズの台詞に「火のトライゴン」云々という箇所が見えるが、これも一五八〇年代の騒動を踏まえたものである。[*26]

ところで、レオヴィッツによれば、一五八三年五月が大変動開始の時期となる。[*27] 世界の終末が近いと天使が

図版:アルバート・ラスキ【10A】

図版:天文学者ヨハネス・ケプラーが描いた
トライゴンの図。1583という数字が記されている。
【10B】

ディーに告げたのはともかくとして、ラスキがディーと出会うのもまさにこの月であり、これは果たして偶然の一致なのか。だが、ラスキはオカルト諸学に強い関心をもっていたから、火のトライゴンについて聞き及んでいなかったとは考えにくいだろう。したがって、一五八三年春という時期に彼がイングランドを訪れたこと、そして、ディーがその後に起こす大胆ともいえる行動の背後には、世界が大変動期に入りつつあるという両者の確信が存在したと推測される。

ここで注目すべきは、土星と木星の合に重なり合う、水から火へのトライゴンの移行が最初に起こったのは、エノクの時代だと信じられていたことである。[*28] 占星術師たるディーがそれを知っていたのは疑問の余地がなく、彼にとって『エノクの書』の開示はいっそう大きな意味を帯びたのではなかろうか。さらにまた、『象形文字のモナド』において、ディーが「モナス」の構成要素に白羊宮の記号を付加して、「モナドの実践には火の助けが必須である」と主張していた事実を想起する必要もあろう(本書第七章参照)。既に述べた如く、一五八三年とは占星術的には水から火の時代への転換点にあたっており、したがって、ディーが、この年八三年以降を単に終末と関連づけただけでなく、金属変成の業を成し遂げるのに絶好な時期とみなしていた可能性も想定しうるからだ。

ディーとラスキが実際に初めて顔を合わせるのは、後者がロンドンに到着してから約二週間後、五月十三日のことである。『日録』によれば、ディーは「夜七時半、グリニッジの宮殿のレスター伯の居室でアル《マ》ベルトゥ《マ》ス・ラスキに引き会わされた」(*PD*, 20)。そして、五月十八日には、ラスキはモートレイクへとみずから赴く。「アルベルトゥス・ラスキ殿下がモートレイクの拙宅に来駕《らいが》。お付きは僅かに二名のみ。午後にやって来られて、晩餐を共にされた」(*PD*, 20)とディーは記した。五月十八日のモートレイク訪問については、セシル配下の密偵のひとりでウィリアム・ハールという人物がラスキの動静を監視していたため、彼の五月二十日付の書簡にも記録が残る。ラスキはディーの「蔵書を眺めて楽しむために」博士宅へと赴き、宿所に戻ってきたのは夜の十時であったという。[*29]

五月十八日にラスキがモートレイクにやってきたとき、ケリーはその場にいなかった。彼は埋蔵宝探索に絡む旅行に出かけていたからだ(本書第六章参照)。ケリーが同月二十二日に戻ってくると、翌二十三日からすぐに召喚作業は開始されるが、そのとき、わたしたちはラスキが単に博士の蔵書を見るという閑雅な目的のためだけに十八日に訪問したのではなかったことを知る。

なぜなら、ディーは、天使ラファエルに向かって、ラスキが託したという以下の三つの質問を発するからである。

一、ポーランド国王ステファンの余命は幾許《いくばく》か?
二、その後を継ぐ者はアルベルトゥス・ラスキか、あるいはオーストリア王家の者か?
三、シラディアの宮中伯アルベルトゥス・ラスキはモルダヴィア王国を掌中に収めるだろうか?

(*AWS*, 403)

つまり、ディーが天使、精霊と交信している事実を、ラスキは五月十八日に博士から聞き及んだか、あるいは、あらかじめ把握していたことになろう。しかも、天界の神秘や秘奥の叡智についての質問ではなく、あからさまにラスキの政治的将来に関するものであった。天使ラファエルはこのポーランドからの賓客にたいして全般に好意的で、「多くの魔術師、妖術師、さらに悪霊たちが、この異邦人[ラスキ]に逆らって蹶起《けっき》しているが[中略]わたしは彼の望みを叶えてやろう」との返答を与えた(*AWS*, 405)。

この五月二十三日の召喚作業は『神秘の書』第五書の末尾を成し、『召喚記録』に収録されているのはそこまでであるが、この春におけるディー、ケリー、天使たちの動きを再確認しておこう。日付と事項を簡単にまとめれば、以下のようになる。

三月六日　ディー、探検、航海事業の件でエイドリアン・ギルバート、ジョン・デイヴィス、モスクワ会社の幹部らと会見
三月十八日　ラスキからの伝言がディーにもたらされる
三月二十三日　ケリー、コツウォルドより巻物、さらに錬金術の粉薬と本を持ち帰る
三月二十四日　『エノクの書』の最初のヴィジョン
三月二十六日(?)　エイドリアン・ギルバートが召喚作業に初めて同席
三月二十九日　『エノクの書』の本格的な開示が始まる
四月十一日　ディー、巻物の埋蔵宝に関する暗号解読に成功
四月二十六日　「聖なる台座」の改訂増補版図面の開示
五月五日　『ロガー』の書写の命令が下る
五月六日　『エノクの書』の書写が完了
五月九日　ケリー、埋蔵宝所在地の土のサンプル採集旅行に出発
五月十八日　ラスキがディー宅を訪問

僅か二ヶ月強の期間にすぎないにもかかわらず。探検事業、埋蔵宝、錬金術、天界の始原の書、ラスキ来英が輻輳《ふくそう》して、ディーとケリーが聖と俗の世界の双方で驚くべきほどの濃密な活動を繰り広げていた事実が如実に分かるだろう。

カソーボンによって刊行された『精霊日誌』冒頭において、読者は、一五八三年五月二十三日に続く同月二十八日の召喚作業、つまり、ディーとケリーがラスキをめぐる会話を交わしている場面にいきなり立ち会うことになる[*30](本書第二章参照)。ここで、ディーが、わざわざモートレイクまでやってきた異邦の貴人ラスキと対比させるかたちで、自分に対する「我が同国人の悪意反感」について語っているのは見逃せない(*TFR*, 1)。自分を正当に遇さないイングランドへの彼の不満が我慢ならない程度にまで昂じていた可能性は高い。

この会話の最中に、マディミ(Madimi)という「七歳から九歳の可愛い幼女」の外見をした天使が初めて出現した[*31](*TFR*, 1)。彼女はやがて最も頻繁に現れる精霊のひとりとなり、その外見も時の経過と共に成長していく。六月二十九日、『ロガー』の書写を命じられて途方に暮れるディーを助けてくれたのもこのマディミであるが(本書第八章参照)、後になって、彼女はディーとケリーに対して重大な決断を迫ることになるだろう。なお、Madimi あるいは Madimiel の名前は、ディーが初めて耳にするものではなかった。それは「神の印章《シギルム・ディ》」に既に記されており、また、アグリッパの『隠秘哲学』第三書では火星の精霊として挙げられていた(本書第四章参照)。

なお、六月十四日、今度は少女でなく「老女」の姿をしたガルヴァーが出現、ここに及んで、ディーは邪霊、悪霊に誑《たぶら》かされているのではないかとの不安を覚える。というのは、ディーがガルヴァーに向かって語るように、たとえばトリテミウスは、『皇帝マクシミリアンの八つの問い』(一五一六)において、善なる天使が女性の姿をして現れることはないと唱えたからだ。[*32] ディーのこの疑念に対し、ガルヴァーは、天使は男性、女性のどちらにも属さず、したがって両性いずれの姿も取れるのだと答えた(*TFR*, 12–13)。既に見たように、ガルヴァーは『エノクの書』最終葉を下すという重要な役割を果たすことになる存在である。

天使ウリエルは五月上旬に世界の終末が近い旨を告げていたが、六月三日に初めて出現したマーイフリ(Murifri)という名の天使は事態がさらに切迫することを明確にした。

七つの扉は開いた。七人の統治者は統治をほぼ喪失している。大地は悶え苦しみ、死に瀕する。大海は涙を流すが、自分たちの悲しみを癒すに足る水分にはまだ満たない［中略］暗黒の息子が自分の権利を主張せんと今や到来した。万事が整っているのを看取して、自分の王国を地上に樹立しようと欲している。（*TFR*, 4）

「七の神秘なる統治」（本書第四章参照）を踏まえた、この黙示録的発言の直後に、マーイフリはラスキが神に選ばれて王となるとまで確言する。したがって、天使が描き出す、あるいはディーが脳裡に思い描いていた将来というのは、世界が終末を迎えるなか、「暗黒の息子」つまり反キリストが地上に出現、かたや、神に選ばれた自分とラスキが連合してそれを撃破するというものであった。

さて、先に引いた『エリザベス女王年代記』の一節に「オックスフォード大学からは学問上の催しで歓迎を受けた」とあったが、この催しはエリザベス女王直々の命によって開かれた。したがって、ラスキがオックスフォードに赴くにあたっては、レスター伯、フィリップ・シドニーも同道し、一行は六月十日に現地に到着した。数日間に及んだこの行事の中心となったのは、公開学術討論会である。[*33]

討論会には、かのジョルダノ・ブルーノも参加した。[*34] アンリ三世の庇護下にあったブルーノは、ちょうどこの年の四月にパリからロンドンにやってきて、ラスキが到着したときにはフランス駐英大使カステルノー邸に滞在していた。[*35] 彼は一五八五年晩夏までイングランドで過ごすことになる。ただし、ブルーノがこの期間にディーあるいはケリーに会ったり接触したりした記録、証拠は、まったく存在していない。[*36] ちなみに、ブルーノはイングランド滞在中にフランシス・ウォルシンガムに仕える密偵として働いたという説が唱えられているが、これについても可能性の域にとどまる。[*37]

オックスフォードでの催しが終わると、ラスキは間をおかずにモートレイクを再訪した。六月十五日のディーの『日録』には、以下のように記されている。

五時頃にポーランドのアルバート・ラスキ伯が、ビサム［テムズ川に沿う、バークシャの村］から船でテムズ川を下って来駕された。オックスフォードからの帰途、同地に宿泊されていたからである。オックスフォードへは大学を実地に見るという目的で赴かれ、きわめて立派な扱いをもって歓迎された。同道したのはラッセル卿、サー・フィリップ・シドニー等の面々であった。彼の船を漕いだのは女王殿下の家来たちで、その屋形船は女王所有の織物で覆われ、女王の喇叭手《らっぱしゅ》たちが同船した。伯はわたしに敬意を表するためにわざわざ来られたので、神に感謝したい。

（*PD*, 20）

のみならず、四日後の六月十九日にラスキはディーをまたもや訪問、この際には「終夜過ごされた」という簡潔な記述が『日録』に見える（*PD*, 20）。

だが、『精霊日誌』によれば、この日から、ラスキはディーとケリーによる召喚作業に同席を許されるようになったのである——天使ガルヴァーが、ディーに向かって、ラスキには「何も隠さなくてよい」とまで断言したからだ（*TFR*, 21）。そして、召喚の現場に招じ入れられたラスキの前の空中に、「白い服を着て、右手に血塗《まみ》れの十字架をもつ」霊的存在が出現したとケリーは告げる。これはジュバンラデック（Jubanladaech）という名の天使で、「大いなる勝利」を約束、ラスキがポーランドだけでなくサラセン人、ユダヤ人など異教徒をも征服するだろうと請け合った（*TFR*, 22）。この天使によれば、セシルはラスキを「忌み嫌って」おり、他方、エリザベス女王はラスキを

心から愛《め》でているので、彼をめぐってセシルと諍《いさか》いをおこした。レスターは彼に追従している。彼の挙動は具《つぶ》さに監視されている［中略］この国が侵略される暁には、おまえ［ディー］はラスキの国へと渡り、おまえの講じる手段によって、彼の王国は再建されるだろう。

（*TFR*, 23）

この前日の六月十八日に『ロガー』の書写が遂に開始された事実も忘れてはならない。ディーにとって重要な出来事が絡み合いながら同時に進行し、彼は尋常ならざる緊張感と高揚感に包まれていたにちがいない。

ところで、ラスキがイングランドに滞在中の期間も、ディーとケリーの関係は相変わらず波乱含みであった。ラスキ来訪直前の四月二十日に、ケリーが「召喚作業全体がまったく信用できない」として博士に向かって怒りを爆発させた事実は、本書第八章で記した。この時期、天使から開示される膨大な『エノクの書』のゆえにケリーが精神的に不安定な状況にあったのは疑えないが、ケリーが憤激した理由には、三月下旬から探検家エイドリアン・ギルバートが召喚作業に参加したことも含まれるようだ。オーブリによれば、エイドリアン・ギルバートは、「英国で最も粗野な男」であったというから、[*38]それも原因となったのか、彼とケリーとの間はうまくいかず、しばしば喧嘩になったのである。

六月の初めには、ディーとケリーの双方にとって衝撃的な情報が伝えられた。

六月五日午後二時頃E・Kは朝の九時から非常に心が乱れ、怒り狂っている。というのは、貨幣偽造犯として彼を捕縛せよとの命が出されたという知らせが弟のトマス[・ケリー]によってもたらされたからだ。さらに、彼の妻[ジョーン・ケリー]がブロックリーのフリーマン夫人の家から立ち去ったこと、ヒューセイ氏が彼を詐欺師だと述べ、最近では辛辣なひどい言葉で彼について語っているということ、ケリーの妻が現在はその母親と共にチッピング・ノートンにいるということも知らされた。

(*TFR*, 5–6)

「ヒューセイ氏」というのは、ケリーがコツウォルドの村ブロックリーで巻物および錬金の秘薬と本を発見した際の共同作業者ジョン・ヒューセイを指す。ケリーはおそらく妻ジョーンを伴って同地へ赴き、ジョーンのほうはケリーがモートレイクに戻ってからもしばらく滞在していたのだろう。フリーマン夫人の素性は不明である。貨幣偽造犯として捕縛が迫るという話には、ディーだけでなくわたしたちも驚愕を覚えざるをえない。ケリーとはいったい何者なのかという問いが再び口をつく。ケリーが若い頃に貨幣偽造の科《とが》によってランカスターで耳を切り落とされたという「伝承」はまったく根も葉もないものではなく、この話が歪曲変形されたのだろうか。

とはいえ、硬貨などの偽造と錬金術はそもそも貴金属を扱う技術という点で共通しており、密接な関係を有する。アグリッパもそれについては既に指摘していた。[*39] また、エリザベス朝においては、正確な年代は不詳だが、貨幣偽造の罪で逮捕されたエドワード・フェイアという人物が、ウィリアム・セシル宛に書いた文書において、貨幣偽造と錬金術、魔術の関係を告白した例も見られる。[*40]

しかしながら、一五八三年にケリーが逮捕された、あるいは裁判にかけられたという記録は残っておらず、何者かがケリーを脅すために流した虚報であったのか、ディーは以降この件について言及しない。[*41] 六月二十九日には、ケリーは博士の許《もと》を去って、ハリー・リーなる人物に年棒四十ポンドで雇われる意向を示したので、焦ったディーは年に五十ポンドを払うと約束して必死で引きとめにかかる。両者の間に具体的な報酬の話が出てくるのはこのときが最初で、ケリーもいったんはこれに同意して、向後《こうご》は「絶えざる友好関係」を保つと聖書にかけて誓った(*TFR*, 28)。

しかし、それから一週間も経たない七月四日、ケリーは再び怒りを爆発させる。霊的存在が自分にモートレイクから立ち去れと告げているのだと、彼はディーに向かって叫ぶ。

彼らがいうには、もし、わたしがここにぐずぐずしていたら、縛り首にされるだろうし、例の貴族[ラスキ]と一緒に行けば、彼はわたしの首を切り落とすだろうと。それに、あなたはわたしとの約束[年俸]を守る気はないと。したがって、千ポンド、いや、王国ひとつと引き換えにだって、とどまることなどできない。だから、年五十ポンドの約束は反古にしてもらって構わない［中略］おまけに、わたしは自分の妻に我慢ができない、彼女を愛してなどいない、いや、忌み嫌っているのだ。
(*TFR*, 30)

ただし、僅か数時間後に両者はまたもや和解し、天使マディミが出現するのだが、このとき、ケリーは何と彼女に向かって百ポンドの金を用立ててくれないかと申し出て撥ねつけられている(*TFR*, 31)。

ラスキと「一緒に行けば」云々というケリーの言葉から、この時点で既にディーとケリーの両者がラスキと共に大陸に渡る計画が熟成していた事実が分かるだろう。七月二日の召喚作業において、天使はラスキの出国は八月半ばだとしており、ディーとケリーは自分たちの家族も連れていくことになっていたのである(*TFR*, 29–30)。また「自分の妻に我慢ができない」、「忌み嫌っている」というケリーの言葉からは、ケリーの妻ジョーンがブロックリーにとどまって以降は一種の別居状態にあったかと推測されるが、他方、七月七日の『日録』の記載(*PD*, 21)からは、この月の上旬、ジョーンはチッピング・ノートンを離れてディー宅に同居していたように思える。

天使に借金を申し込む挙に出るほどであるから、ケリーが金銭面で逼迫《ひっぱく》していたのは疑えない。七月十二日には、ラスキもケリーに対して四百ターレルの年俸を約束した[*42](*DD*, 100)。ただし、ラスキ自身がこのときイングランドを出るための費用すら欠く状況にあり(*TFR*, 29)、当然ながらまともに払われはしなかった。約二年後の一五八五年五月、ケリーはこの件でラスキに対する不信感をぶちまけることになるだろう(*TFR*, 399)。

ディーもまた金に困っていた。七月一日には、宮廷に出していた年金願いが却下されたと知らされる(*PD*, 20–21)。八月二日、ディーはモートレイクにレスターとラスキを招いて宴を催すのだが、この際、準備の金がなかったため、七月三十一日にレスターの仲介でエリザベス女王よりエンジェル金貨二十枚を下賜された[*43](*PD*, 21)。

要するに、星界で水から火のトライゴンへの移行が起こった一五八三年の夏、地上にあっては、ディー、ケリー、ラスキの三者いずれもが経済的に追いつめられていたのは否定すべくもない事実である。

ラスキが夏になっても依然としてイングランドにとどまり、さらにディーと密接な関係を結んだ事実に、エリザベスの宮廷側では強い不審を抱きはじめる。そのために、ディーと宮廷の関係にも罅《ひび》が入っていったものとおぼしい。

七月二日の召喚作業では、ディーは、ウォルシンガムの気持が自分からひどく離れているように思えると語る。この年の初めから、ウォルシンガムは、ディーがエイドリアン・ギルバート、ジョン・デイヴィスと共に企てていた航海計画の後援役を務めており、ディーにとって最も重要な後ろ盾のひとりのはずであった(本書第七章参照)。ディーのこの言葉に対して、天使マディミは、ウォルシンガムと「大蔵卿[セシル]は結託しており、ふたりはおまえを嫌っている。おまえがもうすぐ気が触れると彼らがいったのをわたしは耳にした。彼らはほどなくしておまえを餌で釣ろうとするだろうが、両者を避けるがいい」と告げた(*TFR*, 28)。

さらに、マディミによれば、セシルとウォルシンガムは、ラスキがイングランドを離れ次第、ディーの「家を捜索することに決めて」いる――両者はこのポーランドの貴族を「死ぬほど嫌って」おり「裏切り者」だとみなしているからだという。彼女はまた「密偵」に気をつけろとも警告した(*TFR*, 28)。七月四日には、ディーは「大蔵卿、長官[ウォルシンガム]、[ウォルター・]ローリー氏については、いかなる世俗的援助を彼らに期待できるのか」と再びマディミに訊ねる(*TFR*, 31)。

この時期、ウォルシンガムがラスキ、そしてディーに対して厳しい目を向けていたのは確かなことだと思われる。たとえば、七月六日付けの書簡で、ウォルシンガムは、ラスキがイングランドからの出国時期を決めていないのは「不思議である」と述べて、疑念を募らせた――「彼自身が表明しているように、女王陛下に謁見を賜る以外に何の用もないはずだからだ」。[44]

のみならず、ウォルシンガムは実際にディーを監視下においたようだ。たとえば、ウォルシンガム配下の密偵として悪名高いチャールズ・スレッドが、この年の春からディーに接触していた。[45] スレッドの名前は四月五日及び六月十五日の召喚作業で言及されており(*AWS*, 294 / *TFR*, 28)、前者の記録によれば、四月四日にディー宅で会食した折にケリーをいたく怒らせた。[46] かつまた、『日録』八月一日の項には、「邪《よこしま》な密偵」がディー宅にやってきたという記載が見えており、これもウォルシンガムの放った間諜のひとりなのか[47](*PD*, 21)。

七月四日を最後に『精霊日誌』の記録は二ヶ月半以上途絶えることになり、『日録』も記述に乏しく、この間に、ディー、ケリー、そしてラスキの間でどのような相談、準備がなされたのか、わたしたちには知る術《すべ》がない。ただし、召喚作業そのものは継続されたとおぼしく、記録が散佚《さんいつ》あるいは破棄されたものと推測される。そして、この非常に慌ただしい時期に、ディーはきわめて手間のかかる作業まで完成していた。ディーの自筆による蔵書目録が二部残存するのだが、いずれにも一五八三年九月六日の日付が入っているからだ。[48] とはいえ、彼はこれを独力でおこなったわけではなく、懇意の書籍商アンドレアス・フレモンシャイムが実質的な作業を担当した。[49] フレモンシャイムはケルン生まれのオランダ人で、イングランドには一五六〇年代初頭に移り住んだ。[50] ディーは後に三千冊の刊本と千冊の写本を所蔵したと語るが(*CR*, 27)、この目録には、約二千三百冊の刊本、二百冊の写本が記載されている。

『日録』は八月十八日の「深夜に暴風。E・K、彼の妻にたいして激怒」という短い記述でいったん途切れ、[51] その次は約一ヶ月後の九月二十一日の以下のような項となる――「モートレイクを出立した、一行はアルバート・ラスキ伯、わたし、E・ケリー氏、両者の妻、わたしの子供たち、召使たち。わたしたちはグレイヴゼンドの沖合

七、八マイルで待ちうける二艘の船へと向かった」(*PD*, 21)。
ウリエルが「天、地、そして、あらゆる被造物にとっての大いなる苦難」が始まる時期だと宣言していたのが一五八三年九月、まさにその月、ディーとケリーはポーランドの貴族と共に故国を去って大陸へと渡るのである。

第十一章　モートレイクからプラハへ

ディーたち一行が目指したのは、もちろんポーランドのラスキの領地であった。『日録』はイングランドを離れた直後から一五八六年七月まで三年間近く中断されるのだが、『精霊日誌』には旅程がかなり仔細に書き留められており、九月二十一日の項より、書名はいったん『旅中の書　第一巻』と改められる(*TFR*, 33)。出発の時点でディーは大陸での滞在を二十ヶ月間と予定していたらしいが、[*1]その目算とは大きく異なる結果となる。なお、この月の初旬、九月九日、ハンフリー・ギルバートはニューファウンドランドへの航海からの帰途に難破、洋上で命を失ったのだが、[*2]ディーには知る由《よし》もなかった。

ディー、ケリー、ラスキの一行が旅立った九月二十一日(もしくは前日の二十日)は、実はフィリップ・シドニーの婚礼の日にあたっていた。花嫁の名前はフランセス・ウォルシンガム、すなわち、ウォルシンガムの娘である。この縁組の計画は、当初、エリザベス女王の不興を買い、ウォルシンガムは苦慮することになった。[*3]式の催された場所は不明だが、ラスキも参列したとされる。[*4]既に述べたように、ラスキとシドニーは旧知の仲であり、前者の滞英中、後者は色々と面倒を見ていたから、招待されたことじたいはごく自然かもしれないが、ウォルシンガムやシドニーは、ラスキが式の直後にディーと共にイングランドを去ることを果たして知っていたのだろうか。

モートレイクからの慌ただしい出立の際に、ディーは「聖なる台座」などの魔術用具に加えて、約五百五十冊の刊本、約五十冊の写本を大陸に携えるべく、荷造りをおこなった。注目すべきは、所蔵していた刊本のうち、錬金術書及びパラケルススの著作からそれぞれ三分の二と五分の四が、大陸への荷物に含められた点であろう。[*5] これはディーの大陸滞在の目的が奈辺《なへん》にあったかを考えるうえで無視できない事実といえる。彼は本を選ぶにあたって、少なくとも占星術、航海術、天文学、数学といった分野を重視しなかった。そして、後に見るように、博士とケリーは各地を転々としながら金属変成の術に没頭していく。

ディーたちは水路でモートレイクからロンドン、グレイヴゼンド、クィーンバラを経由して、まずネーデルラントへと向かった。一行はラスキ、ディー夫妻、ケリー夫妻、ディーの子供たち三人――アーサー、キャサリン、ローランド（このとき生後七ヶ月）――から成り、さらにディーとラスキの召使たちが加わった。

クィーンバラ滞在中の九月二十五日に旅中最初の召喚作業が早くもおこなわれたが（*TFR*, 33–35）、同月三十日にはネーデルラント西部のブリーレに到着、同地からロッテルダムなどを経て、十月五日にアムステルダムへと至った（*TFR*, 36）。アムステルダムからも、一行は相変わらず海岸に沿って進んでいく。すなわち、ネーデルラント北部のドックムなどを経て、ドイツ北西部のエムデン、オルデンブルク、ブレーメン、ドイツ北部のハンブルク、リューベック、ドイツ北東部のロストクを通って、ポーランドの古都シュチェチンに到達したのが、一五八三年のクリスマスの朝であった（*TFR*, 57）。

彼らがラスキの領地でポーランド中央部に位置するワスクに辿り着いたのは、結局のところ、年が明けた一五八四年二月三日のことになる（*TFR*, 62）。モートレイクを離れて既に四ヶ月半が経過していた。ワスクはワルシャワの南西、約百七十キロに位置する。

ディーが大陸に渡っている間に、モートレイクの留守宅が、彼を冒瀆的な魔術師、降霊術師だとみなす人々によって襲われ、貴重な書物、実験器具が失われたというのは人口に膾炙《かいしゃ》した話であろうが、それについて本章で少し説明しておきたい。

そもそも、ディーの蔵書が略奪された「事件」は、アシュモールが『英国の化学の劇場』(一六五二)で述べ、ディーの最初の伝記『ジョン・ディー伝』(一七〇七)において、トマス・スミスもこれに触れる。[*6] 以降、この話は幾度となく繰り返されるのだが、ただし、書物を奪った人々を、トマス・スミスは単に「近隣の人々」と表現していた。ところが、これがいつのまにか誇張潤色されていく。二十世紀においては、シャーロット・フェル・スミスは「暴徒」という言葉を使い(一九〇九)、M・R・ジェイムズは「下層の住人たち」という表現を用いた(一九二一)。ジェイムズにいたっては、ディーの所蔵していた写本群は「泥中に投げ込まれた」とまで断言する。その後もピーター・フレンチがやはり「暴徒」を使うなど(一九七二)、同じような話が語られてきた。[*7]

しかしながら、ディーの蔵書の一部が、彼の与《あずか》り知らぬうちにモートレイクから持ち出されたのは事実であるにせよ、それをおこなったのは、ディーを魔術に耽る危険人物として留守宅を襲撃した暴徒などではなかった。まず、ディー自身はどのように語ったのだろうか。

簡略な自伝『略歴』(一五九二)において、ディーは、大陸へ渡った際、自分は家財一切の保守管理をニコラス・フロモンズ(あるいはフロモンド)に託したのだとする。フロモンズとは、ディーの妻ジェインの兄(あるいは弟)である。だが、ディーによれば、大陸への「出発後ほどなくして」、フロモンズはそれを「不当にも自ら売り払った、あるいは、持ち去られてしまった」のだという。[*8] 要するに、フロモンズがディーの同意なしに売却したか、管理不十分で何者かが勝手に持ち出したということであって、自分の蔵書が「暴徒」や「群衆」によって「略奪」されたとは、どこにも記していない。魔術師の嫌疑をかけられることに常に憤激していたディーであるから、もし、本当に大規模な略取行為があったなら、当然それに触れていたであろう。

いっぽうで、この件については謎も多い。

イギリスを出立して約二ヶ月後の一五八三年十一月十五日、ドイツ北部のリューベック滞在中におこなわれた召喚作業で、貴人の外見をした超自然的存在が出現して、ディーに対してこう語った。

おまえの兄は投獄されているぞ。気に入らんだろう？　おまえの屋敷を管理している男のことだ。［中略］連中は彼を取り調べている。連中のいうには、おまえが様々な秘密のものを隠したからだ。蔵書については、おまえは手遅れにならぬうちに見に行くがいい。ひょっとしたら、おまえの屋敷も、おまえに思い知らせるために焼かれるかもしれぬ。それならそれで仕方あるまいし、そうならなければ、おまえの望むところだろう。

（*TFR*, 50）

「兄」とはもちろんフロモンズを指す。彼が投獄された事実は現存する資料からは確認できず、真偽は不明だが、いずれにせよ、モートレイクの留守宅で変事が起こったというメッセージは取り違えようがないだろう。

しかしながら、蔵書の一部が散佚《さんいつ》した事実をディーが実際に通知されるのは、翌八四年の夏になってからなのである。同年八月二十七日、既にプラハに到着していたディーの許《もと》にフロモンズから手紙が届き、ディーは「ギルバート氏、スレッド氏、そして、書籍商アンドレアス・フレモンシャイムが邪《よこしま》なやりかたでわたし［ディー］を非道に扱った」ことを知る（*TFR*, 228）。この書簡の日付は同年の四月中旬であった。

ディーが名指しする「ギルバート氏」、「スレッド氏」、「書籍商アンドレアス・フレモンシャイム」とは、それぞれ、探検家エイドリアン・ギルバート、ウォルシンガム配下の密偵チャールズ・スレッド、ディーの蔵書目録作成を実質的に担当したフレモンシャイムである。ディーがイングランドを離れたとき、本の代金がフレモンシャイムに対して六十数ポンド未払いで、この件については書籍商、フロモンズ、ディーの間で悶着が起こり、長らく続く*ことになる。

さらに、ディーが大陸から戻ってから自分の蔵書目録に書き込んだメモには、探検家ジョン・デイヴィス(本書第七章参照)が「わたし[ディー]の[大陸への]出立後、力づくで(他の者と共に)家から[本を]奪った」と記されており、ギルバート、スレッド、フレモンシャイムに加えて、デイヴィスもまた蔵書の散佚に関与した事実が明らかになっている。*10

つまり、ディーの貴重な書物を奪ったのは、無知蒙昧な「暴徒」や「下層の住人」どころか、全員がわたしたちが既に本書で遭遇してきた人物で、親疎の差こそあれ、ディーの知己たち、彼の蔵書の価値を知る人々に他ならない。*11

既に一五八三年七月二日、天使マディミは、セシルとウォルシンガムが、ラスキがイングランドを離れ次第、ディーの「家を捜索することに決めている」と告げ、同時に、密偵に用心せよと警告していた(本書第十章参照)。マディミの言葉は、この事件を予言するものだったのか? また、一五八二年十一月二十四日に、ディーは、大蔵卿セシルが自分の死後に「蔵書を焼く」という夢を見た(本書第六章参照)。蔵書に何らかの事故が起こるという不安をディーがかねてから抱いていたのは疑えず、しかも、その不安は現実のものとなったのである……。

ポーランドへと話を戻そう。ラスキの領地ワスクに辿り着く前の一五八四年一月十三日、旅中のシュチェチンでおこなわれた召喚作業では、欧州の政治的、宗教的状況に関する重大な予言がなされた。ラスキの所蔵する大きな聖書の上に据えられた水晶に出現した天使ウリエルは、黙示録的な口調で以下のように宣言する。

[本年を含めて]四年目の今月[一五八七年一月]、反キリストの存在が世界中に明らかになるだろう。そのとき、地上の王たちに苦難が降りかかろう。なぜならば、王はすべて新たに選ばれねばならぬからだ。現時点

で王として治めている者たちのいずれも、三年目の終わりまで生き延びることはない。彼らはみな滅びるのだ。

彼らの王国は覆される。

大地は荒廃する。河は人と獣の血が混じり合って赤く染まるだろう。この時、トルコ人の国家は根絶やしにされ、地から追放される。そのかわりとして、虚偽の父たる悪魔、虚栄の家に住まう悪魔が到来するだろう。

（*TFR*, 60–61）


しかし、その後に、ラスキが「獲物を追う猟犬のように、自分の領土を飛翔して邪悪な者たちを切り倒すだろう」、さらに、「主の預言者たち」が「真新しく染みひとつない衣をまとって天から降りてくるだろう」とウリエルは告げる。ケリーについては「偉大な見者にしてやろう」と確約しつつ、しかし、水晶にヴィジョンが顕現するのはこれが最後であって、なぜなら「最も高次の約束がやがて果たされるからだ」と切迫した口調で宣してから、天使は姿を消す[*12]（*TFR*, 61）。

ただし、この言葉とは裏腹に、ワスクに到着後ほどない二月十一日、別の天使が出現した。すなわち「叡智を司る」と称するナルヴェージであって（*TFR*, 63）、この天使はやがて「祈禱咒」を開示することになる重要な存在だが（本書第八章参照）、二月十八日、彼はディーの一家の将来にかかわる以下のようなヴィジョンをケリーに示した。

E・K　「彼［ナルヴェージ］はとある家の幻像を私に見せる。六、七人が松明《たいまつ》を手にして、その屋根の上にいる。彼らは影のようだ」
［Δ］　「いったい何を意味するのか」

E・K　「これらの影が、松明を家の横側に突きさしながら、昇ったり降りたりしている。家は我々の今いる家に似ている。彼らは家の周囲を廻る。全部で八人だ。鷹のような爪をしている。座ると、猿のようだ。彼らは家に火を放ち、家は烈しく燃え上がる。あなた［ディー］の妻が走り出てくる――二階の手摺を飛び越えて、死んだように横たわっている。そして、今度はあなたが表に出てきた。子供たちが、教会へと向かう道に立っている。鉄の扉まで来ると、あなたは跪《ひざまず》き、頭を地面に叩きつける。彼らはあなたの妻を運びあげ、彼女の頭は前後に揺れ動く。あなたは天をじっと見上げ、片膝を立てる。石造りの家は震え、揺れて、屋根は内部へと崩れ落ちていって、簞笥類にぶつかる。悪党のひとりが笑い声を上げた。家は完全に燃え尽きる。あなたの妻は息を引き取り、その顔は潰れている――顔の右半分、歯などが潰れている。彼女は裸足で白い服を着ている。今や、幻像は消えた。

マリー［ディー家の女中］は池から半死半生の状態で引き上げられているらしい。髪が耳のまわりにまとわりつく。彼女は抱き上げられて、門のところを運ばれる。あなたは野原を駆けているようだ、三人か四人の男がその後に続く。水たまりのなかをあなたは走る。今や、すべては消え、ナルヴェージが再び現れた。彼は泣いていたようだ」

(*TFR*, 66)

この妻と女中の死を予言する恐ろしいヴィジョンに、ディーは動転する。なぜなら、天使たちはこれまで最終的には栄光と成功を彼に約束していたからだ。慄《おのの》くディーに向かって、天使は、しかし、これはディーが惨事を免れることができるようにと神が与えた警告だと諭《さと》す。

「我らが主はかく曰《い》う――見よ、私はおまえ［ディー］を我が為に、我が民と僕《しもべ》の為に選んだ。それゆえ、おまえは滅びることはない、髪の毛一筋といえども。怖れるな、信仰に篤《あつ》くあれ。なぜなら、私はほどなく現れる。それゆえ我が声に耳を澄ませ、我が声を聞け。邪悪と混乱の霊たちがおまえに対して立ち上がった。もし、彼らが我が目的を砕いて勝ち誇るようなことがあれば、世界も天も存在しない。この地はおまえにふさわしくない。しかし、もしも、おまえが望むなら、おまえのものとせよ。暫時《ざんじ》、そして永遠に、私は破壊を選ぶだろう。それゆえ、私を堅く信ぜよ。すべての大地は邪悪の裡《うち》に揺らぐ。隠れた穴から這い出る準備を整えた「罪」は、おまえの匂いを嗅ぎつける。おまえが足を動かせば、それだけ奴には好都合となろう。なぜなら、本年、おまえは幾多の苦難の始まりを目の当たりにすることになろう。そして、このワスクの地は世界が血を流すことに貢献するだろう」

E・K 「彼は火を吐いて消え去ったようだ」

[Δ]「おお、神よ、私たちはあなたの手の内に自分を委ね、意志をあなたの支配の下においた。いったい、私の妻と女中の身を脅かすこの恐るべき破壊は何を意味するのか。私の身に降りかかるとは狂気の沙汰だ。かつて[神によって]守護されていると請けあってもらったことと話が合わない」

(*TFR*, 67)

こう訴えるディーであるが、そこに一転してうら若い女の姿が水晶の裡に現れた。この段階ではまだ名乗っていないけれども、彼女が実はマディミであることは後に明らかになる。

E・K 「白衣をまとった娘が、長椅子に座っている姿が見える」

[マディミ]「ご機嫌は如何でしょうか」(Δに挨拶する)

Δ 「それは私よりあなたのほうがよくご存じだろう」

[マディミ]「私は[英]国のあなたの家に行って参りましたが、皆さんご無事です」

Δ 「それは有り難い」

［マディミ］「女王様［エリザベス］はこう申されておりました、哲学者［ディー］がいなくなって残念だと。これに答えて大蔵卿［セシル］曰《いわ》く、彼はほどなく帰国するでありましょうと。［中略］ヘンリー・シドニー卿は先週の水曜に逝去されました。あなたの隠れた敵であった御仁です」
［Δ］「いや、私は彼をいつも主な友人のひとりだと考えていたが」
［マディミ］「真相は逆なのですよ。とはいえ、何人《なんぴと》も女王様のお心をあなたから離反させることができないのは確かです」 (*TFR*, 67)

災厄の到来を告げる恐ろしい予言を与えるいっぽうで、女王の愛顧の念が変わらないことを伝えるなど、天使たちはあたかも飴と鞭の双方でディーを操ろうとするかの如くである。なお、ヘンリー・シドニーはエリザベスの宮廷で力を揮《ふる》った政治家のひとりであるが、彼の死についてのマディミの言葉はまったくの虚偽であった。プラハに移動してからの八月十四日、同地で、シドニー存命の事実を知ったとき、さすがのディーも、召喚作業への悪魔の介入を疑う旨の註記を欄外に施す(*TFR*, 67)。シドニーがこの世を去るのは、実際には一五八六年八月のことになる。

さらに、マディミは、ようやくワスクに落ち着いたばかりのディーに対して、クラクフに移るよう強く進言した――そうすれば、妻や女中の死は現実のものとならないだろうと。クラクフはワスクの南へ二百五十キロのところに位置する。引越のための費用をどう工面すればよいのかというディーの問いを無視しつつ、彼女は同じ助言を繰り返した(*TFR*, 67–68)。

ところで、本書では、これまで読者の理解を助けるためもあって、召喚記録のなかでもとりわけ視覚的に訴える箇所に焦点をあててきたが、召喚作業の実像を歪めてしまった惧《おそ》れもなしとしない。たしかに、水晶のなかに現れるのは単に天使たちの姿だけではなく、鳥や獣、炎、印章、夥《おびただ》しい数の文字や方陣などが顕現し、先のナルヴェージの示した「幻像」にしてもすぐれて視覚性に富む。四百数十年後に記録を読むわたしたちの眼前に、それらはまざまざと蘇える。あたかも時空を越えて、博士とケリーの作業の場に立ち会い、ファンタズマゴリアのごとき光学的な見世物を眺めている、あるいは、魅惑的なエンブレムの印刷された書物を繰っている感覚に襲われるだろう。

だが、それじたいが、ある意味ではまったくの幻像ともいえる。決して忘れてならないのは、これらの像を水晶のなかに見たのは——もしくは、見たと主張しているのは——ケリーだけだという単純な事実であって、スクライングという術を司るディーの眼は、いうまでもなく、水晶のなかに何の姿も認めてはいない。それは常に透明な石のままにとどまった。あるいは、ディー自身がマディミに語った言葉を用いるならば、「信仰と想像力によってのみ」、彼は天使の姿を「見る」(*TFR*, 31)。召喚記録を読むわたしたちは、すべてを見ているかのような感覚にとらわれるが、これは事実とは異なる。

実際には何が起こっているのか?

たとえばディーの妻や女中の悲惨な末路を予告するヴィジョンにしても、ケリーは自分の眼に映った(と称する)像を言語に変換し、それがケリーの言葉を聞き取った博士によって紙の上に文字のかたちで定着される。視覚像へと変換するのは、記録を読むわたしたちの頭脳もしくは「想像力」に他ならない。『エノクの書』の方陣の場合でも、ケリーがいったん言語に変換して博士に伝えていることに注意されたい。つまり、そこでも視覚像の直接的な伝達や授受は基本的におこなわれておらず、博士はあくまでケリーの語る言葉を通して方陣を「再現」するのだ。

したがって、スクライングという場の核心において生起するのは、単に言語をめぐる行為のみであるといっても過言ではない。天界に秘められた智識は、ケリーという霊媒《ミーディアム》を介して伝達されるわけだが、視覚的情報の場合においてさえ、天と地をつなぐ媒介物《ミーディアム》は言語、しかも視覚を通した文字言語ではなく、あくまで音声言語なのである。『エノクの書』から生成出力される「無謬《むびゅう》の教義」が「祈禱咒」という誦《じゅ》するための言葉、「四十九の声」と呼ばれるものである事実は、まさにそれを端的に示していよう(本書第八章参照)。

ゲルショム・ショーレムは、ユダヤ教における「真理」とは「聴覚的つまり言語的に聴取可能な神の言葉」に他ならず、「啓示」は「ひとつの聴覚的な過程であり決して視覚的なものではない」と道破したが、[*13] これは基本的にはディーの召喚作業にあっても同断といえよう。『申命記』四章十二節に記されているごとく、「汝らは言詞《ことば》の聲を聞《きけ》る而已《のみ》にて聲の外《ほか》は何の像《かたち》をも見ざりし」なのである。

『精霊日誌』では、一五八四年二月十八日以降、ユリウス暦(旧暦)、グレゴリオ暦(新暦)の双方を併記、あるいは後者のグレゴリオ暦のみが用いられはじめ、これはディーがイングランドに戻るまで続く。二月十八日は新暦では同月二十八日にあたり、本書ではここから大陸を離れるまでは基本的に新暦に従う。[*14]

二月二十二日、すなわち新暦の三月三日、依然としてワスクにとどまるディーは、マディミに対して七つに及ぶ質問と要望を投げかけるのだが、なかでもわたしたちの目を惹《ひ》くのは、「イングランドの十ヶ所にあるデーン人の埋蔵宝を、すみやかにこの地に移してほしい」という願いである。なぜなら、「それによって、A・L[=ラスキ]は、抵当に入ったケジュマロクとワスクの土地を取り戻し、クラクフ及び同地周辺の負債を返済できる」からだ(*TFR*, 69)。

先に引いた旧暦二月十八日の召喚記録において、ラスキの金銭的援助は当てにできないとディーは既に洩らしていたのだが(*TFR*, 68)、その財政状態が紛れもなく危殆《きたい》に瀕していた事実がここでいっそう明瞭になってくる。

ディーと共に反キリストと戦うべく神から選ばれたはずの大貴族は、実は本拠の領地さえ失いかけていたのだ。したがって、ワスクを離れてクラクフへと赴けというマディミの進言は、その意味では当を得たものであったともいえようが、財宝を与えてほしいという博士の願いに対しては、彼女は「この世の宝など些細なものだ」とにべもない(*TFR*, 71)。

デーン人の秘宝と関連させて、ディーは、ケリーがコツウォルドで「発見」した錬金の「赤い粉薬」についても質問を発する――「その正体は何か？　どう用いるのが最善か？　そのためにはどうすればよいのか？」。これへの回答は「ケリーよ、おまえが持つものは四の一部である。それは五となったが、四ではなく、三乗において高貴なものとなり、その根《こん》は二五二である」(*TFR*, 71)という謎めいたものであったが、しかし、博士の耳には深遠な意味を帯びて響いたにちがいない。というのは、『象形文字のモナド』において、ディーは二五二という数字の神秘性に言及、それを賢者の石と結びつけていたからである。[*15]

三月十九日、この日、ディー一家は遂にワスクを離れる。クラクフへの到着は四日後の二十三日で、事情は不明だがケリーは少し遅れて四月六日に同地にやってきた。ディーは最初の一週間は教会に泊めてもらい、それから、聖ステファヌス通りの家を借りた。一年の賃貸契約を交わしているので、この時点ではおそらくクラクフでの長期滞在を考えていたのであろう(*TFR*, 72)。

ディーとケリーがクラクフで最初におこなった召喚作業は四月十日のもので、二日後の十二日にはナルヴェージが「祈禱咒」の開示を宣告したのであった。同年七月十三日まで続くクラクフにおける「祈禱咒」開示作業は難渋をきわめ、それを主たる内容とする長大な記録(*TFR*, 78–209)は、量的に『精霊日誌』刊本の実に三分の一近くを占める。

しかしながら、この重要な作業中もディーとケリーの間の軋轢《あつれき》は続き、両者の関係は悪化していく。たとえば、開示が始まって数日後の四月十七日、ケリーは、召喚作業に姿を現す存在たちは実は「悪魔」に他ならないから、もはやわけの分からない文字群を複雑怪奇な手順で受け取るつもりはないと、ディーに憤懣をぶちまけた。そして、ケリーは、博士は召使の少年ジョンを代わりのスクライアーに使えばよいとまで提案する(*TFR*, 91)。

二日後の四月十九日、ディーは、「未知の言語」つまりエノク語の煩瑣《はんさ》きわまる開示方法は、その綴り、発音を正確に把握するために不可欠のものだと、ケリーに諄々《じゅんじゅん》と説き聞かせようと試みた。しかし、ケリーは逆にさらなる怒りを爆発させて博士に喰ってかかる。

> [天使たちは]嘘つきだ、善良でまともな師ではない。そのお蔭で、過去二年間でわたしたちが僅かでも何かを理解したり、達成することはなかった。論理学から始めていれば、この二年間でわたしは七つの学問[中世以降、学者に必須と考えられた数学、音楽、地理学、天文学、文法学、修辞学、論理学を指す]を修得することができたであろうに。したがって、もう天使たちとはどんなかたちでも関わりたくないし、イングランドにとどまればよかった。召喚記録が自分のものだったら、即座に焼却したいところだ。(*TFR*, 91)

ただし、例の如くディーに諭されて和解したケリーは、早くも四月二十一日にスクライングを再開する。この折、ケリーは六つの質問を発するが、またもや「粉薬」に関するものが含まれるのが注目されよう。天使ガブリエルとのやりとりから、ケリーは、「粉薬」が「賢者の石」ではないかと考えて、既に実験を試みていた事実が明らかになっているからだ(*TFR*, 92)。「粉薬」はいったい何なのかという再度の問いに対して、しかしながら、ガブリエルは「その正体を知れば、おまえは過ちを犯すことになるだろう」と答えるのみで、ケリーが激怒して、この日の召喚作業は中絶に至る[*16](*TFR*, 93)。とまれ、記録じたいは残存していないものの、ディーが錬金術研究を営々として続けていたことは疑えず、さらに、ケリーが精霊召喚だけではなく金属変成の作業の協力者でもあったことが窺える。

召喚した霊的存在が信頼できぬ悪霊ではあるまいかという疑念に、ケリーがしばしば襲われた事実は強調するに足るであろう。実際、イングランドを離れる前の一五八三年六月十八日(旧暦)、彼は既に天使に向かって「おまえたちが我々を欺く者ではないと、わたしを説き伏せることができるのか」と挑んでいた。そして、「祈禱咒」開示作業の最中の一五八四年五月二十三日になって、ケリーはついに「証拠」を摑む。この日、天使たちは世界の諸国、諸地域についての智識を教授したのだが、ケリーは翌二十四日に姿を現さない。そこで、博士はケリーの書斎へと赴き、

出てくるように請うたが、彼はそれを拒んで、召喚作業からはどうあっても手を引く所存だという短く断固たる答えであった。そこで私[ディー]は理由を訊ねたが、彼は答えず、作業を始めるのを強く拒否した。[中略]三十分もしないうちに、彼は書斎から飛び出してきた。片手にコルネリウス・アグリッパの著作の一冊を掲げて、彼が述べるには、同書のある章にプトレマイオスに依拠して国や地方の名前が挙げられている——それから推測するに、我らが霊的導師たちとは、他の書物から盗用して世界の地理を教える詐欺師に他ならず、それゆえ向後《こうご》手を切るつもりだと。(*TFR*, 158)

要するにケリーは天使たちの「剽窃」を弾劾するのである。問題のアグリッパの書物とは、これまで度々言及してきた『隠秘《いんぴ》哲学』であって、ケリーの指摘する通り、『隠秘哲学』第一書第三十一章は、プトレマイオスを典拠として世界の地理を扱う。[*17] しかしながら、博士はケリーに対して「おまえの理性は勝手な空想で驚くほど曇らされている」のだと応酬した(*TFR*, 159)。『隠秘哲学』の内容と天使の伝える情報との類似については、本書で既

に度々《たびたび》指摘したところであるが、ケリーが詐欺師であるとするならば、その動機は何であれ、彼はここで重要な「種本」を自ら暴露していることになる。

以上のように、自分たちの召喚する存在が邪霊、悪霊ではないかという懐疑心に深く捉われ続けたのは、博士ではなく、ケリーのほうであった事実は銘記しておくべきであろう。そして、本書第八章で見たように、欺瞞と虚言に満ちた邪霊が出現する危険性については、たとえばパラケルススが強く警告を発していた。

いっぽう、先に触れたヘンリー・シドニーの件のように、ディーが邪霊の介入を疑う場合も確かになくはないが、あくまで例外に属する。この点は、メリック・カソーボンも、ケリー詐欺師説への反証として早くから力説強調していた。[*18] ただし、カソーボンの見地からすれば、ケリーの度重なる警告に博士が耳を貸さないほど、悪魔の支配力は強かったという結論になる。


ケリーが天使たちを「悪魔」と呼んで欺瞞を摘発しようと試みるのと並行して、あるいは、それと深く絡み合うかたちで、わたしたちがまったく存在に気づかなかった深層が露呈してくる。すなわち、ケリーが、ディーとの共同召喚作業とは別に、霊的存在を呼び出していた事実である。しかも、これは「祈禱咒」開示作業と同時に進行した。

まず、四月十三日、天使ナルヴェージから神に背く「偶像崇拝者」としてケリーは叱責を受けた。ケリーがディーに告白するところでは、彼はラスキに関する質問を「窓」に記したからだ(*TFR*, 80)。こうしておけば超自然的存在が回答を与えてくれるとされる魔術とおぼしい。さらに五月七日の召喚作業において、ケリーは、霊たちと交渉した廉《かど》で、今度は天使ガブリエルから譴責《けんせき》された。

［ガブリエル］「彼らとおまえとの交渉は神の御意志の妨げとなっており、それゆえ、彼らは邪である［後略］」

Δ「おお主よ、あなたの聖霊を遣わされて、誤った意見を抱くE・Kの心に真実の光を与えてください」

（*TFR*, 116）

魔術に用いたもの（おそらくは魔道書や呪符）を焼却するよう、ガブリエルは厳しく命ずるのだが、とはいえ、ケリーは、自分の召喚する霊的存在は「邪であるとは思わない」として従順には応じず、逆にこう反駁する。

もし、モーゼとダニエルがエジプト魔術の技に長けており、それでも神の僕であることの妨げにならなかったのなら、わたしもまた魔術を用いて、なおかつ、神の意志を妨げずにすむのではあるまいか。（*TFR*, 116）

結局のところ、この件は、ケリーが折れて、魔術用具一式を「野原に埋める」と約束することでとりあえず決着をみた[*19]（*TFR*, 117）。

このように、ケリーは、ディーのまったく与り知らぬかたちで、独自に超自然的存在を呼び出す作業をおこなっていた。それがいつから始まったのか定かではないが、少なくとも、『エノクの書』の開示が始まった直後、一五八三年三月二十七日、ディーがロンドンに出かけて不在中に、ケリーが単独で召喚作業をおこなった事実は記録から確認できる。この際、博士に向かって、誑《たぶら》かす霊が出現したと彼は報告した[*20]（*AWS*, 243–244）。

加うるに、ケリーが密かに召喚した霊的存在たちもまた、様々な秘奥の智識を伝授した。六月になってさえ、先の約束とは裏腹に、ケリーは独自に霊を呼び出すことをやめていなかったようだ。たとえば、六月四日には、「おまえが邪霊と交渉している限りは、主はその御手を退けられ、おまえは主を斥けることになる」と、ガブリエルは彼を非難した（*TFR*, 163）。

ケリーが自ら正道に戻ることを天使とディーの前で宣誓するのは、六月十一日に至ってであった(*TFR*, 165–166)。ケリーに開示された智識を知った博士は、それらを「幾多の恐るべき異端説と冒瀆的教義(horrenda & multiplicia heresium & blasphemiarum dogmata)」と呼び、慄然とした調子で列挙する。そこには、「イエスは神ではない」、「イエスに祈ってはならない」、「罪は存在しない」、「アダムとイヴから人類が発生したことは歴史ではなく、別の意味をもつ記録である」などが含まれていた[*21](*TFR*, 164)。

ここから炙り出されてくるのは、博士と同じく、ケリーが超自然的存在の実在を堅く信じて召喚交信を試みていたという図に他ならない。単に金や地位が目当ての詐欺師であったならば、この時代に、イエスの神性を否定する教えを霊から受けたなどと他人に洩らす道理はないからだ。

そして、この件については、さらに別の側面、すなわち、ディーとケリーの間の権力関係を考慮する必要があろう。

これまで見てきたように、初めて出会ったときから、ふたりの関係は甚だ微妙で常に不安定だった。とはいえ、スクライアーとはあくまで魔術師に使われる道具に近い存在であり、のみならず、ディーとケリーの両者には、社会的地位、学識、年齢の面で大きな差があるのは否定すべくもない。だが、独自に召喚行為を開始した時点で、ケリーは、こうした権力関係の顚倒《てんとう》、博士と対等どころか博士を下に置く立場の構築を一気に図ったとも解釈できよう。「わたしもまた魔術を用いて、なおかつ、神の意志を妨げずにすむのではあるまいか」と嘯《うそぶ》いたとき、彼は自立したひとりの魔術師としてディーの支配から脱し、召喚作業を己れの掌中に収めようとしたのだろうか。換言するならば、老いた魔術師と若い魔術師の間の熾烈《しれつ》な闘争。『エノクの書』や「祈禱咒」を下した存在を悪魔とケリーが弾劾するのも、同じ動機に根ざすのかもしれない。

ちなみに、五月七日、ケリーの邪霊との交渉を非難した際に、天使ガブリエルが、彼に対して「おまえが獄《ひとや》に囚われて、肉体を苦しめられ辱められたことを考えよ」と述べたのは目を惹く(*TFR*, 116)。「獄に囚われて」とは喩《たと》えにすぎないのか、それとも、やはりケリーには何らかの前科、逮捕歴があったのか。

ラスキの金銭的苦境について、ディーはもちろんすべてを把握していたわけではなかった。四月二十五日、ラスキはディーたちの滞在するクラクフを訪れるが、その二日後には、ケジュマルクの領地を取り戻す算段のために同地へと慌ただしく出立してしまう(*TFR*, 99)。不安に駆られたのだろう、ディーは、五月七日、ラスキがいかなる状況にあるのか、彼がクラクフに戻ってくるのかなどについて天使に問い質した(*TFR*, 117–118)。

ケリーは「イングランドにとどまればよかった」と憤ったが、ディーにしても、ポーランドの貴族に自分の命運を賭した決断に後悔の念が萌《きざ》していたかもしれない。早くも三月三日の時点で、ディーは、エリザベス女王が自分の許に使者を送ってイングランドに呼び戻す可能性について天使に訊ねており(*TFR*, 69)、かなり弱気になっていたことが窺える。そして、五月二十一日には、ディーは「イングランドの女王は存命か、あるいは逝去されたのか」という問いを発し、「存命」との答えを天使から得た(*TFR*, 145)。

他方、エリザベスの宮廷側でも、断片的ながらディーの大陸における動向は摑んでいたようだ。たとえば、ウォルシンガムは、五月末頃にクラクフを訪れた英国人からポーランドの政治情勢に関する報告を受けており、そこには「クラクフに家族と共に滞在中のディーという名前の人物」についての言及がある。「おぼつかない望みを抱いて安定した境遇を捨て、ラスキの後を追ってきたという話であるが、いずれそれを後悔するのではないかと危惧される」というのだ。[*22]

五月二十一日には、天界からきわめて重要な指令が下る。

名前、素性とも不詳の霊が水晶の中に出現、ラスキについて「彼がわたしに仕えるなら、ポーランドの王となるだろう。別の者に仕えるなら、その腸《はらわた》は毒を含んで眼前に転がり落ちるだろう」と語ったあと、「ワスクに戻ってはならない」、「皇帝の許に赴くのだ」とディーに命じたのである(*TFR*, 139)。「皇帝」とはすなわちルドルフ二世に他ならない。一五七六年に神聖ローマ帝国の皇位に就いたルドルフは、一五八三年、ディーがイングランドを離れた年に宮廷をプラハに移していた。

同じく五月二十一日の召喚作業の後半には、マプサーマ(Mapsama)という名前の天使が初めて登場、「彼[ラスキ]と共に当地から皇帝の許に赴け。そこにおまえがいれば神はさらなる事を惹き起こされるだろう」(*TFR*, 145)と断ずる。「おぼつかない望み」を抱いてクラクフにまで流れてきたと噂された博士であるが、しかし、今回も最終的には天使の命令に逆らうことはなかった。六月二日、天使ガブリエルが「忘れるな、主は皇帝の許に行けとおまえに命じたのだ」、「命じられた際に行かぬ者は愚かである」と繰り返したとき、ディーは「わたしたちは皇帝の許に赴かねばならぬ」と欄外に決意を記した(*TFR*, 162)。

博士の決意を寿《ことほ》ぐかのように、あるいは、その決意が揺らがぬようにするためか、六月二十日の朝、まだ寝台にいたケリーにヴィジョンが下った。それは「世界の四つの部分に建つ非常に美しい四つの城」の像で、城からはトランペットの音が轟いた(*TFR*, 168)。このヴィジョンの図は『精霊日誌』刊本からは脱落しているので、掲げておこう(次頁、図版11A)。

この日の午後に出現した天使エイヴ(Ave)は、城のヴィジョンの説明を与えた。たとえば、四つの城は「大地の四人の天使」、十二の旗は「神の十二の名前」を表しており、十字からは「空の天使たちが現れて、ほどなくして人間たちの意思を従わせる」ので、「おまえは軍隊を使わずに諸国を顚覆《てんぷく》させることができよう」、「諸王の愛顧を得るだろう」と。エイヴがいうには、これは「おまえだけに与えられた教え」である(*TFR*, 170)。

だが、ケリーの側では依然として不満をくすぶらせていた。翌日から三日間、召喚作業はおこなわれず、ケリーが霊的な「声」を聞いて天使にまたもや疑念を抱いたとディーは記録する。その「声」は、「金がないからといって、ラスキは皇帝の許に行くべきではない。なぜなら、その宮廷では一銭も獲得できないだろうから」と告げた

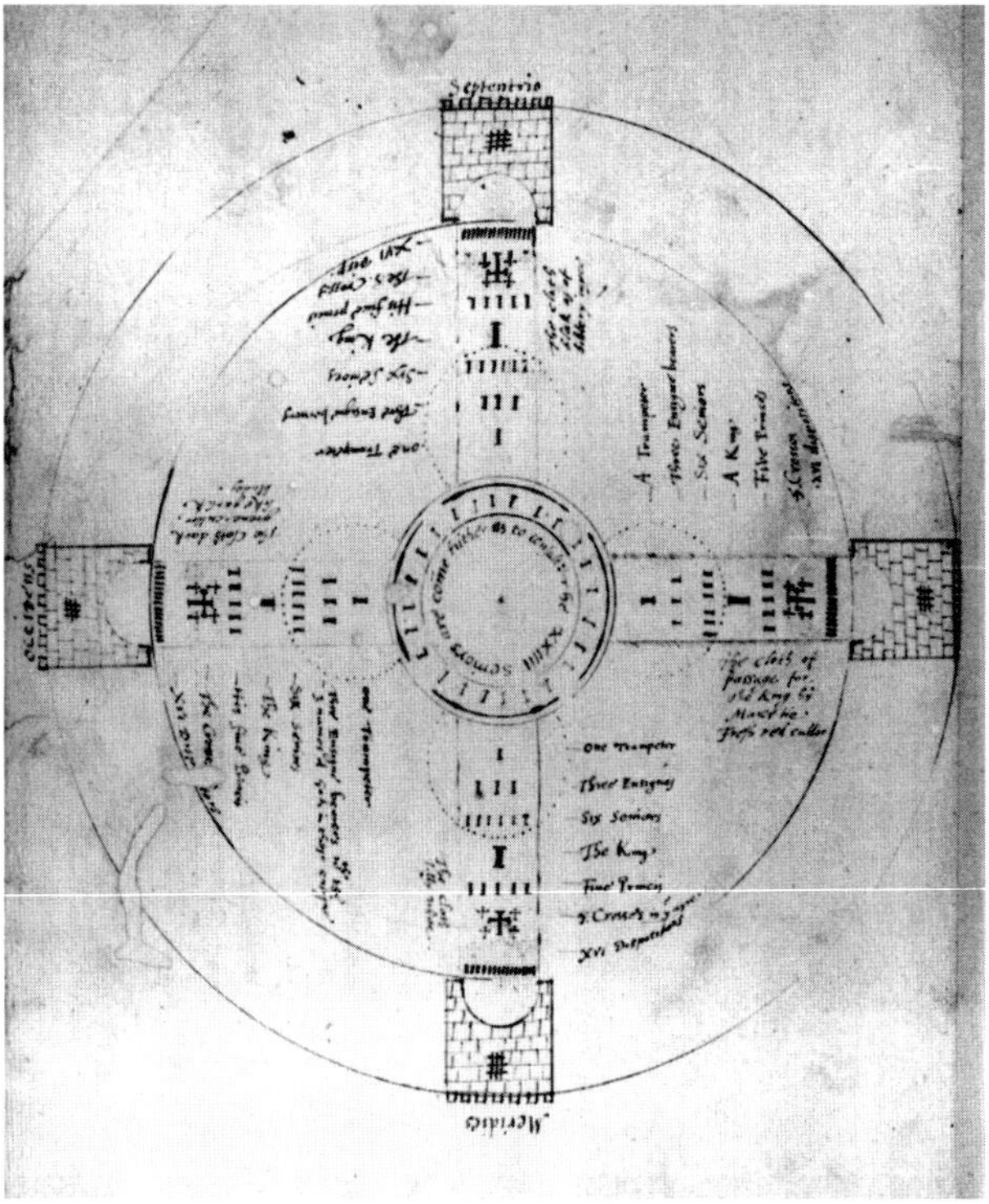

図版：「四つの城」のヴィジョン【11A】
© British Library Board, Cotton Appendix XLVI, vol. I, fol. 192^{v}

という。[*23] さらに、ケリーは、金銭は「邪悪な者たちに属する」ゆえに、天使たちが「金銭や財宝」でディーや自分の苦境を救いはしまいと唱え、これに対して、ディーは信心深い者とて金は手に入ると反論した（*TFR*, 171）。というのも、天使エイヴは、六月二十日に、「おまえは途方もなく豊かになる」とディーに約束していたからである（*TFR*, 170）。

エイヴの言葉はやはり効力があったのだろう、「祈禱咒」を書き取るという難事業を七月末までに無事に完了させたディーとケリーは、クラクフに約四ヶ月半滞在した後、八月朔日、プラハへと旅立つ。

第十二章　皇帝との謁見

クラクフを離れて八日後の一五八四年八月九日(旧暦では七月三十日)、ディーとケリーはプラハに到達した(*TFR*, 212)。わたしたちはこれで本書冒頭の場面に立ち戻ったことになる。ディーの家族とケリーの妻はクラクフに残ったが、いっぽう、ケリーの弟トマスは同行した。トマス・ケリーがいつ大陸にいる兄の許《もと》に合流したのか詳《つまび》らかではないが、ディーによれば彼は一五六五年十月十七日生まれで、兄とは十歳も離れており、このときまだ二十歳に満たなかった(*PD*, 2)。

ディー一行は、プラハ滞在にあたって、ルドルフ二世の祖父フェルディナント一世以来の皇帝お抱えの侍医、タデアーシュ・ハーイェクの所有する家を借りた。ディーの記すところでは、その家の書斎は以前は「聖なる石の術に巧みであった学徒」のもので、「錬金術的象形文字」で部屋中が飾られていたという(*TFR*, 212)。ハーイェクは主として天文学者として知られ、ティコ・ブラーエと親密な交流があったが、ディーと同じく、その関心領域は錬金術などにも広くまたがる。宮廷内では大きな影響力をもち、天文学、占星術、錬金術などについてルドルフの顧問役を務めた。また、ハーイェクはシドニーとは親交があり、彼の三人の息子はいずれもイングランドで学んだことがあった。[*1] なお、シドニーは一五七七年にエリザベスの外交使節の一員としてプラハを訪問し、ルドルフ二世に謁見、この際にはエドワード・ダイアーも同道した。[*2]

八月十五日、プラハでの最初の召喚作業がおこなわれたが、このとき出現したマディミは、クラクフに留まるディーの子供たちと妻に危険が迫っていると警告すると共に、ルドルフ二世に手紙を早急に書くようにとの指示を与えた（*TFR*, 214–217）。これを受けて、ディーは八月十七日に皇帝宛の書簡を認《したた》め、一週間後に、それを『象形文字のモナド』と共にプラハ在駐のスペイン大使、ギリェン・デ・サン・クレメンテに託して、皇帝の許へ届けるよう手配した[*3]（*TFR*, 218）。

八月二十七日に書状は安着との報があり、九月三日の午後二時、ディーは遂に宮廷より謁見を許す旨の通知を受けとった。本書第一章と少し重複するが、ルドルフとの会見というきわめて重要な出来事であるので、ディー自身の遺した記録に従って仔細に眺めてみよう。

宮廷内の私室に招じ入れられたディーの眼にまず映ったのは、卓子を前に座る皇帝の姿だった。卓上には、銀製のインク台などと並んで、彼が送った書簡ならびに『象形文字のモナド』が置かれている。ディーは三拝の礼をとってから皇帝の方に進み出て、書簡ならびに自著を送った無礼の許しを乞い、それはひとえに皇帝のみならず「陛下の父君」に対して抱く「心からの敬虔な念」のゆえからだと述べた。『モナド』はルドルフの父マクシミリアン二世に献呈されたからである。

ルドルフは、型通りの礼を返したのち、世間の学者たちがディーに与える高い評価についてはスペイン大使から聞き及んでいるが、ただし、『モナド』は難解すぎて自分には歯がたたないと述べた。そして、「朕《ちん》の益となる話があるとのことだが」と問う皇帝に対して、「さようでございます」と答えたディーは、室内に他に誰もいないことを確認してから、次のように語りはじめた。

> わたしは生涯にわたって学問に精進し、過去四十年間というもの、多大な苦痛、苦労、費用をかけて、諸国において様々な方法で、人間が地上において獲得できる最善の智識を手に入れようと絶えず努力してまいり

ました。されど、現存する如何なる人々も、あるいは、参照できた如何なる書物も、わたしが求め渇望した真理を教示してはくれぬと、最終的に悟った次第でございます。　(*TFR*, 231)

その結果、彼は、「あらゆる智識と善なるものを与えてくれる存在」、すなわち神に対して、「被造物の本質を知ることのできる叡智を送り届けてくださるよう懇願、祈願」してきたが、神は遂に天使ウリエルをディーの許に遣わし、

二年半このかたというもの、神の聖なる天使たちが、如何なる人間の心も望みえなかったと思えるほどに、わたしに多くを教示し、かつまた、わたしの手を用いて多くの作業を了《お》えたのです。天使たちはまた私に石を授けてくれて、その効用価値に較べれば地上の如何なる王国も無価値でありましょう。　(*TFR*, 231)

ここで「石」というのは、一五八二年十一月二十一日の召喚作業中に天使がディーに授けた水晶を指す(本書第五章参照)。

ディーはさらに、「神から皇帝陛下に伝えるべき伝言」があると前置きして、皇帝に向かって「わたしの許に現れた神の天使は陛下の罪を咎《とが》めております」と大胆にも語りかけた。

もし陛下が私の申すことに耳を傾け信じられるならば、陛下は勝利を収められるでしょう。他方、もし耳を塞《ふさ》がれるのならば、我らが主、天地を創造された神は[中略]陛下を足蹴《あしげ》にされ、陛下を真っ逆さまに倒されるでありましょう。[中略]もし陛下が邪《よこしま》な行いをやめられて主に従われるのなら、陛下の玉座はかつてないほど偉大なものとなり、悪魔は陛下の獄《ひとや》に繋がれるでありましょう。悪魔とはすなわちトルコの王[当時

のオスマン帝国のムラト三世を指す」だと思われます。

（*TFR*, 231）

以上は「わたしが神から委ねられた使命」なのだと重々しく説明してから、ディーは、自分のおこなってきた天使召喚作業の記録、「聖なるヴィジョン」の一切を陛下にお見せする用意があると切り出すのだが、ルドルフは「いずれまた別の折に」と答えるのみだった。こうして謁見は終わった。ディーによれば、以上の謁見は「丸一時間」続いたという。

ディーの側ではルドルフの信頼、愛顧を得て頻繁に会うことを願っていたのはいうまでもないが、しかし、皇帝はディーとの会見にさほど強い印象を受けなかった。すぐにも皇帝の援助を勝ち取れるものと期待していたディーにとって心外であったろうが、以降、このイングランドからの来訪者に対しては、宮廷顧問官を務める学者のヤーコプ・クルツが主として対応にあたるよう命ぜられた[*4]（*TFR*, 236）。

九月十五日に、ディーはクルツ邸を訪問、六時間にも及ぶ会談をおこない、宮廷顧問官はこの件については皇帝に具《つぶ》さに報告すると請け合ったが、ディーは相手にあまり信を置かなかった（*TFR*, 239–240）。なお、ディーは一般にディー博士と称され、本書でも博士と呼んできたとはいえ、実際に博士号を取得したかどうかは未詳なのだが、クルツは、プラハ大学がディーに医学博士の学位を与えるよう、後に少なくとも手配はしたらしい[*5]。

一五八三年五月にラスキと出会ってから約一年と四ヶ月、故国を離れてからは一年間、ディーにとって、神聖ローマ帝国皇帝ルドルフ二世との謁見は、まさに自分が神より与えられた偉大な使命を果たす端緒、契機となりうるはずであった。長らく望んできた栄光の途《みち》は目前にあると想像したにちがいない。けれども、皇帝の反応は熱狂的どころか冷淡で、ディーの期待は完全に裏切られることとなったのである。

彼の抱く大きな失望と焦燥感を宥《なだ》めるかのように、九月二十一日におこなわれた召喚作業で、天使ウリエルは、ディーとルドルフの双方に向けた以下のような神の言葉を伝えた。

よいか、ルドルフよ、わたしはおまえの骨を撒き散らすだろう。おまえの頭はばらばらになるだろう。わたしはおまえの敵たちをおまえの王国中にもたらすから、おまえのために数多《あまた》の人々が命を失うだろう。いっぽう、ディーよ、おまえはわたしの命じたことをおこない、わたしの名前を忘れなかったから、褒美《ほうび》をつかわそう。よいか、わたしは本来はイングランド人を根絶やしにして、国土を荒野と砂漠に変え、異邦人で満たすつもりであったのだが[中略]おまえのために、イングランドを滅ぼさないことにしたのだ。(*TFR*, 242)

さらに、ウリエルは、ディーに対して、「おまえは、自分が賢者の石を造りだせるという旨の手紙を、皇帝に送るのだ」という命令を下す――「おまえに賢者の石を与えてやろう。皇帝とその周辺がおまえを見下げることのな

図版:ルドルフ二世【12A】

図版:タデアーシュ・ハイエク【12B】

いようにだ」[*6](TFR, 243)。

実際のところ、皇帝が天使との交信や予言などより錬金術の秘法に関心があったのは疑えず、ルドルフの寵《ちょう》を受けて重用されるには、ウリエルの示す方策は適切なものだといえよう。ウリエルが「皇帝はおまえ[ディー]が賢者の石を所有すると思っていたし、今なお思っている」と語るのも(TFR, 242)、這般《しゃはん》の事情を示す。また、皇帝との謁見の際に、ディーが「石」という言葉を用いたのも、賢者の石を所有していると匂わせる意図が同時にあったのかもしれない。イングランドから持ち運んだ蔵書の内容やケリーの発見した「粉薬」を用いた実験などから推すと、ディーとケリーがそもそも金属変成作業の達成を大陸滞在時の主たる目的のひとつとしていたのは確実であろう。身も蓋もない言葉を用いるなら、最初の段階でディーは皇帝への自分の売り込みかたを誤ったというべきか。ともあれ、以降のディーとケリーの活動は、錬金術師としての面がきわめて顕著になっていく。

ディーはウリエルの指示に沿った書簡を作成(TFR, 246)、これもやはりスペイン大使ギリェン・デ・サン・クレメンテを介して同年十月七日までに皇帝の許に届けられたようである(TFR, 249, 255)。しかしながら、宮廷から再度の謁見の許可は下りなかった。ただし、十月八日、自分たち一行が神聖ローマ帝国内を自由に往来できる通行手形を、ディーは皇帝より与えられた(TFR, 256)。ほどなくして彼はクラクフへといったん戻ることになるが、皇帝との謁見はこの一回のみにとどまり、ディーは二度とルドルフの顔を見ることがかなわなかった。

天使エイヴが一五八四年六月二十日に下した「おまえは途方もなく豊かになる」との託宣とは裏腹に、この秋、ディーは経済の面でも破滅の淵に立った。スペイン大使との連絡役はラスキに仕える人物が務めたので、そういう方面ではポーランドの貴族はまだディーを助けていたようだが、財政的な援助は望むべくもなかった。だが、異国を転々とするディーには、ラスキしか頼れる人物がいなかったのも事実である。たとえば、九月二十五日、博士は絶望に満ちた調子で金銭的に完全にいきづまった事実を記し、「ラスキ公の助け、あるいは天の助けがなければ、現状を維持することはかなわない」と慨嘆し、かつ、イングランドを離れたことで「女王の不興を買った」

のだと悔悟の念を表明する[*7](TFR, 247)。そして、九月二十九日には、金がないことを訴える手紙をラスキ宛に書いた(TFR, 249)。

天使たちの側では既に夏からラスキを見放しかけていたようだ。たとえばマディミは、八月十五日に「神はもはや彼と共にいない」(TFR, 216)、同月十六日には「ラスキの罪は数多ある」(TFR, 217)と切り捨てた。また、九月二十二日の召喚作業では、ウリエルはディーに対して「わたしは今後は彼[ラスキ]とおまえを和解させ、彼に対する怒りを解くことにしよう。そして、彼にほどなく当地に来させることにしよう」と若干譲歩しつつも、「彼は放埒《ほうらつ》な人物で、罪に染まりやすい」と非難した(TFR, 242)。

他方、ディー自身はあまり深く意識していなかったかもしれないが、この時期、彼は金銭的な貧窮より遥かに大きな危険に身を晒しつつあった。

九月二十四日、彼は自分に対する「無礼な中傷」がプラハで流布するとして、それを以下のように書き留める。

わたしが妖術師にして破産した錬金術師で、当地にやってきたのは皇帝から何がしかを掠めとろうという算段に他ならず、というのも、所有物合切を売り払って、その金をラスキ公に渡してしまったからで、つまりはラスキに騙されたのだと。(TFR, 244)

本書第一章で述べたように、プラハに出現したディーを、奇矯な予言者とみなす見解が存在するかたわら、欺かれて無一文になった錬金術師だと嘲笑う言葉も同地では飛び交っていたのである。

当然ながら、ディーはこれをまったくの虚偽だと憤慨するが、彼に金がない、破産同然というのは真実であったし、かつまた、皇帝の裡《うち》にラスキ以上の庇護者を見出そうとしていたこと、その実現のために賢者の石を所有する旨の手紙を書いたことは否定すべくもない。

だが、この「無礼な中傷」のなかでとりわけ注目すべきは、むしろ「妖術師(conjurer)」という言葉であろう。ディーは別の箇所でこの「中傷」を繰り返し記すのだが、その際には、「妖術師」だけでなく「降霊術師(necromantist)」という言葉も用いる(*TFR*, 247)。

既に述べたごとく、ディーは皇帝に天使召喚作業の記録を見せたいと申し出たものの、体よく拒絶されていた。しかし、ディーにしてみれば、この作業記録こそ、自分が山師ではなく神の聖なる言葉を伝える真正の予言者であることの証拠に他ならないのであって、九月十五日にクルッツとの会見の際には、召喚作業記録の全体、そして、天使がもたらした件《くだん》の水晶を持参して、顧問官に実際に見せた[*8](*TFR*, 239)。さらに、九月二十五日にスペイン大使ギリェンと会食した折、ディーは彼にもやはり水晶と召喚記録の一部を示した[*9](*TFR*, 246)。

したがって、イギリスからやってきた老学者が天使と交信すると主張した事実は、九月下旬にはプラハの一部の人士の知るところとなっていたのであり、ディーが邪霊と交わる降霊術師だという噂が流れたとしても驚くにはあたらない。決して根も葉もない虚言ではなかったのだ。当時の宗教的状況を考えれば、ディーのこうした慎重さを欠く軽率ともいえる振舞は深刻な問題を惹起しかねなかったし、実のところ、ディーはやがてそのような事態に直面する。

さて、プラハにディーと共に到来したケリーは、この頃、いったいどのように過ごしていたのか。

九月二日夜のことである。ディーが宮廷からの連絡を今か今かと待ちかねていた頃にあたるが、ワインを大量に飲んだケリーは泥酔したばかりか、プラハに同行してきたラスキの召使と大喧嘩、狼藉《ろうぜき》をはたらいてしまう。この騒動は翌三日までもちこされ、ディーはひどく心を痛め、そういった精神状態のまま彼は同日午後の皇帝との謁見に臨んだのであった(*TFR*, 229–230)。

それからほどない九月十五日には、ディーがクルツ邸を訪問する最中、借家に残っていたケリーの前に「救世主の存在を否定する」霊が出現した。この霊の語るところでは、ディーとケリーのこれまでの協同作業は何の成果も生まないし、ディーが記録に書き取った内容の大半は虚偽や嘘だという(*TFR*, 240)。

十日後の同月二十五日、ケリーは、ディーに対して、自分はプラハを離れて、クラクフで妻と合流後、イングランドに帰国するつもりだと述べるにいたった(*TFR*, 247)。月が変わって十月四日となっても、ケリーの決心は揺らがない。この日の召喚作業で、「わたしはおまえたちに金や銀を与えない。しかし、わたしの与える祝福は地上の物質に較ぶべくもない」というウリエルの諫言《かんげん》に、「それなら肉や酒や衣服は与えてくれるのか」とケリーは嫌味をこめて反問、「できるだけ早いうちに衣服を売り払って、妻と共にハンブルクへ移動、そこからイングランドに戻るつもりだ。もし妻が同行しなくとも、自分は戻る」と、ディーに訣別の辞を叩きつけた。博士は欄外に「ああ、ケリーよ、ケリーよ」との嘆息を記すほかない(*TFR*, 254)。

皇帝から庇護を与えられる望みが薄くなり、経済的にきわめて逼迫《ひっぱく》したこの時点で、ディーとケリーの協同作業に終止符が打たれ、両者が袂《たもと》を分かったかたちで、めいめいにイギリスに戻っていた確率はかなり高かったといえよう。[*10] だが、結局のところ、ディーが故国の土を再び踏むのはずっと先のことになる。彼はこれからまだ五年以上の長きにわたって大陸に留まる運命にあった。ケリーについていうならば、彼は再び祖国を見ることはない。

ちなみに、八月二十一日、天使ウリエルはディー及びケリーの寿命を予言、ディーについては七十三歳半、ケリーについては四十六歳だと告げた。ふたりは、このとき、自分の未来をどのように思い描いていたのだろう。しかも、ウリエルは、ケリーが「壮絶な死を迎えるだろう」とも語った[*11]……(*TFR*, 224)。

第十三章　追放命令

これまでディーとケリーの足跡をかなり丹念に追ってきたが、本章からは歩調を少し早めることになろう。なぜなら、ディーの遺した記録の量、密度が一五八四年秋より大きく変ってしまうからである。『日録』についていえば、一五八三年夏以降はほぼ三年の長きにわたって空白となる。他方、一五八三年五月下旬以降の召喚作業記録を収める『精霊日誌』刊本の場合、翌八四年十月初めまでの一年四ヶ月ほどの期間で二五〇頁以上の紙数が費やされるが、その後は、一五八七年五月までの記録で百数十頁を埋めるにすぎない。[*1]

一五八四年十月に完全な破局を迎えたかに思えたディーとケリーの関係だが、彼らはその後クラクフへといったん戻り、同年十二月下旬、再びふたりしてプラハに姿を現わす。年が明けた八五年一月十二日には、旧市街に借りた新たな家へと移った(*TFR*, 354–355)。このとき、ディーは、スペイン大使ギリェン・デ・サン・クレメンテに書簡を送り、クラクフ滞在中に「神秘の信じがたい進捗《しんちょく》」があったと報告する(*TFR*, 353)。残念ながら当該時期の召喚記録は現存しておらず、[*2] したがって、ディーとケリーのクラクフにおける活動はまったく不明だが、「神秘の信じがたい進捗」という言葉は、錬金術における何らかの成功をおそらく指す。皇帝ルドルフに対して賢者の石を作れると宣言したディーは、プラハから離れた期間に、ケリーを強く説き伏せて協同で金属変成作業に専念没頭したものと推測される。

プラハに舞い戻ってから下された天使のメッセージが、しばらくの間もっぱら錬金術をめぐるヴィジョンに占められる事実も、この推測の裏付となろう。たとえば、一五八五年一月十四日の召喚作業は以下のようなケリーの言葉から始まる。

> 顔にヴェールをかけた人物がいる。ヴェールは灰色の馬の毛で織ったものらしい。誰だかはまだ分からない。様々な種類の果実が実った庭が見える。その中央に、他より高くなった場所があり、丸い家が建つ。
>
> （*TFR*, 355）

この家には四つの窓、四つの扉があり、扉の色はそれぞれ「白、というか水晶のように透明」、「鮮やかな赤」、「光沢を帯びた黒」、「エメラルドのような緑」である。冒頭のヴェールをかけた男が透明な扉を開くと、

> 家全体が炉のように燃え上がるようにみえる。内部の炎は家や屋根を波のように動き回る。男が今度は緑の扉を開くと、家全体があたかも水が溢れた泉のようになる。[*3]
>
> （*TFR*, 355）

この家のヴィジョンはいったん終わるが、かなり間をおいてから、今度は、丘で地面を掘る七人の工夫たちの姿が出現する。

> 彼らは長く鋭い楔《くさび》、先が三つに短く岐《わか》れた鶴嘴《つるはし》を手にしている［中略］彼らは四角い穴を作り、楔を差し込ん

で、岩、というか(鉄鉱あるいは天然磁石のような)黒い石を砕いて、二ペンスのパンと同じくらいの大きさの丸みのある塊にする。厚みは二、三インチほどだ。
(*TFR*, 357)

これらのヴィジョンが錬金術の秘法を寓意で語るものとして意図されているのは疑えない。錬金術師たちは賢者の石が生成される容器をしばしば家に喩えたし、七人の工夫とは、七つの惑星の支配下にある七種の金属、銅(金星)、金(太陽)、銀(月)、錫(木星)、鉛(土星)、鉄(火星)、水銀(水星)をそれぞれ表徴するのだろう。[*4] ディーは、ヴィジョンを伝える際に特に色に注意を払うようケリーに対して促すのだが、これも錬金術では色が大きな意味を担うからだろう。

ただし、延々と展開するヴィジョンの意味を具体的に会得することはディーにはできかねた。一月十六日の召喚作業の冒頭で、またもや、ヴェールをかけた男と家のヴィジョンが現れたときに、もっと明瞭な言葉で語ってくれるように、「曖昧な判じ物が終わりますよう」にと彼は天界に懇願せねばならない(*TFR*, 361)。

一月十七日、今度は老人の姿をした霊的存在が出現して、'Take of your Dlasod dignified, and Luminus, or from due degrees . . .'で始まる百数十語からなる文章を開示する(*TFR*, 362–363)。しかし、こちらもまた「判じ物」に等しかった。Dlasodなど未知の単語を幾つか含むばかりか、統語法《シンタックス》が混乱しており意味をなさないからだ。一月十八日になると、この霊は、前日の文章には「神の叡智に参入して、それを知るための鍵にして礎《いしずえ》となる神秘」が含まれるが、個々の単語は「混沌のように無秩序」に並べられていると説明してから、それを解くための'1 10 67 29 120 33 78 . . .'という長大な数列をディーとケリーに教えはじめた(*TFR*, 364)。要するに、錬金術の奥義は暗号形式で下されたのである。この数列は『精霊日誌』刊本にも翻字されているが、ここでは手稿のものを掲げておこう(次頁、図版13A)。

手稿から窺えるように、ディーはこれらの数字の正確な書き取りに意外にもかなり難渋し、霊の指示によって

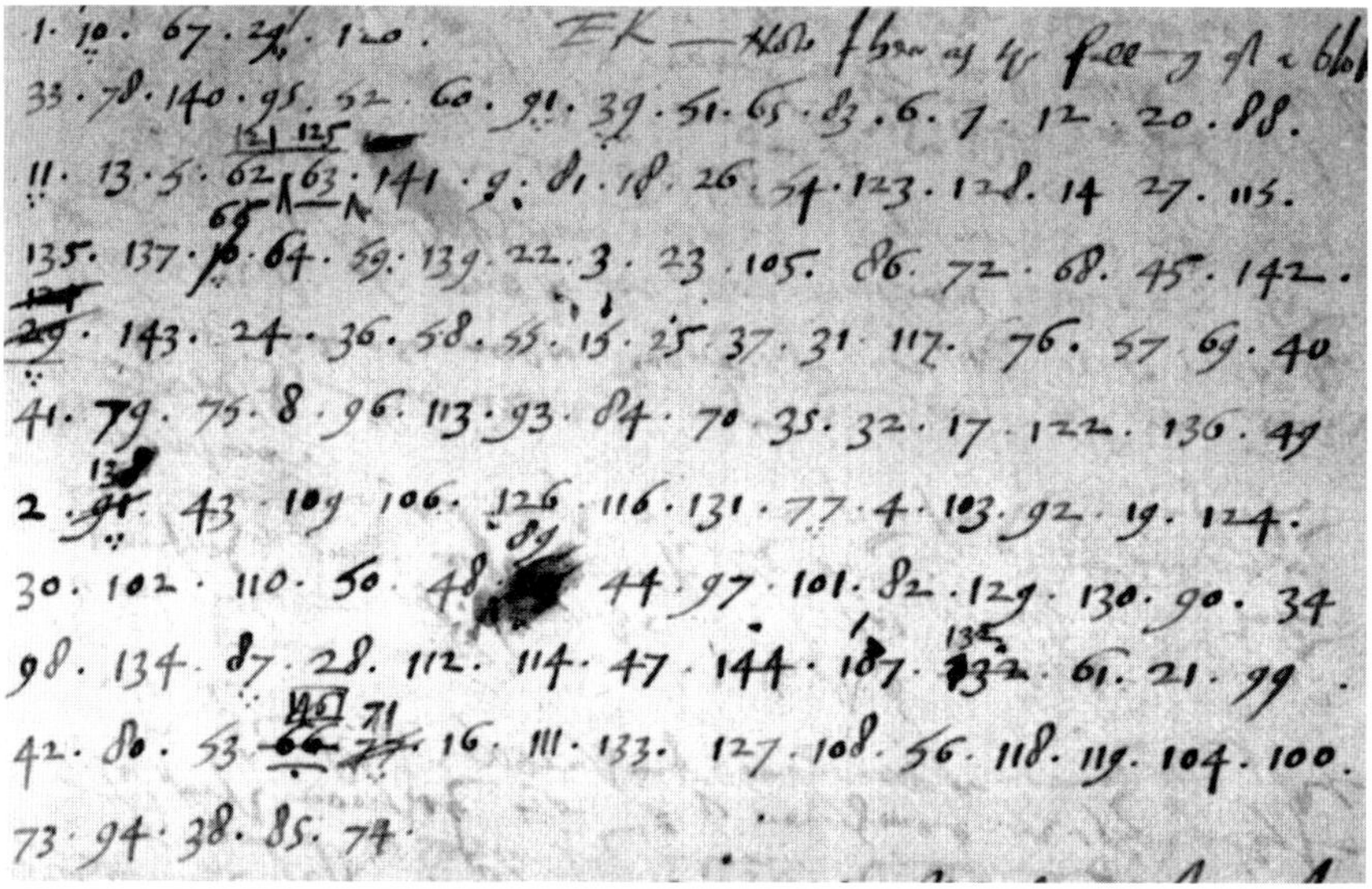
1. 10. 67. 29. 120. EK —
33. 78. 140. 95. 52. 60. 91. 39. 51. 65. 83. 6. 7. 12. 20. 88.
11. 13. 5. 62. 63. 141. 9. 81. 18. 26. 54. 123. 128. 14 27. 115.
135. 137. 10. 64. 59. 139. 22. 3. 23. 105. 86. 72. 68. 45. 142.
29. 143. 24. 36. 58. 55. 15. 25. 37. 31. 117. 76. 57. 69. 40
41. 79. 75. 8. 96. 113. 93. 84. 70. 35. 32. 17. 122. 136. 49
2. 91. 43. 109. 106. 126. 116. 131. 77. 4. 103. 92. 19. 124.
30. 102. 110. 50. 48. 44. 97. 101. 82. 129. 130. 90. 34
98. 134. 87. 28. 112. 114. 47. 144. 107. 132. 61. 21. 99.
42. 80. 53. 66. 77. 16. 111. 133. 127. 108. 56. 118. 119. 104. 100.
73. 94. 38. 85. 74.

図版：暗号解読のための数列【13A】

補訂修正を加えた。

とはいえ、暗号システムじたいは複雑ではない。すなわち、'Take of your Dlasod dignified, and Luminus, or from due degrees . . .' で始まる文章の各単語に Take から順に番号を振り、次にそれらを数列の番号に従って並べ変えるという簡易な方式であった。つまり、Take は番号1であるから正文でも冒頭の語となり、それに続く of は番号10、Dlasod は番号67であるから正文ではそれぞれ十番目、六十七番目の単語に該当する。

老人の姿をした霊によれば、これは「人間が未だ嘗て手にしたことのない鍵」であった——「おまえが希求してきたものは今や掌中にあるのだ」（*TFR*, 367）。その解読された「鍵」は以下のように始まる。[*5]

> 普通の Audcal を用い、それを浄化して、四つの異なった調合をおこなった Rlondnr によって働きかけよ。最後の調合物による作業を切れ目なく迅速に十四日続けると、遂には、Dlasod が赤く輝くものとして固定される。これは復活を表象する。
> （*TFR*, 387）

さらに、Lulo や Roxtan といった言葉を用いて、手順が示され、

> かくて、それは Darr と化す。すなわち、おまえが希求するものだ。神聖で輝く赤い高貴な Dlasod だ。しかし、よく観察して、最も高次の状態でそれを回収するのだ。なぜなら、一時間でも放置すると、それは下降、あるいは上昇して、目的にかなわなくなるからだ。
> 時期を逸してはならぬ。
> （*TFR*, 387）

「おまえが希求してきたもの」、「おまえが希求するもの」とは、もちろん賢者の石に他ならない。一五五〇年代

末か六〇年代初頭より長らく錬金術の本格的研究に邁進《まいしん》してきたディー、天使から「哲学的研究」の助力を得るために召喚作業に手を染めたディーの前に、ついに天界より賢者の石を造出する処方が下されたのだ。

しかし、喜びは束の間にすぎず、ディーにはこの処方の内容が呑み込めない。そもそもAudcal, Rlondnr, Lulo, Roxtan, Dlasodといった謎めいた語が何を指すのか、見当がつかないからだ。以降も、三月下旬まで錬金術をめぐる曖昧なヴィジョンや言葉が下されるばかりで、ディーは絶望を覚える。ようやく三月二十日になって、天使レヴァナエル(Levanael)との対話を通じて、たとえばAudcalは黄金、Dlasodは硫黄を意味し、また、エノク語においては、Darrこそ賢者の石の真実の名前だと明らかになった(*TFR*, 388–389)。だが、それならば、黄金であるAudcalを「浄化する」とはいったい如何なる作業を指すのか……。

約一ヶ月前の一五八五年二月二十三日に話を戻すと、マディミはディーの身に危険が迫りつつあると警鐘を鳴らして、「密かに当地[プラハ]を離れて、すみやかにラスキの許《もと》へ赴け」(*TFR*, 379)と命じ、二日後の同月二十五日、「おまえたちがラスキに頼っているのではない。ラスキがおまえたちに頼っているのだ」と告げた(*TFR*, 379)。このマディミの警告とおそらく関連するのだろう、二月二十七日には、ディーはケリー、ケリーの弟トマスと共にいったんプラハ近郊のニムブルクへと移動したが(*TFR*, 379)、ただし、三月半ばにはまたもやプラハへと戻っている(*TFR*, 382)。

「おまえたちがラスキに頼っているのではない。ラスキがおまえたちに頼っているのだ」とのマディミの言葉が示唆するように、この時期、ラスキからの援助が完全に絶えたために、ディーの財政状態は逼迫《ひっぱく》の極み、どん底の状態となった。如何に切迫していたかは、三月二十一日に起こった悲喜劇めいた事件からも想像できよう。この日、ディーの妻ジェインは、金がないから助けてほしいと神に宛てて嘆願書を作成、それをディーが粛々《しゅくしゅく》と読み上げたのである(*TFR*, 389)。彼はまさしく噂通りの「破産した錬金術師」に他ならなかった。

こういった状況の下、ディーは三月下旬にエリザベス女王に宛て手紙を書いた(*TFR*, 390)。彼が七年後に執筆した自伝『略歴』によれば、「思慮深く信用できる専門家をボヘミアにいる自分のところに派遣して、神が自分と友人たちに同地で与えたものを実際に見聞してほしい」という旨の書簡である(*CR*, 23)。「専門家」というのは錬金術に通暁した人物の謂《いい》であり、賢者の石の処方が起死回生の策となって、一気に事態を挽回できると、女王から惜しみない援助が与えられると、ディーは依然として信じていたのだろう。[*6]

だが、『略歴』の同じ箇所に、「その時点[一五八五年三月]において、そして、その時点までは、わたしはわたしたちの哲学的作業の主宰者だった」との条《くだ》りがあるのは注目に値する。ここには明らかに彼の無念が滲んでいるからだ。すなわち、ディーがほどなく直面せざるをえないのは、自分がもはや「哲学的作業」つまり錬金術実験を仕切っているのではないという現実であった。人間界で初めて手にしたはずの「鍵」をもってしても、ディーには賢者の石を獲得することはできない。そう自ら確信する瞬間すら訪れなかった。錬金の秘法を操り金属変成に成功した人物としてやがて栄誉を得るのは、錬金道士の間で名高い『象形文字のモナド』の著者ではなく、出自素性すら曖昧なスクライアーで弟子格のケリーのほうなのだ。この時点を境として、ディーとケリーの権力関係は完全に逆転していく。

ディーは、ケリーとその弟トマスと共に、一五八五年四月五日にはクラクフへと再び移動した(*TFR*, 397)。同月十五日には、ワスクからラスキもやってきて、ディー一行と合流、十七日にはラスキが同席してポーランド国王ステファン・バトーリとの謁見にまで漕ぎつける。ラスキが久々にディーを助ける具体的な行動を起こしたのは、おそらく、賢者の石の処方が天使より下された件の報告があったからであろう。ステファンは「貴殿については良きことを多く聞き及んでいる」とディーに告げたが、今は暇《いとま》がないから、後に再び会見の機会を作ろうとのことであった(*TFR*, 397)。五月二十三日になってディーは国王との二度目の謁見を許され、さらに四日後の二十七日には国王、ラスキの双方が参加しての召喚作業が実現するにいたる。この際に出現した霊は、国王に向かって、「おまえが不信心を改めるならば」、世界の王たちは「おまえの足元に屈して、おまえの剣《つるぎ》は諸国の恐れるところとなろう」との託宣を下した(*TFR*, 405–6)。だが、この天界からの言葉に、ステファンは、ルドルフと同じように、強い感銘は受けずに終わった。[*7] 神聖ローマ帝国皇帝、イングランド女王、ポーランド王のいずれもディーを引き立てようとはせず、一五八四年六月二十日に天使エイヴがディーに与えた「おまえは諸王の愛顧を得るだろう」との予言はことごとく外れたわけである。

なお、ラスキがクラクフを訪問する約十日前の五月六日、ケリーはラスキが自分に約束した給金(本書第十章参照)を少しも払わないと非難、ラスキは信仰心のない非道な人物だと弾劾した上で、自分は弟トマスを連れてプラハに帰るつもりだと宣言した。これに対して、ディーは、ラスキは改心しているからと宥《なだ》めにかかった(*TFR*, 399)。ステファン王の援助を受けることに失敗したディーとその一行は、結局のところ、一五八五年七月にはプラハへと戻る。

だが、彼らを不安に陥れる状況がプラハでは待ち受けていた。

『精霊日誌』では一五八五年六月六日を最後に暫く記録が途絶え、次は八月六日となり二ヶ月の空白がある。さらに、八月六日の後には九月六日の短い記録があるだけで、そこから再び八ヶ月弱の間欠落して、次に見出せる日付は翌年一五八六年四月三十日となる。実のところ、この一五八五年夏から翌年春までの期間、ディーとケリーはきわめて深刻な問題に直面したのだが、それに関する記録は、『召喚記録』と同様、アシュモールの遺品のなかに長らく手稿のまま眠っていた。ディーは他の記録とは異なりこれを全文ラテン語で書いていたが、後述の事情により、後の時点になってから——おそらくは早くとも一五八六年四月下旬に——執筆したものと推測される。以下の記述は、基本的にはそれに従う。*8

既に述べたように、一五八四年夏にプラハにやってきてから、ディーは、天使と交信する事実を皇帝の面前で公言したばかりか、その召喚作業記録を一部の人間にも見せていた。これは噂としてプラハにおいてたちまちのうちに広まり、ディーを「降霊術師」、「魔術師」と非難する人々がいたのは、彼自身が記録するところである。そして、当然というべきか、ローマ教会側では、このイギリスからやってきた学者、天使との交信を吹聴する人物を、瀆神《とくしん》行為に耽る危険人物ではないかと疑い、その動向を早い時点から監視していたものとおぼしい。

ここで重要なのは、神あるいは天使との直接的な対話は、エノクやアブラハムの時代ならいざしらず、その後は稀にしか起こっていないというのが当時の一般的な見解であった点である。たとえば、五月二十三日にディーと会見した折、対話の冒頭で、ポーランド国王ステファン自身が、「予言者や啓示は、キリストの時代においてさえ、絶えて久しかったという事実を念頭に置かねばならぬ」ときわめて慎重な物言いをしているのだ(*TFR*, 402)。したがって、もし、天使との対話を公言する人物がいるとすれば、それは天使を偽った邪霊に誑《たぶら》かされているか、悪質な詐欺師、山師の類《たぐい》であろうという疑いが濃い。また、よしんば対話交信が可能だとしても、それは隠者、聖者のような精進潔斎《しょうじんけっさい》を守る存在に限られるはずで、いっぽう、ディーとケリーが妻帯生活を含めて世俗の塵にまみれていたのはいうまでもあるまい。*9 さらに、本書第一章で触れたように、一五六八年の日付をもつカトリック側の記録には、ジョン・ディーという名前の「妻を娶《めと》った司祭で、魔法などの怪しげな術に耽る」人物への言及が見出せる。したがって、ずいぶん早くから、ディーは異端の破戒僧としてローマの情報網、監視網に認識捕捉されていたのかもしれない。

こういった宗教上の理由に加えて、もしくはそれと表裏一体のかたちで、政治的な理由も想定すべきだろう。というのは、一五八五年、イングランドは、カトリック勢力の中心であるスペインに対抗すべく、ネーデルラントの新教徒勢力と同盟を結ぼうとしており、かつまた、ドイツの新教徒諸侯の支援も画策した。したがって、こういった反スペイン、反カトリックの旗幟《きし》を鮮明にするイングランドの動きに敏感になっていた教会側からすれば、ディーがイギリス人である事実も監視の大きな理由のひとつとなりえただろう。なお、ルドルフ二世はスペインの宮廷で育てられた人物だが、カトリックの教義を忌避、嫌悪する面もあって、ローマとの関係は必ずしも良好とはいえなかった。

さて、ディーが一五八五年七月にプラハに戻ってから僅か数日後、彼の許に、とある貴人を介して、同地に新たに着任したローマ教皇大使であるジェルマニコ・マラスピーナが面談を希望する旨の伝言が届いた（‘UC’, 230）。マラスピーナは教皇大使の任をジョヴァンニ・フランチェスコ・ボノーミから引き継いでおり、後者は、一五八四年、ルドルフに対して、ボヘミアの地における異端的信仰の組織的な根絶策を提出していた。[*10]

ディーはマラスピーナの意向を無視する策をとったが、以降、八ヶ月間というもの、教皇大使側は幾度も面談の要請を繰り返す。年が明けた一五八六年三月下旬になると、大使側の態度は命令に近くなり、かくて、事態の深刻さを悟ったディーは、ケリーを同道の上、三月二十八日、遂に大使の許へと赴くことになった（‘UC’, 231）。

マラスピーナは、カトリックとプロテスタントの対立によってキリスト教が危機的な状況にあり、これは誰ひとり知らぬ者のない事実であろうと話を切り出した。他方、神自身あるいは神の遣わした善なる天使から現在の危機を救いうる啓示を受ける人々が存在するやもしれぬが、その啓示の内容がこれまで明らかにされていないのは誠に遺憾であって、

> もし、あなたたち二人に、聖なる天使たちがしばしば降臨し、神がおんみずからの神秘を明らかにされているのなら［中略］どうか、それをわたしに洩らしてほしい。最大の注意と喜びをもって、わたしは傾聴させて

いただく所存だ。　（'UC', 232）

と述べた。

これに対して、ディーは非常に用心深く言葉を選んで答えた。


わたしたちが、善なる天使たちからの、そして、時には神おんみずからの、知識や指示を頻繁に受け取っているのがよしんば本当だとしても、いま、猊下《げいか》が求められた件に関しては、神や天使たちの助言をこれまで受け取ったことはなく、かつまた、わたしたちの権能外に属し、わたしの権限、役目の及ぶところではございません。したがって、かくも重大な事柄について、単なる人間にすぎないわたしの意見などを申すよりは沈黙するのが妥当かと思われます。　（'UC', 232）

会見はこうしてまずは穏便に終わるかに思えたのだが、ディーに続いて口を開いたケリーが、軽率にも、カトリック教会の一部の聖職者の堕落腐敗を糾弾する発言をおこなってしまう。教皇大使は、とりあえず「またお会いしたい」とその場を収めたものの、後になって、ディーは大使がケリーの言葉に激昂した事実を知る。

それだけではない。教皇大使との面談からほどなくして、ケリーが告解をするために某イエズス会司祭に会った際、司祭の側がケリーを詰問するという事件が起こった。ケリーが大きな罪を犯している、つまり、超自然的存在からの伝言を受け取っているのではないかとの非難である。しかも、このとき、ケリーは迂闊なことに天使の召喚作業記録が「厖大な書冊」として存在する事実まで喋ってしまう。司祭はそれを即刻引き渡すよう求めたが、いうまでもなく、ケリーは拒否した（'UC', 235–236）。

ディーはこういった教会側の策略について憤激した調子で次のように述べる。

我々にとって至高の価値をもつ[召喚作業]記録を、力づく、あるいは謀《たばか》りをもって、奪おうとする者がいるならば、やってみるがいい。自分には皆目理解できないこれらの神秘を、高慢で分別のない判断力で非難する連中がいるなら、やってみるがいい。我々が狡猾な詐欺師だと、我々がこれらの記録を捏造《ねつぞう》したのだと主張する手合《てあい》がいるなら[中略]やってみるがいい。

('UC,' 227)

以下、「我々が、腹黒い悪霊によって多年にわたって誑かされ誤りに引き込まれた、騙されやすい阿呆者だと説こうとする」輩《やから》、「我々の時代、このような世界の現状では、聖なる交信による啓示は終わっており、そのような啓示や真の予言が人間に与えられることはないと主張する」輩を、ディーは口をきわめて罵る。ただし、そのいっぽうで、「敬虔で、謙虚で、控えめで、誠実で、キリスト教的慈悲に富む、蒙昧《もうまい》でない人々」に対しては、天使から開示された秘密を明かす用意があるとも、ディーは記す('UC,' 226)。

ところで、この前年の一五八五年八月六日の召喚作業記録に、フランチェスコ・プッチという人物が、まったく唐突に参加者として登場してくる(*TFR*, 409–417)。実は、このプッチこそ、一五八五年夏から八六年春にかけてのプラハでの教会側の動きと深く関わる人物であった。しかも、彼は単に魔術やオカルティズムに耽溺する無名の畸人ではなかった。[*11]

プッチは一五四三年にフィレンツェで生まれたイタリア人で、一五七一年から神学生としてパリ大学で学んだ。しかし、翌年、カトリック教徒がカルヴァン主義者のユグノーを多数殺害した聖バルテルミの虐殺を目撃したことを契機に、カトリック教会から離反、フランスを去ってイングランドへと渡った。

イングランドでは新教徒としてオックスフォード大学に入り、一五七四年に学業をいったん終えるが、翌年には、カトリック教徒の疑いをかけられて大学から追放され、ロンドンへと移る。約二年間を過ごしたロンドンでは、ユグノーとして活動するが、その指導者たちと宗教的な問題で対立し、一五七六年には大陸に舞い戻り、スイスのバーゼルに姿を現す。同地で、プッチは、ファウスト・ソッツィーニと魂の不滅をめぐっての神学論争を開始した。シエナの名門の出身であったソッツィーニもまたカトリックから離反したイタリア人で、三位一体論に反対する立場をとるようになり、彼の思想は後のユニテリアン主義の源流のひとつとなったとされる。一五七九年にはプッチはまたもやロンドンに渡り、そして、三年後の八二年にはイングランドを離れ、翌八三年にクラクフに赴いた。なお、ソッツィーニは一五七九年以降クラクフに本拠を構えており、両者の間の論争も再開された。

　二十世紀半ばになってからようやくプッチが真の著者と判明、現在では彼の代表的著作と目されているのは、『普遍《カトリック》共和国の形成』(一五八一)である。同書は、その過激な内容のために写本のみで流布したが、カトリック教会を厳しく弾劾する一方で、キリスト教全体の再統合を訴え、全欧にまたがる秘密の「共和国」、地下組織の樹立を提案した。したがって、フランチェスコ・ボノーミが撲滅しようとしていた「異端的信仰」の代表例といえよう。

　イギリス滞在中の時点で何らかの接触があったのかもしれないが、現存する証拠から確認できる限りでは、プッチがディー及びケリーの知己を得たのは一五八五年の六月か七月、クラクフにおいてである。[*12] 以降、彼はディーの居所に寄寓して行動を共にし、たちまちのうちに召喚作業に参加を許されるまでになった。

　ディーから交信の現場への参加を許されたプッチは、次第に天使の言葉を堅く信じはじめる。そのことは、「ほどなくして反キリストが出現するという非常に重要な言葉を天使から聞いたばかりか、あるゆるものの革新が直ちに起こってほしいという私の期待が確認されたのです」という、一五八五年八月に彼が認《したた》めた書簡の一節からも窺えよう。[*13]

　のみならず、天界からの託宣を、プッチは自分がローマ教会へと復帰するよう促す啓示と解した。彼はプラハで教会側と接触、かくて、ディーとケリーの交信作業をめぐる詳細な情報がローマ教皇大使などに流入していく。

たとえば、先に述べた三月二十八日の大使との会見の実現には、他ならぬプッチが介在していた。四月上旬には、ケリーとプッチの間に激しい諍《いさか》いが起こるなどして、ディーはプッチについて「我々の敵たちを利して、我々の真摯にして敬虔な努力を無にした」と述べるにいたる('UC', 239)。

ただし、ディーはローマ教会と常に厳しく対立していたわけでもなかった。少なくとも一五八五年の前半についていうならば、天使たちは博士にむしろ教会との融和、和解を勧めた。たとえば、一五八五年一月二十八日の召喚作業ではカトリックの化体《けたい》説をめぐって天使との問答がおこなわれ(*TFR*, 372)、三月十四日には、新たに生まれたディーの息子マイケルがプラハ城に付随するカトリック教会で洗礼を受けた。この際には、スペイン大使サン・クレメンテが後見役のひとりを務めている(*TFR*, 382)。また、クラクフ滞在中の同年四月二十日、ディーはシトー派修道院で、二日後の二十二日にはケリーが聖ステパノ教会で、それぞれ聖体拝領を受けた(*TFR*, 397)。ケリーの聖体拝領については、天使たちがこれを要求しており、ディーは実現を喜んだ(*TFR*,398)。さらに、一五八五年八月六日のプッチが参加した召喚作業では、天使は、ローマ教会の体制は十二使徒の伝統に立つ正しいものだとディーに諭す(*TFR*, 410–13)。

一五八六年春、教会に天使召喚作業記録の存在を知られたばかりか、その引き渡しを求められたディーであるが、このような状況を背景に、四月十日、プッチも参加していたこの日の召喚作業で、神はディーに驚くべき指示を与えた。

霊的存在の「声」が厳かな調子で、まず「おまえがわたしから受け取った本やすべてのものを、わたしの前に置くのだ」とディーに命じる('UC', 248)。この言葉に従って、ディーは階下に赴き、「あらゆる記録と書冊(過去四年間にわたって、神とその聖なる天使たちが絶え間なくわたしに口述してきたもの)、わたしの書いたもの」を運んできた('UC', 248–249)。四年間に及ぶ召喚作業記録は、「きれいに綴じて製本された」かたちで総計二十八冊に達しており、ディーはその数は聖なる七の四倍にあたるとわざわざ註記する('UC', 249)。「声」はこれらの記録類をすべてばらばらに切り離して、卓上に置くよう求め、ディーはその指示も黙々と実行した。しかし、指示はさらに続く。

「声」は今度はケリーに語りかけると、「おまえがこれまで隠してきた書物と粉薬が入っている黒い袋をここに持ってくるのだ」と要求した。ディーによれば、ケリーは大いに動転狼狽したが、結局、「黒い袋」を取りにいって戻ってきた。「粉薬」というのはもちろん錬金の秘薬であり、書物のほうは二冊をひとつに製本したものであったらしい('UC', 250)。さらに、まだ隠しているものがあるはずだとして、結局、ケリーは古い写本も提出させられた('UC', 252)。

そして、これらをすべて「炉に投じよ」と「声」は命じた。ディーとケリーはその通りにおこない、プッチも夥しい量の文書が燃え上がる現場を目撃した('UC', 252)。かくて、水晶と「聖なる台座」のみを残して('UC', 255)、これまでの長期間に及ぶ召喚作業の厖大な記録とその関連文書のほぼすべては灰燼《かいじん》と帰したのである……。

この場面でディーがラテン語で書いた文書は終わるのだが、『精霊日誌』の四月二十九日の項は、「永劫に記録されねばならない奇蹟の出来事」と題して、その後日談を語っている。

この日、窓外を眺めていたケリーは、庭師らしき人物から、博士に来るように伝えてほしいと告げられるが、この人物はほどなくして「焔の柱」と共に空中に消えてしまう。邪霊の出現かと疑ったケリーは、博士と相談の上でふたりして庭に出ていくが、庭のアーモンドの樹の下に、書物らしきものが落ちているのを発見する。果たして、それは、先日灰と化したはずの文書のうち、『エノクの書』、『四十八の天使の鍵』、『地上の知識、援助、勝利の書』(*Liber scientia auxilii et victoriae terrestris*)の三冊に他ならなかった(*TFR*, 418)。なお、『地上の知識、援助、勝利の書』とは、召喚作業から得られた情報を基に、地上の九十一の場所を統べる天使たちについての詳細をディーが整理してまとめあげたもので、一五八五年五月二日の日付が入っている[*14](267頁、図版13B)。

アーモンドの樹の下で神に深い感謝を捧げるふたりの前に、さきほどの庭師の姿をした天使が出現、今度はケリーのみについてくるよう命じて、博士を庭に残すと、両者は室内に入った。そして、すべてを燃やしたはずの炉の中から、ケリーは残りの記録類のほぼすべてを回収できたのであった(*TFR*, 418–419)。

いうまでもなく、現存するこれらの手稿には燃えた痕跡は認められず、そもそも、ディー自身が損傷は一切見られない旨を述べている(*TFR*, 418)。したがって、ケリーを単なる詐欺師とみなし、博士を盲信の哀れな犠牲者とする観点からは、この事件は典型的な例にして強力な証拠となろう。

ただし、この「奇蹟」についてはディーが主導した可能性がなくもない。

教会側からの圧力を受け、異端者として糾弾される恐れのあったディーであったが、同時に、天界との交信は可能だという主張を枉《ま》げるつもりはなかったにちがいない。したがって、彼としては、教会の掌中に入れば危険な証拠となりうる記録が神の聖なる介入によっていったん消えてしまうという筋書は、いたって好都合であっただろう。むろん、記録が単に消えた、もはや存在しないと語っても説得力に乏しいであろうから、証人が必要となる。そこで、プッチという人物が教会側と内通しているという状況を逆手にとって、彼を巻き込んでの一場の「劇」が仕立てあげられたのではないかという推測がなりたつ。

四月十日の焚書作業を目の当たりにしたプッチは、それを真に受けて教会側に注進したにちがいない。[*15] さらに、ディーがカトリック側との軋轢《あつれき》をすべてラテン語で記したのは、それが一種の公式の弁疏《べんそ》を意図した文章、自分たちの立場を防禦《ぼうぎょ》するための記録であったからだと考えうる。読者として想定されているのは、もっぱら教会や神聖ローマ帝国宮廷の関係者たちなのではあるまいか。ラテン語の記録においては本の奇蹟的な回復、回収がいっさい言及されない点も、傍証のひとつになるかもしれない。

いずれにせよ、この奇蹟にはあらかじめ周到な「伏線」が張られていた。たとえば、ケリーは、焼却作業の最中に、炉の中に男の姿が朧《おぼろ》げに出現して書冊を回収するヴィジョンを見て、それをディーとプッチに告げる('UC', 253)。さらに、焚書が終わったあとで、「声」は「これらは火中に投じられたが、同じようにして、おまえたち

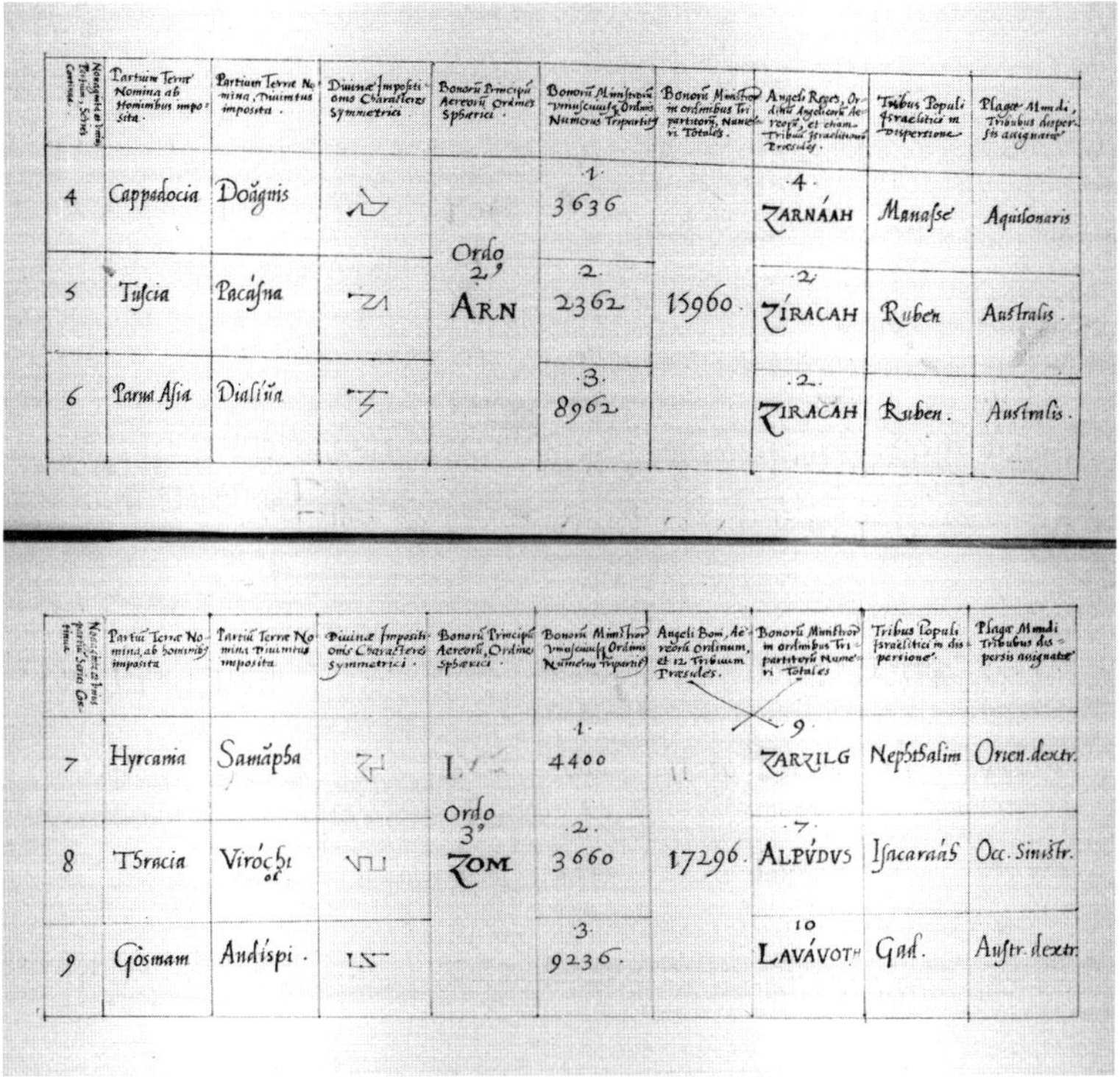

Nona quinta partium Terrae Series Continua	Partium Terrae Nomina ab Hominibus imposita	Partium Terrae Nomina, Diuinitus imposita	Diuinae Impositionis Characteres Symmetrici	Bonorum Principum Aereorum Ordines Sphaerici	Bonorum Ministrorum vniuscuiusque Ordinis Numerus Tripartitus	Bonorum Ministrorum in ordinibus tripartitorum Numeri Totales	Angeli Reges, Ordinum Angelicorum Aereorum, et etiam Tribuum Israeliticarum Praesides	Tribus Populi Israelitici in Dispersione	Plagae Mundi, Tribubus dispersis assignatae
4	Cappadocia	Doagnis		Ordo 2 ARN	1 3636	15960	4 ZARNAAH	Manasse	Aquilonaris
5	Tuscia	Pacasna			2 2362		2 ZIRACAH	Ruben	Australis
6	Parua Asia	Dialiua			3 8962		2 ZIRACAH	Ruben	Australis

Nona quinta partium Series Continua	Partium Terrae Nomina, ab hominibus imposita	Partium Terrae Nomina Diuinitus imposita	Diuinae Impositionis Characteres Symmetrici	Bonorum Principum Aereorum, Ordines Sphaerici	Bonorum Ministrorum vniuscuiusque Ordinis Numerus tripartitus	Angeli Boni, Aereorum Ordinum, et 12 Tribuum Praesides	Bonorum Ministrorum in ordinibus tripartitorum Numeri Totales	Tribus Populi Israelitici in dispersione	Plagae Mundi Tribubus dispersis assignatae
7	Hyrcania	Samapha		Ordo 3 ZOM	1 4400	17296	9 ZARZILG	Nephthalim	Orien. dextr.
8	Thracia	Virochi			2 3660		7 ALPUDUS	Isacaraas	Occ. Sinistr.
9	Gosmam	Andispi			3 9236		10 LAVAVOTH	Gad	Austr. dextr.

図版：『地上の知識、援助、勝利の書』【13B】

はすべてをまた受けとるだろう。わたしが語ったことの一文字たりとも滅びはせぬ」とも語った('UC', 254)。

「奇蹟」の起こった翌日、一五八六年四月三十日のことである。召喚記録において「ローゼンベルク侯」という名前が突然言及され、五月一日には彼との会見がおこなわれた(*TFR*, 419–420)。これはヴィレム・ロジュムベルクを指しており、以下、彼については本文、引用ともロジュムベルクという表記で統一する。

ロジュムベルクはルドルフ二世配下の貴族たちの重鎮中の重鎮であり、ラスキと同じくステファン・バトーリの後のポーランド王位を狙っていた。ロジュムベルク家はプラハ城の近隣に豪壮な宮殿を構え、ヴィレムは僅か十六歳のときにボヘミアで最大の富を所有していたという。[*16] かつまた、敬虔なカトリックながら、彼はルドルフに劣らず錬金術やオカルティズムに強い興味をもち、ボヘミア南部のトシェボニュにある城やプラハの邸宅に錬金術師たちを雇い入れて、彼らの差配《さはい》役も配置していた。ヴィレムはまた鉱山の開発にも意を注いでいたが、この点は記憶にとどめていただきたい。

彼と関わりのあった錬金術師、オカルティストには、ハインリッヒ・クーンラート、ニコラス・ロイスベルガー、クリストフ・フォン・ヒルシュベルクなどが挙げられる。医師、錬金術師、隠秘《いんぴ》哲学者で『永遠の叡智の円形劇場』の著者として名高いクーンラートについては、一五八九年六月六日、ブレーメンに滞在中のディーの許を訪問したことも含めて、本書第四章で既に触れた。[*17] クーンラートは、一五九一年からはヴィレムの侍医を務める。

結論から先にいえば、ルドルフ、ステファンの両者から援助を得るのに失敗したディーとケリーであったが、ロジュムベルクの裡《うち》に遂に有力な後援者を発見したのであった。ラスキより富と地位の双方で勝るこの大貴族にどのような経緯で接触したかは記録に残されていないが、これまでの失敗に鑑みて、天界からの託宣ではなく金属変成の業を前面に打ち出して成功したことは、以降の展開から明らかである。ただし、この時点で錬金作業においてケリーの占める比重はずいぶんと高まっていたにちがいないから、ロジュムベルクへの売り込みにあたって、ディーはケリーの協力者の地位に甘んじねばならなかったかもしれない。

一五八六年五月六日、ロジュムベルクの提供した馬車で、ディーはファルクノフ(現在のチェコのソコロフ)に向けて出発した。同地はガラスの製造で有名なところで、それゆえ錬金術、占星術、化学、天文学などと深い繋りがあった。ディーが訪れたのもガラス工場で、これはおそらく錬金術関連の用具調達のためであったのだろう[*18](*TFR*, 421)。彼はさらに旅を続け、同月十一日にライプツィヒに到着して、しばらく滞在した(*TFR*, 421)。

ライプツィヒにおいて、ディーはウォルシンガムに宛てた書状を五月十四日付けで認《したた》めた。この手紙の全文の写しは『精霊日誌』に収録されており、その一節から、ディーが、前年の一五八五年三月下旬にエリザベス女王に書簡を送った後、同年十一月にも再び女王とウォルシンガムに手紙を書いていた事実が分かる(*TFR*, 422)。つまり、これらの通信に対してエリザベスとその周辺から反応が皆無であったため、ディーはまたもや母国の宮廷に向けた工作をおこなったのである。

なお、一五八六年一月、スティーヴン・ポールという人物が、大陸からウィリアム・セシルに宛てた書簡において、ディーがセシルを痛罵したという話を伝えた――すなわち、イングランドを去ったのは、大蔵卿が援助を渋ったからだと博士が非難していると。[*19] こうした噂が宮廷に流れていたとすれば、ディーがこれまで送った書簡が黙殺されたのも無理からぬところであっただろう。

ライプツィヒから発送されたウォルシンガム宛の書簡において、ディーは、ローマ教会側との軋轢を語ると共に、自分のかつての教え子で著名な数学者トマス・ディグズを自分の許に派遣するよう求めた。[*20] この箇所の文意は曖昧だが、「大量の金《きん》」という言葉が用いられ(*TFR*, 423)、かつまた、ディグズは錬金術に強い関心を抱いていたので、[*21] 一五八五年三月のエリザベス宛書簡と同じく、錬金術実験への宮廷からの援助を懇願する趣旨と思われる。

だが、この間も、カトリック勢力のほうではディーに対していっそう疑惑を深めていった。「奇蹟」の起こったとされる四月二十九日、マラスピーナの後任として新たにローマから派遣された教皇大使フィリッポ・セーガは、ディーとケリーがルドルフの宮廷に入り込み、「異端思想とまではいわないまでも奇矯な迷信を広めようとしている」との報告を送った。[*22]

五月二十四日、ライプツィヒからプラハに戻ってきたディーを待っていたのは、彼の予想をはるかに上回る深刻な事態だった。すなわち、セーガが、皇帝ルドルフに対して、「降霊術やその他の禁じられた術」を実践する廉《かど》で博士を告発していたのだ(*TFR*, 424)。ディーは、二日後の二十六日にはロジュムベルクに、二十八日にはルドルフに、自分の無辜《むこ》を訴える手紙を送ったが[*23](*TFR*, 425, 426)、しかし、何ら効を奏さなかった。結局、一五八六年五月二十九日、ローマの意向を汲んだルドルフは、ディーの一行を自分の領土から追放する命令を下す(*TFR*, 428)。かくて、ディーとケリーは、「六日間以内にプラハから、そして、皇帝の支配する王国、公国、領土すべてから退去するよう」に命じられて(*TFR*, 429)、流浪の身の上となった——神聖ローマ帝国皇帝の庇護と信頼の下で、神の声を伝える予言者としての名を全欧に轟かせるというディーの夢は、叶うどころか、最悪ともいえるかたちで潰《つい》えたのである。

7 第十四章 「神の新たなる掟」あるいは「闇の眷属」

一五八六年五月末にボヘミアの地から追放されたディーとケリー、彼らはまずドイツ中央部に位置するエアフルトに向かう。しかし、市の当局から家を借りる許可が下りないなどの悶着が出来《しゅったい》し、六月から七月にかけて、彼らはエアフルト以外にカッセルなどを転々とした(*TFR*, 429, 434)。

カッセルは、ヘッセン＝カッセルを支配する方伯ヴィルヘルム四世が宮廷を構えていた地である。ヴィルヘルムはプロテスタント諸侯のなかで政治的に有力な存在であるばかりか、天文学、数学、植物学などに深い興味と理解を示した人物で、天文時計などの精巧な器具を作らせたことでも知られる。[*1] 教会側から危険な魔術師として指弾されたディーにとって、新教陣営のヴィルヘルムは有力な後援者の候補として浮上してきたのだろう。

前章で名を挙げたスティーヴン・ポールが、一五八七年一月、ウォルシンガムに宛てた書簡によれば、カッセルに赴いた際のディーは、尾羽《おは》打ち枯らした態《てい》どころか、四台の馬車を仕立てての到来であった。また、ヴィルヘルムに対しては、皇帝ルドルフの扱いが粗略であるから自らの意志でプラハを去ったと豪語していたという。加うるに、自分はエリザベスから資金援助を受けており、イングランドを離れたのは、祖国の一部の貴族から妬まれたせいだとも語ったらしい。[*2] ポールの言葉がどこまで真実を伝えているのかは定かではないが、窮境に追いやられたディーが、虚勢を張って王侯の関心を惹《ひ》こうとしたとしてもさほど不思議ではあるまい。なお、既に一五八六年六月の時点で、ウォルシンガムは、ディーがボヘミアから追放された事実について、ポールとは別の人物から報告を受けていた。[*3]

カッセルでのヴィルヘルム四世との関係は友好的なものであったが、しかし、ディーは彼から援助を引き出すことには失敗した。なお、ディーの錬金術関係の蔵書の一部が宮廷図書館に遺っているが、ヴィルヘルムの息子モーリッツは錬金術を篤《あつ》く保護した人物で、後の一五九五年、イングランドに帰国後のディーが彼に宛てた書簡が存在する。[*4] また、本書第一章で言及した錬金術師ミヒャエル・マイアーは、ルドルフ二世の宮廷を離れてからは、モーリッツの庇護を受けた。[*5]

いっぽう、この時期、かのフランチェスコ・プッチは依然としてディーにつきまとうのをやめなかった。彼はプラハから博士とケリーの跡を追って七月十日にエアフルトに到着、ふたりに対して自分と共にローマに赴けば「大きな利益が生じるだろう」と熱弁を揮《ふる》った(*TFR*, 429–430)。当然というべきか、ディーとケリーの側では、ローマに行けば異端審問にかけられるのは必至と考え、プッチは「甘言でもって我々を罠にかけようとした」人物、「ローマ教皇大使とその取巻きのために我々の秘密を探る強力な間諜」に他ならないという結論に達した(*TFR*, 430)。

季節が春から夏に変わった一五八六年八月八日、ロジュムベルクの仲介によって、ルドルフによる追放命令が緩和された。すなわち、ディーとケリーは、ロジュムベルクの領地であるボヘミア南部、その「町、市、城」に限っては住まうことを許されたのである(*TFR*, 435)。彼らは、九月十四日、城のひとつがあるトシェボニュに赴き(*PD*, 21)、以降、約二年間、主として同地を本拠として暮らすことになった。トシェボニュは古くから鯉の養殖で知られた土地で、プラハから南におよそ百数十キロのところに所在する。なお、たとえば一五八六年十月、十二月、翌年一月に、ケリーはプラハへと旅しており(*PD*, 21, 22)、少なくともケリーについてはルドルフの命令は厳密に適用されなかったのかもしれない。

いっぽう、プッチは執拗にディーたちを追い、九月下旬にはトシェボニュにまで姿を現わした。両者の間には金銭面での諍《いさか》いもあったらしく、十月中旬になって、ディーが彼に六百三十ダカットという大金を払うことで決着を見た(*TFR*, 447–448)。プッチはプラハへと去り、ディーとケリーは彼といちおう縁を切るにいたったが、しかし、プッチの側では諦めておらず、彼との関係は以降もまだ続いていく。たとえば、翌八七年七月にプッチはまたもやトシェボニュを来訪、その折、彼は神秘的異端思想に取り憑かれたクリスティアン・フランケンという若い元イエズス会士を同道した[*6](*PD*, 23)。

プッチ自身についていうならば、彼は最終的に教会への復帰を果たせなかったばかりか、悲惨な末路を迎えることになる。プッチは一五九一年までプラハに留まり、その後は大陸の諸都市を遍歴し続けたが、教会側では危険な異端思想を抱懐する人物と正式に認定し、一五九二年発行の『禁書目録』には彼の全著作が掲載された。そして、一五九三年にザルツブルク滞在中に捕縛され、ローマの異端審問所に送られた。牢獄で数年間を送った後、プッチは、一五九七年、断首刑に処された。

ちなみに、ディーがプッチに支払った六百三十ダカットであるが、金銭的に逼迫《ひっぱく》していたはずのディーが、いったい如何にして金を工面したのかは謎にとどまる。

ロジュムベルクが既にこの時点で資金援助を惜しまなかったのだろうか。いっぽうで、この金の出処は、ディーがルドルフ二世に暗号文書として名高い「ヴォイニッチ手稿」を売却した代金だという説が存在する。未だに解読不能のままの「ヴォイニッチ手稿」と博士を結びつけるのはたしかに魅力的であろうが、ただし、その根拠とされるのは薄弱な状況証拠にすぎない。すなわち、「ヴォイニッチ手稿」に付されたマルカス・マルツィのアタナシウス・キルヒャー宛書簡である。一六六五年あるいは六六年に送付されたこの書簡で、プラハの高名な医師、科学者であったマルツィは、ルドルフが件《くだん》の手稿を誰かから六百ダカットで購入したと記したのであった。[*7]

トシェボニュ到着直後の九月十九日、およそ半年間の中断を経て、ディーとケリーは召喚作業を再開するが、これはごく短時間で終わった(*TFR*, 444–445)。続いて十月十四日にトシェボニュにおける二回目の召喚作業がおこなわれ、これには、同地に滞在中のロジュムベルクも参加している(*TFR*, 445–447)。天使は「この王国において、むこう二年以内にふたつの風が大地から起こるだろう。最初の風の際には、彼[ロジュムベルク]を静かに座らせておくがいい。第二の風が吹くとき、彼に武器を取らせて抵抗させれば、勝利がもたらされるだろう」と予言した(*TFR*, 446)。これ以降、天使召喚は僅かな回数しかおこなわれなくなってしまう。実のところ、一五八二年に始まった、ケリーをスクライアーとして用いる作業が、終焉《しゅうえん》を迎える日はそう遠くはなかった。

トシェボニュの城に滞留しはじめて約三ヶ月後の十二月八日には、ディーの許《もと》にエドワード・ガーランドという英国商人が弟のフランシスを伴ってやってきた(*PD*, 22)。彼はロシア皇帝フョードル一世(イワン雷帝の三男)からの伝言を携えており、その内容については、ガーランドが遺した文書をリチャード・ハクルートが後に公刊、ディー自身も『略歴』で誇らしげに語っている。ディーをモスクワの宮廷に「年俸二千ポンド」で招聘したいという趣旨であった。[*8] ロシア側が北東航路についてディーの知識、助言を得たいのが理由であったと、ハクルートは推測した。

だが、この破格ともいえる条件のロシア皇帝からの招聘を、ディーは断ってしまう。これこそ彼の望んできたことだと思われるのに、なにゆえなのか。その答えを解く鍵は、同月十九日の『日録』の記載に見出せる。トシェボニュにまだ滞在していたガーランド兄弟の面前で、ケリーは、

> 賢者の石の公開実験をおこない、一グレイン(すなわち、ごく小さな砂一粒程度の量)の賢者の石によって、一・二五オンスの☿[=水銀]からほぼ一オンスの純金を造り出した。金の重さを量り終えてから、わたしたちはそれを分割し、エドワード[・ガーランド]には坩堝《るつぼ》も贈った。
> (*DD*, 204)

7

そう、ケリーは金属変成を既に実現していたのだ。少なくともディーはそう確信した。遥々とロシアまで出向く必要はもはやなかった。この「公開実験」が、援助の懇願に対して無視を決めこんできたエリザベスとその側近たちへの非常に明瞭なメッセージとして意図されたのは歴然としている。実際、エドワードの弟フランシス・ガーランドは、これ以降、イングランドの宮廷とディー、ケリーの間を繋ぐ使者として働くことになる。

　年を越した一ヶ月後の八七年一月十八日、ケリー経由でディーの妻ジェインにロジュムベルクから高額の贈物がなされ(*PD*, 22)、三月七日、二十一日には、それぞれ「E・Kから三百ダカット受け取る。わたしたちはロジュムベルク公から三千三百[ダカット]受け取った」(*PD*, 22–23)、「E・Kからさらに百七十[ダカット]受け取った」(*PD*, 22–23)といった記載が『日録』に見られる。このことから、ロジュムベルクがケリーによる黄金造出を信じてふんだんに資金を提供しはじめた事実が分かるだろう。しかし、同時に、ロジュムベルクが錬金術の大家として認識していたのがケリーに他ならないのも露わになっている。ディーはもはやケリーの助手格にすぎず、金銭のごく一部を間接的にしか渡されない地位にあった。

　一五八六年暮れから翌八七年一月にかけて、ディーは『日録』に錬金術実験の断片的な記述を残している。[*9] また、一五八七年一月二十一日におこなわれた召喚作業では、ケリーの「粉薬」に関して天使に質問がなされた(*TFR*, 448)。これは、「粉薬」についての指示を仰ぐためにだけおこなわれた短いスクライングである。

　ディーの長子アーサーは、それから六十数年後、ボヘミアにいた幼い頃「自分の眼で頻繁に紛《まご》うことなく金属変成の業が達成されるのを目撃した」と、トマス・ブラウンに証言した。[*10] さらに、ブラウンによれば、アーサーは次のような思い出を語った。

　わたし[アーサー]は父親と共にプラハやボヘミアの他の地域で暮らした。ロジュムベルク公(あるい伯)は重要な後援者で、錬金術に非常な喜びを見出しておられた[中略]わたしは金属変成の業が達成され、白蝋《しろめ》の皿や容器が銀に変えられるのを目の当たりにしたが、それらはプラハの貴金属商が買い取った。ロジュムベルク伯は金属変成によって造られた銀の輪で輪投げ遊びをおこなった。[*11]

そして、こういった金属変成は「粉薬」によって成し遂げられたとアーサーは確言した。なお、アーサーが銀についてのみ語り、黄金について触れていないのは注意を要する。

一五八七年二月十八日(イングランド側の旧暦では二月八日)、イングランドのノーサンプトンシャにあるフォザリンゲイ城で、メアリー・スチュアートが遂に処刑された。これを契機に、カトリック勢力の中核たるスペインはイングランドへの攻撃を本格的に準備しはじめ、欧州では政治的に緊張が急速に高まりつつあった。本書第十章で見たように、約四年前の一五八三年五月五日、天使ウリエルはメアリーの断首刑を予言している。

一五八七年一月二十一日を最後に召喚作業はいったん完全に休止するが、四月四日、二ヶ月半ぶりに再開された。これはロジュムベルクの政治上の質問を天使に問うことから始まる。前年の十二月十一日にポーランド王ステファンが崩御しており、ポーランド王位の行方は喫緊《きっきん》の問題であったからだ。ディーは逝去の知らせをラスキより十二月二十九日に受けとった(*PD*, 22)。

話題はそれから「粉薬」に転じられ、天界からの「声」は「おまえが持っている粉薬は、おまえの用途にかなうよう、ここにある分と合わせて増やしてやろう」と約束した(*TFR*, ＊2)。ディーの欄外注記によれば、ロジュムベルクも一オンス半の「粉薬」を所有するというが、これがケリーから譲渡されたものなのかどうかは詳《つまび》らかでない。

この後、召喚作業はきわめて予想外の展開を見せる。「声」は、ケリーに向かって、「おまえが子宝に恵まれないのは、わたしを無視し、わたしの命に反して妻を娶《めと》ったゆえだ」、「それゆえ、おまえは不毛で実を結ばない子宮［を有する妻］を持ち続けるだろう」と唐突に告げるからだ(*TFR*, ＊3)。しかし、この言葉は意味が不明である。

ご記憶だろうか、一五八二年四月二十九日の召喚作業で、当時はまだタルボット姓を名乗るケリーに対して、結婚するよう厳命したのは天使の側であったということを。これに激怒したケリーは、いったんモートレイクを去るにいたっている(本書第五章参照)。あるいは、記録には残っていないものの、ケリーが妻ジョーンと結婚する際、天使たちとの間に再び悶着があったのか。いずれにせよ、天界からのこの言葉は、博士とケリーにほどなく開示される神の奇怪な命令を暗示していた。

さらに、「今日から十四日後に召喚作業は終わる」との託宣も下された。というのは、スクライングにはもはや一切関わりたくないと、四旬節の期間、ケリーがずっと祈り続けてきたからだ。「声」は、ケリーのこの願いを愚かだと罵りつつも、「おまえを解き放ってやろう」と告げ、「おまえに与えた『視る』力は減らし、おまえの隣に座す者[ディー]が最初にもうけた息子にその力を宿らせよう」と言う(*TFR*, ＊3)。すなわち、スクライアーとして、ケリーの代わりにディーの長子アーサーを使えという意味である。

アーサー・ディーは一五七九年七月十三日生まれであるから(*PD*, 6)、このとき七歳九ヶ月。本書第三章で概観したように、童貞あるいは処女をスクライアーとして用いるというのが当時の普通の習わしであり、その点からすると、アーサーの指名じたいはさほど不思議ではない。逆に、このとき齢《よわい》三十二に近いケリーのほうがスクライアーとして異例の存在であった。

ディーとしては、当然ながら、アーサーをスクライアーとして仕立てあげる訓練をケリーが担当してくれる、あるいは少なくとも手伝ってくれるものと期待したが、しかし、ケリーは断固として拒否する(*TFR*, ＊4)。これまで嫌々ながら召喚作業に従事してきたケリーが、錬金術の成功を契機に完全に手を引こうとしたのは無理からぬことであったし、そもそも、ディーとの力関係は既に大幅に逆転していた。いっぽう、ディーが躊躇《ためら》うことなく幼い息子アーサーを霊媒として用いたのは、彼の聖なる知識への飽くなき欲望を考えれば驚くべきことではないし、金属変成作業の補助者の地位に転落した今、巻き返しを図るためには、天使との交信しか博士に縋《すが》るべきものはなかっただろう。

四月十五日から数回にわたって、ディー自らが訓練した長男を水晶の前に座らせて召喚作業が実施された。だが、結果は芳しくなく、質、量ともに非常に乏しいものに終わる(*TFR*, ＊4–7)。十五日の最初の試行の際にアーサーが水晶の中に視たヴィジョンの図は、『精霊日誌』刊本には未収録なので、ここに掲げておく(図版14A)。なお、アーサー・ディーは、自分がボヘミアでスクライアーを務めた事実については、トマス・ブラウンに語っていない。

四月十七日、アーサーはこの日は午前も午後も何も視ることができず、スクライングが完全な失敗に終わった後、ケリーがその場にやってくる。部屋の窓を通って多くの天使たちが飛翔して出入りするのを目撃したと、彼は博士に告げた――ウリエルのみならず、「マディミやイル、その他わたしたちとこれまで関わってきた多くの天使たちを見たが、彼らは淫らな汚らわしい姿をしていた」と(*TFR*, ＊8)。だが、神の聖なる天使が「淫らな姿」をするとはいったいどういうことなのか……。

ケリーの到来を「おそらくは神意ならん」と喜んだ博士は(*TFR*, ＊8)、ケリーに水晶の中を視るように慫慂《しょうよう》して、ケリーはそれに応じた。「白い方形の大理石あるいは書物」のヴィジョンが浮かび上がり、ケリーは以下のような文章を読み取る。


わたしはわたしであり、おまえに掟を与えたし、これからも与えるだろう。その掟から、不朽の平安と幸福が死すべき運命の人間たちに生じるだろう。おまえはほどなくしてすべてを視る、そして聞くだろう[中略]犯されたすべての罪は、わたしの裡《うち》で許される[中略]わたしのために不義姦通をおこなった者は永遠に祝福され、天から報償を受け取るだろう。

(*TFR*, ＊8–9)

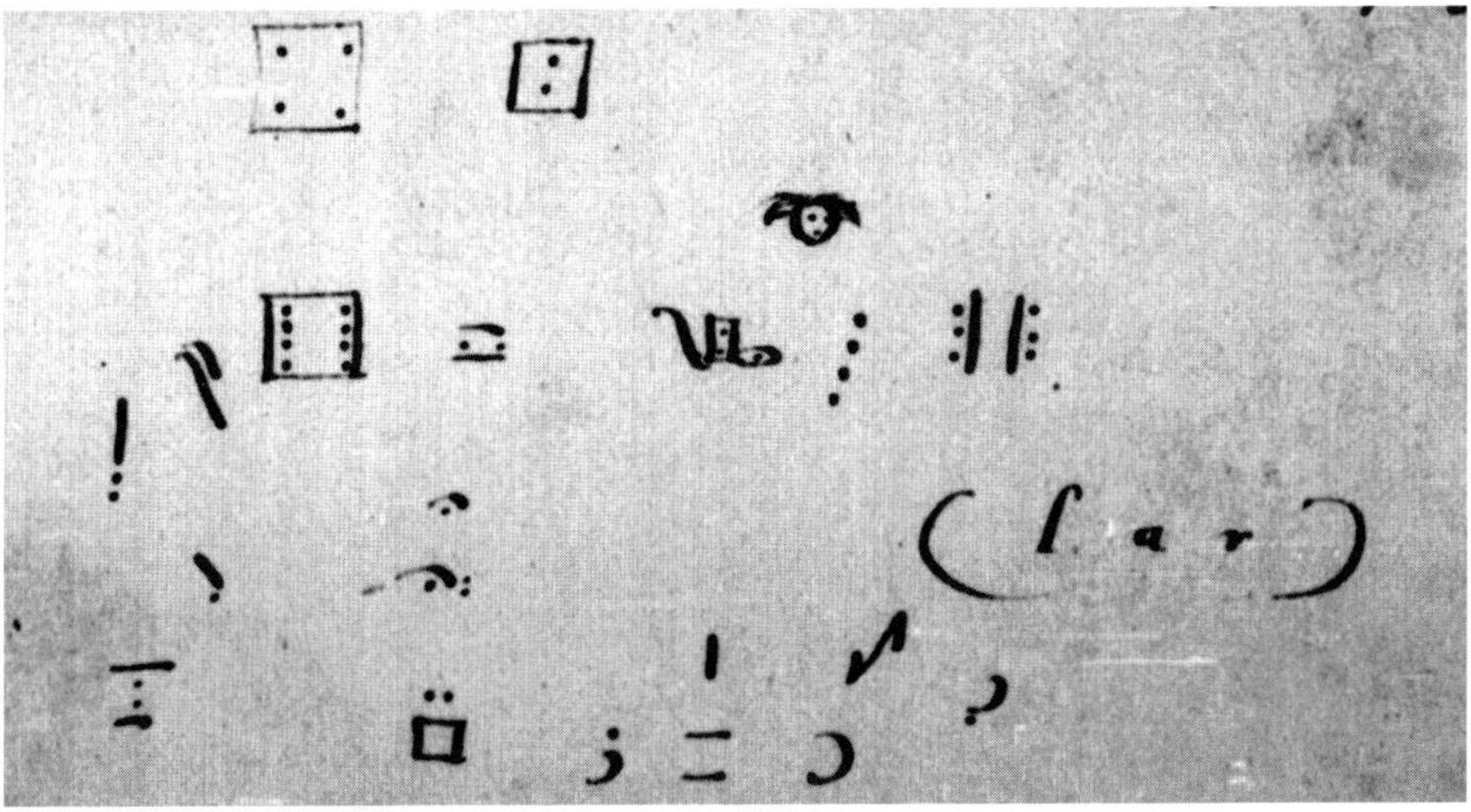

図版：アーサー・ディーが水晶の中に視たヴィジョン【14A】
© British Library Board, Cotton Appendix XLVI, vol. II, fol. 188r

これでケリーが参加したごく短い召喚作業は終わりとなるのだが、「淫らな姿」をした天使たちの出現に加えて、「不義姦通をおこなった者」が「祝福」されるという言葉までが発せられて、今や天界からの託宣があからさまに性的なもの、瀆神的《とくしん》なもの、反道徳的なものへと方向づけられたのは疑う余地がない。

翌日の四月十八日、ケリーは作業に初めから同席しており、前日と同じく何も視えないアーサーに代わってスクライングをおこなうよう博士に要請された。そして、この日――すなわち、ディーとケリーによる最後の召喚作業になると四月四日に規定された日――異様というほかない事態が起こる。

E・K「昨日汚らわしく淫らな姿で空中に飛翔するのが見えた者たちすべてが、石の中に出現している。昨日と同じ格好だ」

Δ「おお、神よ、あなたの名誉と栄光のために、あなたの真理をわたしたちに堅く信じさせてください。いかなる誘惑にもわたしたちが負けないようにしてください、あらゆる邪悪からわたしたちを永遠に救ってください」

E・K「昨日現われたのはマディミ、イル、その他の者たちで、彼らはいま石の中に現われている。だが、彼らは去って、ただひとりマディミだけが残っている。マディミは衣服をはだけ全裸となり恥部を露わにする」

マディミがディーとケリーの前に初めて出現したのは一五八三年五月二十八日のことであったが、そのとき、この精霊はあどけない幼女の外見をしていた(本書第十章参照)。以降、時間の経過と共に成長を遂げてきた彼女は、今や、全裸の姿でディーとケリーの前に立ち、ふたりを挑発するにいたったのである。

E・K「おお、悪魔よ、その汚らわしさと共にここから立ち去れ」
Mad.［マディミ］「神の名にかけて、わたしのどこがいけないというのか」
Δ「昨日のおまえの振舞や言葉は人を罪へと煽《あお》り、聖なる被造物にはふさわしくないものだ」
Mad.「そもそも罪とは何だ？」
Δ「神の教えを破ることだ」

マディミとディーの問答は続く。

Mad.「その同じ神がおまえに新たなる掟《コマンドメント》を与えて、旧来の律法に縛られる形態の罪を取り去ったとしたら、何が残る？」
Δ「もし、モーゼに律法を与え、キリストによって新約を与えたのと同じ神［中略］その同じ神によって旧来の律法や教えが破棄されたというのなら、かつまた、それが同じ神だという十分な証拠があるのなら、そのときには、同じ神に従わねばならぬ」
（*TFR*, ＊9–10）

ディーの言葉に対して、マディミは「わたしたちが天から遣わされたというわたしの言葉を信ぜよ」、「よいか、おまえたちは解放された。最も好むところを為せ」（*TFR*, ＊10）と厳かに告げた。
その直後、ケリーは水晶の中に「白い柱」、そして「白い水晶の王冠」のヴィジョンを視る。そのどちらにも、ディーとケリー、そして、それぞれの妻たちの合計四つの頭の姿が浮かぶ。[*12] あわせて、「神にとって義であるものはすべて義である」というラテン語の文章のヴィジョンも出現した（*TFR*, ＊10）。
マディミは以下のようにたたみかける。

おまえたちがもし神に抗《あらが》わず、サタンを閉め出すのならば、おまえたちの間の結合を通して、以下が約束される――おまえたちが七日毎に集うたびに、おまえたちの眼は開かれ、(おまえたちにもたらされた)聖なる書物の秘密が理解できるようになろう。十全な理解力を備えて、知識においておまえたちは普通の人間を越えることができよう。

おまえたちの[錬金]作業を続行せよ。一刻の遅滞もなければ、おまえたちは成果を得られるだろう。

(*TFR*, ＊11)

この日、ケリーは「粉薬」を持参したのだが(*TFR*, ＊9)、それについては、「おまえがこの場に持ってきた粉薬は、神によって然るべき時のために定められているから、その時までは害をなさずに使うことができない」との指示が下る。こういった言葉を残して、マディミは姿を消した。

驚くべきことに、ディーはようやくにして秘奥の智識に到達するときが来たかといったんは陶然となる。実際、「聖なる書物の秘密」については、一五八四年の夏以降、まとまった智識はほとんど開示されていなかった。彼はこう記す――「わたしたち四人に求められている結合を実行するのはたやすい。キリストの教えにかなった聖なる意味において理解する限りは」(*TFR*, ＊11)。

もちろん、ケリー、そして、わたしたちにとってはあまりに明瞭であるが、マディミが要求する「結合」とは、決して「キリストの教えにかなった」霊的なものではありえない。ケリーは既に前日の時点で異なる解釈をマディミから直接聞かされたとディーに洩らし、この忌まわしい召喚作業から手を引くと訴えるが、博士は納得しない。

我々ふたりは妻を共に用いるというやりかたをする――そうマディミが昨日告げたとして、ケリー氏は大いなる疑念をわたしに吹き込んだ。それが(十戒に反する)肉の意味なのか、あるいは、神への奉仕の助けとなる霊的な愛、慈愛、つまり精神の結合の謂《いい》なのか、天に訊いてみようということでようやく彼との間で話が決まった。[*13]

（*TFR*, ＊11）

両者のこの問いに対して、ひとつの巻物が石の中に浮かび上がり、そこに記された神からの答えはきわめて簡潔だった――「［霊と肉の］双方をわたしは語っている」（*TFR*, ＊11）。周章狼狽した博士はキリストや聖霊に「わたしを助けたまえ」と呼びかけるが、今度は白い十字架が現れて、次のような言葉が読み取れた。

もしわたしがひとりの男に同朋《はらから》の首を絞めるように命じて、彼がそれをなさなければ、彼は罪と死の息子である。なぜなら、神聖な者たちにはすべてが可能で許されているからである。また、神聖な者たちにとって、性器は顔と同じく厭《いと》わしいものではない。

（*TFR*, ＊12）

召喚作業がこうして終わると、ディーは以下の如き思いを吐露する。

紛れもなく善なる天使たちだとわたしが常に判断、評価してきた存在から、かくも苛酷で、かくも不純な（とわたしには依然として思える）教えが宣せられ課されたことに、わたしとケリーは大いなる驚愕を覚え、かつまた、悲嘆の念にくれた［中略］多くの理由からわたしの心はひどく痛み、いっぽう、Ｅ・Ｋには、彼自身そう考えているように、今や天使との交渉を絶つ正当にして十分な理由があった。

（*TFR*, ＊12）

だが、召喚作業が終わってから摂った食事の席で、ディーは、自分の妻、ケリーの妻の双方に対して、「我々四人の夫婦の間での婚姻の営みの無差別な共同使用」について口にした(*TFR*, ＊12)。

さらに、この夜、ケリーの許に、身の丈僅か一キュービット、つまり約五十センチの超自然的存在たちが姿を現す。これは一種の妖精《フェアリー》なのだろうか。そのうちのひとりはベン(Ben)と名乗り、コツウォルドで「粉薬」をケリーに与えたのは自分だと明かした。たしかに、「粉薬」や「巻物」を発見したのは「霊的存在」の指示によったと、ケリーは一五八三年の時点で語っている(*AWS*, 220)(本書第六章参照)。のみならず、ベンは、妻の「共有」という「神の新たなる掟」にふたりが従わねば、「粉薬」の「効能と力を奪い、それを無益なものとする」と容赦ない脅しをかけてきた。最終的には、ケリーは「乞食」となり、ディーは「捕縛されローマに連れていかれる」というのだ。ベンはまた、エリザベス女王が七月か十一月に死ぬ、フランシス・ガーランドはセシルが放った間諜だと告げ、『エノクの書』の「表」の書写には誤りがあるとも指摘する(*TFR*, ＊12)。二日後の四月二十日には、ケリーの許にまたもや霊的存在たちが現れて、『エノクの書』の「表」の解読のための数列を与えた(*TFR*, ＊13–16／図版14B)。「神の新たなる掟」に従えば、得られる智識がいかに豊饒であるかを示すためであろう。

いっぽう、四月十八日の深更、ディーは妻ジェインとふたりだけの会話を交わす。

> わたしは彼女にこう告げた――「ジェインよ、わたしたちの夫婦交換については指示された以外に他の方策はないと思う。したがって、実行するほかあるまい」。
> これを聞くと彼女はさめざめと泣き崩れ、十五分ばかり身を震わせた。わたしはできるかぎり彼女を宥《なだ》め、神のため、神の秘められた目的のために、甘んじて神の命令に従う決心をするよう説得した。
> (*TFR*, ＊13)

『精霊日誌』刊本には印刷されなかったが、実はこれに続くと思われる記述が手稿の別の箇所に書き込まれてい

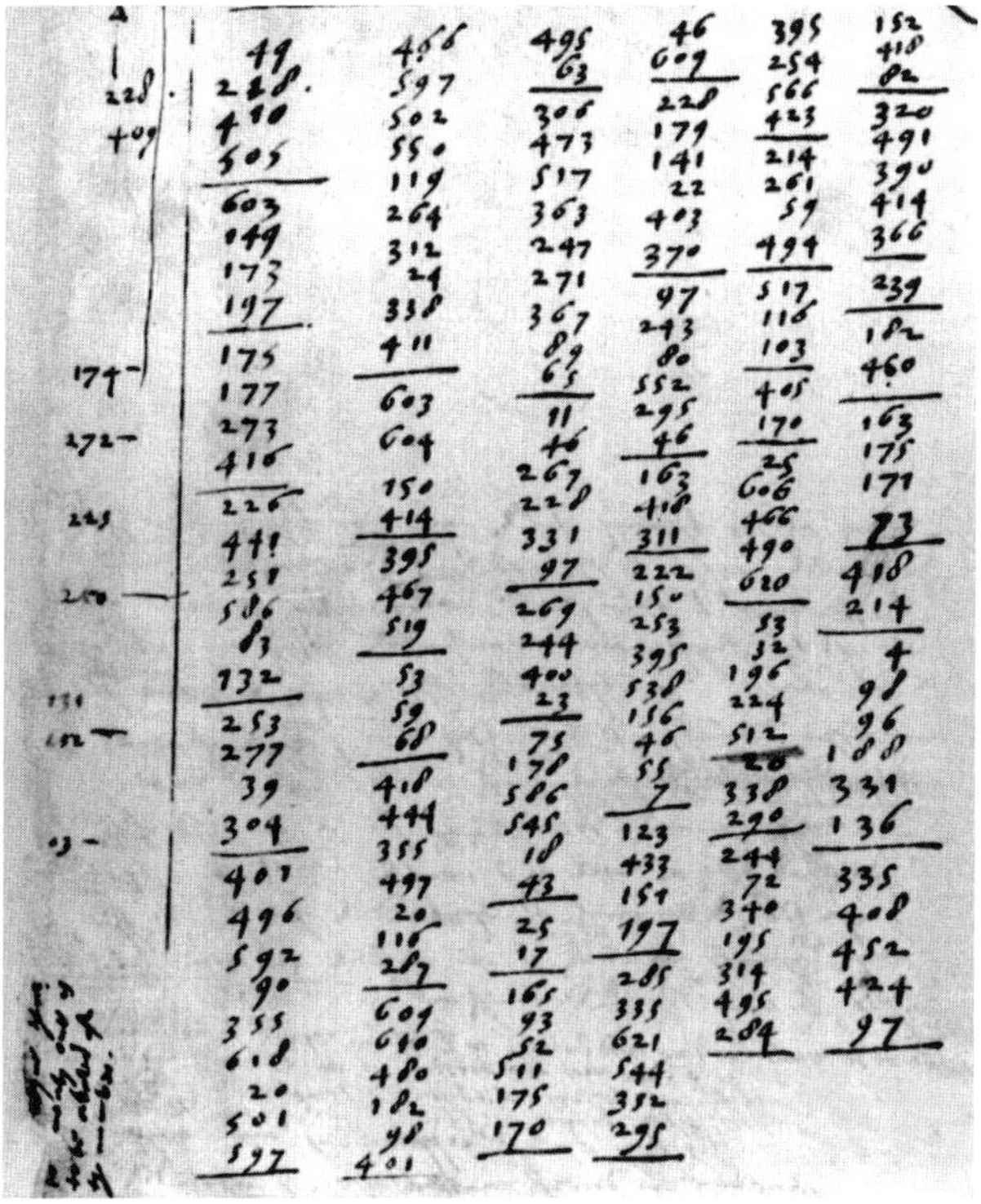

図版：『エノクの書』の「表」のための数列【14B】

る。

遂にこの夜、臥所《ふしど》のなかで、彼女は命じられた教えを実践すると折れたが、わたしが彼女の近くにおれるように、わたしたちが一部屋のなかにそれぞれの臥所がもてるよう求めた。

「わたしは」と彼女は言った。「このように使われることに甘んじますが、神に従うにあたって、恥辱や不名誉を蒙《こうむ》る前に、神がわたしを石に変えてくださると信じております」[*14]。

四月二十日、天界は召喚作業を介さずにケリーに接触、ラファエルは「神に対する契約書《コヴエナント》」を作成するよう命じた(*TFR*, ＊16)。この指示に従って、ディーは四月二十一日にその第一稿を認《したた》める。神の与えた「新奇な教え」、「謎めいた指示」は、「あらゆるキリスト教徒に求められている純潔に背くと思われる」が、しかしながら、神の言葉を信じて、婚姻関係において「我々四人が無差別に用いられる」ことを受け容れると、ディーは宣誓した(*TFR*, ＊16–17)。

いっぽう、ケリーも翌二十二日に文書を作成するが、これはディーへの最終的な絶縁状ともいえる内容であった。すなわち、過去五年間の召喚作業について、自分は天使たちの発する「わけの分からない信じがたい言葉」を疑い、召喚作業を放擲《ほうてき》しようとしてきたし、博士にも警告を度々発してきたと、彼は言明する。たしかに、これはわたしたちが見てきたように真実である。そして、今やケリーは自分たちが相手にしているのは「サタンの召使、闇の眷属《けんぞく》(the children of darkness)」だと確信するにいたったという。なぜなら、彼らは「神の名前を騙《かた》って、神の掟や十戒に反する忌まわしい教えを強要した」からである。ケリーは夫婦交換の実行、召喚作業への関与を固く拒絶する(*TFR*, ＊17–18)。

だが、四月二十四日、ケリーは水晶の中にヴィジョンを視た。焔、そして、焔の中にひとりの男が現れ、「この新しい教えを人間に明かしてはならない」と警告、そして、「おまえたちが共に結び合わせられることによって、わたしの収穫の始まりが完結する」、「わたしはおまえたちの眼を開き、おまえたちは視るだろう」と告げた(*TFR*, ＊19–20)。

実際、五月一日になって、ケリーではなく、ディー自身が水晶の中に天使ミカエルのヴィジョンを視ることになる。先の四月十七日のヴィジョンの文章に「おまえはほどなくしてすべてを視る、そして聞くだろう」という一節があり、ディーは自分にもスクライングの能力を与えられると解釈したのだが(*TFR*, ＊9)、それがついに現実となったのである。これに関して、ディーは神と「師」たるケリーの双方に感謝を捧げた(*PD*, 23)。ただし、それ以降はやはり彼の眼には何も視えない。また、記録に残る限りでは、ディー自らが水晶の中にヴィジョンを視たのは、他には一五八一年春の一度きりにすぎない(本書第三章参照)。

天使たちが約束を守ったと信じるディーは、五月三日に契約書の清書を作成した。初稿とさほど大きな変更はないが、ジョン・ディー、ジェイン・ディー、エドワード・ケリー、ジョーン・ケリーの四人の名前が明記され、夫婦交換の秘密は厳守されねばならない旨の文章が付加された。これは「署名のうえ同意された」とディーは『日録』に書きとめる(*DD*, 220)。さらに彼は契約書について注記した。

> 一五八七年五月三日の日曜日(新暦による)　わたしジョン・ディーとエドワード・ケリー、そして我々の妻たちは、以下のことについて、神と契約を交わし署名した。すなわち、我々四人の間で、不変にして冒すべからざる結合、慈愛、友情を保ち、神がいろいろなかたちでわたしたちに欲せられているように、すべてを共有する。
>
> (*TFR*, ＊21)

五月六日の召喚作業では、ディーは契約書を水晶の前で読み上げた。十五分以上天界からは反応がなかったが、ようやくにしてマディミが出現、以下のような対話がおこなわれる。

Mad.「準備はできたか？」

Δ「準備はできている」

[Mad.]「既にことは決まっている。急げ。おまえたちの間ですべてを共有せよ。人間ではなく神のようであれ。約束されたものすべてを手に入れよ。おまえたちに運命づけられたことは真理である。わたしは永遠である」

（*TFR*, ＊21）

しかしながら、五月二十日になって、ディーから契約書を見せられたケリーは、それをふたつに破って、自分と妻ジョーンの署名のある分を回収するという挙に出た（*TFR*, ＊22）。この日の召喚作業では、天界の「声」は、ケリーの行為に言及して、「おまえ自身が紙のように引き裂かれるときが来るだろう」、「おまえはわたしの神聖な使いたちを無知のゆえに頑《かたく》なに冒瀆してきたが、地上の人間たちがいずれおまえを同じく無知のゆえに頑なに町から町へと放逐するだろう」と恫喝《どうかつ》した（*TFR*, ＊23）。

「神の新たなる掟」、妻を共有する契約のおおよその顚末《てんまつ》は以上の通りであるが、それは果たして実行に移されたのか。あるいは、契約書のみにとどまったのか。

『日録』刊本（十九世紀版）、『精霊日誌』刊本のいずれにも、いかなる結果に終わったのかは記されていない。しかしながら、両書から脱落してはいたものの、これについてはほぼ決定的といえる証拠が現存する。

第一に、五月二十一日、ディーは「契約は実行された（Pactum factum.）」という言葉を実際には『日録』に書き込んでいた(*DD*, 223)。

さらに、五月二十三日の召喚作業。その前半で、白馬に跨《また》がったひとりの騎手の姿が現れて、ケリー及びディーとの問答がおこなわれるのだが、この箇所の手稿には実は線を引いて抹消された部分があり、したがって『精霊日誌』刊本には印刷されていない[*15](*TFR*, ＊24)。抹消部分は以下の通りである(次頁、図版14C)。

騎手「ケリーよ、おまえの同朋《はらから》の妻はおまえに従順謙虚であったか?」
E・K「そうだった」
騎手「ディーよ、おまえの同朋の妻はおまえに従順であったか?」
Δ「従順だった」
騎手「おまえたちが互いに従順であった程度に厳密に応じて、主はおまえたちを処遇されるだろう」
E・K「騎士は走り去った。大きな野原を駆けているようだ。今度はマディミの姿が現れた」
Mad.「ディーよ、彼女が従順であったと言うとき、おまえは嘘をついているのか、それとも真実を語っているのか?」
Δ「わたしは彼女を従順だとみなした。なぜなら、彼女は彼女自身が従順だと考えることをおこなったからだ。ただし、彼女はわたしが予期していたようには『達しなかった』ので、幾分不従順と思えるかもしれない。だが、それが神を怒らせなかったのなら、わたしに怒る道理はないし、神がそれに怒りを覚えられなかったよう希《ねが》う[*16]」

この部分を抹消したのが誰であるか不明だが、やはりディー自身なのだろうか。なお、同日の召喚作業で、マディミの後に金の服をまとった女の精霊が出現するが、こちらもまた露骨に性的な存在であった。すなわち、彼

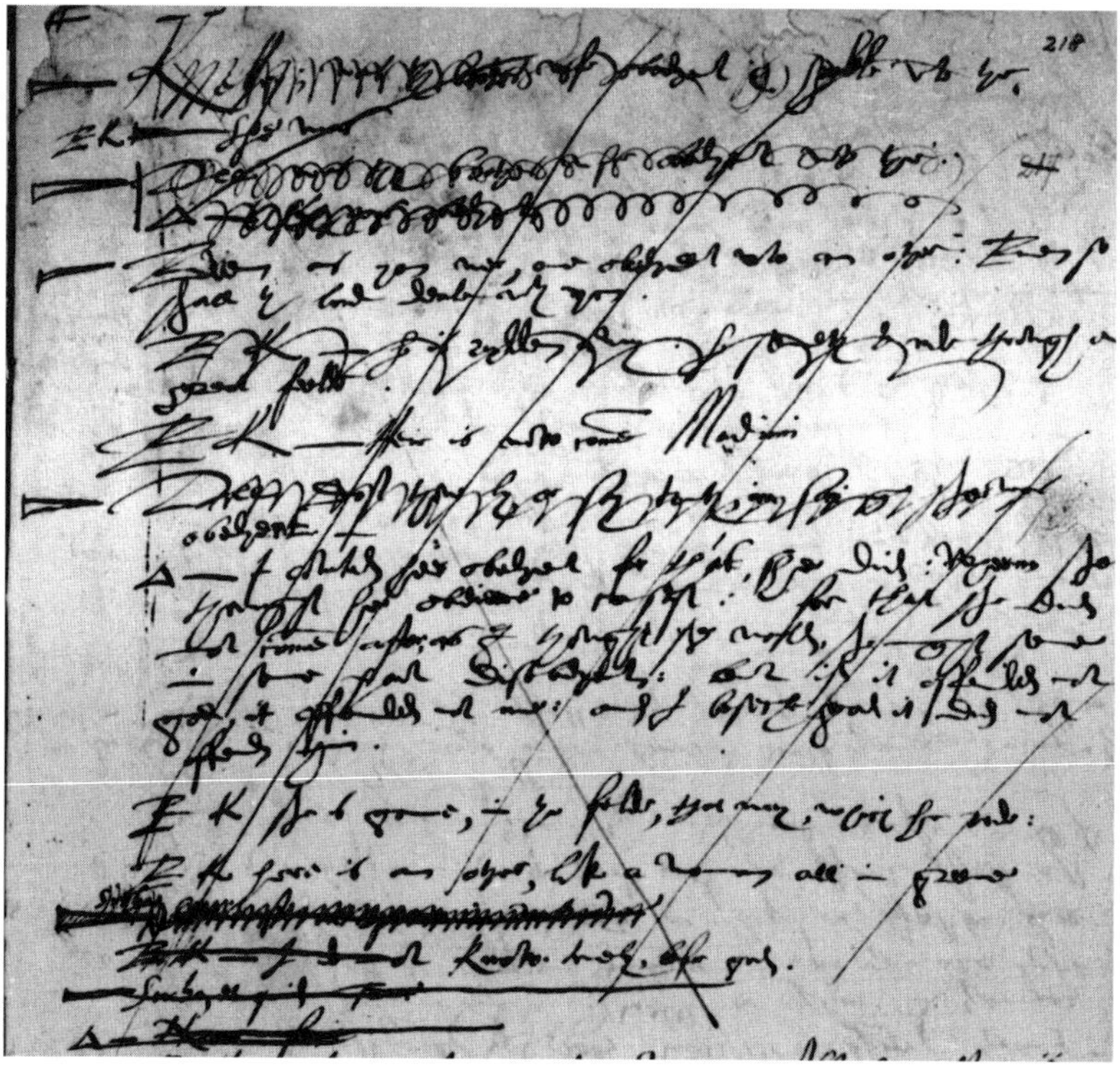

図版：『精霊日誌』刊本未収録の夫婦交換に関する手稿抹消部分【14C】
© British Library Board, Cotton Appendix XLVI, vol. II, fol. 218r

女は、自らを「売春婦《ハーロット》」にして「処女」と呼び、「服をはだけておまえたちの前に裸で立ち、おまえたちの愛が私に向かってさらに燃え上がるようにしてやろう」などの淫らな言葉を投げかけた(*TFR*, ＊25)。

とまれ、五月二十一日に、妻の「共有」が実行、実践された点についてほとんど疑問の余地はない。このとき、ディーは六十歳、ディーの妻ジェインとケリーは三十二歳、ケリーの妻ジョーンは二十四歳であった。翌月の六月十七日、ディーは『日録』に「この満月以降、ジェインはあれがなくなった」(*PD*, 23)と書きつけた。いうまでもなく妻の月経への言及であり、ジェインは妊娠したのである。

ジェインが出産するのは一五八八年二月二十八日のことで、前年五月の夫婦交換から数えて四十週後にあたる。生まれた子は、テオドルス・トレボニアヌスと命名された(*PD*, 26)。この男児の父親がディーなのかケリーなのかは、永遠の謎にとどまるほかないだろう。だが、その名前は「トシェボニュでの神の賜物」の謂であり、少なくともディー自身は「神の新たなる掟」、「新たなる教え」に従って生まれた子供だと堅く信じていたにちがいない。なお、夫婦交換は一回のみにとどまらず、一五八八年夏までおこなわれたとする説もある。[*17]

ディーはその後も「神の新たなる掟」に疑問を抱くことはなかった。ディー夫妻とケリー夫妻の間に肉の結合を強いる役割を担ったのはマディミであるが、イギリスに帰国後の一五九〇年二月二十五日、ジェインが生んだ女児を、ディーは他ならぬマディミアと名づけるのだ。[*18]

ディーが超自然的存在と交信したと信ずる人々は、当然ながら、「神の新たなる掟」を捏造《ねつぞう》したのは悪魔、邪霊だと解釈した。たとえば、カソーボンは「地獄と闇の秘義」と呼び、アシュモールは、マディミが全裸で出現して恥部を見せたことで明白な警告が与えられていたにもかかわらず、博士は「軽率にも罠にかかった」のだと考えた。[*19] ちなみに、アーサー・ディーは一六四〇年に亡父の水晶をニコラス・カルペパーに譲り渡すが(本書第五章参照)、カルペパーがこの水晶を用いた際に猥褻な真似をする霊が出現したというのは興味深い。カルペパーの死後、その未亡人から水晶を入手したウィリアム・リリーの場合も、一六五八年、それをアシュモールと共に実験したところ、「卑猥な女の悪霊」が現れたという。[20]

もちろん、夫婦交換という奇怪にして面妖な劇において、すべては恥知らずの悪漢ケリーが操ったのだとする見解が圧倒的に多数を占める。[21] だが、もし仮にケリーが一切を仕組んだとすれば、その動機は奈辺《なへん》に求めるべきなのだろう?

博士の妻を凌辱《りょうじょく》するという、ある意味できわめて残酷な一種の復讐なのか。あるいは、ケリーはジェインに懸想《けそう》、横恋慕していたのか。後者の解釈に関連しては、大陸に旅立つ前の一五八三年七月、ケリーが自分の妻ジョーンについて「我慢ができない、彼女を愛してなどいない、いや、忌み嫌っているのだ」と述べた事実も想起されよう(*TFR*, 30)(本書第十章参照)。いっぽう、ケリーとジョーンとの間に子供が生まれていなかったのは天界の「声」が言及するところであるし、ディーが神に向けた祈願にも明らかだ(*TFR*, ＊30–31)。そうすると、ケリーは自分の子種を残したかったのか。

ディーの長男アーサーがスクライアーとして失敗に終わったことで、召喚作業から完全に手を引くという自分の計画が挫折、それに焦ったケリーが「神の新たなる掟」を着想したという可能性も想定しうる。つまり、夫婦交換を命ずる託宣が下れば、さすがの博士も召喚作業の継続を断念放擲《ほうてき》するにちがいないとの見込みで始めたところ、あろうことか受け容れられてしまい、ケリーの本来の意図とはかけはなれた結末を迎えたのだと。聖なる天使たちと博士が信ずる存在は実は「サタンの召使」だと断定しても、神との契約書を破っても無駄に終わり、ケリーにディーの暴走は食いとめられなかったということなのか。

いうまでもなく、以上のような解釈は、いずれも、ケリーが精霊との交信など露ほど信じない詐欺師だったという前提があって初めて成り立つ。しかしながら、これまでも指摘してきた通り、召喚作業の全記録を見渡すならば、博士と同じく、ケリーもまた、善霊であれ邪霊であれ超自然的存在との交渉を疑わなかったことを強く示唆する事実は少なくない。

そのような観点に立つならば、水晶という装置、スクライングという儀式を通して、ディーとケリーのふたりの欲望、幻想は増幅されて「闇の眷属」と化し、彼らを呑み込むにいたったということになるだろう。両者のいずれかが操った、あるいは操られたとする単純な図式の及ばぬ暗い領域、いわば精神の冥界に、彼らは降り立っていたのかもしれない。

夫婦交換の実施直後の一五八七年五月二十三日におこなわれた召喚作業、これが記録に残る限りでのディーとケリーによる最後の精霊召喚である。一五八二年三月八日に開始された、両者が協働しての霊的作業は、五年の歳月の後にかくして終止符が打たれた。[*22]

第十五章　栄華と失墜

一五八六年十二月のトシェボニュにおける、ガーランド兄弟を前にしての公開実験の「成功」――その報はイングランド及び大陸の双方で広まっていき、卓越した錬金術師としてエドワード・ケリーの名声は急速に上昇したものとおぼしい。

一五八七年の半ば頃までに、ケリーが既に錬金術の権威とみなされていたことは、同年六月二十日及び八月九日付の彼の書簡から窺える。宛先人は不明だが、どちらの書簡でも金属変成の業の奥義に関して大家として助言を与えているからだ。[*1] 社会的地位も一気に向上したらしく、同年六月十四日には、ケリーの弟トマスはボヘミアの有力な政治家の姪と華燭《かしょく》の典を挙げた[*2](*PD*, 23)。その約一週間後の六月二十二日、フランシス・ガーランドがトシェボニュからイングランドに向けて出立しており(*PD*, 23)、これもケリーの錬金術実験の進捗《しんちょく》と深く関わっていたようで、その翌日、ディーは「裏切りによる恐るべき疑念」という言葉を『日録』に書きつける(*DD*, 229)。ディーの与《あずか》り知らぬかたちでガーランドとケリーの間で密約が交わされたのだろうか。

ロジュムベルクは七月九日にトシェボニュに自ら身を運び、十一日にはケリー、ディーとの三者会談がおこなわれた(*PD*, 23)。会談の四日前、ディーは「(二八オンスの［変成した］☿『獣』［＝水銀］の残存物である)ふたつの『土』を『水』と共に馬糞のなかに入れた」と記録している[*3](*DD*, 229)。また、九月二十八日の『日録』の記載によれば、「エドワード・ケリー氏が(彼の当然の持ち分だとして要求しているので)、できあがった☿『獣』の半分を、彼の許《もと》に届けた。すなわち二十オンスである。彼はわたしの部屋でそれを自ら計量した。彼はそのために秤《はかり》を持参してきた」という(*DD*, 230)。これはディーとケリーの間に強い不信感が漂うことを匂わせる記述であるのみならず、金属変成実験において、両者が別個に作業を進めていたことが分かる。いっぽう、ロジュムベルクは設備投資に金を惜しまず、同年秋の十月二十八日、二十九日の両日、トシェボニュ城内に錬金術用の炉が新たに築かれた(*PD*, 24)。

一五八七年も押し詰まった十二月十二日、ケリーは誤ってランプを倒し、その結果、錬金術関係の稀書が燃えて灰燼《かいじん》に帰すという事件が起こった。失われた書物のなかには、『ダンスタンの書』からケリー自身が「抜き書きして注釈をつけた『ダンスタン抜粋』」の手稿四十葉も含まれていたという(*PD*, 25)。ただし、『ダンスタンの書』原本じたいは焼けることなく無事であった。ここでいう『ダンスタンの書』とは、ケリーがコツウォルドから持ち帰った書物を指す[*4](本書第六章参照)。

年が改まってからの一五八八年二月四日、ケリーは、ディーに「セリコン(sericon)」を精製したところを見せた(*PD*, 26)。セリコンとは金属変成に必要だと考えられた物質であり、[*5]この箇所には十五世紀の著名な錬金術師ジョージ・リプリー(本書第七章参照)への言及もある。セリコンを見せるにあたって、ケリーは「自分の実験室」に博士を呼んだと記されており、先に引いた前年九月二十八日の記述なども併せて考えると、[*6]おそらく遅くとも一五八七年秋頃から、城内でケリーはディーとは完全に別の実験室を構えていたようだ。

一五八六年末の錬金術公開実験を素早く察知したイングランドの宮廷では、その驚くべき進捗ぶりに強い関心を寄せた。[*7]ここで前面に登場してくるのが、ディーの旧知にして、宮廷内で順調な出世を遂げていたエドワード・ダイアーである。

一五八七年六月二十二日にイングランドに出立したフランシス・ガーランドは、同年十一月二十一日には、エドワード・ダイアーからの書簡を携えてトシェボニュに戻ってきた(*PD*, 24)。この際、おそらく、エリザベス女王、あるいはその周辺からの、ケリーを伴って帰国するようにという伝言もディーに届けられたものと思われる。翌一五八八年二月四日、ガーランドはトシェボニュを去り、ディーはダイアーに宛てた手紙を書いた(*PD*, 26)。

一五八八年春から初夏にかけて、さらに大きな動きが見られる。[8] 五月十日、ケリーはディーに錬金術に関わる「大いなる秘密」を明かし(*PD*, 27)、翌六月八日から十一日にかけてはロジュムベルクがトシェボニュに滞在する。そして、これと入れ替わるようにして、六月十三日、フランシス・ガーランドがイングランドから戻ってきた[9](*PD*, 28)。実はエドワード・ダイアー自身が既にボヘミアに来ており、彼は七月二十日にディーとケリーの前に姿を現すことになる(*PD*, 27, 28)。八月五日にはロジュムベルクもトシェボニュを訪問、ダイアーと会った(*PD*, 28)。

イングランドへの攻撃を図ったスペインの無敵艦隊が敗退する羽目となったアルマダの海戦――それがおこなわれたのは、まさにこの一五八八年夏、七月三十一日から八月八日(旧暦では七月二十一日から二十九日)にかけてのことであった。なお、五年前の一五八三年五月、天界は、「大海原、そこに浮かぶ多くの船」というヴィジョンを通じて、イングランドが攻撃されることを予言していた(本書第十章参照)。無敵艦隊は、当初は同年一月にリスボンを発進予定であったが、遅延の末、結局のところ同年五月上旬にまでずれこんだ。イングランド側では、スペインとの決戦を目睫《もくしょう》に控えて、様々な画策をおこなうが、そのなかには、ネーデルラントの友好勢力から援軍の約を取りつけるということが含まれていた。この交渉のために、宮廷では、一五八八年五月、他ならぬダイアーを特使として派遣した。[10]

ダイアーは四年前の一五八四年にネーデルラントに派遣された際に優れた外交能力を発揮しており、女王やウォルシンガムの信頼が篤《あつ》かったので、彼に白羽の矢が立ったことじたいは特に不思議ではない。[11] だが、ダイアーが選ばれた理由はそれにとどまらなかった。六月中旬、ユトレヒトで外交特使としての仕事を終えてから、彼はすぐさまボヘミアへと向かうからである。スペインからの攻撃がほどなく始まろうとする時期、すなわち祖国存亡の危機に際してのダイアーのこうした行動は、宮廷から与えられた彼の使命が実は二重であったことを示す。すなわち、彼は、ボヘミアの地で錬金術の秘義を入手して、巨額の軍事費を必要とする女王に黄金をもたらすために遣わされたのだ。ダイアーは若い頃にディーから錬金術を教授された可能性があるのみならず、ウォルシンガムの依頼で鉱石の鑑定をおこなうなど、宮廷から「化学」に精通した人物としても高く評価されていた(本書第七章参照)。

ディーの観点からすると、友人でもあり「専門家」でもあるダイアーが派遣されてやってきたのは、一五八五年三月以降、繰り返しイングランドの宮廷に懇請してきた願いが叶《かな》ったことになる。だが、現実は冷酷で、宮廷、そしてダイアーにはディーの存在はもはや眼中になかった。女王に莫大な富をもたらすやもしれぬ重要人物とは、エドワード・ケリーであった。ダイアーがトシェボニュに到着して二日後の一五八八年七月二十二日、ディーが、ダイアーは「わたしを不実なやりかたで傷つけた」と記したのは(*PD*, 28)、這般《しゃはん》の事情を示すものだろう。

他方、ロジュムベルクを通じて金属変成作業の成功を知らされていた神聖ローマ帝国の宮廷側でも、ケリーへのイングランド側の急速な接近を座視していたわけではなかった。一五八八年九月十五日には、帝国行政長官がトシェボニュを訪れる(*PD*, 29)。これはアダム・フラデツのことで、ルドルフの信任篤い彼は、ロジュムベルクと協同して皇帝のために賢者の石を獲得しようとした。[*12] 彼は二日後の十七日には匆々《そうそう》に立ち去っているが、ディーは「悪意と欺瞞が今やわたしに明らかになった。神よ、わたしを救いたまえ。わたしを呼びにきたのではなかったのだ」との心情を吐露せざるをえなかった(*PD*, 29)。フラデツの要請に応じて、ケリーは十月二十五日にプラハに向かい、十一月六日、ガーランドなどを連れてトシェボニュに戻ってきた(*PD*, 29)。

しかし、ディー自身にもケリーが今や仰ぎ見るべき存在であることは夙《つと》に意識されていたと思われる。たとえば、一五八八年八月二十四日、ケリーから錬金のための「聖なる水」を見せられた際に、彼はケリーを「偉大な師」と呼んだ(*PD*, 28)。

ダイアーに話を戻すと、七月下旬から滞在していたトシェボニュを八月九日に立ち去るが(*PD*, 28)。おそらくプラハに向かったものと思われる。十一月二十三日の『日録』には、彼の召使がフランシス・ガーランドと共にトシェボニュを出て、イングランドへ戻ったとの記載がある(*PD*, 29)。ディーはエリザベス女王宛の書簡を作成して彼らに託した。

この書簡において、ディーは、スペインに対するイングランドの勝利を寿《ことほ》ぐと同時に、女王が、ここ一年来というもの、彼とケリーを「ブリテンという地上の楽園、比肩するものなき王国に呼び戻そうとされてきた温情」に感謝して、できるだけすみやかに帰国したい旨の意思を伝えている。[*13]

いうまでもなく、女王あるいはその周辺が帰国させたかったのはディーではなくあくまでケリーであり、博士自身が主役として故国に華々しく凱旋をとげるというわけではなかった。とまれ、この手紙を書いてほどなくして、ディーが帰国の準備にかかったことは、翌十二月には旅行用の馬車を作らせた事実から確認できる(*PD*, 30)。十二月四日、ディーは自慢の「鏡」をケリーに譲ったが(*PD*, 29)、これは「数学に関する序文」で言及された器械、すなわち「遠くのものを近くに、小さなものを大きく見せる」望遠鏡であった。[*14] これを一五七五年三月にエリザベス女王に見せたことを、彼は『略歴』で誇らしげに記す(*CR*, 17)。だが、譲渡後わずか二週間後に、ケリーがこの器械をロジュムベルクに贈り、さらに後者がルドルフに献呈した事実をディーは知る(*PD*, 30)。王侯の覚えめでたいのがケリーであることを、ディーは再び思い知らされただろう。いっぽうで、十二月十八日、ケリーはディーに「『水』と☿、しめて三十オンス」、「『水』、『土』、すべて」を与えた(*DD*, 237)。

年が明けて、一五八九年一月二十日、ディーはロジュムベルクの書簡をケリーに見せられるが、それはディーがトシェボニュを早く立ち去るよう求めていた。のみならず、ケリーによれば、そもそもディーは「最初から当地に来るべきではなかった」というのがロジュムベルクの意見だという(*DD*, 238)。

二月三日、ディーは、出発まであと四十日と記し(*DD*, 238)、翌日には、「粉薬」、書物、ガラス器具などをケリーに引き渡した[15](*PD*, 30)。いっぽう、二月十六日、ケリーのほうはプラハに向けて出発する。結局、これが両者の別れとなり、彼らは二度と地上で相見《あいまみ》えることはない。

ディーとその妻子がトシェボニュを離れるのは一五八九年三月十一日、そして、四月十九日にはブレーメンに到着した(*PD*, 30)。この際、十五頭の馬、三台の馬車、さらに警護の兵士を仕立てるなどして、その費用に総計七九六ポンドを費やしたと、ディーは『略歴』で豪語している[16](*CR*, 32–34)。一五八六年にボヘミアからいったん追放された際と同様の行動であり、零落《れいらく》した印象を世間には決して与えまいとするのが博士の処世の術であった。ディーはブレーメンで七ヶ月の長きを過ごすが、『日録』の一五八九年十一月三日の記載からすると、同地でケリーと合流し、彼を連れて帰国する希望を最後まで捨てていなかったと思われる(*PD*, 32)。しかし、結局のところ、ケリーは姿を現さず、同年十一月二十九日にハンブルクに近いシュターデから船でディーは出立して、三日後にイングランドの土を踏んだ(*PD*, 32)。イングランドで用いられていた旧暦では十一月二十二日にあたる。一五八二年三月八日に初めてケリーと出会ってから七年、一五八三年九月二十一日に故国を離れてからは六年の時間が経過していた。なお、本章では、大陸での出来事、大陸側の記録は新暦に、イングランド側の記録は旧暦に従う。

帰国する前の一五八九年八月二日、ブレーメンに滞在中、ディーは『日録』にこう記す――「払暁《ふつぎょう》にかけて、ケリー氏がわたしの書物を奪おうとする恐ろしい夢」(*PD*, 31)を見たと。この悪夢ほど、彼がその頃ケリーに抱いていた屈折した感情を如実に表徴するものはあるまい。そして、同月二十日には、ウォルシンガムに宛てた書簡で、ディーは、ケリーが「今やボヘミア王国の男爵に叙勲され、紋章も認可された」と報告することになる。[17]ケリーが獲得したのは、正確にいうと「男爵」ではなく、神聖ローマ帝国における「黄金の拍車の騎士《エクエス・アウラトウス》」の称号であった。[*18] 皇帝や王侯の後援を得ようと悪戦苦闘して遂に徒労に終わったディーとは対照的に、ケリーは短期間で栄達の途を歩み、今や同国人からサー・エドワードと呼ばれるべき身分にまで昇ったのである。ところで、大陸に向けて出発する以前の一五八三年七月四日、ケリーがマディミに百ポンドの金を用立ててくれまいかと頼んだ場面をご記憶だろうか(本書第十章参照)。実は、同日の召喚作業で、マディミはケリーに対して「おまえはいずれ世界を足下《そっか》に踏みつけて歩むことになろう」という予言も発した。これを忘れずにいたディーは、ケリーの出世栄進をその成就であると一五九〇年になって解釈している(*TFR*, ＊32)。

ケリーがルドルフ二世に取り立てられた正確な時期は詳《つまび》らかではないが、おそらく一五八九年の初夏頃と推測される。この時点で、ケリーは自らをアイルランド北西部にかつて存在したコナハト王国の貴族の末裔だと主張していたらしい。[*19] これは当然ながらケリーの詐称であろうと従来は考えられていたが、まったくの虚偽捏造《ねつぞう》とはいいきれない可能性もあるようだ。[*20]

ケリーが一時は錬金術師として如何に高く評価、重用されたかを示すものとして、たとえば、ルドルフがロジュムベルクに宛てた書簡の一通が挙げられる。年号を欠いてはいるが(日付は十月二十七日付)、この書簡において、ルドルフは、重要な金属変成実験の指導にあたらせるため、ケリーをプラハに一時的に派遣するようロジュムベルクに要請した。[*21]

あるいは、一六一八年にフランクフルトで刊行された、ヨハン・ダニエル・ミユリウスの大冊『医化学の業《わざ》』。同書は古今の著名な錬金術師たちのエムブレムを多数掲げるが、わたしたちはそのなかに他ならぬエドワルドゥス・ケラエ(Edwardus Kellae)すなわちエドワード・ケリーを見出すことができる。[*22] いっぽうで、『象形文字のモナド』の著者たるディーは含まれていない。

十七世紀の著名な数学者、哲学者ピエール・ガサンディは、ケリーはルドルフの侍医タデアーシュ・ハーイェク(本書第十二章参照)の目の前で水銀を黄金に変成させたと伝える。[*23] 植民地時代のアメリカの錬金術師ジョン・

ウィンスロップ二世（本書第七章参照）は、ポーランドに生まれイギリスに移住した学者サミュエル・ハートリブ宛の書簡（一六五九年十二月十六日付）で、ケリーの教えに従ってルドルフ二世自らが水銀を金に変えたという証言を、皇帝に近しい某人物――おそらくは、ルドルフ配下の錬金術師のひとりコルネリウス・ドレベル――から得たと述べている。[*24] また、ボヘミアの医学者、錬金術師のマティアス・エルビノイス・フォン・ブランダウは、一六八九年に刊行した「普遍医術」を説く書物において、自分はケリーの秘薬を実見したばかりか、ケリーは僅か十五分ほどで「太陽の水銀」を造りだしたと主張した。[*25]「太陽の水銀」とは十六世紀後半から十七世紀前半の錬金術においてきわめて重視された「物質」であり、ルドルフはこの造出に執着したので、それがケリーが高く評価された理由のひとつかもしれない。[*26]

図版：錬金術の作業過程【15A】

図版：錬金術の作業過程【15B】

ケリーが錬金の術に成功したという点について、ディーの長子アーサーがトマス・ブラウンに語った証言は既に前章で引用したが、彼によれば、ジョン・ディーは「粉薬」の一部をエリザベスに献呈したという。[*27] なお、アーサーは父の協同作業者には好意を抱いておらず、「ケリーは父に対して不実な振舞をおこない、粉薬の大部分を手にして逐電《ちくてん》した」とする。[*28] 他方、アシュモールの伝えるところでは、アーサーは「プラハのディー博士の居宅の屋根裏部屋で、金の輪で輪投げ遊びをしたものだった」とも語ったらしい。[*29] アシュモールが後に蒐集した目撃譚のひとつによれば、「行火《あんか》から切り出された金属片は、ケリーがそれに手を触れたり溶かしたりせずに(ただ火で暖めて)秘薬を置くだけで、純銀へと変わってしまった」。しかも、この銀へと変化した金属片は行火と共に、プラハ駐留の英国大使によってエリザベス女王の許へと送られたという。[*30]

とはいえ、アーサーは当時は子供にすぎず、アシュモールは後世になって各種の証言をまとめたにとどまる。それならば、イングランドの宮廷から派遣され、ケリーの実験を目の当たりにしたエドワード・ダイアーの場合はどうだろうか。

これについてはフランシス・ベイコンが興味深い逸話を書き遺している。ベイコンによれば、「真摯で賢明な紳士」であるダイアーは、ケリーが金属変成の「術を成し遂げて黄金を造ったと信じて」おり、

その挙句、ケリーのいたドイツ《ママ》にまで赴き、その知識を得ようとした。帰国後、彼はカンタベリー大主教と食事を共にし、その場には医師のブラウン博士も同席していた。話柄《わへい》がケリーに及ぶと、サー・エドワード・ダイアーは、大主教に向かってこうのたもうた——「猊下《げいか》、これから話すことはまったくの真実だと請け合います、何しろ、わたし自らが目撃したのですから。見ていなければ、信じはしなかったでしょう。わたしはケリー殿が卑金属を坩堝《るつぼ》に入れるのを見ました。少しの間、火にかけられ、ごく少量の薬剤が投入され、木の棒でかき混ぜられた後に、大量の純金が生成されました。手で触っても、槌で叩いても、試薬で分析して

も純金なのです」[31]。

「カンタベリー大主教」とはジョン・ウィットギフトを指し、一五八三年に就任して、死亡する一六〇四年までその地位にあった。なお、「医師のブラウン博士」はトマス・ブラウンのことではない。ブラウンは一六〇五年の生まれであるから、時代がまったく合わない。

アシュモールは、ダイアーを「ディーと同じくらい賢者の石を熱心に探求した人物」と呼んだが[32]、決して誇張でなく、一五八〇年代末以降の彼の行動はたしかにそれを裏付ける。

一五八八年にトシェボニュを訪問したダイアーは、ケリーを連れ帰るために、翌八九年十月一日に英国を出立して再びボヘミアへと向かった。目的を果たせないままにこの旅から戻るのは、翌九〇年三月十四日のことであるが、彼は同年十月初旬にはまたもやプラハの地に立っていた。同月下旬、彼はセシルに宛てて、ケリーへの説得が難航する旨を報告している[33]。

エドワード・ケリーが、神聖ローマ帝国皇帝だけではなくイングランド女王からも錬金術の達人として大きな期待をかけられたのは、紛れもない事実である。実際、エリザベス、そして、セシルは、無尽蔵に黄金が入手できる可能性に惹《ひ》かれて、直接ケリーに宛てて帰国を促す書簡を幾度か送った[34]。アルマダの海戦の後も、スペインが再びイングランドを攻撃する見込みは高く、イングランドの宮廷は膨大な軍費を必要としていたからである。しかし、ケリーは母国からの懇請を撥ねつけた。たとえば、一五九〇年七月二十四日付のセシル宛書簡で、ケリーは、ボヘミアでの自分の「安全な」立場について説明、「平和と自由に満ちた国に住み、年収千五百ポンドをもたらす領地を所有」しているばかりか、皇帝ルドルフとロジュムベルク侯の愛顧を得ているから、帰る理由などないとする。ただし、「これまでわたしになされた不当なおこないが償われ」、かつ、「同等の年収」をもたらす領地を与えてくれるならば、女王のためにボヘミアから故国に戻るに吝《やぶさ》かではないと、付け加えることも忘れなかった。[35]

後に見るように、ケリーは領地に加えてプラハに屋敷を構えていた。また、一説によれば、ケリーは、プラハ北方のイーロヴェイ近郊のリベレツとノヴァ・リーベンの村で、領地の他に醸造所や製粉所まで所有していたという。[36]あるいは、ひとつの城、九つの村、さらにプラハにふたつの屋敷を持っていたとも伝えられる。[37]いずれにせよ、破格の条件でも提示されない限り、ケリーにはたしかにイングランドに戻る理由はなかった。

いっぽう、ケリーとの書簡の交換のなかで、老獪《ろうかい》な政治家であるセシルは、前者が帰国した場合の具体的な報酬についてはいっさい口にしない。彼はガーランドやダイアーの話を決して鵜呑みにしたわけではなく、色々と調査をおこなったようだ。たとえば、件《くだん》のプッチがケリーを悪しざまに非難する一五九〇年八月二十五日付の手紙も入手した。[38]ちなみに、ケリーがセシル宛書簡で記した「不当なおこない」とは具体的に何を指すのか不明であるが、あるいは、大陸に渡る前に彼はやはり何らかの罪で処罰された経歴を有していたのだろうか。

さて、こういった状況の下、偉大な錬金術師としてのケリーを信じて疑わなかったダイアーは、イングランドの宮廷のために次善の策を取る。すなわち、彼は、自分自身がケリーから金属変成の秘義を学ぶことを決意した。彼は、一五九〇年十一月から約五ヶ月の間、ケリーの屋敷に住み込んで、実験に参加したのである。[39]また、イングランドの男爵ウィロビー卿（ペレグリン・バーティ）も、ケリーの錬金術について実地に確認するためにプラハへと赴いた。[40]

もとより、ケリーからダイアーに錬金の奥義が教授されることはなかった。一五九一年五月十二日付のダイアー宛の長文の書簡で、一向に進捗しない事態に苛立ったセシルは、宮廷内部でもケリーは詐欺師だと声高に主張する人々がいる事実を記したうえで、ケリーが金属変成に成功したと唱えるダイアー自身の信用を守るためにも、

貴殿がサー・エドワード・ケリー本人を帰国するよう説得できないのであれば、ごく少量でもよいから「粉

薬」の一部を入手して、女王陛下の面前でケリーの知識が完全な域に達していることを実地に示してもらいたい。[41]と求めた。しかしながら、後に述べるように、このとき既に、プラハでは、セシルが予測していなかった事件が出来《しゅったい》しており、ダイアーは窮境に陥っていた。

ケリーが大陸とイングランドの双方で錬金術の達人とみなされた理由としては、彼が、精霊召喚のみならず、この分野でも「傑出」した詐欺師であったというのが最も簡単な説明だろうが、何らかの他の理由は果たして想定できるのか。

ひとつの興味深い説として、ボヘミアにおける鉱山事業と関連づけるものがある。というのは、ケリーの後援者ロジュムベルクは、イーロヴェイにおける金鉱採掘事業の改善、効率化に熱心な人物であったからだ。同地の鉱山には十世紀以降からの鉱石の残滓《ざんし》が堆《うずたか》く積み上がっていたのだが、当時の最新尖端の精錬技術によって、中世にあっては抽出不可能であった微量の金を、鉱石の残滓から水銀によって回収することが可能になった。そして、ケリーはまさにこの技術を高度な水準で駆使した人物で、ゆえに、ロジュムベルク、そして皇帝ルドルフに重用されたのではないかというのだ。[42]

実際、錬金術と鉱物学、冶金術、鉱山学の間には、当然ながら深い繋がりが存在した。両者の間に截然《せつぜん》とした区別はなく、金属を扱う学という点で時に重なりあい混淆《こんこう》していたというほうが、あるいは正確かもしれない。たとえば、鉱山学の祖と呼ばれるゲオルギウス・アグリコラの影響下にあったレオンハルト・トゥルンアイサーは、ルドルフ二世の父マクシミリアン二世に仕えた人物だが、鉱山学者であると同時に錬金術師としても知られた。[43]また、ディー自身が鉱物学を研究したことは、彼の蔵書から明らかである。[*44]

ロジュムベルクだけでなく、ルドルフもまた鉱山開発事業に熱心で、その本拠となったのは銀鉱として名高いヤーヒモフ(ドイツ語名ザンクト・ヨアヒムスタール)であった。ルドルフがその監督官に任命したのはゼーバルト・シュヴェルツァーという錬金術師で、その後任のニコラウス・マイウスという人物も、ジョージ・リプリーの錬金術書を翻訳していた。[*45] マイウスがボヘミア時代のディー、ケリーと交際があったのは注目に値しよう。[*46]

当時、プラハの東方七十キロに位置するクトナー・ホラの銀鉱は枯渇しつつあり、ボヘミアに多くの錬金術師が蝟集《いしゅう》、活動していたのは、彼らの有する金属についての豊富な知識のためであったとも考えられている。[*47] ロジュムベルクの場合、一五八一年にシレジアのライヘンシュタインの鉱山を買収した際、同地の城内に、錬金術の工房を設立した。[*48]

一五九〇年夏、「平和と自由に満ちた国に住み、年収千五百ポンドをもたらす領地を所有」するとセシルに対して誇ったとき、ケリーはまさしく得意の絶頂であったにちがいない。だが、サー・エドワードとしての栄華の時期はさほど長く続かない運命にあった。彼はやがてルドルフ二世の不興、怒りを買って捕縛幽閉されるのである——しかも、二度にわたって。

ケリーが遺した錬金術書『賢者の石について』は十七世紀後半の一六七六年になってハンブルクでようやく印行されたが、[*49] ルドルフに献呈された同書は次のように始まる。

ボヘミアにおいて二度も獄《ひとや》で身を鎖に繋がれるという、他の地ではついぞ受けたことのない恥辱を蒙《こうむ》ったにもかかわらず、その間もずっと、小生の心じたいは、自由なままであり、かの学問、つまり邪悪で愚かな輩《やから》のみが蔑視し、賢者は賞賛してやまない哲学[錬金術]の研究に精進してまいりました[中略]過去三年間というもの、皇帝陛下[ルドルフ]に大きな利益と喜悦を与えることができる物[賢者の石]を発見すべく、多大な労力、金銭を費やしてまいりましたので、こうやって獄にある間も――陛下自身の所為《しょい》で小生の身に降りかかった災難ではありますけれど――怠惰に時を過ごすことなどできず、かくて、この論攷《ろんこう》を書き上げた次第でございます。[*50]

最初の逮捕については、かなりの細部まで判明している。セシルが、ケリーから「粉薬」を何とか入手するよう求めてダイアーに手紙を送った直後の一五九一年五月十五日、氏名不詳の英国人が、つい最近のプラハでの見聞として、ケリーが皇帝の命令で捕縛された事実を書簡のなかで具《つぶ》さに記すからだ。

それに従えば、ケリーはプラハに屋敷を構えており、同所に司直の手が入ったのは四月三十日のことであった。ただし、事前に察知していたのだろう、ケリー本人は既に前夜に姿をくらましており、屋敷にいた弟のトマス・ケリー、そして、エドワード・ダイアーの身柄がいったん拘束された。五月二日にはケリーを必ず発見せよとの厳命が皇帝から下され、翌三日、ロジュムベルク侯の領地でプラハから南へ十数マイルのところ、ブドヴァルの近くに位置する町ソビェスラフに潜伏中のところをケリーは逮捕された。彼の身柄はプラハには戻されず、そのまま、クジヴォクラートという村に送られる。[*51]同地には中世からの歴史を誇る城があり、当時は牢獄として使われていた。

セシルの許には別の経路からも五月下旬及び六月初旬にケリー投獄の情報が届き、[*52]ほどなくして、エリザベス女王は、自分の書信を携えた使者を派遣するようセシルに指示して、トマス・ウェブという人物がプラハへと向かう。[*53]なお、次章で見るように、このウェブ自身が錬金術に深く関わっていた。[*54]

当時から現在に至るまで、ケリー捕縛の理由については諸説が飛び交うが、真相は明らかではない。厖大な借財のゆえにという説、黄金生成に失敗もしくは詭計《きけい》が露顕してルドルフの逆鱗《げきりん》に触れたという説もあれば、これとは逆に、皇帝が彼から錬金術の奥義を奪い取ろうとしたという説、イングランドに戻るのを阻止したという説、宮廷の内紛説などが提出されているが、いずれも決定的な証拠を欠く。

とまれ、イングランドの宮廷側では、ケリーが失脚したばかりかダイアーの身柄まで拘束されて、動転憂慮したものと思われる。プラハに使者まで遣わした事実は、イングランドが如何にケリーあるいは錬金の秘薬を重視していたかを示す証左といえよう。

アウクスブルクに本拠を置いて大規模な金融業を営み、カール五世以来、神聖ローマ帝国の財政、調達と深く関わっていたフッガー家も、皇帝愛顧の錬金術師の失墜には注意を払い、情報収集を怠らなかった。当時のプラハ発の同家の通信記録(一五九一年五月十四日付)は、クジヴォクラート城に囚われた「英国の錬金術師」は「深い絶望の只中にあるようで、食事を摂るのを拒み、絶命するのではないかと危惧」されていると伝える。そして、

彼がどのような根拠で告発されたのか知るために、ロジュムベルク侯の弟君ペテルが兄の代理としてプラハにやってきたが、まだ真相を摑むことはできていない。ロジュムベルク侯が錬金術師の釈放を嘆願するだろうという意見を唱える者もあるが、いっぽうで、それに反対する勢力は強力だともいわれる。[*55]

この記述を信ずるならば、ケリーの投獄にはロジュムベルクがまったく関与していないことになり、宮廷の内紛、権力闘争が絡むとの説に一理あるのかもしれない。なお、ペテル自身も、兄ほどではないにせよ、錬金術に強い関心を有した。[*56]

以上から一ヶ月半後のフッガー家の通信記録(一五九一年六月三十日付)では、「英国の錬金術師に関しては特に状況の変化はない。彼は依然として城に囚われたままである。彼の弟と妻、召使いたちは依然として屋敷に拘禁されて、かなりひどい状態にある」とされる。[*57] さらにほぼ同時期、フッガー家は、ケリーはロジュムベルクとルドルフからそれぞれ「三十万フロリン以上」と「一千ライン・ギルダー近く」の金を引き出していたのだという

情報も入手した[*58]（一五九一年七月二日付）。特にロジュムベルクの費やした額については、「貴人たちがこのようなかたちで欺かれるとは驚きだ」との評言が付されるが、実際、これが本当ならば莫大な額であって、ケリーが一時期は錬金術師として尋常ならざる栄華をきわめたことを示唆するものといえよう[*59]。

七月に入ると、ダイアーは、使者のウェブに伴われ、イングランドにかろうじて無事に戻ることができた[*60]。しかし、ケリーについていうならば、彼はそれからクジヴォクラート城で囚人として二年間以上を過ごす。ただし、この間の彼の動静については記録がほとんど発見されておらず、わたしたちは確たる事実は何も知ることができない。一五九二年にはロジュムベルクが逝去、これは彼には大きな痛手であったかもしれない[*61]。

いっぽうで、イングランドの宮廷は依然としてケリーの去就への関心を失わなかった。プラハに滞在するクリストファー・パーキンズという英国人のイエズス会士が、セシルの次男ロバート・セシルに宛てた一五九三年七月十八日及び二十日付けの書簡は、ケリーに関する情報を報告している。パーキンズによれば、ケリーが投獄の憂き目にあったのは、多大な借財を抱えていた上に、金属変成の疑えない証拠を皇帝に提示できなかったからで、ケリーが証拠さえ出せれば皇帝はすみやかな釈放を約束しているという。また、このイエズス会士は、ルドルフの顧問官たちから、ケリーに帰国を促す旨のエリザベス女王直筆の書簡を見せられたばかりか、「ケリーの片耳が縮小している」事実や「イングランドにおけるケリーの善行あるいは悪行」について質問を受けたという[*62]。ケリーの耳にはやはり何らかの目立った欠損があり、かつ、ルドルフの側でもこれが刑罰を受けた結果ではないかと疑ったということなのか。ただし、四年前の一五八九年の時点で、ケリーは、このパーキンズという人物がスペインと教皇の手先、イングランドへの叛逆者に他ならないとセシルに伝え、ディーも同様の旨をウォルシンガムに知らせていた[*63]。

このまま異国の獄舎で朽ち果てるかに思われたケリーであったが、しかし、逮捕から約二年半後の一五九三年秋頃、彼が縛を解かれるにいたったのはほぼ確実である。というのは、この時期、エイブラハム・フォルコンという英国人がボヘミアから書き送った書簡の中で、「サー・エドワード・ケリーについていうなら、彼は新暦で十月十六日に釈放されたばかりである。彼の健康状態は良好、太って元気だ。［弟の］トマス・ケリーがわたしをリーベンに連れていってくれたので、わたしは閣下［ケリー］と共に三日間過ごし、丁重にもてなされた」という条《くだ》りが見出されるからである。リーベンとは先に触れたイーロヴェイ近郊のノヴァ・リーベンを指す。[*64]早くも一五九三年十二月頃には、イングランド国内でケリー釈放の報は広まっていたらしい。たとえば、その時期のとある書簡に、「ケリーは牢獄から解放されて、従前の地位に戻り、雌鳥が木の実を啄《ついば》むような勢いで黄金を造っている」との記述があ見える。[*65]

とはいえ、釈放の理由が不明なうえに、その後のケリーについても記録は甚だ乏しい。一説にはケリーは一万五千ターラという重い罰金を課され、出獄後は借財に苦しんだというが、[*66]他方、金属変成の研究を放棄したわけでは決してなかった。

そして、自由の身となって一年半が経過した一五九五年の春から夏にかけての時期、驚くべきことに、彼は皇帝ルドルフの愛顧を再び獲得、かつての地位、権勢をある程度は回復したものと推測される。セス・コックスという人物がクラクフからロバート・セシルに宛てた一五九五年四月八日付け書簡で、ケリーが皇帝の愛顧を回復したらしい旨の報告がなされるからである。[*67]また、この年の八月十二日、ディーは『日録』に「皇帝がわたしを再び招聘する旨の書簡を、サー・エドワード・ケリーから受け取った」と記す(*PD*, 53)。だが、それから三ヶ月後の一五九五年十一月二十五日、ディーは『日録』に短くこう書き留めることになる——「サー・エドワード・ケリー殺害との報せ」(*PD*, 54)。ディーは何の感慨も洩らしてはおらず、その脳裡に如何なる思いが去来したのか、我々には推測するほかない。

一五九五年末の時点でディー自身はケリーの死をいったん確信するけれども、実はケリーはそのときまだ幽冥の境を異《こと》にしていなかった。一五九七年五月において彼が囚人として生存していた記録が、プラハに残っている。彼が拘禁されたのは、今回はプラハの北西約八十キロのところに位置する都市モストのハネヴィエン城であった。また、パラケルスス派の医師、錬金術師として著名なオズヴァルト・クロールは、獄中のケリーをモストまで訪ねていき、ケリーが死の床で自分に錬金術の秘密を明かしたとも主張していたらしい。[*68] クロールはロジュムベルクの弟ペテルの援助を受けており、かつまた、この錬金術師が一六〇八年に死亡した際、ルドルフ二世はその動産類を入手した。[*69]

先に引いたケリーの著作『賢者の石』は、したがって、モストにおいて執筆されたことになるだろう。二度目の逮捕幽閉に関して信頼するに足る資料はほぼ絶無といってよいが、ケリーは、ヤーヒモフ銀鉱の監督官を務めた錬金術師ゼーバルト・シュヴェルツァーの助手を一五九六年秋にプラハの宮中で襲って怪我をさせ、その罪で獄に送られたのだという説がある。[*70] あるいは、単に借財に起因するのかもしれない。[*71]

ちなみに、一五九六年、文人トマス・ナッシュは、占星術師リチャード・ハーヴィ（本書第一章及び十章参照）の兄ゲイブリエルを攻撃した文書において、ケリーに言及、「彼は、錬金術の炉という火の煉獄のなかに古《いにし》えの錬金術師たちの霊魂を封じ込めた」と記す。[*72] これは錬金術師としてのケリーが十六世紀末のイングランドで広く知られていたことの一証左となろう。

さて、こうして再び城の獄屋に繋がれたケリーであるが、結局のところ、彼はどのような末路を迎えたのであろうか。

イングランド側によるケリーの最期に関する記録、証言としてはアーサー・ディー、イライアス・アシュモール、ジョン・ウィーヴァーなどによるものが挙げられる。[*73] たとえばアーサー・ディーによると、ルドルフによって「城に幽閉された」ケリーは「城壁を降りて脱走を試みたものの転落、片脚を折って再び収監された」。この失敗に終わった脱獄には、エリザベス女王の手助けがあったという。いっぽう、アシュモールによれば、獄中のケリーは「敷布を破って体に結《ゆわ》えつけ高い窓から降りるという脱出を試みたが、(体が重かったので)転落、片脚を折ってしまい、それがもとで死亡した」。ウィーヴァーもまたエリザベス女王が脱出を助けたとするが、ただしケリーが逃げ出したのはプラハの屋敷からで、その壁を乗り越えようとした際に転落、「両脚を折って全身に傷を負い、それが原因でほどなくしてこの世を去った」。いずれも時期は特定されておらず、細部には差異が見られる。

他方、ルドルフに雇われたボヘミアの宝石細工師にして錬金術師シモン・タデアーシュ・ブデックの伝えるところでは、ケリーはやはり脱獄の際に転落して足を骨折、それがもとでやがて死亡したのだが、助力したのは弟トマス・ケリーであり、脱獄失敗の日付は一五九七年のクリスマスだという。[*74] なお、ブデックもまたケリーの耳の欠損に触れ、のみならず、片脚が木の義足だったとする。

したがって、少なくとも以上から判断する限りでは、ケリーは一五九七年末から翌九八年初頭にかけてボヘミアの獄中で病死した可能性が高い。一五八四年八月二十一日、天使ウリエルはケリーが「壮絶な死を迎えるだろう」との言葉を発したが(*TFR*, 224)(本書第十二章参照)、この予言はある意味では成就したといえるのかもしれない。ただし、一五九八年頃、ロシアにいた錬金術師たちの間では、ケリーが生存しているとの噂が流れていたという。[*75]

ディーと出会うまでの経歴に不明な点があまりに多く、薄明の中から忽然と出現したかのようなケリーであったが、ディーのみならずルドルフ二世やエリザベス女王までを巻き込む大規模な劇の主人公を演じるなど、短い期間ながら異様に密度の高い波瀾万丈の人生を送った末に、最後は再び歴史の薄明の中に消え去ったというほかあるまい。

ところで、ケリーと共にボヘミアに滞在した彼の妻ジョーンの以降の消息についても、わたしたちは従前まで何も知ることはできなかったのだが、ごく最近になって新たな事実が発掘された。

十六世紀末から十七世紀初頭のプラハの地で、エリザベス・ジェイン・ウェストンというイングランド出身の女性がラテン語詩人として活躍、その名は文学史の片隅に記載されている。当時の彼女はウェストニアというラテン語名でもっぱら知られた。たとえば、十七世紀の文人トマス・フラー（本書第二章参照）は、『イングランド名士録』（一六六二）で、ウェストンを「傑出した女性」、「偉大な学者」と呼び、「その名声は本国より海外で高いように思われる」と記す。そして、生地については、根拠はないとしながらも、とりあえず同名の高名な一族であるウェストン家の本拠サリーとした。[*76]

だが、自分の母の死を悼んで書いた詩（刊行は一六〇六年）の冒頭、ウェストンは、亡き母を「高貴な生まれの栄えある騎士にして、皇帝陛下の顧問官」であった「サー・エドワード・ケリー」の寡婦だと述べていたのである。[*77] 要するに、ウェストンはケリーの娘ということだ。

いっぽう、ケリーの妻ジョーン（旧姓クーパー）の出身地チッピング・ノートンの教区記録によれば、ジョーン・クーパーという女性が確かに一五七九年にジョン・ウェストンなる人物と結婚、一五八〇年に長男ジョン、一五八一年には長女エリザベスが誕生する。また、夫のジョン・ウェストンは一五八二年に死亡、五月六日に埋葬された。[*78]

ケリーが天使ミカエルから妻を娶《めと》るよう命じられたのは一五八二年四月末から五月初めにかけてであり、結婚の時期は一五八二年の末頃か翌八三年初頭と推測されるので（本書第五章参照）、チッピング・ノートンの教区記録に残るジョーンがケリーの妻と同一人物であれば、夫を喪ったジョーンはほどなくしてケリーと再婚、したがって、エリザベス・ウェストンはケリーの義理の娘にあたる。実のところ、エリザベスは、先に言及した詩のなかで、ケリーを「義理の父」と呼び、「もうひとりの父として私を愛し、私と兄の面倒を見てくれた」と語る。また、

「死と嫉妬が彼を奪った」ともしている。[*79]

だが、不可解なのは、ディーの遺した精霊召喚記録、そして『日録』の双方において、ケリーの妻がかつて結婚していた事実はおろか、ケリーの義理の息子と娘について一切の言及がない点であろう。ジョンとエリザベスのふたりは、イングランドでも大陸でもディーと会う機会が一度もなかったということなのか。[*80] さらに、一五八七年四月四日の召喚作業で、天界の「声」は、ケリーが「子宝に恵まれない」事実を指摘し、ジョーンを「不毛で実を結ばない子宮」を有するとしたが(本書第十四章参照)、これとも齟齬《そご》をきたすように思われる。ジョーンが再婚後に病気などのために不妊になったのか、あるいは、ふたりの間に子供がもうけられなかったのはケリーの側に原因があったのか。

ケリーを「高貴な生まれの栄えある騎士にして、皇帝陛下の顧問官」と呼ぶ事実からも分かるように、エリザベス・ウェストンは自分の義理の父親を誇りに思っていた。しかも、ただ身分が高かったというだけでなく、偉大な錬金術師としての名声ゆえにである。ケリーの死後も彼の金属変成の業を讃える人々は多く、十七世紀初頭のプラハでは義理の娘のウェストンを核として一種のサークルを形成したとおぼしい。

錬金術師オスヴァルト・クロールが獄中のケリーと面会したことは既に記したが、彼とエリザベス・ウェストンは密接な交流を結んでいた。[*81] たとえば、クロールの著名な錬金の書『化学の聖堂』(一六〇九)巻頭に序詩を寄せたのは、他ならぬウェストンであったのだ(次頁、図版15C)。なお、クロールは一六〇七年にはトシェボニュを訪れており、『化学の聖堂』はロジュムベルクの弟ペテルに献呈された。[*82] いっぽう、ケリーの妻ジョーンは墓碑銘で「哲学者」ケリーの妻と呼ばれるが、この銘を書いたのは、本章で先に名を挙げたヤーヒモフ銀山の監督官にして錬金術師のニコラウス・マイウスであった。

ケリーの教えを乞うため周辺にはかなりの数の錬金術師たちが集まり、彼の生前死後を通じて熱心に活動を続けたのは確実で、そういった集団が遺したと推測される手稿群も最近になって発見された。[*83] 十七世紀初頭にあっ

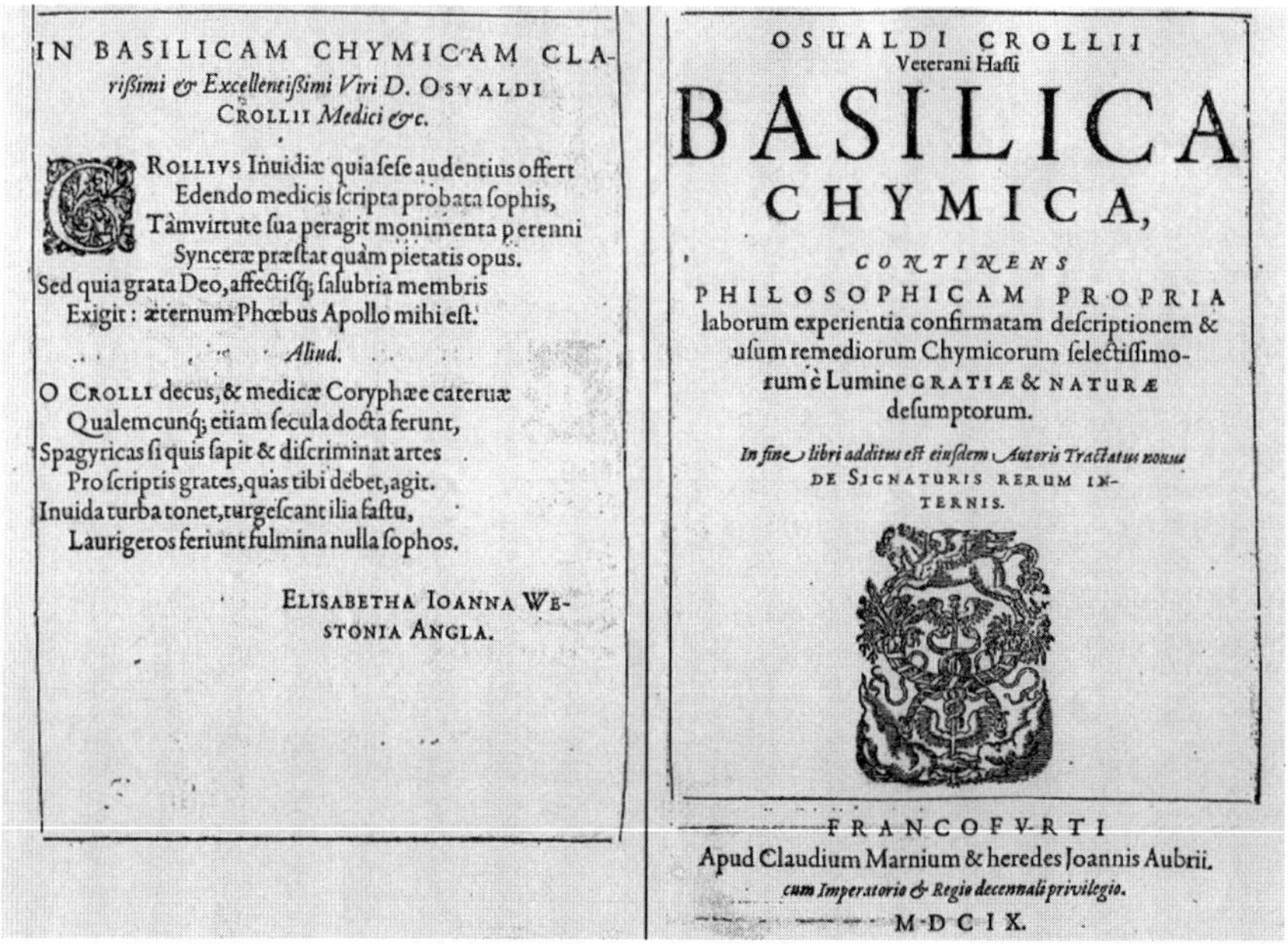
IN BASILICAM CHYMICAM CLA-
riſsimi & Excellentiſsimi Viri D. OSVALDI
CROLLII Medici &c.

CROLLIVS Inuidiæ quia ſeſe audentius offert
Edendo medicis ſcripta probata ſophis,
Tàm virtute ſua peragit monimenta perenni
Synceræ præſtat quàm pietatis opus.
Sed quia grata Deo, affectiſq; ſalubria membris
Exigit: æternum Phœbus Apollo mihi eſt.

Aliud.

O CROLLI decus, & medicæ Coryphæe cateruæ
Qualemcunq; etiam ſecula docta ferunt,
Spagyricas ſi quis ſapit & diſcriminat artes
Pro ſcriptis grates, quas tibi debet, agit.
Inuida turba tonet, turgeſcant ilia faſtu,
Laurigeros feriunt fulmina nulla ſophos.

ELISABETHA IOANNA WE-
STONIA ANGLA.

OSUALDI CROLLII
Veterani Haſſi
BASILICA
CHYMICA,
CONTINENS
PHILOSOPHICAM PROPRIA
laborum experientia confirmatam deſcriptionem &
uſum remediorum Chymicorum ſelectiſſimo-
rum è Lumine GRATIÆ & NATURÆ
deſumptorum.

In fine libri additus eſt eiuſdem Autoris Tractatus nouus
DE SIGNATURIS RERUM IN-
TERNIS.

FRANCOFVRTI
Apud Claudium Marnium & heredes Joannis Aubrii.
cum Imperatorio & Regio decennali priuilegio.
M·DC·IX.

図版：オスヴァルト・クロール『化学の聖堂』（1609）のウェストンによる序詩（左頁）【15C】

て、少なくとも中欧地域では、錬金術師としてのケリーの名声は、ルドルフの命により二度にわたって捕縛されたにもかかわらず——あるいは逆にそれがために——決して地には堕ちていなかったのである。一六一八年にフランクフルトで印行されたミュリウスの大著『医化学の業』が偉大な錬金術師としてエドワード・ケリーを挙げている事実は先に触れたが、これは単にミュリウスひとりの偏った見解ではなかったといえよう。[*84]

第十六章　旅路の果て

六年以上に及ぶ大陸での滞在からディーが故国に帰ったのは、前章で記したように旧暦で一五八九年十一月二十二日のことである(以下、本章では旧暦に従う)。約三週間後の十二月十五日にはモートレイクの屋敷に戻った。ただし、ニコラス・フロモンズ(本書第十一章参照)の「借家人」としてであり、これはフロモンズへの借金が未返済のためかと思われる(*DD*, 246)。このとき、ディーは貴重な蔵書の散佚《さんいつ》、自分の知己たちによる「略奪」の実際を初めて眼のあたりにしたわけだ。[*1]

ディーの帰国後もケリーはボヘミアで錬金術師としてめざましい栄達を遂げていくが、彼との関係を博士が何とか維持したいと考えたのは当然のことで、両者の間にはしばらく連絡が続いた。ディーが帰国して二ヶ月後の一五九〇年一月二十三日、この頃イングランドに一時戻っていたケリーの弟トマスが博士の許《もと》を訪れ、「サー・エドワード・ケリーが［イングランドに］帰ってくるという望み」を彼に抱かせた(*PD*, 32)。また、同年三月十七日には、フランシス・ガーランド経由で、ケリーの手紙がディーに届き、これに応じてであろう、四月十九日、彼は「プラハの皇帝の宮廷で騎士であるサー・エドワード・ケリー」に宛てた書簡をトマス・ケリーに託しており(*PD*, 33)、さらに六月二日にも別の人物を介してケリー宛てに書状を送った(*PD*, 34)。しかしながら、その僅か三日後の六月五日、ディーは「エドワード・ケリーがわたしにあからさまな敵意をもち、高位の人々がわたしを貶《おとし》めているとの恐るべき悪い報せ」を受け取る(*DD*, 248)。とはいえ、ケリーとの連絡は完全に絶たれたわけではなく、一五九〇年七月八日及び九月一日、彼からの書簡がディーの許に届いた(*PD*, 34, 35)。

一五八九年後半以降、エリザベス女王とセシルが、ケリーをボヘミアからイングランドに連れ戻し、錬金の秘法を入手しようと画策した経緯は前章で縷々《るる》述べたところだが、ディー自身がこういった動きに深く干与した記録、痕跡は存在しない。たしかに、イングランドの宮廷における「高位の人々」の博士に対する評価は低下するいっぽうであった。また、一五九〇年四月十六日にはウォルシンガムが逝去(*PD*, 33)、彼に対して博士は不信感を抱いていたとはいえ、宮中の実力者であっただけに痛手となったろう。

この年の春から夏にかけて、彼はたとえばカンタベリー大主教ジョン・ウィットギフト(本書第十五章参照)に数度面会して、安定した収入と地位を伴う聖職者禄を与えてくれるよう交渉するが、結局はすべて失敗に終わる。一五九〇年七月十三日のウィットギフトとの面談の際には、ディーは「サー・エドワード・ケリーの錬金術論攷《ろんこう》への自分の権利」についても話し合った(*PD*, 35)。だが、ウィットギフトは魔術やオカルティズムへの傾斜、耽溺を危険視して、それらを禁止弾圧すべきだという考えの持ち主であったから、宮廷内の状況はディーにとって不利というほかなかった。[*2]

ただし、ダイアーが金属変成の術を学ぶべくケリーの許に滞在しはじめた一五九〇年十一月頃、一時的とはいえ、少し風向きが変わったように思われる。おそらくはケリーを説得する一助として、あるいは、彼を帰国させるのに失敗した際の一種の保険として、宮廷側はディーを丸め込んでおく必要を感じたものと推測されよう。一五九〇年十一月から十二月にかけて、エリザベス女王は謁見も含めてディーとかなり頻繁に接触、金子《きんす》を贈るなどの約束をしたばかりか、十二月十六日にいたって、「私[ディー]が、哲学と錬金術において望むところをおこなえるよう、何人もそれを妨げたり、管理したり、悩まさないと請け合う」旨の「口頭」の保証を与えた(*PD*, 37)。

年が明けて一五九一年春にケリーが入獄した際、ディーは『日録』には何も記載していない。だが、夏になってプラハから這々《ほうほう》の体《てい》でイングランドに帰国したエドワード・ダイアーとは七月三十日及び三十一日に会っているから、博士が遅くともこの時点でケリーの失墜を知ったのは確実であろう。また、三年前の一五八八年七月にトシェボニュで悪化破綻したディーとダイアーの交友関係であったが、この再会時に両者はとりあえず和解に達した[*3](*PD*, 38–39)。

ディーは、ウィットギフトだけでなく、セシルなど「高位の人々」を通じて安定した地位、職を得ようと奔走したが、依然として実を結ばなかった。また、一五九二年五月には、ウォルター・ローリー(本書第七章参照)が女王の寵《ちょう》を失うという重大事が起こる。ローリーはディーには好意的であったから、[*4]前者の転落は博士にとっても不幸だった。このような状況の下、同年秋(十一月九日—二十二日)になって、ディーはエリザベス女王に宛てて直接訴えかける長文の嘆願書、一種の簡略な自伝を書かざるをえなくなる。それが本書で幾度か引用してきた『略歴』であった。

一五九三年三月十二日及び十三日の『日録』には「この二晩、あたかもケリー氏が私の家にいるかのように、彼の夢をたくさん見た」という記載が見られるが(*PD*, 44)、同年秋にケリーが獄屋から釈放された際、ようやく十二月五日になってからディーはその事実を知る(*PD*, 47)。これは両者の間にもはや密接な連絡はなく、かつまた、宮廷からも迅速に彼に情報が伝わっていなかった状況を示すものといえよう。しかしながら、年が明けると、ケリーとディーは接触を再開した。一五九四年三月二十八日の『日録』には「フランシス・ガーランド氏がサー・エドワード・ケリーとその弟からの書状を持ってきてくれた」(*PD*, 48)という記述が見え、その後も「女王陛下がE・Kの書簡の写しをわたしに送ってくださった[*5]」(一五九四年五月十八日　*DD*, 265)、「Sir Ed. K. と T. Kelley に宛てて書簡を送る」(同年九月十八日　*PD*, 50)「サー・エドワード・ケリーの書簡を受け取る」(同年十一月二十四日　*PD*, 51)といったように続く。他方、ディーとラスキとの間の連絡は、一五九三年の一月七日及び十月十二日を最後として途絶したようだ(*PD*, 43, 46)。

ちなみに、一五九三年秋には、イングランドの宮廷はケリーとは別の錬金術師にも強い関心を寄せていた。同年十月、リューベック在住のロロ・ピーターソンという人物から、エリザベス女王に対して、以下のような旨の申し入れがあったからだ。すなわち、リューベックのピーターソンの屋敷には一五八七年からクレメント・オールドフィールドというイングランドの錬金術師が住み込んでいたのだが、一ヶ月前に死亡、その遺産を譲渡売却したいというのだ。オールドフィールドの素性は詳《つまび》らかではない。この件についてはセシル自らが指揮を取り、交渉は数年後まで続いた。[*6]

一五九二年秋に執筆した『略歴』において、ディーは学問研究に精進できる地位、住居、手当を賦与されるよう女王に求め、そうすれば、「卓越した著名な人々」が「キリスト教国のいたるところ(そして、おそらくはさらに遠くの地域)」から、自分の教えを乞いに来訪してくるだろうと述べていたが(*CR*, 41)、その願いが僅かなりとも叶えられるのはようやく一五九五年春のことになる。[*7] つまり、彼は苦労の末にマンチェスターの共住聖職者団聖堂長に任命されたのであった(*PD*, 51ff)。これは実のところ収入や待遇の面で彼の希望を満たすのにほど遠い条件の職であったが、齢《よわい》六十七歳になるのを目前にしていたディーにもはや選択肢は残されていなかった。拘禁を解かれたケリーが以前の地位、権勢を回復したのもまさにこの時期であり、ディーが「皇帝[ルドルフ]がわたしを再び招聘したいとの旨の書簡」(*PD*, 53)をケリーから受け取ったのが一五九五年八月十二日であるのは、前章に記した。[*8]

ディーがマンチェスターの地に聖堂長として赴任したのは翌一五九六年二月で(*PD*, 55)、以降、モートレイクに長期間戻る時期を挟みつつも、おそらく一六〇五年までは同地を本拠とした。[*9] だが、マンチェスターの聖堂は管理運営の面で混乱をきわめており、赴任ほどなくして、ディーはダイアーに対して「迷宮」のようだと慨嘆している。[*10] ディーは聖堂のかかえる法的、金銭的な問題をほとんど解決できないままに終わったようだ。[*11]

さらに、マンチェスターにおいて、ディーは一五九六年末から悪魔憑き、悪魔祓《ばら》いをめぐる事件に図《はか》らずも関わることになってしまった。この頃ノッティンガムを活動の本拠とする長老派の牧師ジョン・ダレルが、悪魔による憑衣《ひょうい》は祈りと断食によって治せると主張して、ウィットギフトとその配下から危険視されていた。結局、ダレルは一五九八年春に聖職者籍を剝奪され投獄された。これに先立つ一五九六年十二月、ディーは、悪魔憑きに苦しむマンチェスターのスターキーなる一家から相談を受けたのだが、このとき、彼はダレルに相談するよう助言するなどしたため、事件に深く関与したという嫌疑をかけられるにいたった。[*12] マンチェスターを含むランカシャ一帯での魔女狩りは一五九〇年代後半に頂点に達しており、ディーは、聖堂長の職にありながら、またもや妖術師という非難を浴びる危険に直面したのである。ただし、ディーはこの危機も何とか乗り切った。ちなみに、ディーは悪魔憑きの事例については既に経験があった。一五九〇年、ディー家の召使のひとりアン・フランクが「邪霊」による憑衣状態に陥り、同年八月、ディーは聖油などを使って治そうとするが、その一ヶ月後にアンは喉を掻き切って自らの命を絶った(*PD*, 35–36)。

世紀が変わった一六〇一年の三月あるいは一六〇二年四月に、ディーの息子シオドア(一五八八年生まれ)、正式にはテオドルス・トレボニアヌスが十代前半の若さでこの世を去った。[*13] シオドアは「トシェボニュでの神の賜物」であり、ケリーの血を引いていたかもしれない子供である(本書第十四章参照)。いっぽう、一六〇二年九月には、既に二十代前半の青年となっていた長男アーサー(一五七九年生まれ)が結婚して独立を果たした。なお、ディーの他の子供たちとしては、キャサリン(一五八一年生まれ)、ロウランド(一五八三年生まれ)、マイケル(一五八五年生まれ)、マディミア(一五九〇年生まれ　本書第十四章参照)、フランシス(一五九二年生まれ)、マーガレット(一五九五年生まれ)がいるが、キャサリン、そしてアーサーを除いて、一六〇七年頃までに全員死亡していたかもしれない。[*14]

一六〇三年三月二十四日にはエリザベス女王が崩御する。ディーの願いをさほど容れることはなかったとはいえ、女王の存在はディーの地位の最も大きな支えであり、したがって、彼女の死は彼にとって痛烈な打撃となった。博士はこのとき齢七十七歳になるのを目前にしていた。また、エリザベスの後をイングランド国王として襲ったジェイムズは、ウィッチクラフトの実在を信じて弾劾した人物であった。したがって、既に本書第一章で見たように、一六〇四年、邪霊の召喚行為だけで死刑に処せられるよう定めた新たな巫術《ふじゅつ》禁止法が議会を通過する直前に、自分が妖術師との汚名を晴らしてほしいとの嘆願書をディーがジェイムズに送ったのも無理からぬことといえよう。[*15] しかしながら、実際にはジェイムズは巫術や魔術に熾烈な弾圧政策をとることはせず、博士の身に危険が迫ることはなかった。

いっぽう、一六〇五年初頭にはマンチェスターで疫病が猖獗《しょうけつ》をきわめ、同年三月、妻ジェインがそのために死亡――これを潮時として、ディーはマンチェスターを引き払い、モートレイクに完全に戻ったと思われる。ただし、公式には、彼は死ぬまで聖堂長の地位にあった。[*16] なお、一六〇四年十一月から一六〇六年二月までのディーの動静については記録が欠如しており、彼は世間の大方からほぼ忘れ去られた存在となっていた。

一五八九年に大陸から戻ってからディーがおこなった魔術や錬金術の実験については、断片的な資料しか残っていないが、一五九〇年に「哲学と錬金術において望むところを行える」旨の保証をエリザベスからとりつけたことが示すように、彼は長年の研究を決して放棄断念したわけではなく、それどころか死の直前まで営々として続けていた。たとえば、最晩年の一六〇七年年末から翌年初頭にかけての錬金術実験録すら残存する。[*17] また、たとえばサイモン・フォーマン（本書第三章参照）は、一六〇四年七月二日にディーと会食した際に、錬金術の書物を見せられたと書き留めている。[*18]

錬金術の領域での協力者としては、トマス・ウェブ、フランシス・ニコルズ、ロジャー・クック、リチャード・ネイピア、ジョン・ポンタスなどが挙げられよう。

トマス・ウェブについては既に前章で言及したが、彼はケリーの最初の捕縛の際に窮地に陥ったダイアーを救うためイングランドから派遣された人物であるのみならず、錬金術そのものにかねてから手を深く染めていた。一五九二年春からはディーの実験に密接なかたちで協力していたと思われる。ウィロビー卿がケリーに会うためプラハに赴いた事実も前章で触れたが、ウェブは、卿やカンバーランド伯爵夫人マーガレット・クリフォードといった錬金術に熱心な貴族たちと近い位置にいた。[*19] そして、ウィロビー卿、カンバーランド伯爵夫人の双方ともディーと交流があるばかりか、前者は博士への金銭的援助までおこなった。[*20]

一五九三年十二月二十四日、ウェブは、ロンドンの金細工商と共謀して貨幣偽造事件を起こした廉《かど》で逮捕され、ロンドンのマーシャルシー監獄にいったん送られる(*PD*, 47)。二千ポンド分にのぼる銀貨を偽造、スコットランドに運び込んだとの罪状であった。[*21] 翌年一月九日には、ディーのモートレイクの屋敷に置かれたウェブの所有品が押収されるにいたり、ディーも成り行きによっては連座を免れないところだった(*PD*, 47)。結局、ウェブはセシルの息子ロバートの介入によって赦免《しゃめん》、ネーデルラントに追放される。錬金術と貨幣偽造の密接な関係については本書で幾度か触れてきたが、ウェブの事件もその典型的な例といえよう。

フランシス・ニコルズは本来は軍人で、かたわら錬金術研究をおこなっていたらしい。その名前がディーの『日録』に初めて出現するのは一五九三年三月十七日、ディーは総計三百ポンドという多額の報酬と引き換えにニコルズに「☽[=銀]の固定、操作の実験」について教えることになっていた(*DD*, 259)。ディーがマンチェスターに赴任して約八ケ月後の一五九六年十月二十六日、ニコルズも同地にやってきて、錬金術の弟子あるいは助手として博士一家と同居した。

ロジャー・クックは、一五六七年から一五八一年までディーの錬金術の助手を長きにわたって務め、後にはロンドン塔に幽閉中のノーサンバーランド伯ヘンリー・パーシーの実験助手となった人物だが(本書第七章参照)、一六〇〇年九月三十日に約二十年ぶりに博士の許に舞い戻ってきて再び協力者となる(*PD*, 63)。ただし、一六〇七年に両者はまたもや不和になって敵対した(*TFR*, ＊42)。クックはパーシーの下で遅くとも一六〇六年には働きはじめたので、[*22] 一時期はディーとパーシーの双方に同時に仕えていたことになろう。なお、クックは、ルドルフ二世のために働いた錬金術師コルネリウス・ドレベル(本書第十五章参照)の助手として、一六一〇年頃からプラハにいた可能性がある。[*23]

リチャード・ネイピアは、サイモン・フォーマンの下で占星術を学び、医師、精神治療家、隠秘《いんぴ》学者としても当時は広く知られた。死後、彼の遺した文書をアシュモールやオーブリが蒐集している。[*24] ディーと同じく、カバラや錬金術の研究のみならず、天使との交信もおこなった。ただし、その記録は断片的にしか残っていない。ディーとは一六〇〇年代初め頃から接触があったと推測される。ディーの長男アーサーは、父の死後もネイピアと交流を続けた。

ジョン・ポンタスという人物の素性についてはほとんど分かっていない。貿易商を営むかたわら、錬金術の研究にも没頭していたようだ。彼は商売の上でポーランドと深い繋がりがあったらしく、ディーとはあるいは大陸で知己を得たのかもしれない。[*25] ディーがポンタスに『日録』で初めて言及するのは一五九二年九月六日だが(*PD*, 41)、彼の生年は一五六五年九月十二日であるから(*PD*, 2)、言及の時点では二十七歳とずいぶん若い。ともあれ、ディーとポンタスとの親交は深まっていき、やがてディーが最も信用する存在となり、その最晩年の運命に深く関わることになる。

以上は錬金術の分野であるが、その他の魔術的な活動についても、ディーは最後まで飽くなき執念をもって継続した。

たとえば、埋蔵宝の探索。一五九一年六月八日の『日録』にトマス・コリンという人物への言及があるが(*PD*,

38)、彼はエセックスの霊能者で、同地の埋蔵金の件について博士に接触したものとおぼしい。[*26] 一五九二年四月十六日の『日録』には「財宝、書物」との記載が見られ[*27](*PD*, 40)、こちらも埋蔵宝探しをめぐるものである。「書物」とあるから、ケリーがコッツウォルドからもたらした「巻物」のように、地下の宝の所在を示す文書が絡んでいたのだろうか。さらに、一六〇七年にいたっても、ノーサンプトンのとある修道院の地下に眠るとされる埋蔵宝について、ディーは超自然的な回路から情報を得ようと試みた(*TFR*, ＊43)。もちろん、これには博士が相変わらず経済的に追いつめられていたことが背景にあろう。

いっぽう、同じく一六〇七年には、ディーは霊的手段による盗難品探しにまで手を染めていた(*TFR*, ＊36–37, ＊39, ＊42)。埋蔵金探しも含めて、こういった領域は「古い」魔術、もっぱら民間の伝統的な霊能者、巫術師《ふじゅつし》の活躍した場であり、ディーがルネサンスの「新しい」型の魔術師であったという図式はやはり崩壊せざるをえないだろう。

そして、精霊召喚作業。ディーはこれを帰国後すぐに再開していた。卓越したスクライアー、霊媒であったケリーと訣別離反したからといって、ディーは天界からの声を聴くことを決して諦めなかった。

最初の痕跡は、『日録』の一五九〇年四月二十九日の項に発見できよう。これは僅か一語、「作業《アクテイオ》」とあるにすぎないが(*DD*, 248)、約一年後の一五九一年五月三十一日の『日録』にバーソロミュー・ヒックマン(本書第三章参照)の名前が現れる(*PD*, 38)。十年以上前の一五七九年の時点で、ディーはケリーに先立つスクライアーのひとりとしてヒックマンを用いていた可能性がきわめて高いが、一五九一年以降は、彼を主要なスクライアーとして精霊召喚がおこなわれた。ヒックマンは一五五四年生まれなので(*PD*, 1)、一五九一年には三十代後半であった。

ヒックマンについて注目すべきは、一五九四年十二月二日、彼がディーの仲介によってウィロビー卿に雇われた事実である(*PD*, 51)。ウィロビー卿の主たる関心を考えると、錬金術の助手の役目であったと推測するのが順当だが、あるいはスクライアーも同時に務めたのか。実のところ、フランシス・ニコルズの場合についていえば、錬金術の弟子としてのみならず、ヒックマンと共に霊媒としてディーのために働いたものとおぼしい。というのは、『日録』の一六〇〇年七月十一日の項に、ディーは「ふたりのスクライアーが自分たちの視たものについて意見が喰い違う」と記しており(*DD*, 287)、その文脈から推すと、「ふたりのスクライアー」はヒックマンとニコルズを指すものと考えられるからだ。ロジャー・クックにしても、バーナバス・ソール(本書第三章参照)に先立つスクライアーであったかもしれない。[*28] 要するに、ケリーとの協同作業において明らかだったように、ディーの錬金術研究とは常に天界との交信と表裏一体、不可分の関係にあったといえよう。

ディーがヒックマンとおこなった召喚作業記録はかなりの量にのぼったと推測されるが、けれども、遺されているのはごく僅かにすぎない。『日録』の一六〇〇年九月二十九日の記載は、ディーがフランシス・ニコルズの面前で「バーソロミュー・ヒックマンの真実でない召喚作業記録をすべて焼却した」としており、また、「バーソロミューが霊的に見聞した記録はすべて焼却、後[十月三日]になって発見されたその第一部の写本も私[ディー]と妻の眼前で燃やされた」という追記が見出せる(*PD*, 63)。したがって、これらは散佚したのではなく、ディー自らの手によって破棄されたのであった。「真実でない」とは、悪霊、邪霊が介入したということなのか。それとも、ヒックマンが不正をおこなったということか。[*29]

だが、ヒックマンとの作業は記録焼却を機に途絶したわけではなかった。彼をスクライアーとして用いた召喚記録のうち、残存するものの最後の日付は、一六〇七年の夏から秋にかけてとなっている。このとき、ディーは既に齢八十歳で、死の直前まで文字通り倦《う》むことなく、精霊との対話に没頭したのだ。

一六〇七年七月十日の召喚作業に出現した天使ラファエルは、神はかつての約束を決して忘れてはいないとディーに請け合う――「おまえは賢者の石及び『ダンスタンの書』の秘められた智識ならびに理解を得ることを約束されていたが、それらを得るだろう」と(*TFR*, ＊34)。なお、ケリーから頒けられた錬金術の「粉薬《パウダー》」を、博士は最後まで所有していた。というのは、一週間後に、天使が「おまえの保管する粉末《ダスト》」として言及するからである（*TFR*, ＊40）。

この七月十日の召喚作業で真に驚くべきは、天使ラファエルが、高齢の博士に対して「長い旅」、大陸への再度の旅行を命じた点であろう。イングランドでは「おまえはいま貧窮のうちに暮らし、おまえを愛してもおらず好意をいだいてもいない人々の恩を受けざるをえない」が、「おまえが神のために奉仕できる土地」へ遣わすのが神自身の意志だと、ラファエルはディーに告げる。その目的のために、神はディーに「さらなる余命」を与えるし、ディーがこの世を去るときには「名声」に包まれてであろうと（*TFR*, ＊35）。

しかも、博士は最後まで天界からの指令に忠実であった。あるいは、八十歳の時点でも捲土《けんど》重来《ちょうらい》の夢を捨ててはしなかった。一六〇七年七月十一日、ディーはこの旅行に関してラファエルに指示を色々と仰ぎ（*TFR*, ＊37–38）、実行に向けて進んでいこうとする。凄絶ともいえる決意であって、鬼気迫るものを感じざるをえない。そして、こうしたなか、博士の脳裡にはやはりケリーの思い出が去来したようだ。すなわち、七月十五日、

> わたしがケリー氏とおこなった種々《くさぐさ》のことをバーソロミューと話しているとき、バーソロミューの耳に以下のように告げる「声」が聞こえた——「ジョン・ディーよ、ずっとおまえの話を聞いていた。今おまえが語った以上のことを、おまえが見聞し理解できるようにいずれしてやろう」。（*TFR*, ＊40）

この新たなる旅行の準備には膨大な書物、手稿記録の処分も含まれていたが、ラファエルはその責任者としてジョン・ポンタスを指名し、博士は貴重な動産を長子アーサーにではなく、「親友」ポンタスに委ねてしまう（*TFR*, ＊44）。当時のイングランドで最大、最善を誇った蔵書、天使との交信記録、「粉薬」の類の大半は、かくて、天使の命令の下、いったん散佚することになる。[＊30]

ただし、博士は大陸へ再び向かうことなく終わり、逝去に際して「名声」に包まれもしなかった。

ディーは一六〇八年十二月に人知れず窮死したというのが通説であり、たとえば、アシュモールは、長女キャサリンが病床に伏す高齢の父親に内緒で本を売って金に換えたという逸話を伝える。[*31] たしかに、ディーは一六〇八年夏にモートレイクの屋敷を売却していた。だが、翌年の一六〇九年一月、ディーが父親の縁から関係していたロンドンの織物商組合が、病気に苦しむ彼に金を贈ったという記録も残る。[*32] さらに、ジョン・ポンタスは末期《まつご》のディーをロンドンの自分の屋敷に引き取っていたらしく、一六〇九年三月二十六日早暁《そうぎょう》にディーが黄泉《こうせん》に旅立ったと解釈できる書き込みをディーの旧蔵書の一冊に遺した。[*33] ディーは一五二七年七月十三日生まれであるから、死亡の日付がいずれにせよ、行年満八十一歳となる。

四半世紀に及ぶ召喚作業を介して天界から下された夥しい量の言葉にもかかわらず、ディーは己れの希求した絶対的な秘奥の叡智を獲得することは叶わなかった。賢者の石を造出できず、予言された世界の終末は到来せず、「神の新たなる掟」の唯一の結実ともいえるシオドアは若くして死んでしまった。「神の聖なる天使たち」、真正の神の使いであろうと邪霊であろうと、彼らが博士に与えた最大の贈物が『エノクの書』もしくは『ロガー』であるのは疑えないが、この始原の書物から実際に得られたのは僅かに「祈禱咒《コーリング》」にすぎない。また、この咒文《じゅもん》が実効をもたらした痕跡はない。『エノクの書』とはいわば厳重な錠のかかった宝物函であり、それを開く鍵をディーは見つけることができなかったし、現在にいたるまで見つけた者は誰もいない。あるいは、その鍵は地上はおろか天上にすら存在しないのかもしれない。

これにてジョン・ディーの精霊召喚作業、「神の聖なる天使たち」をめぐる物語は大尾となるが、最後に彼の長男アーサー・ディーについて少しだけ補足しておきたい。[*34]

アーサーが一六〇二年に結婚したのは本章で先に述べたところであるが、その後、彼はしばらくマンチェスターの地で医者を開業していたようだ。[*35]しかしながら、医学をどこで学んだのかは不明である。彼の受けた教育でただひとつ確実なのは、十三歳になる少し前の一五九二年五月三日、父ディーによってウィリアム・キャムデン（本書第十章参照）の学校に送られた事実のみといえよう（*PD*, 40）。この折、ディーは自分の長男の性格についてキャムデンに書き送っており、アーサーは「非常に誇り高く尊大な精神」の持ち主で、「無謀な復讐に走りやすい」とする。[*36]

アーサーは、一六〇五年頃から今度はロンドンで医業に携わるが、ほどなくしてロンドン王立医師会と資格の面で悶着をおこした。とはいえ、アーサーは次第に医師としての名声を高め、一六二一年には、ジェイムズ一世の推挙で、ロシア皇帝ミハイル・ロマノフの主治医となるべくモスクワへと派遣された。彼はモスクワで十四年間もの歳月を過ごしたのち、一六三五年初頭、イングランドへと戻りロンドンで再び開業した。一六四九年にはノリッジへと居を移し、本書自序に記したようにトマス・ブラウンと出会って親交を結ぶ。[*37]

アーサーは医師として生計を立てはしたが、けれども、本気で志したのは錬金術であった。ブラウンによれば、アーサーは、幼時ボヘミアで目撃した錬金作業に「夢中になり、早くから錬金術の研究を開始、生涯を通じてそれ以外の書物はあまり読まなかった」という。[*38]ブラウンは、「自分の親しい友」アーサーについて、こうも語る。

彼はヘルメス哲学［錬金術］の撓《たゆ》まぬ学徒で、金属変成を眼のあたりにした経験から少なからぬ励みを得ていました。ボヘミアの地でそれを頻繁に紛うことなく見たのだと、彼はきわめて断固たる調子で申していました。そして、私の知るところでは、不慮の出来事によって妨げられなければ、この世を去る数年前に、彼は大陸に隠棲《いんせい》して「大いなる作業」という重大な仕事を始めていたことでしょう。[*39]

のみならず、ブラウンは、アーサーから贈られたジョージ・リプリーの著作を含む錬金術手稿群のリストを掲げている。[40]

実際、トシェボニュやプラハでの体験に取り憑かれたごとく、アーサー・ディーは医業の暇をぬすんで金属変成の研究に没頭、モスクワに移る以前の時点で、「大いなる作業」に不可欠とされる「第一物質《マテリア・プリマ》」をハンガリーから入手していた。ロシア滞在中にアーサーは数々の錬金術書を読破して、その成果は『化学の束』として結実する。この書物は著名な錬金術文献の抜粋要約から成り、一六三一年にパリで上梓《じょうし》された際にはかなりの反響を呼んだ。同書序文でも、アーサーは「錬金術研究にまつわる幼時の思い出」に触れ、「私は七年間というもの錬金術の真実の直接の目撃者であった」と述べる。[41] なお、ジョン・ディーといわゆる薔薇十字運動の関係については議論の岐《わか》れるところであるけれど、アーサー自身は薔薇十字団の実在を信じて接触すべく試みた。[42]

ブラウンは晩年のアーサーが「大いなる作業」の実践に本気であったと伝えるが、これもまた事実である。一六四〇年代半ばにロンドンに居住していた錬金術師のひとりに、ハンガリー出身のヨハネス・バーンフィ・フーニヤーデスという人物がおり、アーサーは彼と共に大陸に渡って協同で錬金術実験を進める計画を立てた。だが、ブラウンのいう「不慮の出来事」、すなわち、この錬金術師が一六四六年夏に急逝したため、計画は水泡に帰す。ジョン・ポンタスが財産処分を仕切ったために散佚した父ディーの手稿群、それらの行方をアーサーは後になって熱心に探求した。だが、いっぽう、錬金の「粉薬」を父親が死の直前まで手放さなかった事実などを把握していたのかについては詳らかでない。

最も衝撃的なのはブラウンの以下の証言であろう。

> カソーボン博士が後に世に出された精霊の書『精霊日誌』について、彼［アーサー］がひとことでも言及するのを私は聞いたことがありません。もし知っていれば、彼は疑いなく私に話していたでしょう。[43]

すなわち、ジョン・ディーは、息子のアーサーにすら、厖大な精霊交信記録の存在と内容を秘して語らなかったのである。幼い頃に異国の地で、水晶の裡《うち》にヴィジョンを視る霊能者として父のために働いた記憶、それは果たしてどれほど鮮明に後年のアーサーに残ったのだろうか。あるいは、微かでおぼろげな思い出と化していたのか。金属変成の「大いなる作業」に着手することなくアーサー・ディーが没するのは、一六五一年――カソーボンによって『精霊日誌』が上梓される八年前であった。

跋

ジョン・ディーとエドワード・ケリーの名前を初めて目にしたのは大学生の頃であるから、ずいぶんと昔のことになる。爾来《じらい》、細々と文献資料の蒐集を続けてはいたが、彼らふたりについて一冊の本を書こうと意を決したのは、一九九〇年代の半ばであった。精霊召喚記録の原手稿を大英図書館《ブリティッシュ・ライブラリー》において初めて閲読した際に、いいようのない衝撃を受けたからである。

とはいえ、調査、執筆は難渋をきわめ、一再ならず放棄しかけた。拙《つたな》いものながら、およそ二十年の後にこうしてまとめあげることができて、今はただ安堵の念に胸が満たされている。同時に、ディーとケリーに使嗾《しそう》されてきた歳月であったとの思いも去来する。

校正作業の一部については、石堂藍氏に助けていただいた。川島昭夫氏には校正刷に目を通していただき、貴重なご指摘を頂戴した。柳川貴代氏には、意匠を凝らした装幀を案出していただいた。そして、版元である研究社の星野龍氏は、遅延に遅延を重ねた脱稿を辛抱強く待ってくださった。氏の存在がなければ、本書は完成を見なかったであろう。以上、ここに記して、篤く御礼を申し上げる。

浅学《せんがく》菲才《ひさい》ゆえに多くの誤りがあることを懼《おそ》れるが、読者諸賢の叱正を賜れば幸いである。

二〇一六年一月

横山茂雄

＊本書の基盤をなす研究は、ＪＳＰＳ科研費２１５２０２５３及び２４５２０２８８の助成を受けた。

図版一覧

中扉裏　ジョン・ディー（1594 年頃）WA1898.18 Anonymous, British, John Dee, c. 1594, oil on canvas © Ashmolean Museum, University of Oxford.

第 1 章　【1A】『精霊日誌』の扉頁／【1B】『精霊日誌』の扉絵

第 2 章　【2A】イライアス・アシュモール　A・E・ウェイト『フリーメーソンの秘密の伝統（The Secret Tradition in Freemasonry）』（1911）より／【2B】ジョン・オーブリ：W・フェイスモアの肖像画に基づく W・J・アレーの銅版画 Mary Evans Picture Library／【2C】ウィリアム・ゴドウィン（1802）：ジェイムズ・ノースコートによる肖像画 © National Portrait Gallery, London

第 3 章　【3A】ジョン・ディーが所蔵していたと称される鏡、水晶球、「神の印章」など © The Trustees of the British Museum／【3B】© The British Library Board, Sloane 3188, fol. 9^{v}／【3C】「神の印章」背面の刻印 © The British Library Board, Sloane 3188, fol. 10^{r}

第 4 章　【4A】© The British Library Board, Sloane 3188, fol. 23^{v}-58^{r}／【4Q】「四十九の善なる天使たち」の名前 © The British Library Board, Sloane 3188, fol. 40^{r}／【4R】『七の神秘なる統治』の図表のひとつ © The British Library Board, Sloane 3199, fol. 51^{rv}／【4P】「四十九の善なる天使たち」の「表《テーブル》」　アシュモールによる転写 © The British Library Board, Sloane 3677, fols. 57^{v}／【4B】© The British Library Board, Sloane 3188, fol. 23^{v}／【4C】© The British Library Board, Sloane 3188, fol. 24^{r}／【4D】© The British Library Board, Sloane 3188, fol. 24^{v}／【4E】© The British Library Board, Sloane 3188, fol. 28^{r}／【4F】「神の印章」表面の刻印 © The British Library Board, Sloane 3188, fol. 30^{r}／【4G】「神の印章」表面の刻印　アシュモールによる転写 © The British Library Board, Sloane 3677, fol. 48^{r}／【4H】神の印章／【4I】『聖なる書あるいは誓いの書』の「神の印章」© The British Library Board, Sloane 313, fol. 4^{r}／【4J】クーンラート『永遠の叡智の円形劇場』の「神の印章」／【4K】キルヒャー『エジプトのオイディプス』の「神の印章」Courtesy of the Bancroft Library, University of California, Berkeley／【4L】「創造の七つの印」第一の印 © The British Library Board, Sloane 3188, fol. 33^{r}／【4M】「創造の七つの印」の第四の印 © The British Library Board, Sloane 3188, fol. 33^{v}／【4N】© The British Library Board, Sloane 3188, fol. 36^{v}／【4O】「四十九の善なる天使たち」の「表《テーブル》」© The British Library Board, Sloane 3188, fol. 37

第 5 章　【5A】© The British Library Board, Sloane 3188, fol. 8^{r}／【5B】「死者の霊を召喚する魔術師エドワード・ケリー」：エベニーザー・シブリ『完全なる占星術（A new and complete illustration of the celestial science of astrology: or, The art of foretelling future events and contingencies by the aspects, positions, and influences of the heavenly bodies . . . In four parts）』より

第 6 章　【6A】精霊の図 © The British Library Board, Sloane 3188, fol. 57^{r}／【6B】暗号文 © The British Library Board, Sloane 3188, 87^{r}／【6C】「未知の文字」とラテン文字アルファベットの対応表 © The British Library Board, Sloane 3188, 88^{r}／【6D】十葉の絵 © The British Library Board, Sloane 3188, 86^{r}／【6E】埋蔵された宝の在処 © The British Library Board, Sloane 3188, 88^{r}

第 7 章　【7A】『象形文字のモナド』初版本の扉頁 Courtesy of the Library of Congress, LC-Q155. D31／【7B】『象形文字のモナド』初版本の扉頁の拡大図 Courtesy of the Library of Congress, LC-Q155. D31／【7C】『化学の結婚』に掲げられた「モナス」Courtesy of the J. Paul Getty Trust／【7D】『エジプトのオイディプス』　キルヒャーによって「エジプト化」された「モナス」Courtesy of the Bancroft Library, University of California, Berkeley／【7E】『エジプトのオイディプス』の「モナス」Courtesy of The Bancroft Library, University of California, Berkeley

第 8 章　【8A】© The British Library Board, Sloane 3188, fol. 64^{r}／【8B】© The British Library Board, Sloane 3188, fol. 64^{r}／【8C】エノク語アルファベットの名称及びラテン文字アルファベットとの対応表 © The British Library Board, Sloane 3188, fol. 64^{v}／【8D】エノク語アルファベットとラテン文字アルファベットの対応表 © The British Library Board, Sloane 3188, fol. 64^{v}／【8E】「改訂」されたエノク語アルファベットの表 © The British Library Board, Sloane

3188, fol. 104r ／【8F】『エノクの書』第 1 行目の 1 番目から 28 番目の語 © The British Library Board, Sloane 3188, fol. 68v ／【8G】『エノクの書』の第 1 行目の 29 番目から 49 番目の語 © The British Library Board, Sloane 3188, fol. 69r ／【8H】『第六の聖なる神秘の書』の 'alla opnay qviemmah' 方陣 © The British Library Board, Sloane 3189, fol.10r ／【8I】『精霊日誌』刊本に掲げられた「聖なる台座」／【8J】『精霊日誌』手稿の「聖なる台座」の文字配列 © The British Library Board, Sloane 3188, fol. 94v ／【8K】『第六の聖なる神秘の書』の 'pagesgem' 方陣 © The British Library Board, Sloane 3189, fol.17r ／【8L】『精霊日誌』刊本に掲げられた 'pagesgem' 方陣 ／【8M】『第六の聖なる神秘の書』の 'BORNOGO' 拡大図 © The British Library Board, Sloane 3189, fol. 17r ／【8N】『精霊日誌』手稿欄外の「書物の題名」© The British Library Board, Cotton Appendix XLVI, vol.1, fol. 15r ／【8O】『精霊日誌』手稿の『ロガー』の「第一葉」？ © The British Library Board, Cotton Appendix XLVI, vol.1, fol. 15r ／【8P】『精霊日誌』手稿欄外の「四十九」、「四十九番目の表」1583 年 6 月 18 日の欄外 © The British Library Board, Cotton Appendix XLVI, vol.1, fol. 15r ／【8Q】『天使の四十八の鍵』に浄書された第一「祈禱咒」© The British Library Board, Sloane 3191, fol. 3r

第 9 章 【9A】アグリッパ『隠秘哲学』第三書(1533)に掲げられた「天界の文字」／【9B】アグリッパ『隠秘哲学』第三書(1533)に掲げられた「精霊の文字」／【9C】『カルデア語、シリア語、アルメニア語、その他十種の類似した言語の手引き』に掲げられたシリア語アルファベット ／【9D・9E と 9F】ジョヴァンニ・パンテオのエノク語アルファベット Johannes Pantheus, *Voarchadumia contra alchimiam* (1550 年版) ／【9G】アグリッパ『隠秘哲学』第三書(1533)に掲げられた「河の流れの文字」／【9H】『ソイガの書』第四表「巨蟹宮」© The British Library Board, Sloane 8, fols. 105v–106r ／【9I】『第六の聖なる神秘の書』に見出せる『ソイガの書』の「表」の転写 © The British Library Board, Sloane MS3189, fol. 64v ／【9J】アグリッパの『隠秘哲学』第三書に掲げられた「置換正表」(tabula commutationum recta)

第 10 章 【10A】アルバート・ラスキ：ポーランドの『絵入り週刊誌(Tygodnik Ilustrowany)』より ／【10B】天文学者ヨハネス・ケプラーが描いたトライゴンの図：『へびつかいの足の新星について(De Stella Nova in pede Serpentarii)』(1606)より

第 11 章 【11A】「四つの城」のヴィジョン © The British Library Board, Cotton Appendix XLVI, vol. 1, fol. 192v

第 12 章 【12A】ルドルフ二世(1594)：ヨーゼフ・ハインツによる肖像画 ／【12B】タデアーシュ・ハイエク：ヨーハン・バルツァー『ボヘミアとモラヴィアの学者・芸術家』(1772)所収の銅版画

第 13 章 【13A】暗号解読のための数列 © The British Library Board, Cotton Appendix XLVI, vol. 2, fol. 73r ／【13B】『地上の知識、援助、勝利の書』© The British Library Board, Sloane 3191, fols. 16v–17r

第 14 章 【14A】アーサー・ディーが水晶の中に視たヴィジョン © The British Library Board, Cotton Appendix XLVI, vol. II, fol. 188r ／【14B】『エノクの書』の「表」のための数列 © The British Library Board, Cotton Appendix XLVI, fol. 200v ／【14C】『精霊日誌』刊本未収録の手稿抹消部分 © The British Library Board, Cotton Appendix XLVI, vol. II, fol. 218r

第 15 章 【15A・15B】錬金術の作業過程：作者不詳『沈黙の書』(1667)より ／【15C】オスヴァルト・クロール『化学の聖堂』(1609)のウェストンによる序詩

地図作製 有限会社ジェイ・マップ
エノク文字フォント提供 フォント作成工房
校正・編集協力 市川しのぶ ／ 千葉由美 ／ 三島知子

索　引

※人名（天使、精霊などの名も含む）を対象とする。ただし、ジョン・ディーに関しては、言及が本書のほぼ全体に及ぶため、著作名を対象とした。

※生没年または活動時期に関しては、『精霊日誌』の刊行された1659年以前に誕生した人物に限定した。王・皇帝などに関しては在位を示した。ただし、未詳の場合には記していない。

※註への参照は*を付した。

あ

アウグスティヌス　St. Augustinus（354–430）42

アグリコラ、ゲオルギウス　Georgius Agricola（1494–1555）306

アグリッパ、ハインリッヒ・コルネリウス　Heinrich Cornelius Agrippa（1486–1535）21, 32, 43, 60, 61, 67, 80, 118, 176, 180, 181, 182, 185, 189, 191, 192, 195, 209, 213, 232, 348*, 363*, 372*, 377*, 384*, 387*

アシュモール、イライアス　Elias Ashmole（1617–92）23, 24, 25, 26, 27, 31, 32, 36, 62, 64, 76, 90, 105, 106, 118, 133, 158, 221, 258, 291, 303, 304, 312, 313, 326, 330, 342*, 351*, 370*, 371*, 374*, 377*, 391*, 394*, 395*

アダム　Adam　51, 52, 119, 147–48, 149, 179, 180, 182, 195, 235

アナカー　Anachor　50

アブラハム　Abraham　52, 259

アベル　Abel　179

アムブロジオ、テセオ　Teseo Ambrogio（1469–1540）182

アラスコ、アルベルトゥス　Albertus Alasco（＝アルバート・ラスキ）197

アリストファネス　Aristophanes（450?–388? B.C.）13

アルチンボルド、ジュゼッペ　Giuseppe Arcimboldo（1527–1593）1

アルテフィウス　Arthephius（12世紀頃）47, 385*

アレン、トマス　Thomas Allen（1542–1632）15, 135, 138, 360*, 369*, 398*

アンカー　Anchor　50, 385*

い

イーヴリン、ジョン　John Evelyn（1620–1706）369*

イーデン、リチャード　Richard Eden（1520?–76）128, 129

イーデン、トマス　Thomas Eden　128

イェイツ、フランセス　Frances A. Yates　30, 31, 32, 33, 34, 35, 69, 88, 362*, 369*, 370*

イサク　Isaac　52

イル　Il　104, 278, 280

う

ウィーヴァー、ジョン　John Weever（1576–1632）90, 91, 111, 312, 313, 380*

ヴィカーズ、ブライアン　Brian Vickers　31

ウィチャリー、ウィリアム　William Wycherley

41, 42
ウィットギフト、ジョン John Whitgift (1530?–1604) 304, 320, 321, 323, 345*
ウィットロック、エドワード Edward Whitlock (=ジョン・バセット) 351*
ウィトビー、クリストファー Christopher Whitby 33
ヴィトマンシュタット、ヨハン・アルブレヒト・フォン Johann Albrecht von Widmanstadt (1506–57) 180–181
ヴィルヘルム四世、ヘッセン=カッセル方伯 Wilhelm IV of Hesse-Kassel (1532–1592) 271, 272, 353*
ウィロビー卿 ⇒ペレグリン・バーティ
ウィンスロップ二世、ジョン John Winthrop, Jr. (1606–1676) 124, 302, 350*
ウェイト、A・E A. E. Waite 105
ウェイル、トマス 24, 25
ウェストン、エリザベス・ジェイン Elizabeth Jane Weston (1581?–1612) 314, 315, 316, 346*
ウェストン、ジョン(父) John Weston (?–1582) 314
ウェストン、ジョン(息子) John Weston (1580–?) 314, 315, 346*
ウェブ、トマス Thomas Webb 308, 310, 325, 344*
ウェルトゥムヌス Vertumnus 1
ウォーカー、D・P D. P. Walker 193
ウォートン、グッドウィン Goodwin Wharton (1653–1701) 113
ヴォーン、トマス Thomas Vaughan (1621–66) 374*, 387*
ウォルシンガム、フランシス Francis Walsingham (1532?–90) 13, 136, 137, 139, 140, 200, 210, 215, 216, 219, 222, 223, 236, 269, 271, 272, 297, 298, 300, 310, 320, 353*, 357*, 361*, 367*
ウォルシンガム、フランセス Frances Walsingham (1567–1633) 219
ウォルポール、ホレス Horace Walpole 87
ウッド、アンソニー Anthony Wood (1632–95) 26, 129, 135, 360*, 394*
ウッドル、ジョン John Woodall (1570–1643) 394*, 395*
ウリエル Uriel 50–52, 53, 54, 55, 57, 59–60, 73, 83, 86, 113, 182, 202–203, 209, 217, 223–224, 243–247, 249, 276, 278, 313, 355*, 360*, 366*, 384*, 385*, 387*

え

エイヴ Ave 237, 239, 246, 258
エインズワース、ウィリアム・ハリソン William Harrison Ainsworth 381*
エヴァンス、ジョン John Evans 90
エズラ Ezra 154, 359*
エドワード四世 Edward IV (在位 1461–70, 1471–83) 127, 371*
エドワード六世 Edward VI (在位 1547–53) 7, 8
エノク Enoch 52, 54, 148–149, 179, 180, 206, 259, 366*
エメリー、W W. Emery 141
エリザベス一世 Elizabeth I (在位 1558–1603) 6, 8, 9, 11, 12, 13, 14, 15, 16, 112, 127, 128, 129, 130, 136, 137, 140, 192, 197, 198, 200, 201, 210, 211, 214, 215, 219, 226, 227, 236, 241, 257, 269, 271, 275, 284, 297, 299, 303, 304, 308, 310, 313,

320, 321, 322, 323, 324, 345*, 358*, 360*, 367*, 395*

お

オーブリ、ジョン John Aubrey (1626–97) 25, 26, 40, 112, 118, 130, 134, 135, 142, 212, 326, 369*, 386*, 390*, 394*, 397*
オールドフィールド、クレメント Clement Ouldfield 322
オベロン Oberon 113, 376*
オルテリウス、アブラハム Abraham Ortelius (1528–98) 139

か

カーク、ロバート Robert Kirk (1641?–92) 114, 369*, 375*
カーマーラ Carmara 101, 103
ガーランド、エドワード Edward Garland 274, 275, 295
ガーランド、フランシス Francis Garland 274, 275, 284, 295, 296, 297, 298, 299, 305, 319, 321, 345*, 350*
ガサンディ、ピエール Pierre Gassendi (1592–1655) 301
カソーボン、アイザック Isaac Casaubon (1559–1614) 17
カソーボン、メリック Meric Casaubon (1599–1671) 17, 18, 20, 21, 22, 23, 26, 34, 35, 86, 90, 118, 133, 158, 181, 193, 209, 233, 291, 332, 333, 370*, 379*, 396*, 401*
ガブリエル Gabriel 58, 61, 148, 231, 233–235, 237, 355*
カマエル Cumael 58, 60, 384*
ガルヴァー Galvah 163, 165, 166 203, 209, 211, 358*, 365*
カルダーノ、ジロラモ Girolamo Cardano (1501–76) 372*, 391*
カルペパー、ニコラス Nicholas Culpeper (1616–54) 86, 87, 291, 381*
カンタベリーのオズバーン Osbern of Canterbury (1050?–1090?) 106
カンバーランド伯爵夫人 ⇒マーガレット・クリフォード

き

キャムデン、ウィリアム William Camden (1551–1623) 197, 198, 200, 331, 361*
ギルバート、エイドリアン Adrian Gilbert (1545–1628) 138, 139, 141, 142, 143, 208, 212, 215, 222, 223, 346*, 367*
ギルバート、ハンフリー Humphrey Gilbert (1537–1583) 138, 139, 142, 143, 219, 367*, 368*
キルヒャー、アタナシウス Athanasius Kircher (1601?–1680) 69, 70, 123, 124, 273, 364*

く

クーパー、エドモンド Edmond Cooper 350*
クーパー、ジョーン Joan [Jane] Cooper (=ジョーン・ケリー) 97, 314, 350*
クーパー、チャールズ・ヘンリー Charles Henry Cooper 23
クーパー、トムプスン Thompson Cooper 23
クーンラート、ハインリッヒ Heinrich Khunrath (1560?–1605) 67, 68, 69, 124, 268, 354*, 383*
クラドック、エドワード Edward Cradock 129
グランヴィル、ジョゼフ Joseph Glanvill 396*

クリフォード、マーガレット（カンバーランド伯爵夫人） Margaret Clifford, Countess of Cumberland （1560–1616） 325
クルツ、 ヤーコプ Jakob Kurtz von Senftenau （1554–94） 244, 248, 249, 355*
クルリー、ニコラス・H Nicholas H. Clulee 33, 89, 381*
グレイ、ジェイン Jane Grey （1536?–1554） 8
クロウリー、アレスター Aleister Crowley 27, 349*
クロール、オズヴァルト Oswald Croll （1580–1609） 4, 312, 315, 316

け

ゲーテ、ヨハン・ヴォルフガング・フォン Johann Wolfgang von Goethe 48
ゲスナー、コンラート Conrad Gesner （1516–65） 11
ケプラー、 ヨハネス Johannes Kepler （1571–1630） 2, 123, 205, 373*
ケリー、 エドワード Edward Kelley [Kelly] （1555–1598?） v, 2, 5, 6, 18, 20, 21, 22, 24, 26, 27, 29, 34, 35, 36, 49, 50, 51, 52, 54, 55, 58, 59, 61, 69, 73, 80, 83–86, 88–99, 101, 103–107, 111–114, 117–118, 131, 132, 133, 134, 135, 136, 138, 140, 141, 142, 145, 146, 149, 152, 154–155, 158, 163, 165, 167, 169, 171, 174–177, 179, 182, 188, 192, 195, 198, 202–203, 207–217, 219, 220, 224, 228–229, 230–237, 239, 241, 246, 248, 249, 251–253, 256–261, 263–266, 268–277, 278, 280–284, 286–289, 291–293, 295–317, 319–323, 325, 327, 328, 329, 345*, 346*, 347*, 348*, 349*, 350*, 351*, 352*, 353*, 354*, 355*, 356*, 359*, 365*, 367*, 371*, 375*, 377*, 378*, 379*, 380*, 381*, 382*, 384*, 385*, 393*, 395*, 396*, 397*, 400*
『賢者の石について』 *De lapide philosophorum* 88, 307, 377*
ケリー、ジョーン Joan [Jane] Kelley （旧姓クーパー） （1563?–?） 97, 212, 213, 214, 277, 287, 288, 291, 292, 314, 315, 347*, 350*
ケリー、トマス Thomas Kelley （1565?–?） 89, 212, 241, 256, 257, 258, 295, 308, 311, 313, 319
ケリー、 パトリック・オタルボット Patrick O'Talbot Kelly 346*

こ

ゴオリ、ジャック Jacques Gohory （1520–76） 181, 194, 363*
コールダー、I・R・F I. R. F. Calder 30, 31
ゴス、エドマンド Edmund Gosse 343*
コックス、セス Seth Cocks 311
コットン、ロバート Robert Cotton （1571–1631） 112
ゴドウィン、ウィリアム William Godwin 25–28, 393*
コリン、トマス Thomas Collene [Collyne] 326
コルテス、エルナン Hernán Cortés （1485–1547） 87
コンスタブル、キャサリン Katharine Constable （＝キャサリン・ディー） 11
コンタリーニ、トマゾ Tommaso Contarini 1

さ

ザイラー、ヨハン・ヴェンツェル Johann Wenzel Seiler （1648–81） 107
ザドキエル Zadkiel 58, 60

ザフキエル　Zaphkiel　58, 60
サマセット公　⇒エドワード・シーモア

し

シーモア、エドワード(サマセット公)　Edward Seymour, 1st Duke of Somerset　(1500?–52)　7
シェイクスピア、ウィリアム　William Shakespeare (1564–1616)　40, 113, 114, 205, 397*
ジェイムズ一世　James I (在位 1603–25)　16, 18, 324, 331, 345*, 356*, 398*
シェリー、P・B　P. B. Shelley　28
シェリー、メアリー　Mary Shelley　28
シットウェル、エディス　Edith Sitwell　381*
シドニー、フィリップ　Philip Sidney　(1554–1586)　129, 130, 137, 142, 199, 210, 211, 219, 359*, 368*, 370*
シドニー、ヘンリー　Henry Sidney　(1529–1586)　129, 227, 233, 241
シュヴェルツァー、ゼーバルト　Sebald Schwärtzer　(?–1598)　307, 312
シューメーカー、ウェイン　Wayne Shumaker　32, 193
ジュバンラデック　Jubanladaech　211
ショーレム、ゲルショム　Gershom Gerhard Scholem　229, 356*, 362*, 383*
ジョステン、C・H　C. H. Josten　31
ジョンソン、フランシス　Francis R. Johnson　29, 30
ジョンソン、ベン　Ben Jonson　(1572–1637)　19, 20, 43, 113, 118, 125, 386*, 397*

す

スヴィタク、イヴァン　Ivan Sviták　346*–349*
スコット、ウォルター　Walter Scott　393*
スコット、レジナルド　Reginald Scot　(1538?–99)　16, 18, 90, 125, 179, 376*, 390*
スターキー一家　Starkies　323
スティーヴンソン、トマス　Thomas Stephenson　347*
ステイプルトン、ウィリアム　William Stapleton　113
スペンサー、エドマンド　Edmund Spenser　(1552?–99)　40
スミス、シャーロット・フェル　Charlotte Fell Smith　28, 29, 221, 393*
スミス、ジョゼフ　Joseph Smith　376*
スミス、トマス　Thomas Smith　22, 128, 221
スミス、ロバート　Robert Smythe　129
スミス、ロバート　Robert Smith　9, 398*, 399*
スレッド、チャールズ　Charles Sledd [Sled]　216, 222, 223, 357*, 358*
スロックモートン、フランシス　Francis Throckmorton　(1554–1584)　199

せ

セーガ、フィリッポ　Filippo Sega　(1537–96)　3, 270, 353*
セシル、ウィリアム(バーリ卿)　William Cecil, Lord Burghley　(1520–98)　7, 8, 10, 103, 112, 127, 128, 130, 137, 140, 192, 198, 199, 206, 211, 213, 215, 223, 227, 269, 284, 304, 305, 306, 307, 308, 310, 320, 321, 322, 325, 353*, 370*
セシル、リチャード　Richard Cecil　(c.1495–1553)　8

そ

ソール、バーナバス　Barnabas Saul　48, 49, 54, 86, 89, 91, 98, 112, 328, 385*
ソールズベリのジョン　John of Salisbury（1115?–80）39, 40, 42
ソーンダー、ニコラス　Nicholas Saunder [Saunders]（1563–1649）357*–356*
ソーンダイク、リン　Lynn Thorndike　30
ソッツィーニ、ファウスト　Fausto Sozzini（1539–1604）263, 356*
ソロモン　Solomon　43

た・ち

ダイアー、エドワード　Edward Dyer（1543–1607）130, 137, 139, 241, 296, 297, 298, 299, 303–306, 308–310, 320, 321, 322, 325, 357*, 370*
ダドリー、ジョン（ノーサンバーランド公）John Dudley, 1st Duke of Northumberland（1504–53）8, 128
ダドリー、ロバート（レスター伯）Robert Dudley, 1st Earl of Leicester（1532?–88）8, 10, 12, 13, 15, 128–130, 136, 137, 199, 206, 210, 211, 214, 360*
タルボット、エドワード　Edward Talbot（＝エドワード・ケリー）5, 49, 50, 90, 91, 93, 94, 96–99, 277, 346*, 378*, 379*, 385*
ダンスタン　St. Dunstan（909–988）105, 106, 377*, 378*
チャーノック、トマス　Thomas Charnock（1525?–1581）106, 127, 128, 371*, 391*

て

ディー、アーサー　Arthur Dee（1579–1651）v, 13, 25, 87, 104, 105, 108, 220, 275–280, 291, 292, 303, 312, 323, 326, 329–333, 342*, 343*, 344*, 351*, 352*, 355*, 361*, 370*, 377*
ディー、キャサリン　Katharine Dee（旧姓コンスタブル）（?–1575）11, 12
ディー、キャサリン　Katharine Dee（1581–?）220, 323, 330
ディー、ジェイン　Jane Dee（旧姓フロモンズ）2, 12, 97, 221, 256, 275, 284, 287, 291, 292, 324
ディー、シオドア　Theodore [Theodorus Trebonianus] Dee（1588–1602?）323, 330
ディー、ジョン　John Dee（1527–1609?）
『完全なる航海術』第一部　*General and Rare Memorials Pertaining to the Perfect Arte of Navigation*（1577）12, 136, 137, 140, 198, 367*
『象形文字のモナド』*Monas hieroglyphica*（1564）11, 14, 31, 37, 67, 118–124, 130–132, 194, 195, 206, 230, 242, 257, 301, 346*, 360*, 362*, 364*, 373*, 374*, 375*, 395*
『ジョン・ディーの私的日録』（＝『日録』）*The Private Diary of Dr. John Dee*　36, 38, 44, 46, 48, 51, 93, 97, 98, 103, 106, 114, 131, 132, 138, 139, 141, 163, 199, 201, 202, 206, 210, 211, 214, 216, 219, 251, 274, 275, 287, 288, 291, 295, 299, 300, 311, 315, 320, 321, 325–328, 345*, 350*, 351*, 354*, 357*, 358*, 361*, 368*, 370*, 379*, 385*, 386*
『ジョン・ディーの精霊召喚作業記録』（＝『召喚記録』）*John Dee's Actions with Spirits*　33, 36, 46, 49, 52, 61, 67, 69, 83, 91, 94, 97, 106, 108,

114, 149, 152, 163, 167, 168, 194, 207, 258, 355*, 360*, 363*, 366*, 379*, 382*, 383*, 385*, 391*, 392*
『箴言による占星術序論』 *Propaedeumata aphoristica* （1558） 10, 38, 122, 374*
「数学に関する序文」 'The Mathematical Preface' （1570） 12, 15, 21, 37, 47, 138, 299, 397*
『第六の聖なる神秘の書』 *Liber mysteriorum, sextus et sanctus* 157, 188, 191
『多年に亙ってジョン・ディー博士と精霊の間に起こったことの真正にして忠実な記録』（＝『精霊日誌』） *A True and Faithful Relation of What Passed for Many Years between Dr. John Dee and Some Spirits* （1659） 17, 18, 20–24, 26, 32–36, 46, 86, 90, 106, 117, 133, 155, 157–159, 161, 163, 164, 166, 181, 193, 194, 209, 211, 216, 219, 229, 230, 237, 251, 253, 258, 265, 269, 278, 284, 288–290, 332, 333, 352*, 354*, 355*, 356*, 359*, 362*, 365*, 366*, 379*, 385*, 391*, 392*, 401*
『地上の知識、援助、勝利の書』 *Liber scientia auxilii et victoriae terrestris* 265, 267
『天使の四十八の鍵』 *48 claues angelicae* 170, 171, 365*
『七の神秘なる統治』 *De heptarchia mystica* （1983） 77, 79
『略歴』 *The Compendious Rehearsal* （1592） 221, 257, 274, 299, 300, 321, 322, 353*
ディー、フランシス Francys Dee （1592–?） 323
ディー、マーガレット Margaret Dee （1595–?） 323
ディー、マイケル Michael Dee （1585–1594） 264, 323
ディー、マディミア Madimia Dee （1590–?） 291, 323
ディー、ローランド（ジョンの父） Rowland [Roland] Dee 6, 7, 8, 128
ディー、ローランド（ジョンの息子） Rowland Dee （1583–?） 220, 323
デイヴィス、ジョン John Davis （1552?–1605） 138, 139, 141–143, 208, 215, 223, 367*, 385*
ディグズ、トマス Thomas Digges （1546?–1595） 269
ディズレイリ、アイザック Isaac D'Israeli 22
ティム、トマス Thomas Tymme （?–1620） 124
テイラー、E・G・R E. G. R. Taylor 29, 30, 34
テイラー、ウィリアム・クック William Cooke Taylor 379*
テーバイのホノリウス Honorius of Thebes 43, 192
デ・サン・クレメンテ、ギリェン Gullien de San Clemente （1539?–1608） 242, 246, 251, 264, 356*

と

ド・ヴィジュネル、ブレーズ Blaise de Vigenère （1523–1596） 189, 193, 194
トゥルンアイサー、レオンハルト Leonhard Thurneyesser （1530–96） 306
ド・カステルノー、ミシェル Michel de Castelnau （1520?–1592） 200, 201, 210
ド・ラノイ、コルネリウス Cornelius de Lannoy [de Alneto] 128
トリテミウス、ヨハネス Johannes Trithemius （1462–1516） 189, 192, 193, 194, 195, 209, 362*
ドレベル、コルネリウス Cornelius Drebell

(1572–1633) 302, 326

な・に・ね・の

ナッシュ、トマス Thomas Nashe (1567–1601?) 204, 205, 312, 347*, 359*
ナルヴェージ Nalvage 169, 172, 174, 224–225, 228, 230, 233, 365*
ニコルズ、フランシス Francis Nicholls (1557?–1604) 325, 327, 328, 344*
ニュートン、アイザック Isaac Newton, Sir (1642–1727) 34, 125, 133, 372*
ネイピア、リチャード Richard Napier (1559–1634) 325, 326, 344*
ノーサンバーランド公 ⇒ジョン・ダドリー
ノーサンバーランド伯 ⇒ヘンリー・パーシー
ノース North 199, 361*
ノートン、トマス Thomas Norton (1433?–1513?) 127, 371*

は

ハーイェク、タデアーシュ Tadeás Hájek (1525–1600) 241, 245, 301
ハーヴィ、ゲイブリエル Gabriel Harvey (1552?–1631) 312, 359*
ハーヴィ、リチャード Richard Harvey (1560–1630) 10, 205, 312, 359*, 399*
パーキンズ、クリストファー Christopher Parkins [Parkyns] (1543–1622) 310
パーシー、ヘンリー Henry Percy, 9th Earl of Northumberland (1564–1632) 142, 326
バーティ、ペレグリン(ウィロビー卿) Peregrine Bertie, Baron Willoughby de Erseby (1555–1601) 305, 325, 327
バード、ウィリアム William Bird (1481–1542?) 107
ハートリブ、サミュエル Samuel Hartlib (1600?–62) 302, 350*
バーネット、ギルバート Gilbert Burnet (1643–1715) 134
ハーバート、ウィリアム(ペムブルック伯) William Herbert, 1st Earl of Pembroke (1501–1570) 8
ハーバート、メアリー(ペムブルック伯爵夫人) Mary Herbert, Countess of Pembroke (1561–1621) 130, 142
バーリ卿 ⇒ウィリアム・セシル
ハール、ウィリアム William Herle (?–1588) 206, 359*
パウリ、ヴォルフガング Wolfgang Pauli (1900–58) 373*
ハクルート、リチャード Richard Hakluyt (1553–1616) 128, 137, 274, 367*
ハゴネル Hagonel 101
バセット、ジョン John Basset 351*
バターフィールド、ハーバート Herbert Butterfield 393*
ハットン、クリストファー Christopher Hatton (1540–91) 136, 140, 198, 199
バトーリ、ステファン Stefan Batory (在位1575–86) 198, 207, 257, 258, 259, 268, 276
バトラー、E・M E. M. Butler 34, 381*
バトラー、サミュエル Samuel Butler (1613–80) 21, 22, 23
ハニエル Haniel 58
パラケルスス Philippus Aureolus Paracelsus (1493–1541) iii, 21, 123, 125, 127, 176, 192,

201, 220, 233, 372*, 385*, 402*
バリゴン Baligon 77, 101
パリッシュ、メアリー Mary Parish 113
パンテオ、ジョヴァンニ Giovanni Agostino Pantheo (?–1535?) 122, 182, 184, 373*

ひ

ピーターソン、ジョン John Peterson 129
ピーターソン、ロロフ Roloff Peterson 322
ピープス、サミュエル Samuel Pepys (1633–1703) 369*
ビッグ、ウィリアム William Byg 40, 41, 44
ヒックマン、バーソロミュー Bartholmew Hickman (1554–?) 46, 327, 328, 344*, 386*
ヒューセィ、ジョン John Husey 104, 212, 213
ビリングスリー、ヘンリー Henry Billingsley (?–1606) 11
ヒル、クリストファー Christopher Hill 31
ヒルシュベルク、クリストフ・フォン Christoph von Hirschberg 268

ふ

ファーン、ジョン John Ferne (1560?–1609) 359*
フィーギュエ、ルイ Louis Figuier 105, 378*
フィネ、オロンス Oronce Finé (1494–1555) 7
フィルポット、ジョン John Philpot 9
フーニヤーデス、ヨハネス・バーンフィ Johannes Bánfi Hunyades (1576–1646) 332
ブーランジェ、ジュール・セイザール Jules César Boulenger (1558–1628) 40, 390*
フェイア、エドワード Edward Phaer 213
フェリペ二世 Felipe II (在位 1556–98) 9, 12
フェルディナント一世 Ferdinand I (在位 1556–1564) 1, 241
フェルナンデス、シモン Simon Fernandez 138
フォーマン、サイモン Simon Forman (1552–1611) 43, 44, 324, 326, 377*, 386*
フォーント、ニコラス Nicholas Faunt (?–1608) 200
フォックス、ジョン John Foxe (1516?–87) 9, 14, 15, 398* 399*
フォックスクロフト、エドワード Edward Foxcroft 373*
フォルコン、エイブラハム Abraham Faulkon 310
フック、ロバート Robert Hooke (1635–1703) 193
プッチ、フランチェスコ Francesco Pucci (1543–97) 262–266, 272, 273, 305, 353*, 354*
ブデック、シモン・タデアーシュ Šimon Tadeáš Budeck (1558–1608) 313, 347*
ブドヴェツ、ヴァーツラフ Václav Budovec of Budov (1551–1621) 3, 401*
プトレマイオス Ptolemy (2世紀頃) 176, 232
フョードル一世 Feodor I Ivanovich (在位 1584–1598) 274
フラー、トマス Thomas Fuller (1608–61) 26, 27, 314, 380*, 394*
ブラーエ、ティコ Tycho Brahe (1546–1601) 2, 19, 204, 241, 360*
ブラウン、エドワード Edward Browne (1644–1708) 88, 343*, 381*
ブラウン、トマス Thomas Browne (1605–1682) iv, 25, 26, 88, 104, 105, 194, 275, 278, 303, 304, 331, 332, 342*, 343*, 362*, 402*
フラッド、ロバート Robert Fludd (1574–1637)

123, 373*
フラデツ、アダム Adam Hradec 298
フランケン、クリスティアン Christian Francken (1550?–?) 273, 353*
ブランダウ、マティアス・エルビノイス・フォン Matthias Erbinäus von Brandau 302
フリシウス、ゲンマ Gemma Frisius (1508–55) 7
ブルース、J James Bruce 364*
ブルームフィールド、ウィリアム William Blomfild (?–1574) 129
フレモンシャイム、アンドレアス Andreas Fremonsheim 216, 222, 223
フレンチ、ピーター Peter J. French 31, 221, 393*
フロビシャー、マーティン Martin Frobisher (1535?–1594) 137, 139, 140, 368*
フロモンズ、ジェイン Jane Fromonds [Fromond] (＝ジェイン・ディー) 12
フロモンズ、ニコラス Nicholas Fromonds [Fromond] 221, 222, 319, 346*

へ

ベイコン、フランシス Francis Bacon (1561–1626) 125, 200, 303, 399*
ベイコン、ロジャー Roger Bacon (1220?–92) 33, 47, 48, 127, 179
ベイル、ジョン John Bale (1495–1563) 111, 377*
ベーメ、ヤーコプ Jacob Boehme (1575–1624) 124
ペッカム、ジョージ George Peckham (?–1608) 138, 367*
ペムブルック伯 ⇒ウィリアム・ハーバート
ペムブルック伯爵夫人 ⇒メアリー・ハーバート
ベン Ben 106, 284
ヘンリー八世 Henry VIII (在位 1509–47) 6, 7, 10, 113, 129

ほ

ボイル、ロバート Robert Boyle (1627–91) 34, 133, 134, 135, 193, 369*
ボウエン、マージョリー Marjorie Bowen 381*
ポール、スティーヴン Stephen Powle 269, 271, 272
ポステル、ギヨーム Guillaume Postel (1510–1581) 7, 179, 180, 181, 364*, 400*
ボナー、エドマンド Edmund Bonner (1500–69) 9, 10, 11, 14, 398*, 399*
ボノーミ、ジョヴァンニ・フランチェスコ Giovanni Francesco Bonomi (1536–87) 260, 263
ポルフュリオス Porphyrios (234?–305?) 43
ポンタス、ジョン John Pontoys [Pontois] (1565–1624) 325, 326, 329, 330, 332, 395*

ま

マーイフリ Murifri 209, 210
マーベリー、チャールズ Charles Merbury 137, 368*
マーロウ、クリストファー Christopher Marlowe (1564–93) 358*
マイアー、ミヒャエル Michael Maier (1568–1622) 4, 272, 346*, 400*
マイウス、ニコラウス Nicolaus Maius (?–1617) 307, 315
マイリンク、グスタフ Gustav Meyrink 349*
マクシミリアン二世 Maximilian II (在位 1564–

1576) 1, 2, 11, 242, 306, 360*
マシャール、アブ Albumazar [Abū- Ma'shar] (787–886) 360*
マチューリン、チャールズ・ロバート Charles Robert Maturin 28
マッケイ、チャールズ Charles Mackay 22
マディミ Madimi 167, 168, 209, 214–215, 223, 226–230, 242, 247, 256, 278, 280–282, 288–289, 291, 301, 356*, 359*
マプサーマ Mapsama 237
マラスピーナ、ジェルマニコ Germanico Malaspina (1550–1603) 260, 270
マルツィ、マルカス Marcus Marci [Marek Marci] (1595–1667) 273

み

ミカエル Michael 50, 51, 52, 55–58, 61–62, 73, 83–85, 95–96, 287, 314, 384*, 385*
ミユリウス、ヨハン・ダニエル Johann Daniel Mylius (1585–1628?) 301, 317

め

メアリー Mary Stuart スコットランド女王 (在位 1542–67) 202, 276
メアリー・チューダー Mary I イングランド・アイルランド女王 (在位1553–58) 8, 9, 10, 14
メドック、オウエン Owen Medoc [Madoc] 136, 369*
メドリー、ウィリアム William Medley 128, 129
メルカトル、ゲラルドゥス Gerardus Mercator (1512–94) 7, 29, 374*

も

モーリッツ、ヘッセン＝カッセル方伯 Moritz of Hesse-Kassel (1572–1632) 272
モフィット、トマス Thomas Moffet (1553–1604) 130, 370*
モルホフ、ダニエル・ゲオルク Daniel Georg Morhof (1639–91) 105, 135

や・ゆ・よ

ヤコブ Jacob 52
ユークリッド Euclid (紀元前 3–4 世紀頃) 7, 11, 37
ユング、カール・グスタフ Carl Gustav Jung 130, 373*
ヨシュア Joshua 52

ら

ラスキ、アルバート Albert Laski (1536–1604) 198–202, 205–213, 214–216, 219, 220, 223, 224, 229, 233, 236, 237, 244, 246, 247, 248, 256, 257, 258, 268, 276, 321, 350*, 356*, 357*, 358*, 359*, 360*
ラファエル Raphael 50, 58, 60–61, 207, 286, 328–329, 387*
ラング、アンドルー Andrew Lang 23, 380*, 396*
ランドラムガファ Lundrumguffa 54

り

リーズ、ジム Jim Reeds 188, 193
リード、サイモン Simon Read 379*
リーランド、ジョン John Leland (1506?–52) 111, 377*

リバウィウス、アンドレアス　Andreas Libavius (1555?–1616)　124
リプリー、ジョージ　George Ripley (1415?–1490)　127, 296, 307, 331, 371*
リリー、ウィリアム　William Lilly (1602–81)　21, 23, 87, 90, 291, 344*, 357*, 375*, 380*, 387, 395*

る

ルター、マルティン　Martin Luther (1483–1546)　19
ルドルフ二世　Rudolf II (在位 1576–1612)　1–4, 11, 20, 88, 107, 237, 241, 242, 244–246, 251, 258, 260, 268, 270–273, 298, 299, 301, 302, 304, 306–308, 310–313, 317, 322, 326, 343*, 347*, 348*, 354*, 400*, 402*
ルルス、ライムンドゥス　Raimundus Lullus (1232–1315)　356*

れ

レヴァナエル　Levanael　256
レオヴィッツ、ツィプリアン　Cyprian Leowitz (1514?–1574)　204, 205, 360*
レスター伯　⇒ロバート・ダドリー

ろ

ロイスベルガー、ニコラス　Nicholas Reusberger 268
ロイヒリン、ヨハン　Johann Reuchlin (1455–1522)　67, 363*, 383*
ローマー、サックス　Sax Rohmer　351*
ローリー、ウォルター　Walter Raleigh (1554?–1618)　138, 142, 215, 321
ロジュムベルク、ヴィレム　Vilém Rožmberk (1535–92)　268, 269, 270, 272, 273, 274, 275, 276, 295, 296, 297, 298, 299, 301, 304, 306, 307, 308, 309, 310, 312, 315, 348*, 354*
ロビィ、ジョン　John Roby 22
ロマノフ、ミハイル　Mikhail Romanov (在位 1613–1645)　331

わ

ワスキ、オルブラヒト　Olbracht Łaski (＝アルバート・ラスキ)　197, 198

引用及参照書目

I ジョン・ディーによるもの

1 手稿写本類 *

London, British Library, MS Cotton Appendix XLVI, 2 vols. [*Mysteriorum libri*, 1583–1607]

London, British Library, MS Sloane 3188. [*Mysteriorum libri*, 1581–1583]

London, British Library, MS Sloane 3189. [*Liber mysteriorum sextus et sanctus* (*The Book of Enoch*)].

London, British Library, MS Sloane 3191. [*48 claues angelicae, Liber scientia auxilii et victoriae terrestris, De heptarchia mystica* and *Tabula bonorum angelorum*]

London, British Library, MS Sloane 3677. [Elias Ashmole's transcript of MS Sloane 3188].

London, British Library, MS Sloane 3678. [Elias Ashmole's transcript of MS Sloane 3191]

2 印行文献

Dee, John. *The Compendious Rehearsal*, in *Autobiographical Tracts of Dr. John Dee, Warden of the College of Manchester*, ed. James Crossley, *Remains Historical and Literary connected with the Palatine Counties of Lancaster and Chester*, vol. XXIV [*Chetham Miscellanies*, vol. I] (Manchester: The Chetham Society, 1851), 1–45.

———. *The Diaries of John Dee*, ed. Edward Fenton (Charlbury: Day Books, 1998).

———. *Diary, for the Years 1595–1601, of Dr. John Dee, Warden of Manchester from 1595 to 1608*, ed. John Eglington Bailey (n.p.: privately printed, 1880).

———. *Dr John Dee's Spiritual Diary* (*1583–1608*): *being a completely new & reset edition of A True & Faithful Relation of what passed for many Yeers between Dr. John Dee . . . and Some Spirits . . .* , ed. Stephen Skinner (Robinson Road, Singapore: Golden Hoard Press, 2011).

———. 'Dr. John Dee to his patron Lord Burghley, writing his request to have an Annuity of £200 a year from the Queen . . .', in *Original Letters of Eminent Literary Men of the Sixteenth, Seventeenth, and Eighteenth Centuries*, ed. Henry Ellis (London: The Camden Society, 1843), 32–40.

———. *The Enochian Evocation of Dr. John Dee*, ed. Geoffrey James (Gillette: Heptangle Books, 1984).

———. *General and Rare Memorials Pertayning to the Perfect Arte of Navigation* (1577, repr. n.p.: Kessinger

Publishing, n.d.).

———. *The Heptarchia Mystica of John Dee*, ed. Robert Turner (1983, 2nd enlarged ed. Wellingborough: The Aquarian Press, 1986).

———. *John Dee on Astronomy: Propaedeumata aphoristica (1558 and 1568) Latin and English*, ed. and tr. Wayne Shumaker (Berkeley and London: University of California Press, 1978).

———. *John Dee's Actions with Spirits: 22 December 1581 to 23 May 1583*, ed. Christopher Whitby (New York and London: Garland Publishing, 1988), 2 vols.

———. *John Dee's Five Books of Mystery*, ed. Joseph H. Peterson (Boston and York Beach: Weiser Books, 2003).

———. 'John Dee's Letter of 22 May 1592 to William Camden', in *Diary, for the Years 1595–1608*, 81–82.

———. *John Dee's Library Catalogue*, eds. Julian Roberts and Andrew G. Watson (London: The Bibliographical Society, 1990).

———. *A Letter, Containing a Most Brief Discourse Apologeticall . . .* (1604 ed.), in *Autobiographical Tracts*, 69–84.

———. 'Letter of Dr. John Dee to Sir William Cecil 1562–3', *Bibliographical and Historical Miscellanies*, 1: 12 (London: Philobiblon Society [London], 1854), 1–16.

———. *The Mathematicall Preface to the Elements of Geometrie of Euclid of Megara*, ed. Allen G. Debus (New York: Science History Publications, 1975).

———. 'M. John Dee his Petition to the Kings most excellent Majestie exhibited: Anno 1604 Junij 5', in *Original Letters of Eminent Literary Men*, 47–48.

———. *The Private Diary of Dr. John Dee, and the Catalogue of His Library of Manuscripts*, ed. James Orchard Halliwell (1842, repr. [Largs]: [The Banton Press], n.d.).

———. 'A Supplication to Queen Mary for the Recovery and Preservation of Ancient Writers and Monuments' (1556), in *Autobiographical Tracts*, 46–47.

———. 'A Translation of John Dee's *Monas Hieroglyphica* (Antwerp, 1564), with an Introduction and Annotations', ed. and tr. C. H. Josten, *Ambix*, 12 (1964), 84–221.

———. *A True and Faithful Relation of What Passed for Many Years between Dr. John Dee and Some Spirits*, ed. Meric Casaubon (1659, repr. New York: Magickal Childe Publishing, 1992).

———. *A True and Faithful Relation of What Passed for Many Years between Dr. John Dee and Some Spirits*, ed. Meric Casaubon (1659, repr. Berkeley: Golem Media, 2008).

———. 'An Unknown Chapter in the Life of John Dee', ed. and tr. C. H. Josten, *Journal of the Warburg and Courtauld Institutes*, 28 (1965), 223–257. ['Prefatio Latina in Actionem primum ex 7 . . . 1586']

3 ジョン・ディー作と称される偽書

Dee, John [spurious], 'Astrologie of Her Most Sacred and Illustrious Majestie Queene Elizabeth of Armada Renowne', in Hippocrates Junior, *The Predicted Plague: Value of the Prediction* (London: Simpkin, Marshall, Hamilton, Kent, & Co., 1900), 241–302.

——— [spurious]. *The Little Book of Black Venus attributed to John Dee*, tr. Teresa Burns and Nancy Turner, *Journal of the Western Mystery Tradition*, 12: 2 (2007). ⟨http://www.jwmt.org/v2n12/venus.html⟩

——— [spurious]. *The Rosie Crucian Secrets: Their Excellent Method of Making Medicines of Metals also their Lawes and Mysteries*, ed. E. J. Langford Garstin (Wellingborough: The Aquarian Press, 1985).

——— [spurious]. *The Secrets of John Dee, Being His Alchemical, Astrological, Qabalistic, and Rosicrucian Arcana* (Edmonds: Holmes Publishing Group, 1995).

ジョン・ディー[偽作]、『金星の小冊子』、森正樹訳・著『[偽]ジョン・ディーの『金星の小冊子』』(リーベル出版、2004)所収

II その他の著者によるもの

1 手稿写本類★

London, British Library, MS Add. 36674. [collection of magical texts]

London, British Library, MS Sloane 8. [John Dee's own copy of the manuscript of *Aldaraia sive soyga vocor* or *Tractatus astrologico magicus* (*The Book of Soyga*)]

London, British Library, MS Sloane 313. [John Dee's own copy of the manuscript of *Liber sacer sive juratus*]

★ I–1 及び II–1 に掲げた手稿、写本のうち、その一部は British Library で現物を閲読したが、多くは British Library 提供のマイクロフィルム版、電子スキャン版に拠った。

2 印行文献

【欧文】

読者の便を考えて、欧語文献のうち邦訳がある場合には併記したが、遺漏脱落についてはご海容願いたい。

Abraham, Lyndy. 'A Biography of the English Alchemist Arthur Dee, Author of *Fasciculus Chemicus* and Son of Dr. John Dee', in *Mystical Metal of Gold*, ed. Stanton Linden, 91–114.

———. *A Dictionary of Alchemical Imagery* (Cambridge, New York and Melbourne: Cambridge University Press, 1998).

———. *Marvel and Alchemy* (Aldershot and Brookfield: Scolar Press, 1990).

Abraham von Worms. *The Book of Abramelin: A New Translation*, ed. Georg Dehn, tr. Steven Guth (Lake Worth: Ibis Press, 2006).

[————]. *The Book of the Sacred Magic of Abra Melin the Mage, as Delivered by Abraham the Jew unto His Son Lamech, A. D., 1458*, tr. S. L. MacGregor Mathers (1900, repr. New York: Dover Publications, 1975).

Adams, W. H. Davenport. *Witch, Warlock and Magician: Historical Sketches of Magic and Witchcraft in England and Scotland* (London: Chatto and Windus, 1889).

Agrippa von Nettesheim, Henry [Heinrich] Cornelius. *Three Books of Occult Philosophy*, tr. J. F. [John French?] (1651), ed. Donald Tyson (Woodbury: Llewellyn Publications, 1993).

———— [spurious]. *The Fourth Book of Occult Philosophy*, tr. Robert Turner (1655, repr. London: Askin Publishers, 1978).

Andrea, Johann Valentin. *The Chymical Wedding of Christian Rosenkreutz*, tr. Edward Foxcroft (1690 [originally published as *The Hermetic Romance: or the Chymical Wedding*], repr. London: Minerva Press, n.d.).

Andrews, Kenneth R. *Trade, Plunder and Settlement: Maritime Enterprise and the Genesis of the British Empire, 1480–1630* (Cambridge: Cambridge University Press, 1984).

Anglo, Sydney, ed. *The Damned Art: Essays in the Literature of Witchcraft* (1977, repr. London, Henley and Boston: Routledge and Kegan Paul, 1985).

Appleby, John H. 'Arthur Dee and Johannes Bánfi Hunyades: Further Information on their Alchemical and Professional Activities', *Ambix*, 24: 2 (1977), 96–109.

Arbatel: Concerning the Magic of Ancients, tr. and ed. Joseph H. Peterson (Lake Worth: Ibis Press, 2009).

Arbatel of Magick, in Henry Cornelius Agrippa [spurious], *The Fourth Book of Occult Philosophy*, 177–217.

Archer, Ian W. and Price, F. Douglas, eds. *English Historical Documents*, vol. V (A) (London and New York: Routledge, 2011).

Ars Notoria: *The Notory Art of Solomon* (1657), tr. Robert Turner (electronic publication: Benjamin Rowe, 1999). 〈http://hermetic.com/norton/pdf/Ars_notoria.pdf.〉

Artese, Charlotte, 'King Arthur in America: Making Space in History for *The Faerie Queene* and John Dee's *Brytanici Imperii Limites*', *Journal of Medieval and Early Modern Studies*, 33: 1 (2003), 125–141.

Ashmole, Elias. 'A Catalogue of Such of Dr. Dee's MSS. As are Come to My Hands', in John Dee, *The Private Diary of Dr. John Dee*, 87–89.

————. *Elias Ashmole (1617–1692): His Autobiographical and Historical Notes, his Correspondence, and Other Contemporary Sources Relating to his Life and Work*, ed. C. H. Josten (Oxford: Clarendon Press, 1966), 5vols.

————. *Theatrum Chemicum Britannicum* (1652, repr. Montana: Kessinger Publishing Company, n.d.).

Asperm, Egil. *Arguing with Angels: Enochian Magic & Modern Occulture* (Albany: State University of New York Press, 2012).

Aston, Margaret, 'The Fiery Trigon Conjunction: An Elizabethan Astrological Prediction', *Isis*, 61 (1970), 159–187.

Aubrey, John. *Brief Lives*, ed. Oliver Lawson Dick (London: Secker and Warburg, 1949).

———. *Brief Lives*, ed. John Buchanan-Brown (London: Penguin Books, 2000).

———. *The Natural History of Wiltshire*, ed. John Britton (1847, repr. New York: Augustus M. Kelley, 1969).

———. *Three Prose Works*, ed. John Buchanan-Brown (Fontwell: Centaur Press, 1972).

——— and Wood, Anthony. *Two Antiquaries: A Selection from the Correspondence of John Aubrey and Anthony Wood*, ed. Maurice Balme (Durham: Durham Academic Press, 2001).

Bäcklund, Jan. 'In the Footsteps of Edward Kelley: Some Manuscript References at the Royal Library in Copenhagen Concerning an Alchemical Circle around John Dee and Edward Kelley', in *John Dee*, ed. Stephen Clucas, 295–330.

Bacon, Francis. *The Works of Francis Bacon, Lord Chancellor of England*, ed. Basil Montagu (1823, repr. New York: R. Worthington, 1884), 3 vols.

Bale, John. *Select Works of John Bale*, ed. Henry Christmas (Cambridge: The Parker Society, 1849).

Barbour, Reid. *Sir Thomas Browne: A Life* (Oxford: Oxford University Press, 2013).

——— and Preston, Claire, eds. *Sir Thomas Browne: The World Proposed* (Oxford: Oxford University Press, 2008).

Barrett, Francis. *The Magus, or Celestial Intelligencer; being a Complete System of Occult Philosophy* (1801, repr. Secaucus: Citadel Press, 1967).

Bassnett, Susan. 'Absent Presence: Edward Kelley's Family in the Writings of John Dee', in *John Dee*, ed. Stephen Clucas, 285–294.

Bayer, Penny. 'Lady Margaret Clifford's Alchemical Receipt Book and the John Dee Circle', *Ambix*, 52: 3 (2005), 271–284.

Beard, Charles R. *The Romance of Treasure Trove* (London: Sampson Low, Marston & Co., 1933).

Beitchman, Philip. *Alchemy of the Word: Cabala of the Renaissance* (Albany: State University of New York, 1998).

Besterman, Theodore. *Crystal-Gazing: A Study in the History, Distribution, Theory and Practice of Scrying* (1924, repr. New York: University Books, 1965).

Binns, J. W. *Intellectual Culture in Elizabethan and Jacobean England: the Latin Writings of the Age* (Leeds: Francis Cairns, 1990).

Birch, Thomas. *Memoirs of the Reign of Queen Elizabeth from the Year 1581 till her Death* (1754, repr. New York: AMS Press, 1970), 2vols.

Blau, Joseph Leon. 'Browne's Interest in Cabalism', *PMLA*, 49 (1934), 963–964.

Blomfild, William. 'Bloomefields Blossoms', in Elias Ashmole, *Theatrum Chemicum Britannicum*, 305–323.

Bolton, Henry Carrington. *The Follies of Science at the Court of Rudolf II: 1576–1612* (1904, repr. La Vergne: Nabu Press, 2010).

Bono, James J. *The Word of God and the Languages of Man; Interpreting Nature in Early Modern Science and Medicine: vol. I, Ficino to Descartes* (Madison and London: University of Wisconsin Press, 1995).

'*The Book of Angels*: Text and Translation', tr. Juris Lidaka, in *Conjuring Spirits*, ed. Claire Fanger, 45–75.

The Book of Enoch, tr. E. Isaac, in *The Old Testament Pseudepigrapha volume 1: Apocalyptic Literature and Testaments*, ed. James H. Charlesworth (New York: Doubleday and Company, 1983), 13–89.

The Book of Enoch the Prophet, tr. Richard Laurence (1883 [corrected ed.], repr. Minneapolis: Wizards Bookshelf, 1972).

The Book of Gold: A 17th Century Magical Grimoire of Amulets, Charms, Prayers, Sigils and Spells Using the Biblical Psalms of King David, tr. and ed. David Rankine and Paul Harry Barron (London: Avalonia, 2010).

The Book of Treasure Spirits, ed. David Rankine (London: Avalonia, 2009).

Borchardt, Frank L. 'The Magus as a Renaissance Man', *The Sixteenth Century Journal*, 21: 1 (1990), 57–76.

Bossy, John. *Giordano Bruno and the Embassy Affair* (New Haven and London: Yale University Press, 1991). [ジョン・ボッシー『ジョルダーノ・ブルーノと大使館のミステリー』、浜林正夫、鏡ますみ、葛山初音訳(影書房、2003)]

————. *Under the Molehill: An Elizabethan Spy Story* (New Haven and London: Yale University Press, 2001).

Bostridge, Ian. *Witchcraft and Its Transformations: c.1650–c.1750* (Oxford: Clarenden Press, 1997). [イアン・ボストリッジ『イギリス魔法衰退史　1650年–1750年』、木邨和彦訳(牧歌舎、2010)]

Boulting, William. *Giordano Bruno: His Life, Thought, and Martyrdom* (1914, repr. London and New York: Routledge, 2013).

Bouwsma, William J. *Concordia Mundi: The Career and Thought of Guillaume Postel (1510–1581)* (Cambridge, Mass.: Harvard University Press, 1957). [ウィリアム・J・ブースマ『ギヨーム・ポステル―異端のルネサンス人の生涯と思想―』、長谷川光明訳(法政大学出版局、2010)]

Bowd, Stephen. 'John Dee and Christopher Saxton's Survey of Manchester (1596)', *Northern History*, 42:2 (2005), 275–292.

Boyle, Robert. 'Robert Boyle's Dialogue on the Converse with Angels Aided by the Philosopher's Stone', in Lawrence M. Principe, *The Aspiring Adept: Robert Boyle and His Alchemical Quest*, 310–316.

Brann, Noel L. *Trithemius and Magical Theology: A Chapter in the Controversy over Occult Studies in Early Modern Europe* (Albany: State University of New York Press, 1999).

————. 'Trithemius, Cusanus, and the Will to the Infinite: A Pre-Faustian Paradigm', *Aries*, 2: 2 (2002), 153–172.

Bremmer, Jan N. and Veenstra, Jan R. eds. *The Metamorphosis of Magic from Antiquity to the Early Modern Period* (Leuvan, Paris and Dudley: Peeters, 2002).

Briggs, K. M. *The Anatomy of Puck: An Examination of Fairy Beliefs among Shakespeare's Contemporaries and Successors* (London: Routledge and Kegan Paul, 1959). [キャサリン・ブリッグズ『妖精の時代』、石井美樹子、海

老塚レイ子訳(筑摩書房、2002)]

———. *Pale Hecate's Team: An Examination of the Beliefs on Witchcraft and Magic among Shakespeare's Contemporaries and His Immediate Successors* (London: Routledge and Kegan Paul, 1962).

Brodie, Fawn M. *No Man Knows My History: The Life of Joseph Smith* (1945, rev. ed. New York: Vintage Books, 1995).

Broecke, Steven Vanden. 'Dee, Mercator, and Louvain Instrument Making: an Undescribed Astrological Disc by Gerald Mercator (1551)', *Annals of Science*, 58 (2001), 219–240.

Brook, Benjamin. *The Lives of the Puritans* (London: James Black, 1813), 3 vols.

Brooks, Jeanice. 'Music as Erotic Magic in a Renaissance Romance', *Renaissance Quarterly*, 60: 4 (2007), 1207–1256.

Browne, Sir Thomas. *Religio Medici and Other Works*, ed. L. C. Martin (Oxford: Clarendon Press, 1964).

———. *Sir Thomas Browne's Works, Including His Life and Correspondence*, ed. Simon Wilkin (1836, repr. New York: AMS Press, 1968), 4vols.

———. *Thomas Browne*, ed. Kevin Kileen (Oxford: Oxford University Press, 2014).

———. *The Works of Sir Thomas Browne*, ed. Geoffrey Keynes (London: Faber and Faber, 1931), 6 Vols.

Brumbaugh, Robert S, ed. *The Most Mysterious Manuscript: The Voynich 'Roger Bacon' Cipher Manuscript* (Carbondale, Edwardsdale and London: Southern Illinois University Press, 1978).

Butler, E. M. *The Myth of the Magus* (1948, repr. Cambridge: Cambridge University Press, 1979).

———. *Ritual Magic* (1949, repr. Cambridge: Cambridge University Press, 1980).

Butler, Samuel. *Hudibras Parts I and II and Selected Other Writings*, eds. John Wilders and Hugh de Quehen (Oxford: Oxford University Press, 1973).

Butterfield, Herbert. *The Origins of Modern Science 1300–1800* (1949, repr. London: G. Bell and Sons, 1951). [ハーバート・バターフィールド『近代科学の誕生』、上下巻、渡辺正雄訳(講談社学術文庫、1978)]

Calder, I. R. F. *John Dee Studied as an English Neoplatonist* (Unpublished Ph. D. dissertation: The Warburg Institute, University of London, 1952), 2 vols.

———. 'A Note on Magic Squares in the Philosophy of Agrippa of Nettesheim', *Journal of the Warburg and Courtauld Institutes*, 12(1949), 196–199.

Calendar of State Papers, Domestic Series, of the Reigns of Edward VI, Mary, Elizabeth, 1547–1580, ed. Robert Lemon (1856, repr. Nendeln, Liechtenstein: Kraus Reprint, 1967).

Calendar of State Papers, Domestic Series, of the Reign of Elizabeth, 1581–1590, ed. Robert Lemon (1865, repr. Nendeln, Liechtenstein: Kraus Reprint, 1967).

Calendar of State Papers, Domestic Series, of the Reign of Elizabeth, 1591–1594, ed. Mary Ann Everett Green (1867, repr. Nendeln, Liechtenstein: Kraus Reprint, 1967).

Calendar of State Papers, Domestic Series, of the Reign of Elizabeth, 1595–1597, ed. Mary Ann Everett Green (1869,

repr. Nendeln, Liechtenstein: Kraus Reprint, 1967).

Calendar of State Papers, Foreign Series, of the Reign of Elizabeth, Volume XVIII, July 1583–July 1584, ed. Sophie Crawford Lomas (1914, repr. Nendeln, Liechtenstein: Kraus Reprint, 1969).

Calendar of the Manuscripts of the Most Hon. The Marquis of Salisbury, K. G . . . preserved at Hatfield House, Hartfordshire, part IV, ed. R. A. Roberts (London: printed for Her Majesty's Stationery Office by Eyre and Spottiswoode, 1892).

Camden, William. *The History of the Most Renowned and Victorious Princess Elizabeth, Late Queen of England*, tr. Richard Norton (1688 [4th ed.], repr. New York: AMS Press, 1970).

Campbell, Colin D. *The Magic Seal of Dr. John Dee: The Sigillum Dei Aemeth* (York Beach: Teitan Press, 2009).

Cardano, Girolamo. *The Book of My Life*, tr. Jean Stoner (1929, repr. New York: New York Review Books, 2002). [ジェロラモ・カルダーノ『わが人生の書—ルネサンス人間の数奇な生涯—』青木靖三、榎本恵美子訳、社会思想社、1980 年]

Casaubon, Meric. *A Treatise Concerning Enthusiasme, second edition* (1656, repr. Gainesville: Scholar's Facsimiles and Reprints, 1970).

Charnock, Thomas. *The Breviary of Natural Philosophy* (1557), in Elias Ashmole, *Theatrum Chemicum Britannicum*, 291–303.

Clark, J. Kent. *Goodwin Wharton* (Oxford and New York: Oxford University Press, 1984).

Clark, Stuart. 'King James's *Daemonologie*: Witchcraft and Kingship', in *The Damned Art*, ed. Sydney Anglo, 156–181.

————. 'The Scientific Status of Demonology', in *Occult and Scientific Mentalities in the Renaissance*, ed. Brian Vickers, 351–374.

————. *Thinking with Demons: The Idea of Witchcraft in Early Modern Europe* (Oxford: Oxford University Press, 1997).

Clucas, Stephen. 'Alchemy and Certainty in the Seventeenth Century', in *Chymists and Chymistry*, ed. Lawrence M. Principe, 39–51.

————. 'Dreams, Prophecies and Politics: John Dee and the Elizabethan Court 1575–1585', in *Reading the Early Modern Dream: The Terrors of the Night*, eds. Katherine Hodgkin, Michelle O'Callaghan and S. J. Wiseman (New York and London: Routledge, 2008), 67–80.

————. 'Enthusiasm and "damnable curiosity": Meric Casaubon and John Dee', in *Curiosity and Wonder from the Renaissance to the Enlightenment*, eds. Robert John Weston Evans and Alexander Marr, 131–148.

————. 'False Illuding Spirits & Cownterfeiting Deuills: John Dee's Angelic Conversations and Religious Anxiety', in *Conversations with Angels*, ed. Joad Raymond, 150–174.

————. 'John Dee's Angelic Conversations and the *Ars Notoria*: Renaissance Magic and Mediaeval Theurgy', in

John Dee, ed. Stephen Clucas, 231–273.

———. 'Pythagorean Number Symbolism, Alchemy, and the Disciplina Noua of John Dee's *Monas Hieroglyphica*', *Aries*, 10: 2 (2010), 149–167.

———. ' "Wondrous Force and Operation": Magic, Science and Religion in the Renaissance', in *Textures of Renaissance Knowledge*, eds. Philippa Berry and Margaret Tudeau-Clayton (Manchester and New York: Manchester University Press, 2003), 35–57.

———, ed. *John Dee: Interdisciplinary Studies in English Renaissance Thought* (Dordrecht, The Netherlands: Springer, 2006).

———, ed. *John Dee's* Monas Hieroglyphica, *Ambix*, 52: 3 (2005).

Clulee, Nicholas H. 'Astrology, Magic and Optics: Facets of John Dee's Early Natural Philosophy', *Renaissance Quarterly*, 30 (1977), 632–680.

———. '*Astronimia inferior*: Legacies of Johannes Trithemius and John Dee', in *Secrets of Nature*, eds. William R. Newman and Anthony Grafton, 173–233.

———. 'At the Crossroads of Magic and Science: John Dee's Archemastrie', in *Occult and Scientific Mentalities in the Renaissance*, ed. Brian Vickers, 57–71.

———. 'John Dee and the Paracelsians', in *Reading the Book of Nature*, eds. Allen G. Debus and Michael Walton, 111–132.

———. *John Dee's Natural Philosophy: Between Science and Religion* (London and New York: Routledge, 1988).

———. 'The *Monas Hieroglyphica* and the Alchemical Thread of John Dee's Career', in *John Dee's* Monas Hieroglyphica, ed. Stephen Clucas, *Ambix*, 52: 3 (2005), 197–215.

Cóil, Liam Mac. 'Kelley of Imamyi', *London Review of Books*, 23: 10 (24 May 2001), 4.

Collinson, Richard, ed. *The Three Voyages of Martin Frobisher* (1867, repr. New York: Burt Franklin, n.d.).

Colman, E. A. M. *The Dramatic Use of Bawdy in Shakespeare* (London: Longman, 1974).

Compagni, Perrone. ' "Dispersa Intentio." Alchemy, Magic and Scepticism in Agrippa', *Early Science and Medicine*, 5: 2 (2000), 160–177.

Cook, Judith. *Dr Simon Forman: A Most Notorious Physician* (2001, repr. London: Vintage, 2002).

Cooper, Charles Henry and Cooper, Thompson. *Athenae Cantabrigienses* (1858–1861, repr. Farnborough: Gregg Press, 1967), 2vols.

Couliano, Ioan P. *Eros and Magic in the Renaissance*, tr. Margaret Cook (Chicago and London: University of Chicago Press, 1987). [ヨアン・P・クリアーノ『ルネサンスのエロスと魔術』、桂芳樹訳(工作舎、1991)]

Cradock, Edward. *A Treatise Touching the Philosopher's Stone*, in *Alchemical Poetry 1575–1700*, ed. Robert M. Schuler, 11–31.

Craven, J. B. *Count Michael Maier: Doctor of Philosophy and Medicine, Alchemist, Rosicrucian, Mystic, 1568–1622:*

Life and Writings (1910, repr. London: Dawsons of Pall Mall, 1968).

Dales, Douglas. *Dunstan: Saint and Statesman* (Cambridge: Lutterworth Press, 1988).

Darrel, John. *An Apologie, of Defence of the Possession of William Sommers, a Yong Man of the Towne of Nottingham* (1599?), in *English Witchcraft 1560–1736: Volume 2 Early English Trial Pamphlets*, ed. Marion Gibson (London: Pickering and Chatto, 2003), 165–251.

Daston, Lorraine. 'Marvelous Facts and Miraculous Evidence in Early Modern Europe', in *Wonders, Marvels, and Monsters in Early Modern Culture*, ed. Peter G. Platt (Newark and London: University of Delaware Press and Associated University Presses, 1999), 76–104.

——— and Park, Katharine. *Wonders and the Order of Nature: 1150–1750* (1998, repr. New York: Zone Books, 2001).

Davidson, Gustav. *Dictionary of Angels* (1967, repr. New York: The Free Press, 1971).［グスタフ・デイヴィッドスン『天使辞典』、吉永進一監訳(創元社、2004)］

Davies, Norman. *God's Playground: a History of Poland* (Oxford: Clarendon Press, 1981), 2vols.

Davies, Owen. *Grimoires: A History of Magic Books* (2009, repr. Oxford: Oxford University Press, 2010).［オーウェン・デイビーズ『世界で最も危険な書物―グリモワールの歴史―』、宇佐和通訳(柏書房、2010)］

———. *Popular Magic: Cunning Folk in English History* (2003, repr. London: Hambledon Continuum, 2007).

Davies, T. Witton. *Magic, Divination and Demonology among the Hebrews and Their Neighbours* (1898, repr. New York: KTAV Publishing House, 1969).

Davis, John. *The Seamans Secrets* (1607), in *The Voyages and Works of John Davis*, ed. Albert Hastings Markham, 229–337.

de Abano, Peter. *Heptameron: or Magical Elements*, in Henry Cornelius Agrippa [spurious], *The Fourth Book of Occult Philosophy*, 73–107.

Deacon, Richard. *John Dee: Scientist, Geographer, Astrologer and Secret Agent to Elizabeth I* (London: Frederick Muller, 1968).

Debus, Allen G. *The Chemical Philosophy: Paracelsian Science and Medicine in the Sixteenth and Seventeenth Centuries* (New York: Science History Publications, 1977), 2vols.［アレン・G・ディーバス『近代錬金術の歴史』、川崎勝、大谷卓史訳(平凡社、1999)］

———. *The English Paracelsians* (New York: Franklin Watts, 1966).

———. 'John Woodall, Paracelsian Surgeon', *Ambix*, 10 (1962), 108–118.

——— and Micahel Walton, eds. *Reading the Book of Nature: The Other Side of the Scientific Revolution* (n.p.: Sixteenth Century Journal Publishers, 1998).

Dee, Arthur. *Fasciculus chemicus*, tr. Elias Ashmole, ed. Lyndy Abraham (New York and London: Garland Publishing, 1997).

de la Pryme, Abraham. *The Diary of Abraham de la Pryme, the Yorkshire Antiquary*, ed. C. Jackson (Durham, London and Edinburgh: the Surtees Society, 1870).

Delatte, Armand. *La Catoptromancie grecque et ses dérivés* (Paris: Librairie Droz, 1932).

de León-Jones, Karen Silvia. *Giordano Bruno and the Kabbalah* (1997, repr. Lincoln and London: 2004).

————. 'John Dee and the Kabbalah', in *John Dee*, ed. Stephen Clucas, 143–158.

de Rola, Stanislas Klossowski, *The Golden Game: Alchemical Engravings of the Seventeenth Century* (New York: George Braziller, 1988).

Dillinger, Johannes. *Magical Treasure Hunting in Europe and North America: A History* (Basingstoke and New York: Palgrave Macmillan, 2012).

D'Israeli, Isaac. *Amenities of Literature* (New York: J. & H. G. Langley, 1841), 2vols.

Dobbs, Betty Jo Teeter. *The Foundations of Newton's Alchemy, or, 'The Hunting of the Greene Lyon'* (1975, repr. Cambridge: Cambridge University Press, 1983). [B・J・T・ドッブズ『ニュートンの錬金術』、寺島悦恩訳(平凡社、1995)]

————. *The Janus Faces of Genius: The Role of Alchemy in Newton's Thought* (Cambridge: Cambridge University Press, 1991). [B・J・T・ドッブズ『錬金術師ニュートン』、大谷隆昶訳(みすず書房、2000)]

Doberer, K. K. *The Goldmakers: 10,000 Years of Alchemy*, tr. E. W. Dickes (London and Brussels: Nicholson and Watson, 1948).

Drucker, Johanna. *The Alphabetic Labyrinth: The Letters in History and Imagination* (1995, repr. London: Thames and Hudson, 1999).

Duffy, Eamon. *The Stripping of the Altars: Traditional Religion in England 1400–1580* (1992 [2nd ed.], repr. New Haven and London: Yale University Press, 2005).

Duncan-Jones, Katherine. *Sir Philip Sidney: Courtier Poet* (New Haven and London: Yale University Press, 1991).

Dunn, William P. *Sir Thomas Browne: A Study in Religious Philosophy* (Minneapolis: University of Minnesota Press, 1950).

DuQuette, Lon Milo. *Enochian Vision Magick: An Introduction and Practical Guide to the Magick of Dr. John Dee and Edward Kelley* (San Francisco: Weiser Books, 2008).

Eliav-Feldon, Miriam. 'Secret Societies, Utopias, and Peace Plans: the Case of Francesco Pucci', *Journal of Medieval and Renaissance Studies*, 14: 2 (1984), 139–158.

Elmer, Peter. 'Introduction' to *English Witchcraft 1560–1736*: *Volume 5 The Later English Trial Pamphlets*, ed. Peter Elmer (London; Pickering and Chatto, 2003), vii–xxii.

Ernst, Thomas. 'The Numerical-Astrological Ciphers in the Third Book of Trithemius's *Steganographia*', *Cryptologia*, 22: 4 (1998), 318–341.

Evans, R. J. W. *The Making of the Habsburg Monarchy 1550–1700* (1979, repr. Oxford: Clarendon Press, 2002).

［R・J・W・エヴァンズ『バロックの王国—ハプスブルク朝の文化社会史 1550–1700 年—』、新井皓士訳(慶應義塾大学出版会、2013)］

———. *Rudolf II and his World: A Study in Intellectual History 1576–1612* (1973, corrected ed. Oxford: Clarendon Press, 1984). ［ロバート・J・W・エヴァンズ『魔術の帝国—ルドルフ二世とその世界—』、中野春夫訳(平凡社、1988／筑摩書房、2006)］

——— and Marr, Alexander, eds. *Curiosity and Wonder from the Renaissance to the Enlightenment* (Aldershot, Hants and Burlington: Ashgate, 2006).

Fanger, Claire. 'Virgin Territory: Purity and Divine Knowledge in Late Medieval Catoptromantic Texts', *Aries*, 5: 2 (2005), 200–224.

———, ed. *Conjuring Spirits: Texts and Traditions of Medieval Ritual Magic* (Stroud: Sutton Publishing, 1998).

———, ed. *Invoking Angels: Theurgic Ideas and Practices, Thirteenth to Sixteenth Centuries* (University Park: Pennsylvania State University Press, 2012).

Ferguson, John. *Bibliotheca Chemica: A Catalogue of the Alchemical, Chemical and Pharmaceutical Books in the Collection of the Late James Young of Kelly and Durris* (1906, repr. London: Derek Verschoyle Academic and Bibliographical Publications, 1954), 2 vols.

Figuier, Louis. *L'alchimie et les alchimistes: essai historique et critique sur la philosphie hermetique* (Paris: Librarie de L. Hachette, 1856).

Figurovski, N. A. 'The Alchemist and Physician Arthur Dee (Artemii Ivanovich Dii): An Episode in the History of Chemistry and Medicine in Russia', *Ambix*, 13 (1965), 35–51.

Findlen, Paula, ed. *Athanasius Kircher: The Last Man Who Knew Everything* (New York and London: Routledge, 2004).

Forman, Simon. *The Autobiography and Personal Diary of Dr. Simon Forman, the Celebrated Astrologer*, ed. James Orchard Halliwell (London: for private circulation only, 1849).

Forshaw, Peter J. 'Alchemical Exegesis: Fractious Distillations of the Essence of Hermes', in *Chymists and Chymistry*, ed. Lawrence M. Principe, 25–38.

———. ' "Behold, the Dreamer Cometh": Hyperphysical Magic and Deific Visions in an Early Modern Theosophical Lab-Oratory', in *Conversations with Angels*, ed. Joad Raymond, 175–200.

———. 'Cabala Chymica or Chemia Cabalistica: Early Modern Alchemists and Cabala', *Ambix*, 60: 4 (2013), 361–389.

———. 'Curious Knowledge and Wonder-Working Wisdom in the Occult Works of Heinrich Khunrath', in *Curiosity and Wonder from the Renaissance to the Enlightenment*, eds. R. J. W. Evans and Alexander Marr, 107–129.

———. 'The Early Alchemical Reception of John Dee's *Monas Hieroglyphica*', in *John Dee's* Monas Hieroglyphi-

ca, ed. Stephen Clucas, *Ambix*, 52: 3 (2005), 247–269.

———. ' "Paradoxes, Absurdities, and Madness": Conflict over Alchemy, Magic and Medicine in the Works of Andreas Libavius and Heinrich Khunrath', *Early Science and Medicine*, 13 (2008), 53–81.

———. 'Subliming Spirits: Physical-Chemistry and Theo-Alchemy in the Works of Heinrich Khunrath (1560–1605)', in *Mystical Metal of Gold*, ed. Stanton Linden, 255–275.

The Fourth Book of Ezra, tr. B. M. Metzger, in *The Old Testament Pseudepigrapha volume 1: Apocalyptic Literature and Testaments*, ed. James H. Charlesworth (New York: Doubleday and Company, 1983), 516–559.

Foxe, John. *The Acts and Monuments of John Foxe: with a Life of the Martyrologist, and Vindication of the Work by George Townsend* (n.d.[1843–1849?], repr. New York: AMS Press, 1965), 8 vols.

———. *The Unabridged Acts and Monuments Online or TAMO* (Sheffield: HRI Online Publications, 2011). 〈http//www.johnfoxe.org〉

French, Peter J. *John Dee: The World of an Elizabethan Magus* (London, Boston and Henley: Routledge and Kegan Paul, 1972). [ピーター・J・フレンチ、『ジョン・ディー―エリザベス朝の魔術師―』、高橋誠訳(平凡社, 1989)]

Fučiková, Eliška. 'Prague Castle under Rudolf II, His Predecessors and Successors', in *Rudolf II and Prague*, ed. Eliška Fučiková, 2–71

———, ed. *Rudolf II and Prague: The Court and the City* (London and New York: Thames and Hudson, 1997).

The Fugger News-Letters: Being a Selection of Unpublished Letters from the Correspondents of the House of Fugger during the Years 1568–1605, ed. Victor von Klarwill, tr. Pauline de Chary (London: John Lane, The Bodley Head, 1924).

The Fugger News-Letters: Second Series: Being a Further Selection from the Fugger Papers Specially Referring to Queen Elizabeth and Matters Relating to England during the Years 1568–1605, Here Published for the First Time, ed. Victor von Klarwill, tr. L. S. R. Byrne (London: John Lane, The Bodley Head, 1926).

Fuller, Thomas. *The History of the Worthies of England*, ed. P. Austin Nuttall (1840, repr. AMS Press, 1965), 3 vols.

Gatti, Hilary. *Essays on Giordano Bruno* (Princeton and Oxford: Princeton University Press, 2011).

———. *The Renaissance Drama of Knowledge: Giordano Bruno in England* (London and New York: Routledge, 1989).

Gawdy, Philip. *Letters of Philip Gawdy of West Harling, Norfolk, and of London to Various Members of His Family: 1579–1616*, ed. Isaac H. Jeayes (London: J. B. Nichols and Sons, 1906).

Geneva, Ann. *Astrology and the Seventeenth Century Mind: William Lilly and the Language of the Stars* (Manchester and New York: Manchester University Press, 1995).

Geoghegan, D. 'A Licence of Henry VI to Practise Alchemy', *Ambix*, 6: 1 (1957), 10–17.

Gettings, Fred. *Dictionary of Occult, Hermetic and Alchemical Sigils* (London, Boston and Henley: Routledge and

Kegan Paul, 1981).

Glanvill, Joseph. *Sadducismus Triumphatus* (1689 [3rd ed.], repr. Ann Arbor: Scholars' Facsimiles and Reprints, 2000).

Godwin, Joscelyn. *Athanasius Kircher's Theatre of the World* (London: Thames and Hudson, 2009).

Godwin, William. *Lives of the Necromancers* (London: Frederick J. Mason, 1834).

Gosse, Edmund. *Sir Thomas Browne* (London: Macmillan, 1905).

Grafton, Anthony. *Cardano's Cosmos: The Worlds and Works of a Renaissance Astrologer* (Cambridge, Mass. and London: Harvard University Press, 1999). [アンソニー・グラフトン『カルダーノのコスモス―ルネサンスの占星術―』、榎本恵美子・山本啓二訳(勁草書房、2007)]

The Grimore of Armadel, tr. S. L. MacGregor Mathers (1980, repr. Boston and York Beach: Weiser Books, 2001).

The Grimoire of St. Cyprian: Clavis Inferni, ed. Stephen Skinner and David Rankine (Singapore: Golden Hoard Press, 2009).

Grinsell, L. V. 'Barrow Treasure, in Fact, Tradition, and Legislation', *Folklore*, 78: 1 (1967), 1–38.

Gwyn, David. 'Richard Eden, Cosmographer and Alchemist', *Sixteenth Century Journal*, 15: 1 (1984), 13–34.

Håkansson, Håkan. *Seeing the Word: John Dee and Renaissance Occultism* (Lund, Sweden: Lund University Press, 2001).

Hakluyt, Richard. *The Principall Navigations, Voiages and Discoveries of the English Nation* (1589, repr. Cambridge: published for the Hakluyt Society and the Peabody Museum at Cambridge University Press, 1965), 2vols.

———. *The Principall Navigations, Voyages, Traffiques and Discoveries of the English Nation* (Glasgow: James MacLehose and Sons, 1903–1905), 12vols.

Harkness, Deborah E. *The Jewel House: Elizabethan London and the Scientific Revolution* (New Haven and London: Yale University Press, 2007).

———. *John Dee's Conversations with Angels* (Cambridge: Cambridge University Press, 1999).

———. 'Shows in the Showstone: A Theater of Alchemy and Apocalypse in the Angel Conversations of John Dee', *Renaissance Quarterly*, 49 (1996), 707–737.

Hartland, Edwin Sidney. *The Legend of Perseus: A Study in Tradition in Story, Custom and Belief* (London: David Nutt, 1894–1896), 3vols.

Hartmann, Franz. *The Life of Philippus Theophrastus Bombast of Hohenheim Known by the Name of Paracelsus and the Substance of His Teachings* (1887, rev. ed. London: Kegan Paul, Trench, Trubner & Co., n.d.).

Haupt, Paul. 'Crystal-Gazing in the Old Testament', *Journal of Biblical Literature*, 36 (1917), 84–92.

Haynes, Alan. *Invisible Power: the Elizabethan Secret Services 1570–1603* (Stroud: Alan Sutton, 1992).

Hazlitt, W. C., ed., *Dictionary of Faiths and Folklore: Beliefs, Superstitions and Popular Customs* (1905, repr. London: Bracken Books, 1995).

Hessayon, Ariel. *'Gold Tried in the Fire': The Prophet TheaurauJohn Tany and the English Revolution* (Farnham and Burlington: Ashgate, 2007).

Hill, George. *Treasure Trove in Law and Practice: From the Earliest Time to the Present Day* (Oxford: Clarendon Press,1936).

Hippocrates Junior, *The Predicted Plague: Value of the Prediction* (London: Simpkin, Marshall, Hamilton, Kent, & Co., 1900).

History of Queen Elizabeth, Amy Robsart and the Earl of Leicester, being a Reprint of 'Leycesters Commonwealth', ed. Frank J. Burgoyne (London, New York and Bombay: Longmans, Green, and Co., 1904).

Hockley, Frederick. *The Rosicrucian Seer: Magical Writings of Frederick Hockley*, ed. John Hamill (Wellingborough: The Aquarian Press, 1986).

Holinshed, Raphaell and Harrison, William et al. *Holinshed's Chronicles of England, Scotland and Ireland* (1807–1808, repr. New York: AMS Press, 1976), 6 vols.

Hort, G. M. *Dr. John Dee: Elizabethan Mystic and Astrologer* (1922, repr. Largs: The Banton Press, 1991).

Howell, Roger. *Sir Philip Sidney: The Shepherd Knight* (London: Hutchinson, 1968).

Hubicki, W. 'Chemie und Alchemie des 16. Jahrhunderts in Polen', *Annales Universitatis Mariae Curie-Skłodowska, Sectio AA, Physica et chemia*, 10 (1955), 61–100.

Huffman, William H. *Robert Fludd and the End of the Renaissance* (London: Routledge, 1988).

Hughes, Jonathan. *Arthurian Myths and Alchemy: The Kingship of Edward IV* (Stroud: Sutton Publishing, 2002).

———. 'The Humanity of Thomas Charnock, an Elizabethan Alchemist', in *Mystical Metal of Gold*, ed. Stanton Linden, 3–34.

Hunter, Michael. 'Alchemy, Magic and Moralism in the Thought of Robert Boyle', *British Journal for the History of Science*, 23 (1990), 387–410.

———. 'Hooke the Natural Philosopher', in Jim Bennett, Michael Cooper, Michael Hunter and Lisa Jardine, *London's Leonard: The Life and Works of Robert Hooke* (Oxford: Oxford University Press, 2003), 105–162.

———. *John Aubrey and the Realm of Learning* (New York: Science History Publications, 1975).

———. *Robert Boyle (1627–91): Scrupulosity and Science* (Woodbridge: Boydell Press, 2000).

———. *Science and the Shape of Orthodoxy: Intellectual Change in Late Seventeenth-Century Britain* (Woodbridge: Boydell Press, 1995).

———, ed. *The Occult Laboratory: Magic, Science and Second Sight in Late 17th-Century Scotland* (Woodbridge: Boydell Press, 2000).

Hutchinson, Francis. *An Historical Essay concerning Witchcraft* (1718), in *English Witchcraft 1560–1736: Volume 6 The Final Debate*, ed. James Sharpe (London; Pickering and Chatto, 2003), 3–292.

Hutchinson, Lucy. *Memoirs of the Life of Colonel Hutchinson with the Fragment of an Autobiography of Mrs. Hutchin-*

son (1806), ed. James Sutherland (London, New York and Toronto: Oxford University Press, 1973).

Hyman, Wendy Beth, ed. *The Automaton in English Renaissance Literature* (Farnham and Burlington: Ashgate, 2011).

James I. *Daemonologie* (1597), in *The Works of the Most High and Mighty Prince, James* (1616, repr. Hildesheim and New York: Georg Olms Verlag, 1971), 91–136.

James, M. R. *Lists of Manuscripts Formerly Owned by Dr. John Dee* (Oxford: The Bibliographical Society, 1921).

Janacek, Bruce. *Alchemical Belief: Occultism in the Religious Culture of Early Modern England* (University Park: Pennsilvania State University Press, 2011).

————. 'A Virtuoso's History: Antiquarianism and the Transmission of Knowledge in the Alchemical Studies of Elias Ashmole', *Journal of the History of Ideas*, 69: 3 (2008), 395–417.

John of Salisbury. *Frivolities of Courtiers and Footprints of Philosophers: Being a Translation of the First, Second, and Third Books and Selections from the Seventh and Eighth Books of the Policraticus of John of Salisbury*, tr. Joseph B. Pike (1938, repr. New York: Octagon Books, 1972).

Johnson, Francis R. *Astronomical Thought in Renaissance England: A Study of the English Scientific Writings from 1500 to 1645* (Baltimore: Johns Hopkins University Press, 1937).

Jones, Marjorie G. *Frances Yates and the Hermetic Tradition* (Lake Worth: Ibis Press, 2008). [マージョリー・G・ジョーンズ『フランシス・イェイツとヘルメス的伝統』、正岡和恵、二宮隆洋訳(作品社、2010)]

Jonson, Ben. *The Alchemist*, ed. Alvin B. Kernan (New Haven and London: Yale University Press、1974). [ベン・ジョンソン『錬金術師』、大場建治訳(南雲堂、1975)]

Josten, C. H. 'Book Review of *The Rosicrucian Enlightenment*', *Ambix*, 20: 2(1973), 132–133.

Kahn, David. *The Code Breakers: The Comprehensive History of Secret Communication from Ancient Times to the Internet* (1967, rev. ed. New York: Scribner, 1996).

Karpenko, Vladimír. 'Bohemian Nobility and Alchemy in the Second Half of the Sixteenth Century: Wilhelm of Rosenberg and Two Alchemists', *Cauda Pavonis*, 15: 2 (1996), 14–18.

Kassel, Lauren. ' "The Food of Angels": Simon Forman's Alchemical Medicine', in *Secrets of Nature*, eds. William R. Newman and Anthony Grafton, 345–384.

————. *Medicine and Magic in Elizabethan London: Simon Forman: Astrologer, Alchemist, and Physician* (2005, repr. Oxford: Oxford University Press, 2009).

Kaufmann, Thomas DaCosta. *The Mastery of Nature: Aspects of Art, Science, and Humanism in the Renaissance* (Princeton: Princeton University Press, 1993). [トマス・D・カウフマン『綺想の帝国―ルドルフ二世をめぐる美術と科学―』、斉藤栄一訳(工作舎、1995)]

————. *The School of Prague: Painting at the Court of Rudolf II* (Chicago and London: University of Chicago Press, 1988).

Keck, David. *Angels and Angelology in the Middle Ages* (New York and Oxford: Oxford University Press, 1998).

Keefer, Michael H. 'Agrippa's Dilemma: Hermetic "Rebirth" and the Ambivalences of *De vanitate* and *De occulta philosophia*', *Renaissance Quarterly*, 41: 4 (1988), 614–653.

Kelly [Kelley], Edward. *Edward Kelly the Englishman's Two Excellent Treatises on the Philosopher's Stone*, ed. and tr. Arthur Edward Waite (1893, repr. Largs: The Banton Press, 1991).

Kennedy, Gerry and Churchill, Rob. *The Voynich Manuscript: The Mysterious Code that has Defied Interpretation for Centuries* (2004, repr. Rochester: Inner Traditions, 2006). [ゲリー・ケネディ、ロブ・チャーチル『ヴォイニッチ写本の謎』、松田和也訳(青土社、2005)]

The Key of Solomon the King, ed. and tr. S. L. MacGregor Mathers (1889, repr. Mineola: Dover Publications, 2009).

Kieckhefer, Richard. *Forbidden Rites: A Necromancer's Manual of the Fifteenth Century* (Stroud: Sutton Publishing, 1997).

———. *Magic in the Middle Ages* (Cambridge: Cambridge University Press, 1990).

King, Francis, ed. *Astral Projection, Ritual Magic and Alchemy: Golden Dawn Material by S. L. MacGregor Mathers and Others* (1971, repr. Wellingborough: The Aquarian Press, 1987).

Kirk, Robert. *The Secret Common-Wealth & A Short Treatise of Charms and Spels*, ed. Stewart Sanderson (Cambridge and Totowa: D. S. Brewer, and Rowman and Littlefield, 1976).

Kitching, Christopher. 'Alchemy in the Reign of Edward VI: an Episode in the Careers of Richard Whalley and Richard Eden', *Bulletin of the Institute of Historical Research, University of London*, 44: 2 (1971), 308–315.

Kittredge, George Lyman. *Witchcraft in Old and New England* (1929, repr. New York: Atheneum, 1972).

Klaassen, Frank. 'Medieval Ritual Magic in the Renaissance', *Aries*, 3: 2 (2003), 166–199.

———. 'Ritual Invocation and Early Modern Science', in *Invoking Angels*, ed. Claire Fanger, 341–366.

———. *The Transformations of Magic: Illicit Learned Magic in the Later Middle Ages and Renaissance* (University Park: Pennsylvania State University Press, 2013).

Kuntz, Marion L. *Guillaume Postel: Prophet of the Restitution of All Things: His Life and Thought* (The Hague, Boston and London: Martinus Nijhoff, 1981).

Lang, Andrew. *Cock Lane and Common-Sense* (1894, repr. New York: AMS Press, 1970).

———. *The Making of Religion* (1898, repr. New York: AMS Press, 1968).

Láng, Benedek. 'Angels around the Crystal: The Prayer Book of King Wladislas and the Treasure Hunts of Henry the Bohemian', *Aries*, 5: 1 (2005), 1–32.

———. *Unlocked Books: Manuscripts of Learned Magic in the Medieval Libraries of Central Europe* (University Park: Pennsylvania State University Press, 2008).

Langford, David. 'Deciphering John Dee's Manuscript', in *The Necronomicon: The Book of the Dead Names* (1978, repr. London: Corgi Books, 1980), ed. George Hay, 81–102.

Larner, Christine. *Witchcraft and Religion: The Politics of Popular Belief* (Oxford: Basil Blackwell, 1984).

Laycock, Donald C. *The Complete Enochian Dictionary* (1978, repr. York Beach: Samuel Weiser, 1994).

Lee, Sydney and Onions, Charles Talbut and Raleigh, Walter A., eds. *Shakespeare's England: An Account of the Life and Manners of His Age* (1916, repr. Oxford: Clarendon Press, 1950), 2 vols.

Lee, Sydney and Stephen, Leslie, eds. *Dictionary of National Biography* (1885–1900, rev. and supplemented ed. London: Smith, Elder, & Co. and Oxford University Press, 1885–1990), 37vols.

Lehrich, Christopher, I. *The Language of Demons and Angels: Cornelius Agrippa's Occult Philosophy* (Leiden and Boston: Brill, 2003).

Leitch, Aaron. *The Angelical Language, Volume I: The Complete History and Mythos of the Tongue of Angels* (Woodbury: Llewellyn Publications, 2010).

————. *The Angelical Language, Volume II: An Encyclopedic Lexicon of the Tongue of Angels* (Woodbury: Llewellyn Publications, 2010).

Leland, John. *Leland's Itinerary*, ed. Lucy Toulmin Smith (1907–1910, repr. London: Centaur Press, 1964), 5vols.

The Lesser Key of Solomon: Detailing the Ceremonial art of Commanding Spirits Both Good and Evil, ed. Joseph H. Peterson (York Beach: Weise Books, 2001).

Lilly, William. *William Lilly's History of His Life and Time*s (1681), in *The Lives of Those Eminent Antiquaries, Elias Ashmole, Esquire and Mr. William Lilly, Written by Themselves* (1774, repr. n.p.: Kessinger Publishing, n. d.).

Linden, Stanton J. *Darke Hierogliphicks: Alchemy in English Literature from Chaucer to the Restoration* (Lexington: University Press of Kentucky, 1996).

————. 'Smatterings of the Philosopher's Stone: Sir Thomas Browne and Alchemy', in *Mystical Metal of Gold*, ed. Stanton J. Linden, 339–362.

————, ed. *Mystical Metal of Gold: Essays on Alchemy And Renaissance Culture* (New York: AMS Press, 2007).

Longstaffe, Stephen. 'Jack Cade and the Lacies', *Shakespeare Quarterly*, 49: 2 (1998), 187–190.

Luck, Georg. *Arcana Mundi: Magic and the Occult in the Greek and Roman Worlds* (1985, repr. n.p.: Crucible, 1987).

Lurker, Manfred. *Dictionary of Gods and Goddesses, Devils and Demons*, tr. G. L. Campbell (London and New York: Routledge, 1987).

MacDonald, Michael. *Mystical Bedlam: Madness, Anxiety and Healing in Seventeenth-Century England* (1981, repr. Cambridge: Cambridge University Press, 2008).

————, ed. *Witchcraft and Hysteria in Elizabethan London: Edward Jorden and the Mary Glover Case* (London and New York: Tavistock / Routledge, 1991).

Mackay, Charles. *Memoirs of Extraordinary Popular Delusions* (1841, repr. New York: Bonanza Books, 1981).

Macmillan, Ken. 'Discourse on History, Geography, and Law: John Dee and the Limits of the British Empire, 1576–80', *Canadian Journal of History*, 36 (2001), 1–25.

McCulloch, Samuel Clyde. 'John Dee: Elizabethan Doctor of Science and Magic', *South Atlantic Quarterly*, 50 (1951), 72–85.

McPherson, David. 'Ben Jonson's Library and Marginalia: An Annotated Catalogue', *Studies in Philology*, 17: 5 (1974), i–ix+1–106.

Malet, Antoni. 'Renaissance Notions of Number and Magnitude', *Historia Mathematica*, 33 (2006), 63–81.

The Magical Calendar: A Synthesis of Magical Symbolism from the Seventeenth-Century Renaissance of Medieval Occultism, tr. Adam McLean (Grand Rapids: Phanes Press, 1994).

Manning, C. R. 'State Papers Relating to the Custody of the Princess Elizabeth at Woodstock, in 1554', *Norfolk Archaeology*, 4 (1855), 133–231.

Markham, Albert Hastings, ed. *The Voyages and Works of John Davis the Navigator* (1880, repr. New York: Burt Franklin, n.d.).

Marshall, Peter. *The Theatre of the World: Alchemy, Astrology and Magic in Renaissance Prague* (London: Harvill Secker, 2006).

Mathiesen, Robert. 'A Thirteenth-Century Ritual to Attain the Beatific Vision from *The Sworn Book* of Honorius of Thebes', in *Conjuring Spirits*, ed. Claire Fanger, 143–162.

Matthew, H. C. G. and Harrison, Brian, eds. *Oxford Dictionary of National Biography* (Oxford: Oxford University Press, 2004), 60vols.

Mesler, Katelyn. 'The *Liber iuratus Honorii* and the Christian Reception of Angel Magic', in *Invoking Angels*, ed. Claire Fanger, 113–150.

Monod, Paul Kléber. *Solomon's Secret Art: The Occult in the Age of Enlightenment* (New Haven and London: Yale University Press, 2013).

Moran, Bruce T. *The Alchemical World of the German Court: Occult Philosophy and Chemical Medicine in the Circle of Moritz of Hessen (1572–1632)* (Stuttgart: Franz Steiner Verlag, 1991).

———. *Andreas Libavius and the Transformation of Alchemy: Separating Chemical Cultures with Polemical Fire* (Sagamore Beach: Science History Publications/USA, 2007).

———. *Chemical Pharmacy Enters the University: Johannes Hartmann and the Didactic Care of Chymiatria in the Early Seventeenth Century* (Madison: Amercan Institute of the History of Pharmacy, 1991).

———. *Distilling Knowledge: Alchemy, Chemistry and the Scientific Revolution* (Cambridge, Mass. and London: Harvard University Press, 2005).

———. 'The Less Well-known Libavius: Spirits, Powers, and Metaphors in the Practice of Knowing Nature', in *Chymists and Chymistry*, ed. Lawrence M. Principe, 13–24.

———. 'Wilhelm IV of Hasse-Kassel: Informal Communication and the Aristocratic Context of Discovery', in *Scientific Discovery: Case Studies*, ed. Thomas Nickles (Dordrecht, Boston and London: D. Reidel Publishing

Company, 1980), 67–96.

Müller-Jahncke, Wolf Dieter. 'The Attitude of Agrippa von Nettesheim (1486–1535) Towards Alchemy', *Ambix*, 22: 2 (1975), 134–150.

Myers, Frederick W. H., *Human Personality and its Survival of Bodily Death* (London: Longmans, Green, and Co., 1903), 2vols.

Nashe, Thomas. *The Works of Thomas Nashe*, ed. Ronald McKerrow, revised. F. P. Wilson (1958, repr. Oxford: Basil Blackwell, 1966), 5 vols.

Nelson, Brent. 'The Browne Family's Culture of Curiosity', in *Sir Thomas Browne*, eds. Reid Barbour and Claire Preston, 80–99.

Newman, William R. *Gehennical Fire: The Lives of George Starkey, an American Alchemist in the Scientific Revolution* (1994, repr. Chicago and London: University of Chicago Press, 2003).

——— and Principe, Lawrence M. *Alchemy Tried in the Fire: Starkey, Boyle, and the Fate of Helmontian Chymistry* (2002, repr. Chicago and London: University of Chicago Press, 2005).

——— and Principe, Lawrence M. 'Alchemy vs. Chemistry: the Etymological Origins of a Historiographic Mistake', *Early Science and Medicine*, 3 (1998), 32–65.

——— and Grafton, Anthony, eds. *Secrets of Nature: Astrology and Alchemy in Early Modern Europe* (2001, repr. Cambridge, Mass. and London: MIT Press, 2006).

Nicholl, Charles. *The Chemical Theatre* (London, Boston and Henley: Routledge and Kegan Paul, 1980).

———. *A Cup of News: The Life of Thomas Nashe* (London, Boston, Melbourne and Henley: Routledge and Kegan Paul, 1984).

———. 'Death of an Alchemist: Edward Kelley in Bohemia', in Charles Nicholl, *Traces Remain: Essays and Explorations* (London: Allen Lane, 2011), 42–62.

———. *The Reckoning: The Murder of Christopher Marlowe* (London, Jonathan Cape, 1992).

Nichols, John. *Progresses and Public Processions of Queen Elizabeth* (1823, repr. New York: Burt Franklin, n.d.), 3vols.

Nicolas, Harris. *Memoirs of the Life and Times of Sir Christopher Hatton* (London: Richard Bentley, 1847).

Nierenstein, M. 'Helvetius, Spinoza, and Transmutation', *Isis*, 17: 2 (1932), 408–411.

Norrgrén, Hilde. 'Interpretation and Hieroglyphic Monad: John Dee's Reading of Pantheus's *Voarchadumia*', in *John Dee's* Monas Hieroglyphica, ed. Stephen Clucas, *Ambix*, 52: 3 (2005), 217–245.

Norton, Thomas. *Thomas Norton's Ordinal of Alchemy*, ed. John Reidy (London, New York and Toronto: Oxford University Press, 1975).

Nowotny, Karl Anton. 'The Construction of Certain Seals and Characters in the Work of Agrippa of Nettesheim', *Journal of the Warburg and Courtauld Institutes*, 12 (1949), 46–57.

Nummedal, Tara. *Alchemy and Authority in the Holy Roman Empire* (Chicago and London: University of Chicago

Press, 2007).

Oppenheim, Janet. *The Other World: Spiritualism and Psychical Research in England, 1850–1914* (Cambridge: Cambridge University Press, 1985). [ジャネット・オッペンハイム『英国心霊主義の抬頭』、和田芳久訳(工作舎、1992)]

Page, Sophie. *Magic in the Cloister: Pious Motives, Illicit Interests, and Occult Approaches to the Medieval Universe* (University Park: Pennsylvania State University Press, 2013).

———. 'Speaking with Spirits in Medieval Magic Texts', in *Conversations with Angels*, ed. Joad Raymond, 125–149.

Pánek, Jaroslav. 'The Nobility in the Czech Lands, 1550–1650', in *Rudolf II and Pragu*, ed. Eliška Fučiková, 270–286.

Paracelsus, *The Hermetic and Alchemical Writings of Paracelsus*, ed. and tr. Arthur Edward Waite (1894, repr. Berkley: Shambhala, 1976), 2vols.

———. *Paracelsus: Essential Readings*, ed. and tr. Nicholas Goodrick-Clarke (Berkeley: North Atlantic Books, 1999),

Parker, Derek. *Familiar to All: William Lilly and Astrology in the Seventeenth Century* (London: Jonathan Cape, 1975).

Parry, Glyn. *The Arch-Conjuror of England: John Dee* (New Haven and London: Yale University Press, 2012).

Parry, Graham. *The Trophies of Time: English Antiquarians of the Seventeenth Century* (Oxford and New York: Oxford University Press, 1995).

Partridge, Eric. *Shakespeare's Bawdy: A Literary and Psychological Essay and a Comprehensive Glossary* (1947, rev. ed. London: Routtledge and Kegan Paul, 1968).

Pauli, W. 'The Influence of Archetypal Ideas on the Scientific Theories of Kepler', tr. Pricscilla Silz, in W. Pauli and C. G. Jung, *The Interpretation of Nature and the Psyche* (1952, rev. ed. New York: Pantheon Books, 1955), 147–240.

Peckham, Sir George. *A True Reporte of the Late Discoveries . . .* (1583), in *The Voyages and Colonising Enterprises of Sir Humphrey Gilbert*, ed. David Beers Quinn, 435–482.

Pelling, Nicholas. *The Curse of the Voynich: The Secret History of the World's Most Mysterious Manuscript* (Surbiton: Compelling Press, 2006).

Petri, Yvonne. *Gender, Kabbalah and the Reformation: The Mystical Theology of Guillaume Postel (1510–1581)* (Leiden and Boston: Brill, 2004).

Plowden, Alison. *The Elizabethan Secret Service* (Hemel Hempstead and New York: Harvester Wheatsheaf and St. Martin's Press, 1991).

Podmore, Frank. *Mediums of the 19th Century* (1902 [originally published as *Modern Spiritualism*], repr. New York: University Books, 1963), 2 vols.

Pollard, A. F. 'Sir Edward Kelley, *Necromancer* (1555–1595)', in *Lives of Twelve Bad Men: Original Studies of Emi-*

nent Scoundrels by Various Hands, ed. Thomas Seccombe (London: T. Fisher Unwin, 1894), 34–54.

Popper, Nicholas. 'The English Polydaedali: How Gabriel Harvey Read Late Tudor London', *Journals of the History of Ideas*, 66: 3 (2005), 351–381.

———. *Walter Ralegh's* History of the World *and the Historical Culture of the Late Renaissance* (Chicago and London: University of Chicago Press, 2012).

Practical Angel Magic of Dr John Dee's Enochian Tables, eds. Stephen Skinner and David Rankine (London: Golden Hoard Press, 2004).

Preston, Claire. *Thomas Browne and the Writing of Early Modern Science* (Cambridge: Cambridge University Press, 2005).

Pritchard, Allan. 'Thomas Charnock's Book dedicated to Queen Elizabeth', *Ambix*, 26: 1 (1979), 56–73.

Principe, Lawrence M. *The Aspiring Adept: Robert Boyle and His Alchemical Quest* (1998, repr. Princeton: Princeton University Press, 2000).

——— and Newman, William R., 'Some Problems with the Historiography of Alchemy', in *Secrets of Nature*, eds. William R. Newman and Anthony Grafton, 385–431.

———, ed. *Chymists and Chymistry: Studies in the History of Alchemy and Early Modern Chemistry* (Sagamore Beach: Chemical Heritage Foundations and Science History Publications/ USA, 2007).

Publications of the Catholic Record Society, vol. 9 [*Miscellanea, VII*] (n.p.: privately printed, 1911).

Publications of the Catholic Record Society, vol. 53 [*Miscellanea: Recusant Records*], ed. Clare Talbot.(n.p.: The Catholic Record Society, 1961).

Purkiss, Diane. *At the Bottom of the Garden: A Dark History of Fairies, Hobgoblins, and Other Troublesome Things* (New York: New York University Press, 2003).

Quinn, David Beers, ed. *The Voyages and Colonising Enterprises of Sir Humphrey Gilbert* (1940, repr. Nendeln, Liechtenstein: Kraus Reprint, 1967), 2vols. bound in one.

Raine, J. 'Divination in the Fifteenth Century by Aid of a Magical Crystal', *The Archaelogical Journal*, 13 (1856), 372–374.

Ramsay, Nigel and Sparks, Margaret and Tatton-Brown, Tim, eds. *St Dunstan: His Life, Times, and Cult* (Woodbridge and Rochester, NY: The Boydell Press, 1992).

Raymond, Joad, ed. *Conversations with Angels: Essays towards a History of Spiritual Communication, 1100–1700* (Basingstoke and New York: Palgrave Macmillan, 2011).

Read, Conyers. *Mr Secretary Walsingham and the Policy of Queen Elizabeth* (1925, repr. New York: AMS Press, 1978), 3vols.

Reeds, Jim. 'John Dee and the Magic Tables in the *Book of Soyga*', in *John Dee*, ed. Stephen Clucas, 177–204.

———. 'Solved: The Ciphers in Book III of Trithemius's *Steganographia*', *Cryptologia*, 22:4 (1998), 291–317.

Regardie, Israel. *The Golden Dawn* (1971, 6th ed. St.Paul: Llewellyn Publications, 1989).

———. *The Tree of Life: A Study in Magic* (London: Rider, 1932).

Reidy, J. 'Thomas Norton and *The Ordinall of Alchimy*", *Ambix*, 6: 2 (1957), 59–85.

'A Remark on the Reliques of Ancient Poetry—Fairies' (1795), in *The Gentleman's Magazine Library: Being a Classified Collection of the Chief Contents of the* Gentleman's Magazine *from 1731–1868: English Traditional Lore to which is added Customs of Foreign Countries and Peoples*, ed. George Laurence Gomme (London: Elliot Stock, 1885), 32–48.

Reuchlin, Johann. *De arte cabalistica: On the Art of Kabbalah*, tr. Martin and Sarah Goodman (1983, repr. Lincoln and London: University of Nebraska Press, 1993).

Ripellino, Angelo Maria. *Magic Prague*, tr. David Newton Marinelli, ed. Michael Henry Heim (1973, repr. London: Picador, 1994).

Roby, John. *Traditions of Lancashire* (1829, 4th ed. London: George Routledge and Sons, 1867), 2 vols.

Rohmer, Sax. *The Romance of Sorcery* (London: Methuen, 1914).

Roob, Alexander. *The Hermetic Museum: Alchemy and Mysticism* (Köln: Taschen, 1997).

Rosen, Barbara, ed. *Stratford upon Avon Library 6: Witchcraft* (London: Edward Arnold, 1969).

Rossi, Paolo. *Logic and the Art of Memory: The Quest for a Universal Language*, tr. Stephen Clucas (Chicago and London: University of Chicago Press, 2000). [P・ロッシ『普遍の鍵』、清瀬卓訳(国書刊行会、1984)]

Rowland, Ingrid D. *Giordano Bruno: Philosopher / Heretic* (2008, repr. Chicago and London: University of Chicago Press, 2009).

Rowse, A. L. *Simon Forman: Sex and Society in Shakespeare's Age* (London: Weidenfeld and Nicolson, 1974).

Saint Augustine, *The City of God*, tr. Marcus Dods (New York: Random House, 1950). [『神の国』、『アウグスティヌス著作集』第 11 巻–第 15 巻所収、泉治典、他訳(教文館、1980–1983)]

Sargent, Ralph M. *At the Court of Queen Elizabeth: The Life and Lyrics of Sir Edward Dyer* (London and New York: Oxford University Press, 1935).

Scholem, Gershom. *Kabbalah* (1974, repr. New York: Dorset Press, 1987).

Schuler, Robert, M. 'Some Spiritual Alchemies of Seventeenth-Century England', *Journal of the History of Ideas*, 41: 2 (1980), 293–318.

———. 'William Blomfild, Elizabethan Alchemist', *Ambix*, 20 (1973), 75–87.

———, ed. *Alchemical Poetry 1575–1700: From Previously Unpublished Manuscripts* (1995, repr. London and New York: Routledge, 2013).

Schultheisz, Emil and Tardy, Lajos. 'The Contacts of the Two Dees and Sir Philip Sidney with Hungarian Physicians', *Commnicationes de Historia Artis Medicinae*, Supplement 6, 'Medical History in Hungary' (1972), 97–111.

Scot, Reginald. *The Discoverie of Witchcraft*, ed. Brinsley Nicholson (London: Elliot Stock, 1886).

———. *The Discoverie of Witchcraft* (1584, repr. Arundel and London: Centaur Press, 1964).

Scott, Walter. *Letters on Demonology and Witchcraft* (1830, repr. London: George Routledge and Sons, 1884).

Sepher Raziel: Liber Salomonis: A Sixteenth Century English Grimoire, eds. Don Karr and Stephen Skinner (Singapore: Golden Hoard Press, 2010).

Sepher Yetzirah: The Book of Creation. ed. and tr. Aryeh Kaplan (1990, rev. ed. San Francisco and Newburyport: Weiser Books, 1997).

Sergeant, Philip W. *Witches and Warlocks* (1936, repr. Wakefield: EP Publishing, 1974).

Sheppard, H. J. 'Egg Symbolism in Alchemy', *Ambix*, 6 (1958), 140–148.

Sherman, William H. *John Dee: The Politics of Reading and Writing in the English Renaissance* (Amherst: University of Massachusetts Press, 1995).

———. 'Putting the British Seas on the Map: John Dee's Imperial Cartography', *Cartographica*, 35: 3/4 (1998), 1–10.

Shiels, Tony 'Doc'. *Monstrum!: A Wizard's Tale* (1990, repr. Woolsery: CFZ Press, 2011).

Shirley, John William. 'The Scientific Experiments of Sir Walter Ralegh, the Wizard Earl, and the Three Magi in the Tower 1603–1617', *Ambix*, 4 (1949), 52–66.

Shumaker, Wayne. *The Occult Sciences in the Renaissance: A Study in Intellectual Patterns* (Berkeley, Los Angeles and London: University of California Press, 1972). [ウェイン・シューメーカー『ルネサンスのオカルト学』、田口清一訳(平凡社、1987)]

———. *Renaissance Curiosa* (Binghamton: Center for Medieval and Early Renaissance Studies, State University of New York, 1982).

Sibly, Ebenezer. *A New and Complete Illustration of the Science of Astrology* (1784, 13th ed. London: for the proprietor, 1826).

Sidney, Philip and Languet, Hubert. *Correspondence of Sir Philip Sidney and Hubert Languet*, ed. and tr. Steuart A. Pears (1845, repr. Farnborough: Gregg Press, 1971).

Silver, Victoria. '"Wonders of the Invisible World": The Trial of Lowestoft Witches', in *Sir Thomas Browne*, eds. Reid Barbour and Clair Preston, 118–145.

Sitwell, Edith. *The Queens and the Hive* (London: Macmillan, 1963).

Sloan, Kim. *A New World: England's First View of America* (London: The British Museum Press, 2007). [キム・スローン『英国人が見た新世界』、増井志津代訳(東洋書林、2009)]

Smit, Frans *Gustav Meyrink: Auf der Suche nach dem Übersinnlichen* (Munich and Vienna: Langen Müller, 1988).

Smith, Charlotte Fell. *John Dee* (London: Constable and Company, 1909).

Smith, Pamela H. ' Alchemy as a Language of Mediation at the Habsburg Court', *Isis*, 85: 1 (1994), 1–25.

———. *The Business of Alchemy: Science and Culture in the Holy Roman Empire* (1994, repr. Princeton: Princeton

University Press, 1997).

Smith, Thomas. *The Life of John Dee* (1707), tr. W. Ayton (1908, repr. Edmonds: Holmes Publishing Group, 1992).

Soukup, R. Werner. '*Mercurius Solis*: Hunting a Mysterious Alchemical Substance' (2010) ⟨http://rudolf-werner-soukup.at/Publikationen/Dokumente/Mercurius_Solis.pdf⟩.

Stolzenberg, Daniel. 'Four Trees, Some Amulets, and the Seventy-two Names of God: Kircher Reveals the Kabbalah', in *Athanasius Kircher*, ed. Paula Findlen, 149–169.

Sutin, Lawrence. *Do What Thou Wilt: A Life of Aleister Crowley* (2000, repr. New York: St. Martin's Griffin, 2002).

Sviták, Ivan. 'John Dee and Edward Kelley', *Kosmas* [*The Journal of Czechoslovak and Central European Studies*], 5: 1 (1986), 125–138.

Szőnyi, György E. *John Dee's Occultism: Magical Exaltation through Powerful Signs* (Albany: State University of New York Press, 2004).

Szulakowska, Urszula. *John Dee and European Alchemy* (Durham: School of Education, University of Durham, [1996]).

Taylor, E. G. R. 'John Dee and the Map of North-East Asia', *Imago Mundi*, 12 (1955), 103–106.

———. 'A Letter Dated 1577 from Mercator to John Dee', *Imago Mundi*, 13 (1956), 56–67.

———. *Tudor Geography 1485–1583* (London: Methuen, 1930).

Taylor, F. Sherwood. 'Thomas Charnock', *Ambix*, 2 (1946), 148–176.

——— and Josten, C. H. 'Johannes Bánfi Hunyades, 1576–1650', *Ambix*, 5 (1953), 44–52.

Taylor, William Cooke. *Romantic Biography of the Age of Elizabeth: or Sketches of Life from the Bye-Ways of History* (London: Richard Bentley, 1842), 2vols.

Thomas, Keith. *Religion and the Decline of Magic* (1971, repr. Harmondsworth: Penguin Books, 1984). [キース・トマス『宗教と魔術の衰退』、上下２巻、荒木正純訳(法政大学出版局、1993)]

Thomas, Northcote. W. *Crystal Gazing: Its History and Practice, with a Discussion of the Evidence for Telepathic Scrying* (New York: Dodge Publishing Company, 1905).

Thorndike, Lynn. *A History of Magic and Experimental Science* (1923–1958, repr. New York and London: Columbia University Press, 1964), 8 vols.

Thulesius, Olav. *Nicholas Culpeper: English Physician and Astrologer* (Basingstoke: Macmillan, 1992).

Tilton, Hereward. *The Quest for the Phoenix: Spiritual Alchemy and Rosicrucianism in the Works of Count Michael Maier (1569–1622)* (Berlin and New York: Walter de Gruyter, 2003).

Traister, Barbara Howard. *The Notorious Astrological Physician of London: Works and Days of Simon Forman* (Chicago and London: University of Chicago Press, 2001).

Trattner, Walter I. 'God and Expansion in Elizabethan England: John Dee, 1527–1583', *Journal of the History of Ideas*, 25: 1 (1964), 17–34.

A Treatise on Angelic Magic, ed. Adam McLean (Grand Rapids: Phanes Press, 1990).

Turner, Dawson. 'Brief Remarks, Accompanied with Documents, Illustrative of Trial by Jury, Treasure-Trove, and the Invocation of Spirits for the Discovery of Hidden Treasure, in the Sixteenth Century', *Norfolk Archaeology*, 1 (1847), 41–64.

Turner, Robert. *Elizabethan Magic* (Longmead: Element Books, 1989).

Vaughan, Thomas. *The Works of Thomas Vaughan*, ed. Alan Rudrum (Oxford: Clarendon Press, 1984).

Veenstra, Jan R. 'The Holy Almandal: Angels and the Intellectual Aims of Magic', in *The Metamorphosis of Magic*, eds. Jan N. Bremmer and Jan R. Veenstra, 189–229.

———, 'Honorius and the Sigil of God: The *Liber iuratus* in Berengario Ganell's *Summa sacre magice*', in *Invoking Angel*, ed. Claire Fanger, 152–191.

The Veritable Key of Solomon, eds. Stephen Skinner and David Rankine (Singapore: Golden Hoard Press, 2010).

Véronèse, Julien. 'Magic, Theurgy, and Spirituality in the Medieval Ritual of the *Ars notoria*', in *Invoking Angels*, ed. Claire Fanger, 37–78.

Vickers, Brian. 'Frances Yates and the Writing of History', *Journal of Modern History*, 51: 2 (1979), 287–316.

———, ed. *Occult and Scientific Mentalities in the Renaissance* (Cambridge: Cambridge University Press, 1984).

von Koppenfels, Werner. 'Ash Wednesday in Westminster: Giordano Bruno Meets Elizabethan England', in *Renaissance Go-Betweens: Cultural Exchange in Early Modern Europe*, eds. Andreas Höfele and Werner von Koppenfels (Berlin and New York: Walter de Gruyter, 2005), 55–77.

Waite, Arthur Edward. *Alchemists through the Ages* (1888 [originally published as *The Lives of Alchemystical Philosophers*], repr. New York: Rudolf Steiner Press, 1970).

———. *The Book of Black Magic and Ceremonial Magic* (1911 [originally published as *The Book of Ceremonial Magic*, which itself was the revised edition of *The Book of Black Magic* (1898)], repr. New York: Causeway Books, 1973).

———. *The Book of Black Magic and of Pacts* (1898, repr. York Beach: Samuel Weiser, 1972).

———. *The Brotherhood of the Rosy Cross* (1924, repr. Kila: Kessinger Publishing Company, 1991).

———. *The Secret Tradition in Alchemy: Its Development and Records* (1926, repr. London and New York: Routledge, 2013).

Walker, D. P. *Spiritual and Demonic Magic: From Ficino to Campanella* (1958, repr. Notre Dame and London: University of Notre Dame Press, 1975). [D・P・ウォーカー『ルネサンスの魔術思想』、田口清一訳(平凡社、1993)]

———. *Unclean Spirits: Possession and Exorcism in France and England in the Late Sixteenth and Early Seventeenth Centuries* (Philadelphia: University of Pennsylvania Press, 1981).

Wallace, Malcolm William. *The Life of Sir Philip Sidney* (Cambridge: Cambridge University Press, 1915).

Walpole, Horace. *Letters of Horace Walpole*, ed. Paget Toynbee (Oxford: Oxford University Press, 1903–1905), 16vols.

Walsingham, Francis. *Journal of Sir Francis Walsingham from December 1570 to April 1583*, ed. Charles Trice Martin, *The Camden Miscellany*, vol. 6, no. 104, pt. 3 (London: The Camden Society, 1871).

Walton, Michael T. 'Alchemy, Chemistry, and the Six Days of Creation', in *Mystical Metal of Gold*, ed. Stanton Linden, 233–254.

Watson, Andrew G. 'Thomas Allen of Oxford and His Manuscripts', in *Medieval Scribes, Manuscripts & Libraries: Essays Presented to N. R. Ker*, eds. M. B. Parkes and Andrew G. Watson (London: Scolar Press, 1978), 279–314.

Webster, Charles. *From Paracelsus to Newton: Magic and the Making of Science* (1982, repr. New York: Barnes and Noble, 1996). [チャールズ・ウェブスター『パラケルススからニュートンへ―魔術と科学のはざま―』、金子務監訳、神山義茂、織田紳也訳(平凡社、1999)]

Webster, John. *The Displaying of Supposed Witchcraft* (1677), in *English Witchcraft 1560–1736: Volume 5 The Later English Trial Pamphlets*, ed. Peter Elmer (London: Pickering and Chatto, 2003), 93–456.

Weever, John. *Ancient Funeral Monuments within the United Monarchie of Great Britaine, Ireland, and the Islands adiacent* (1631, repr. Norwood and Amsterdam: Walter Johnson and Theatrum Orbis Terrarum, 1979).

Westman, Robert S. 'Nature, Art, and Psyche: Jung, Pauli, and the Kepler-Fludd Polemic', in *Occult and Scientific Mentalities in the Renaissance*, ed. Brian Vickers, 177–229.

Weston, Elizabeth Jane. *Collected Writings*, ed. and tr. Donald Cheney and Brenda M. Hosington (Toronto, Buffalo and London: University of Toronto Press, 2000).

———. *Neo-Latin Women Writers: Elizabeth Jane Weston and Bathsua Reginald* [*Makin*], *The Early Modern Englishwoman: A Facsimile Library of Essential Works*, series I, vol. 7, ed. Donald Cheney (Aldershot and Burlington: Ashgate, 2000).

Whitby, Christopher. 'John Dee and Renaissance Scrying', *Bulletin of the Society for Renaissance Studies*, 3: 2 (1985), 25–36.

Wilding, Michael. 'A Biography of Edward Kelly, the English Alchemist and Associate of Dr. John Dee', in *Mystical Metal of Gold*, ed. Stanton Linden, 35–90.

———. *Raising Spirits, Making Gold and Swapping Wives: The True Adventures of Dr John Dee and Sir Edward Kelly* (Nottingham and Sydney: Shoestring Press and Abbot Bentley, 1999).

Wilkinson, Robert J. *Orientalism, Aramaic and Kabbalah in the Catholic Reformation: The First Printing of the Syriac New Testament* (Leiden and Boston: Brill, 2007).

Wilkinson, Ronald Sterne. 'The Alchemical Library of John Winthrop, Jr. (1606–1676) and His Descendants in Colonial America', *Ambix*, 11 (1963), 33–51.

Williams, Gwyn A. *Madoc: The Legend of the Welsh Discovery of America* (1979, repr. Oxford and New York: Oxford

University Press, 1987).

Wood, Anthony. *Athenae Oxonienses*, ed. P. Bliss (1813–1820, repr. Hildesheim: Georg Olms Verlagsbuchhandlung, 1969), 4 vols.

Woodward, Walter W. *Prospero's America: John Winthrop, Jr., Alchemy, and the Creation of New England Culture, 1606–1676* (Chapel Hill: University of North Carolina Press, 2010).

Woolley, Benjamin. *The Herbalist: Nicholas Culpeper and the Fight for Medical Freedom* (2004, repr. London: Harper Perennial, 2005). [ベンジャミン・ウリー『本草家カルペパー——ハーブを広めた先駆者の闘い—』、高儀進訳(白水社、2006)]

———. *The Queen's Conjuror: The Life and Magic of Dr Dee* (2001, repr. London: Flamingo, 2002).

Yates, Frances A. *The Art of Memory* (Chicago and London: University of Chicago Press, 1966). [フランセス・A・イェイツ『記憶術』、青木信義、篠崎実、玉泉八州男、井出新、野崎睦美訳(水声社、1993)]

———. *Giordano Bruno and the Hermatic Tradition* (1964, repr. London and Chicago: Routledge and Kegan Paul and University of Chicago Press, 1974). [フランセス・イエイツ『ジョルダーノ・ブルーノとヘルメス教の伝統』、前野佳彦訳(工作舎、2010)]

———. *The Occult Philosophy in the Elizabethan Age* (London, Boston and Henley: Routledge and Kegan Paul, 1979). [フランセス・イェイツ『魔術的ルネサンス—エリザベス朝のオカルト哲学—』、内藤健二訳(晶文社、1984)]

———. *Rosicrucian Enlightenment* (London and Boston: Routledge and Kegan Paul, 1972). [フランセス・イェイツ『薔薇十字の覚醒—隠されたヨーロッパ精神史—』、山下知夫訳(工作舎、1986)]

———. *Shakespeare's Last Play* (London: Routledge and Kegan Paul, 1975). [フランセス・A・イェイツ『シェイクスピア最後の夢』、藤田実訳(晶文社、1980)]

———. *Theatre of the World* (Chicago: University of Chicago Press, 1969). [フランセス・イェイツ『世界劇場』、藤田実訳(晶文社、1978)]

Yewbrey, Graham. *John Dee and the 'Sydney Group': Cosmopolitics and Protestant 'Activism' in the 1570s* (Unpublished Ph.D. Dissertation: University of Hull, 1981).

Zalewski, Pat. *Golden Dawn Enochian Magic* (St. Paul: Llewellyn Publications, 1990).

Zambell, Paola. 'Magic and Radical Reformation in Agrippa of Nettesheim', *Journal of the Warburg and Courtauld Institutes*, 39 (1976), 69–103.

———. *White Magic, Black Magic in the European Renaissance: From Ficino, Pico, Della Porta to Trithemius, Agrippa, Bruno* (Leiden and Boston: Brill, 2007).

Żantuan, Konstanty. 'Olbracht Łaski in Elizabethan England: An Episode in the History of Culture', *The Polish Review*, 13: 4 (1968), 3–22.

Zetterberg, J. Peter. 'Hermetic Geocentricity: John Dee's Celestial Egg', *Isis*, 70: 3 (1979), 385–393.

Zika, Charles. 'Reuchlin's *De verbo mirifico* and the Magic Debate of the late Fifteenth Century', *Journal of the Warburg and Courtauld* Institutes, 39 (1976), 104–138.

【和文】

ヨーハン・ヴァレンティン・アンドレーエ『化学の結婚』、種村季弘訳(紀伊國屋書店、1993)

アビ・ヴァールブルク『異教的ルネサンス』、進藤英樹訳(筑摩書房、2004)

『エチオピア語エノク書』、村岡崇光訳、『聖書外典偽典 4』、日本聖書学研究所編(教文館、1975)所収

榎本恵美子『天才カルダーノの生涯―ルネサンスの自叙伝、占星術、夢解釈―』(勁草書房、2013)

越智武臣「解説」、『大航海時代叢書第II期第十七巻　イギリスの航海と植民　一』(岩波書店、1983)所収

『舊新約聖書』(日本聖書協会、1972)

ヨーハン・ヴォルフガング・フォン・ゲーテ『色彩論』第 2 巻、南大路振一、嶋田洋一郎、中島芳郎訳(工作舎、1999)

エリザベート・シャイヒャー『驚異の部屋―ハプスブルク家の珍宝蒐集室―』、松井隆夫、松下ゆう子訳(平凡社、1990)

ゲルショム・ショーレム『ユダヤ教神秘主義』、高尾利数訳(河出書房新社、1975)

『第四エズラ書』、新見宏訳、『旧約聖書外典』、関根正雄編、下巻 (講談社、1999)所収

横山茂雄『異形のテクスト―英国ロマンティック・ノヴェルの系譜―』(国書刊行会、1998)

パオロ・ロッシ『魔術から科学へ』、前田達郎訳(サイマル出版会、1970)

3　その他

この項には、ジョン・ディー、エドワード・ケリーが主人公あるいは重要な役割を果たす小説を参考までに掲げる。ただし、網羅的なものではなく、さらに、ウンベルト・エーコの『フーコーの振り子』(1988)のようにごく一部にだけ登場する作品は除外した。小説については、本書第 5 章註 8 および第 15 章註 42 も参照。

Ackroyd, Peter. *The House of Doctor Dee* (1993, repr. London: Penguin Books, 1994).

Ainsworth, William Harrison. *Guy Fawkes or the Gunpowder Treason* (1841, repr. London: Herbert Jenkins, n.d.).

Bowen, Marjorie. *I Dwelt in High Places* (1933, repr. London: W. Collins Sons & Co., 1935).

Crowley, John. *The Ægypt Cycle*: a sequence of the following four novels; *Ægypt* (1987, repr. London: Victor Gollancz, 1988) [revised and published as *The Solitudes* in 2007], *Love and Sleep* (1994, repr. Woodstock and New York: The Overlook Press, 2008), *Dæmonomania* (2000, repr. Woodstock and New York: The Overlook Press, 2008), *Endless Things* (Northampton, Mass.: Small Beer Press, 2007).

Meyrink, Gustav. *Der Engel vom westlichen Fenster* (1927). [グスタフ・マイリンク『西の窓の天使』、佐藤恵三、竹内節訳、上下巻(国書刊行会、1985)]

Rees, Simon. *Devil's Looking Glass* (London: Methuen, 1985).

Rickman, Phil. *The Bones of Avalon: being edited from the most private documents of Dr John Dee, astrologer and consultant to Queen Elizabeth* (London: Corvus, 2010).

註

自 序

＊1　Sir Thomas Browne, *Religio Medici*, pt. I, sects. 30–31: *The Works of Sir Thomas Browne*, ed. Geoffrey Keynes (London: Faber and Faber, 1931), I, 38–40. なお、この箇所は版によってテクストに若干の異同があるので、以下も同時に参照。*Religio Medici and Other Works*, ed. L. C. Martin (Oxford: Clarendon Press, 1964), 29–30; *Thomas Browne*, ed. Kevin Kileen (Oxford: Oxford University Press, 2014), 33–34.

＊2　パラケルススの言葉の出典については、以下を参照。*Religio Medici*, ed. Martin, 301. ブラウンの悪魔観、魔女観については、たとえば以下を参照。Victoria Silver, '"Wonders of the Invisible World": The Trial of Lowestoft Witches', in *Sir Thomas Browne: The World Proposed*, eds. Reid Barbour and Claire Preston (Oxford: Oxford University Press, 2008), 118–145; Reid Barbour, *Sir Thomas Browne: A Life* (Oxford: Oxford University Press, 2013), 367–372. ちなみに、ブラウンの父親は、ディーの父親と同じく富裕な服地商であった。ディーは晩年の 1606 年に自分の著作を服地商組合に寄贈している。Barbour, 29.

第 1 章

＊1　ルドルフ 2 世及び彼の統治下のプラハについては、以下を参照。R. J. W. Evans, *Rudolf II and his World: A Study in Intellectual History 1576–1612* (1973, corrected ed. Oxford: Clarendon Press, 1984); Eliška Fučiková, ed., *Rudolf II and Prague: The Court and the City* (London and New York: Thames and Hudson, 1997), 270–286; Peter Marshall, *The Theatre of the World: Alchemy, Astrology and Magic in Renaissance Prague* (London: Harvill Secker, 2006). See also R. J. W. Evans, *The Making of the Habsburg Monarchy 1550–1700* (1979, repr. Oxford: Clarendon Press, 2002), ch. 1.

＊2　エリザベート・シャイヒャー『驚異の部屋――ハプスブルク家の珍宝蒐集室』、松井隆夫、松下ゆう子訳(平凡社、1990)、139–173 頁。

＊3　この作品については、たとえば以下を参照。Thomas DaCosta Kaufmann, *The Mastery of Nature: Aspects of Art, Science, and Humanism in the Renaissance* (Princeton: Princeton University Press, 1993), ch. 4; idem, *The School of Prague: Painting at the Court of Rudolf II* (Chicago and London: University of Chicago Press, 1988),

66–70.

＊4 E. Albéri, *Le relazioni degli ambasciatori veneti* (1839–63), quoted in Evans, *Rudolf II*, 196.

＊5 'Proposition of the Archdukes in Vienna' (1606), quoted in Evans, *Rudolf II*, 196.

＊6 この日付の表記はグレゴリオ暦に従っている。教皇グレゴリウス 13 世によって、新たな暦、すなわちグレゴリオ暦の導入が 1582 年に決定され、同年 10 月 15 日以降、旧来用いられていたユリウス暦との間に 10 日間のずれが生じることになった。たとえば、ユリウス暦の 1584 年 1 月 1 日はグレゴリオ暦では 1 月 11 日にあたる。イタリアやフランスでは 1582 年のクリスマスより、他のカトリック圏の国々では翌 83 年 10 月よりグレゴリオ暦(新暦)が採用されたが、いっぽう、イングランドでは、カトリック信者を除くと、1752 年にいたるまでユリウス暦(旧暦)が公式に存続した。なお、ディーはイングランドでも新暦を早期に導入するよう宮廷に進言していたが、彼の意見は容れられなかった。John Dee, *The Compendious Rehearsal* (1592), in *Autobiographical Tracts of Dr. John Dee, Warden of the College of Manchester*, ed. James Crossley, *Remains Historical and Literary connected with the Palatine Counties of Lancaster and Chester*, XXIV [*Chetham Miscellanies*, I] (Manchester: The Chetham Society, 1851), 22–23. 同書はディーが 1592 年に執筆した簡略な自伝である。以下、本文及び註の出典表記の際には *CR* と略記。

＊7 ディーの蔵書については、以下を参照。*CR*, 27ff; Julian Roberts and Andrew G. Watson, eds., *John Dee's Library Catalogue* (London: The Bibliographical Society, 1990) [以下、同書は本文及び註の出典表記の際には *LC* と略記]; John Dee, 'Catalogus libororum bibliothecae (externae) Mortlacensis . . . ', in *The Private Diary of John Dee, and the Catalogue of His Library of Manuscripts*, ed. James Orchard Halliwell (1842, repr. [Largs]: [The Banton Press], n.d.), 65–87; M. R. James, *Lists of Manuscripts Formerly Owned by Dr. John Dee* (Oxford: The Bibliographical Society, 1921).

＊8 John Dee, *A True and Faithful Relation of What Passed for Many Years between Dr. John Dee and Some Spirits*, ed. Meric Casaubon (1659, repr. New York: Magickal Childe Publishing, 1992), 231. これは初版本の原寸大ファクシミリ版。なお、他にサイズを縮小したファクシミリ版 (Berkeley: Golem Media, 2008) も近年に刊行された。本書第 2 章註 45 も参照。*A True and Faithful Relation* は、カソーボンの長大な序文などを除くと、本文はおよそ 400 頁から成っている。頁番号には幾つか誤植、錯誤が見られ、特に目立つのは、本文の 256 頁の次がいきなり 353 頁になっている点である。つまり、257 頁から 352 頁までの 100 頁弱は存在していない。また、本文はいったん 448 頁で終わって、次はまた一から新たな頁番号が振られ、こちらは 44 頁で終わる。したがって、外見上、本文は 448 頁及び 44 頁の約 500 頁となるが、実際の総計は 400 頁弱となる。その他、104 頁の次が 109 頁に飛んでおり、さらに、142 頁、218 頁、220 頁、421 頁、426 頁がそれぞれ 124 頁、212 頁、206 頁、417 頁、422 頁と誤植されている。以下、同書は本文及び註の出典表記の際には *TFR* と略記し、*TFR*, 24 のように表記する。ただし、末尾の新たに頁番号が振られた箇所については、*TFR*, ＊21 として区別する。

＊9 Václav Budovec, *Circulus horologi Lunaris* (1616), quoted in Evans, *Rudolf II*, 224.

＊10　Quoted in Evans, *Rudolf II*, 223.

＊11　ルドルフの宮廷における錬金術については、以下を参照。Evans, *Rudolf II*, 99ff; Pamela H. Smith, 'Alchemy as a Language of Mediation at the Habsburg Court', *Isis*, 85: 1 (1994), 1–25; idem, *The Business of Alchemy: Science and Culture in the Holy Roman Empire* (1994, repr. Princeton: Princeton University Press, 1997). なお、マイアーがルドルフの侍医として雇われたのは 1608 年のことで、ディーとは時期が重なっていない。彼はルドルフに宮中伯の地位にまで取り立てられた。Evans, *Rudolf II*, 205–207; J. B. Craven, *Count Michael Maier: Doctor of Philosophy and Medicine, Alchemist, Rosicrucian, Mystic, 1568–1622: Life and Writings* (1910, repr. London: Dawsons of Pall Mall, 1968), 2–3; Hereward Tilton, *The Quest for the Phoenix: Spiritual Alchemy and Rosicrucianism in the Works of Count Michael Maier (1569–1622)* (Berlin and New York: Walter de Gruyter, 2003), 69–70.

＊12　この日付は大陸において新暦が採用される以前のものである。本書では、ここから第 11 章の途中までは、大陸で新暦導入後の日付の場合も含めて、すべて旧暦に従う。なお、ディーの遺した文書では、彼がケリーと共に大陸に渡って約 5 ヶ月後、旧暦でいえば 1584 年 2 月 18 日から、旧暦、新暦の双方が併記、あるいは新暦のみが用いはじめられる。これは彼が 1589 年 11 月末にイングランドに戻るために大陸を出立するまで続く。See *TFR*, 65.

＊13　Christopher Whitby, *John Dee's Actions with Spirits: 22 December 1581 to 23 May 1583* (New York and London: Garland Publishing, 1988), II, 16–17. 以下、同書第 2 巻は、本文及び註の出典表記の際には基本的に *AWS* と略記。

＊14　Glyn Parry, *The Arch-Conjuror of England: John Dee* (New Haven and London: Yale University Press, 2012), 5–6. なお、同書以外に、本章の以下の記述にあたってはディーの各種の伝記に依拠している。これらについては、本書第 2 章を参照。

＊15　ポステルについては、たとえば以下を参照。William J. Bouwsma, *Concordia Mundi: The Career and Thought of Guillaume Postel (1510–1581)* (Cambridge, Mass.: Harvard University Press, 1957); Marion L. Kuntz, *Guillaume Postel: Prophet of the Restitution of All Things: His Life and Thought* (The Hague, Boston and London: Martinus Nijhoff, 1981).

＊16　Parry, 12. ちなみに、ケンブリッジのトリニティ学寮では、約 300 年後の 1850 年に「幽霊協会(the Ghost Society)」が設立されるのだが、こういった土壌、伝統はジョン・ディーにまで遡るとする見解もある。Janet Oppenheim, *The Other World: Spiritualism and Psychical Research in England, 1850–1914* (Cambridge: Cambridge University Press, 1985), 422, n.41.

＊17　*CR*, 10; Parry, 25. ただし、ディーは年金と「交換」に教区牧師禄を得たと述べているので、年金のほうは支払われなかったのかもしれない。

＊18　David Gwyn, 'Richard Eden, Cosmographer and Alchemist', *Sixteenth Century Journal*, 15: 1 (1984), 27; Parry, 26–28.

＊19　*LC*, 4–5, ♯79; Nicholas H. Clulee, *John Dee's Natural Philosophy: Between Science and Religion* (London and New York: Routledge, 1988), 249, n.68.

＊20　John Foxe, *The Acts and Monuments of John Foxe: with a Life of the Martyrologist, and Vindication of the Work by George Townsend* (n.d. [1843–9?], repr. New York: AMS Press, 1965), VII, 349ff, 638ff.

＊21　スミスの尋問者の名前については、1563 年版の『殉教者事蹟』では挙がっていないが、1570 年版ではディーだと註記されている。Foxe, VII, 349, n.1; I. R. F. Calder, *John Dee Studied as an English Neo-platonist* (unpublished Ph. D. Dissertation: The Warburg Institute, University of London, 1952), I, 311–315 and II, 159, n.60. See also *The Unabridged Acts and Monuments Online or TAMO* (Sheffield: HRI Online Publications, 2011) 〈http//www.johnfoxe.org〉. ボナーの司祭叙任記録におけるディーの名前の記載については、以下を参照。Parry, 28–29.

＊22　*CR*, 20; C. R. Manning, 'State Papers Relating to the Custody of the Princess Elizabeth at Woodstock, in 1554', *Norfolk Archaeology*, 4 (1855), 194, 200, 202.

＊23　John Dee, 'A Supplication to Queen Mary for the Recovery and Preservation of Ancient Writers and Monuments' (1556), in *Autobiographical Tracts of John Dee*, 46–47.

＊24　Richard Harvey, *An Astrological Discourse upon the Great and Notable Conjunction of the Two Superior Planets, Saturn & Jupiter, Which Shall Happen the 28 Day of April, 1583* (1583), quoted in Calder, I, 734. See also Clulee, 224; William H. Sherman, *John Dee: The Politics of Reading and Writing in the English Renaissance* (Amherst: University of Massachusetts Press, 1995), 7–8. ハーヴィについては、本書第 10 章も参照。

＊25　*CR*, 12–13; Parry, 49.

＊26　John Dee, 'Letter of Dr. John Dee to Sir William Cecil 1562–3', ed. R. W. Grey, in *Bibliographical and Historical Miscellanies*, 1: 12 (London: Philobiblon Society [London], 1854), 1–16.

＊27　*Publications of the Catholic Record Society*, [*Miscellanea, VII*] (n.p.: privately printed, 1911), 52–53.

＊28　数学者としてのディーについては、以下の文献を参照。Allen G. Debus, 'Introduction' to John Dee, *The Mathematicall Preface to the Elements of Geometrie of Euclid of Megara* (*1570*), ed. Allen G. Debus (New York: Science History Publications, 1975); J. L. Hellibron, 'Introductory Essay' to *John Dee on Astronomy: Propaedeumata aphoristica* (*1558 and 1568*) *Latin and English*, ed. and tr. Wayne Shumaker (Berkeley and Los Angeles and London: University of California Press, 1978), 16–33; Peter J. French, *John Dee: The World of an Elizabethan Magus* (London, Boston and Henley: Routledge and Kegan Paul, 1972), 5–6 and ch. 7; Antoni Malet, 'Renaissance Notions of Number and Magnitude', *Historia Mathematica*, 33 (2006), 63–81; Clulee, ch. 6. ベーコンの『学問の進歩』と対比しても、「数学序論」のほうが近代科学に近いとする説も有力であった。See e.g. Calder, I, 640–645.

＊29　John Dee, *General and Rare Memorials Pertayning to the Perfect Arte of Navigation* (1577, repr. n.p.: Kessinger Publishing, n.d.), title-page. 以下、同書は本文及び註の出典表記の際には *GRM* と略記。

*30　当時の機械仕掛けについては、たとえば以下を参照。Wendy Beth Hyman, ed., *The Automaton in English Renaissance Literature* (Farnham and Burlington: Ashgate, 2011).

*31　Calder, I, 310ff.

*32　Foxe, VII, 659; idem, *The Unabridged Acts and Monuments Online* (1563 ed.), 1496, 1514.『殉教者事蹟』では、先に触れたロバート・スミスというプロテスタントへの尋問は 1555 年 7 月におこなわれたことになっている。これがもし事実なら、ディーはボナーの影響力によって、同年 8 月に先立って放免されていたのかもしれない。

*33　'An Act against Conjurations, Enchantments, and Witchcrafts, 1563', in Ian W. Archer and F. Douglas Price, eds., *English Historical Documents*, vol. V (A) (London and New York: Routledge, 2011), 713–714.

*34　Dee, *The Mathematicall Preface*, sigs. A.j^{v}-A.ij^{r}.

*35　Frank J. Burgoyne, ed., *History of Queen Elizabeth, Amy Robsart and the Earl of Leicester, being a Reprint of 'Leycesters Commonwealth'* (London, New York and Bombay: Longmans, Green, and Co., 1904), 99–100.

*36　アレンについては、以下を参照。Anthony Wood, *Athenae Oxonienses*, ed. P. Bliss (1813–1820, repr. Hildesheim: Georg Olms Verlagsbuchhandlung, 1969), II, cols. 541–545; Calder, I, 621–623; Andrew G. Watson, 'Thomas Allen of Oxford and His Manuscripts', in *Medieval Scribes, Manuscripts & Libraries: Essays Presented to N. R. Ker*, eds. M. B. Parkes and Andrew G. Watson (London: Scolar Press, 1978), 279–314.

*37　'M. John Dee his Petition to the Kings most excellent Majestie exhibited: Anno 1604 Junij 5', in Henry Ellis, ed., *Original Letters of Eminent Literary Men of the Sixteenth, Seventeenth and Eighteenth Centuries* (London: The Camden Society, 1843), 47–48.

*38　James I, *Daemonologie* (1597), in *The Works of the Most High and Mighty Prince, James* (1616, repr. Hildesheim and New York: Georg Olms Verlag, 1971), 91.

*39　Parry, 265–267.

*40　'An Act against Conjuration, Witchcraft and Dealings with Evil and Wicked Spirits, 1604', in Barbara Rosen, ed., *Stratford upon Avon Library 6: Witchcraft* (London: Edward Arnold, 1969), 57–58. ジェイムズの巫術や魔術に対する政策については、以下を参照。George Lyman Kittredge, *Witchcraft in Old and New England* (1929, repr. New York: Atheneum, 1972), ch. 17; Stuart Clark, 'King James's *Daemonologie*: Witchcraft and Kingship', in *The Damned Art: Essays in the Literature of Witchcraft*, ed. Sydney Anglo (1977, repr. London, Henley and Boston: Routledge and Kegan Paul, 1985), 156–181; Christine Larner, *Witchcraft and Religion: The Politics of Popular Belief* (Oxford: Basil Blackwell, 1984), 1–22; Michael MacDonald, 'Introduction' to *Witchcraft and Hysteria in Elizabethan London: Edward Jorden and the Mary Glover Case*, ed. Michael MacDonald (London and New York: Tavistock / Routledge, 1991), xlviii–lv.

*41　Meric Casaubon, 'Preface' to *TFR*, sig. D1^{v}.

*42　Idem, *TFR*, sig. A1^{r}.

＊43 Idem, *TFR*, sig. D2ᵛ.

＊44 Reginald Scot, *The Discoverie of Witchcraft* (1584, repr. Arundel and London: Centaur Press, 1964), bk. VII, ch. i, 142; bk. XV, ch. xxii, 361. See also Keith Thomas, *Religion and the Decline of Magic* (1971, repr. Harmondsworth: Penguin Books, 1984), 61–62.

＊45 アビ・ヴァールブルク、「ルター時代の言葉と図像に見る異教的＝古代的予言」、『異教的ルネサンス』、進藤英樹訳(筑摩書房、2004)、115–297 頁。ただし、これは明快に否定側、肯定側に二極化していた訳ではなく、スペクトラムの両端以外は単純ではない。16, 17 世紀西欧の奇蹟、超自然観については、たとえば以下を参照。Lorraine Daston and Katharine Park, *Wonders and the Order of Nature: 1150–1750* (1998, repr. New York: Zone Books, 2001); Lorraine Daston, 'Marvelous Facts and Miraculous Evidence in Early Modern Europe', in *Wonders, Marvels, and Monsters in Early Modern Culture,* ed. Peter G. Platt (Newark and London: University of Delaware Press and Associated University Presses. 1999), 76–104; Thomas. 172, 322, 417, 690. 特にウィッチクラフト論争における超自然観に関しては、以下を参照。Stuart Clark, *Thinking with Demons: The Idea of Witchcraft in Early Modern Europe* (Oxford: Oxford University Press, 1997); idem, 'The Scientific Status of Demonology', in *Occult and Scientific Mentalities in the Renaissance*, ed. Brian Vickers (Cambridge: Cambridge University Press, 1984), 351–374.

＊46 『錬金術師』からの引用は、以下のテクストに依る。Ben Jonson, *The Alchemist*, ed. Alvin B. Kernan (New Haven and London: Yale University Press, 1974). なお、ベン・ジョンソンは、ディーの「数学に関する序文」が付された『幾何学原論』英訳本を所蔵していた。David McPherson, 'Ben Jonson's Library and Marginalia: An Annotated Catalogue', *Studies in Philology*, 17: 5 (December 1974), 43.『錬金術師』とジョルダノ・ブルーノの劇『カンデライオ』*Candelaio* (1582)との関係については、以下を参照。Hilary Gatti, *Essays on Giordano Bruno* (Princeton and Oxford: Princeton University Press, 2011), 161–171.

＊47 たとえば、ジョン・オーブリは『錬金術師』のモデルがディーだと明言した。John Aubrey, *Brief Lives*, ed. Oliver Lawson Dick (London: Secker and Warburg, 1949), 90. 16, 17 世紀の文学、とりわけ演劇における錬金術師としてのディー、ケリーへの言及については、以下を参照。Stanton J. Linden, *Darke Hierogliphicks: Alchemy in English Literature from Chaucer to the Restoration* (Lexington: University Press of Kentucky, 1996); ch 5; Charles Nicholl, *The Chemical Theatre* (London, Boston and Henley: Routledge and Kegan Paul, 1980), 31ff; K. M. Briggs, *Pale Hecate's Team: An Examination of the Beliefs on Witchcraft and Magic among Shakespeare's Contemporaries and His Immediate Successors* (London: Routledge and Kegan Paul, 1962), 131ff. なお、フランセス・イェイツはシェイクスピアの『あらし』のプロスペロはディーがモデルだと唱えたが、根拠は薄弱である。Frances A. Yates, *Shakespeare's Last Play* (London: Routledge and Kegan Paul, 1975).

＊48 See e.g. Meric Casaubon, *A Treatise Concerning Enthusiasme, second edition* (1656, repr. Gainesville: Scholar's Facsimiles and Reprints, 1970); French, 12–13; Stephen Clucas, 'Enthusiasm and "damnable curiosity": Meric Casaubon and John Dee', in *Curiosity and Wonder from the Renaissance to the Enlightenment*, eds. Robert

John Weston Evans and Alexander Marr (Aldershot and Burlington: Ashgate, 2006), 131–148. なお、カソーボンに続いて、ジョゼフ・グランヴィルがウィッチクラフト実在論を唱えるが、これについては、以下を参照。Joseph Glanvill, *Saducismus Triumphatus* (3rd ed. 1689, repr. Ann Arbor: Scholars' Facsimiles and Reprints, 2000); Clark, *Thinking with Demons*, 296ff; Michael Hunter, *Science and the Shape of Orthodoxy: Intellectual Change in Late Seventeenth-Century Britain* (Woodbridge: Boydell Press, 1995), 286–307; Ian Bostridge, *Witchcraft and Its Transformations: c. 1650 – c. 1750* (Oxford: Clarendon Press, 1997), ch. 3. 17 世紀のウィッチクラフト文献におけるディーへの言及としては、管見の及んだ限りでは以下のものがある。John Webster, *The Displaying of Supposed Witchcraft* (1677), in *English Witchcraft 1560–1736: Volume 5 The Later English Trial Pamphlets*, ed. Peter Elmer (London: Pickering and Chatto, 2003), 113–114; Francis Hutchinson, *An Historical Essay concerning Witchcraft* (1718), in *English Witchcraft 1560–1736: Volume 6 The Final Debate*, ed. James Sharpe (London: Pickering and Chatto, 2003), 53.

第 2 章

＊1 『ヒューディブラス』からの引用は、以下のテクストに拠る。Samuel Butler, *Hudibras, Parts I and II and Selected Other Writings*, eds. John Wilders and Hugh de Quehen (Oxford: Oxford University Press, 1973). 2 部 3 篇 163 行にも、ケリーへの言及がある。

＊2 Thomas Smith, *The Life of John Dee*, tr. W. Ayton (1908, repr. Edmonds: Holmes Publishing Group, 1992), 43–44.

＊3 *Ibid.*, 5–6.

＊4 John Roby, *Traditions of Lancashire* (1829, 4th ed. London: George Routledge and Sons, 1867), I, 169.

＊5 Charles Mackay, *Memoirs of Extraordinary Popular Delusions* (1841, repr. New York: Bonanza Books, 1981), 170–184.

＊6 Isaac D'Israeli, 'The Occult Philosopher, Dr. Dee', in idem, *Amenities of Literature* (New York: J. & H. G. Langley, 1841), II, 303.

＊7 Charles Henry Cooper and Thompson Cooper, *Athenae Cantabrigienses*, II (1861, repr. Farnborough: Gregg Press, 1967), 500, 501.

＊8 Andrew Lang, 'Scrying or Crystal-Gazing', in idem, *Cock Lane and Common-Sense* (1894, repr. New York: AMS Press, 1970), 216. 19 世紀にディーを扱った文献としては、他に以下のようなものがある。William Cooke Taylor, *Romantic Biography of the Age of Elizabeth: or Sketches of Life from the Bye-Ways of History* (London: Richard Bentley, 1842), I, ch. ix: W. H. Davenport Adams, *Witch, Warlock and Magician: Historical Sketches of Magic and Witchcraft in England and Scotland* (London: Chatto and Windus, 1889), ch. 2; A. F. Pollard, 'Sir Edward Kelley, *Necromancer* (1555–1595)', in *Lives of Twelve Bad Men: Original Studies of Eminent*

Scoundrels by Various Hands, ed. Thomas Seccombe (London: T. Fisher Unwin, 1894), 34–54; Hippocrates Junior, *The Predicted Plague: Value of the Prediction* (London: Simpkin, Marshall, Hamilton, Kent, & Co., 1900), 303–317. このうち、Taylor のものは潤色をまじえていないが、Adams や Pollard のものは信頼性に乏しい。Taylor の見解については、本書第 5 章註 30 を参照。Hippocrates Junior の本には、ディーの「秘密文書」から発掘されたという 'Astrologie of Her Most Sacred and Illustrious Majestie Queene Elizabeth of Armada Renowne' が掲載されているが(pp. 241–302)、偽作。なお、20 世紀初頭にアメリカで刊行された以下の書物は、潤色というよりは虚構に近い。Henry Carrington Bolton, *The Follies of Science at the Court of Rudolph II: 1576–1612* (1904, repr. La Vergne: Nabu Press, 2010), chaps. 1–5.

＊9 Sidney Lee and Leslie Stephen, eds., *Dictionary of National Biography* (1885–1900, revised and supplemented ed. London: Smith, Elder, & Co. and Oxford University Press, 1885–1990), V, 729. Cf. H. C. G. Matthew and Brian Harrison, eds., *Oxford Dictionary of National Biography* (Oxford: Oxford University Press, 2004), XV, 671.

＊10 William Lilly, *William Lilly's History of His Life and Times,* in *The Lives of Those Eminent Antiquaries, Elias Ashmole, Esquire and Mr. William Lilly, Written by Themselves* (1774, repr. n.p.: Kessinger Publishing Company, n.d.), 146. なお、リリーはディーが「エリザベス女王配下の密偵」だったと唱えた。また、彼は、『象形文字のモナド』を書いたのは、ディーではなく、姓名不詳の托鉢修道士にして錬金術師であり、この人物のお蔭でケリーは賢者の石を手に入れたという怪しげな説も伝える。*Ibid.*, 147–148. リリーについては、たとえば以下の文献を参照。Derek Parker, *Familiar to All: William Lilly and Astrology in the Seventeenth Century* (London: Jonathan Cape, 1975); Ann Geneva, *Astrology and the Seventeenth Century Mind: William Lilly and the Language of the Stars* (Manchester and New York: Manchester University Press, 1995).

＊11 Elias Ashmole, *Theatrum Chemicum Britannicum* (1652, repr. Montana: Kessinger Publishing Company, n.d.), 478–484. 同書にはケリーの詩篇も収録されている。アシュモールの錬金術研究については、たとえば以下を参照。C. H. Josten, ed., *Elias Ashmole (1617–1692): His Autobiographical and Historical Notes, his Correspondence, and Other Contemporary Sources Relating to his Life and Work* (Oxford, 1966), I, 76–92; Bruce. Janacek, 'A Virtuoso's History: Antiquarianism and the Transmission of Knowledge in the Alchemical Studies of Elias Ashmole', *Journal of the History of Ideas*, 69: 3 (2008), 395–417; Bruce Janacek, *Alchemical Belief: Occultism in the Religious Culture of Early Modern England* (University Park: The Pennsylvania State University Press, 2011). See also Michael Hunter, *Science and the Shape of Orthodoxy*, 1–44.

＊12 Josten, *Elias Ashmole*, III, 1264–1266, 1270–1271; Christopher Whitby, *John Dee's Actions with Spirit*, I, 1ff [以下、同書第 1 巻は本文及び註の出典表記の際には基本的に Whitby と略記]; *AWS*, 2–4. See also Elias Ashmole, 'A Catalogue of Such of Dr. Dee's MSS, As are Come to My Hands', in *PD*, 87–89.

＊13 この箪笥はそもそもパラケルスス派の医師ジョン・ウッドルの遺品であったらしい。ウッドルは、ディーの死後にその蔵書と手稿を相続したジョン・ポンタスと交流があったから、これには信憑性が

ある。*LC*, 61ff. ポンタスについては、本書16章を参照。ウッドルについては、以下を参照。A. G. Debus, 'John Woodall, Paracelsian Surgeon', *Ambix*, 10 (1962), 108–118; *Oxford Dictionary of National Biography*, LX, 155–156.

＊14　Thomas Browne's letter of March 1674 to Elias Ashmole, in Browne, *Works*, VI, 325.

＊15　Maurice Balme, ed., *Two Antiquaries: A Selection from the Correspondence of John Aubrey and Anthony Wood* (Durham: Durham Academic Press, 2001), 39, 43, 83.

＊16　John Aubrey, *Brief Lives*, ed. Oliver Lawson Dick (London: Secker and Warburg, 1949), 89–90; Aubrey, *Brief Lives*, ed. John Buchanan-Brown (London: Penguin Books, 2000), 366–369.

＊17　Michael Hunter, *John Aubrey and the Realm of Learning* (New York: Science History Publications, 1975), 119–121.

＊18　Anthony A Wood, *Athenae Oxonienses*, I, cols. 639–643(Kelley), III, cols. 288–292 (Dee).

＊19　Thomas Fuller, *The History of the Worthies of England*, ed. P. Austin Nuttall (1840, repr. AMS Press, 1965), II, 205–206, III, 369–370. フラーとオーブリ、アシュモールの関係については、以下を参照。John Eglington Bailey, *The Life of Thomas Fuller, D. D. with Notices of his Books, his Kinsman, and his Friends* (London: Basil Montagu Pickering, 1874), 50, 576; Fuller, III, 138; Aubrey, *Brief Lives*, ed. John Buchanan-Brown, 125–126. 好古家としてのアシュモール、オーブリ、ウッド、フラーについては、以下を参照。Graham Parry, *The Trophies of Time: English Antiquarians of the Seventeenth Century* (Oxford and New York: Oxford University Press, 1995).

＊20　18世紀末から19世紀初頭にロンドンで活動していたオカルティストのひとり、フランシス・バレットは、その著書『魔術師』(1801)において、ディーが精霊との交渉に用いた「水晶」は大英博物館に所蔵されると指摘した後に、「現在ロンドンでは幾人かがそれを所有すると主張しており、信じやすい人々を欺いて法外な値段で購わせるつもりだ」と述べている。Francis Barrett, *The Magus, or Celestial Intelligencer; being a Complete System of Occult Philosophy* (1801, repr. Secaucus: Citadel Press, 1967), 195–197. See also Theodore Besterman, *Crystal-Gazing: A Study in the History, Distribution, Theory and Practice of Scrying* (1924, repr. New York: University Books, 1965), 23–24. 17世紀後半から19世紀初頭までのオカルティズムの状況については、たとえば以下を参照。Paul Kléber Monod, *Solomon's Secret Art: The Occult in the Age of Enlightenment* (New Haven and London: Yale University Press, 2013).

＊21　Lawrence Sutin, *Do What Thou Wilt: A Life of Aleister Crowley* (2000, repr. New York: St. Martin's Griffin, 2002), 199–200, 269–271. 本書第15章註42も参照。

＊22　ディーが「黄金の暁」に及ぼした影響や、「黄金の暁」系の「エノク魔術」の現状については、たとえば以下を参照。Francis King, ed., *Astral Projection, Ritual Magic and Alchemy: Golden Dawn Material by S. L. MacGregor Mathers and Others* (1971, repr. Wellingborough: The Aquarian Press, 1987), 261–263; Israel Regardie, *The Tree of Life: A Study in Magic* (London: Rider, 1932), 145; idem, *The Golden Dawn* (1971, 6th

ed. St. Paul: Llewellyn Publications, 1989), 624ff; Donald C. Laycock, *The Complete Enochian Dictionary* (York Beach: Samuel Weiser, 1994), 58–63, 65–66; Lon Milo DuQuette, *Enochian Vision Magick: An Introduction and Practical Guide to the Magick of Dr. John Dee and Edward Kelley* (San Francisco: Weiser Books, 2008); Pat Zalewski, *Golden Dawn Enochian Magic* (St. Paul: Llewellyn Publications, 1990). 本書第 15 章註 42 も参照。

＊23　William Godwin, *Lives of the Necromancers* (London: Frederick J. Mason, 1834), 376, 390.

＊24　*Ibid.*, 7. なお、ピーター・フレンチはゴドウィンのディー評価を完全に誤解している。Peter J. French, *John Dee*, 16. ウォルター・スコットの『鬼神及び巫術に関する論攷』(1830)にも、ディーへの簡潔な言及が見られるが、同情的な口調である。スコット自身、水晶を用いた透視に強い関心をもっていたことに注意。Walter Scott, *Letters on Demonology and Witchcraft* (1830, repr. London: George Routledge and Sons, 1884), 281.

＊25　ゴドウィンの『サン・レオン』、並びにそれが英国ゴシック小説に与えた影響については、拙著『異形のテクスト』(国書刊行会、1998)第 2 章及び第 3 章を参照。

＊26　Charlotte Fell Smith, *John Dee* (London: Constable and Company, 1909), 305.

＊27　E. G. R. Taylor, *Tudor Geography 1485–1583* (London: Methuen, 1930), 77, 86.

＊28　Francis R. Johnson, *Astronomical Thought in Renaissance England: A Study of the English Scientific Writings from 1500 to 1645* (Baltimore: Johns Hopkins University Press, 1937), 135–136. なお、1936 年に刊行された以下のウィッチクラフト文献には、ディーとケリーについて事実に基づく客観的な記述が見られる。Philip W. Sergeant, *Witches and Warlocks* (1936, repr. Wakefield: EP Publishing, 1974), 185–227.

＊29　Lynn Thorndike, *A History of Magic and Experimental Science*, vol. VI (1941, repr. New York and London: Columbia University Press, 1964), 26. なお、科学の発展におけるオカルト的伝統の重要性を否定する見解は、20 世紀半ばにあっても主流をなしていた。たとえば、イギリスの歴史家ハーバート・バターフィールドは、影響力の強かった『近代科学の起源』(1949)において、錬金術を研究する科学史家たちは「自分たちが記述しようとするような種類の狂気に自らも染まっているように思われる」といった厳しい言葉を浴びせた。Herbert Butterfield, *The Origins of Modern Science 1300–1800* (1949, repr. London: G. Bell and Sons, 1951), 115.

＊30　I. R. F. Calder, *John Dee Studied as an English Neoplatonist*, I, 1.

＊31　Frances A. Yates, *Rosicrucian Enlightenment* (London and Boston: Routledge and Kegan Paul, 1972), 221. なお、20 世紀半ばにおけるディー再評価としては、たとえば以下の論文もある。Samuel Clyde McCulloch, 'John Dee: Elizabethan Doctor of Science and Magic,' *South Atlantic Quarterly*, 50 (1951), 72–85; Walter I. Trattner, 'God and Expansion in Elizabethan England: John Dee, 1527–1583', *Journal of the History of Ideas*, 25: 1 (1964), 17–34.

＊32　Frances A. Yates, *Theatre of the World* (Chicago: University of Chicago Press, 1969), 2, 13, 19.

＊33　Peter J. French, *John Dee*. スミスの伝記(1909)からフレンチの研究書(1972)の間には、ディーにつ

いての書物、伝記として、他に以下のものが刊行されている。G. M. Hort, *Dr. John Dee: Elizabethan Mystic and Astrologer* (1922, repr. Largs: The Banton Press, 1991); Richard Deacon, *John Dee: Scientist, Geographer, Astrologer and Secret Agent to Elizabeth I* (London: Frederick Muller, 1968). ただし、前者は薄い小冊子にすぎない。後者はディーが宮廷のスパイであり、精霊召喚作業記録は暗号だとの説を唱えた。

＊34　C. H. Josten, 'Book Review of *The Rosicrucian Enlightenment*', *Ambix*, 20: 2(1973), 132–133.

＊35　Brian Vickers, 'Frances Yates and the Writing of History', *Journal of Modern History*, 51: 2 (1979), 316. Cf. Marjorie G. Jones, *Frances Yates and the Hermetic Tradition* (Lake Worth: Ibis Press, 2008), 195–198.

＊36　Brian Vickers, ed., *Occult and Scientific Mentalities in the Renaissance*, 4–6.

＊37　たとえば、1995年に刊行されたWilliam H. Sherman, *John Dee: The Politics of Reading and Writing in the English Renaissance* (Amherst: University of Massachusetts Press, 1995)。同書は、隠秘思想家、魔術師としてのディー像に疑義を呈し、英国ルネサンス期における「情報伝達者」としてのディー像を提示しようとした研究である。See also Hilary Gatti, *Giordano Bruno and Renaissance Science* (1999, repr. Ithaca and London: Cornel University Press, 2002), 206–208.

＊38　Frances A. Yates, *Giordano Bruno and the Hermatic Tradition* (1964, repr. London and Chicago: Routledge and Kegan Paul, and University of Chicago Press, 1974), 148–150; idem, *The Occult Philosophy in the Elizabethan Age* (London, Boston and Henley: Routledge and Kegan Paul, 1979), 82–83.

＊39　Wayne Shumaker, *Renaissance Curiosa* (Binghamton: Center for Medieval and Early Renaissance Studies, State University of New York, 1982), 21.

＊40　Christopher Whitby, *John Dee's Actions with Spirits*, 2 vols.

＊41　Nicholas H. Clulee, *John Dee's Natural Philosophy*.

＊42　Deborah E. Harkness, *John Dee's Conversations with Angels* (Cambridge: Cambridge University Press, 1999); Håkan Håkansson, *Seeing the Word: John Dee and Renaissance Occultism* (Lund, Sweden: Lund University Press, 2001); György E. Szőnyi, *John Dee's Occultism: Magical Exaltation through Powerful Signs* (Albany: State of New York University Press, 2004); Stephen Clucas, ed., *John Dee: Interdisciplinary Studies in English Renaissance Thought* (Dordrecht, The Netherlands: Springer, 2006); Benjamin Woolley, *The Queen's Conjuror: The Life and Magic of Dr Dee* (2001, repr. London: Flamingo, 2002); Glyn Parry, *The Arch-Conjuror of England* (2012).

＊43　E. M. Butler, *Ritual Magic* (1949, repr. Cambridge: Cambridge University Press, 1980), 258. See also idem, *The Myth of the Magus* (1948, repr. Cambridge: Cambridge University Press, 1979), 160–172.

＊44　Meric Casaubon, 'Preface' to *TFR*, sig. A1^{r}. 強調は原文のまま。

＊45　2000年代になって、『召喚記録』と同じ手稿を新たに翻字したJoseph H. Peterson, ed., *John Dee's Five Books of Mystery* (Boston and York Beach: Weiser Books, 2003) が刊行された。また、『精霊日誌』を新たな活字で組み直し、手稿との校合も試みたStephen Skinner, ed., *Dr John Dee's Spiritual Diary* (*1583–1608*): *being a completely new & reset edition of A True & Faithful Relation of what passed for many Yeers between Dr. John*

Dee . . . and Some Spirits . . . (Robinson Road, Singapore: Golden Hoard Press, 2011) も上梓されている。どちらも魔術信奉者による編集であるが、必要に応じて参照した。

＊46 John Dee, *The Private Diary of Dr. John Dee.* 同書は、以下、本文及び註での出典表記の際には *PD* と略記。

＊47 Edward Fenton, ed., *The Diaries of John Dee* (Charlbury: Day Books, 1998). 同書は、以下、本文及び註での出典表記の際には *DD* と略記。*DD* 及び *PD* を補完するものとして、以下も随時参照した。John Eglington Bailey, ed., *Diary, for the Years 1595–1601, of Dr. John Dee, Warden of Manchester from 1595 to 1608* (n.p.: privately printed, 1880).

＊48 『召喚記録』手稿原本及びアシュモール作成の写本は大英図書館に、それぞれ MS Sloane 3188, MS Sloane 3677 として保存されている。また、『精霊日誌』手稿の原本も、やはり大英図書館に MS Cotton Appendix XLVI, 2 vols. として保存されている。

＊49 ルネサンス期にあっては、spiritus, daemon, genius などの言葉はかなり自由に用いられていたようだ。たとえば、16 世紀のイタリアにおいて数学、医学、占星術など様々な分野で活躍したジロラモ・カルダーノは、守護霊のことを、spiritus と呼ぶ。Girolamo Cardano, *The Book of My Life*, tr. Jean Stoner (1929, repr. New York: New York Review Books, 2002), 240. カルダーノの「守護霊」観については、たとえば、榎本恵美子『天才カルダーノの生涯―ルネサンスの自叙伝、占星術、夢解釈―』(勁草書房、2013)第 6 章を参照。なお、1552 年あるいは 53 年に、ディーはイングランド訪問中のカルダーノと出会っている。*LC*, ♯256, pp. 4, 85: Anthony Grafton, *Cardano's Cosmos: The Worlds and Works of a Renaissance Astrologer* (Cambridge, Mass.: Harvard University Press, 1999), 112.

＊50 ディーと同時代の錬金術師トマス・チャーノックは、自分の書いた錬金術書を『哲学の書』と題していた。チャーノックについては、本書第 7 章を参照。なお、後年になって、ディーは自分の活動全体を「哲学的及び数学的研究」と総括した(*CR*, 6)。

＊51 Shumaker, ed., *John Dee on Astronomy*, 148–149.

＊52 Nicholas H. Clulee, 'The *Monas Hieroglyphica* and the Alchemical Thread of John Dee's Career', in *John Dee's* Monas Hieroglyphica, ed. Stephen Clucas, *Ambix*, 52: 3 (2005), 197–215; Urszula Szulakowska, *John Dee and European Alchemy* (Durham: School of Education, Durham University, [1996]).

＊53 日記類において、ディーは、他人に読まれては困る箇所については、しばしばギリシャ文字を使って英語を綴った。たとえば、この箇所では、水晶という語が *Χρυσταλλω* と表記されている。

第 3 章

＊1 T. Witton Davies, *Magic, Divination and Demonology among the Hebrews and Their Neighbours* (1898, repr. New York: KTAV Publishing House, 1969), 81–82. See also Paul Haupt, 'Crystal-Gazing in the Old Testament',

Journal of Biblical Literature, 36 (1917), 84–92. なお、本書では『聖書』からの引用はすべて『舊新約聖書』（日本聖書協会、1972）に拠る。

＊2　John of Salisbury, *Frivolities of Courtiers and Footprints of Philosophers: Being a Translation of the First, Second, and Third Books and Selections from the Seventh and Eighth Books of the Policraticus of John of Salisbury*, tr. Joseph B. Pike (1938, repr. New York: Octagon Books, 1972), bk. II, ch. xxviii, 147. See also Armand Delatte, *La Catoptromancie grecque et ses dérivés* (Paris: Librairie Droz, 1932), 15–18; Richard Kieckhefer, *Magic in the Middle Ages* (Cambridge: Cambridge University Press, 1990), 151–152.

＊3　水盤、鏡、水晶などを用いた占術については、註 2 に挙げた文献以外に、以下を参照。Richard Kieckhefer, *Forbidden Rites: A Necromancer's Manual of the Fifteenth Century* (Stroud: Sutton Publishing, 1997), ch. 5; Theodore Besterman, *Crystal-Gazing;* W. Thomas Northcote, *Crystal Gazing: Its History and Practice, with a Discussion of the Evidence for Telepathic Scrying* (New York: Dodge Publishing Company, 1905); Andrew Lang, 'Scrying or Crystal-Gazing'; Benedek Láng, 'Angels around the Crystal: The Prayer Book of King Wladislas and the Treasure Hunts of Henry the Bohemian', *Aries*, 5: 1 (2005), 1–32; idem, *Unlocked Books: Manuscripts of Learned Magic in the Medieval Libraries of Central Europe* (University Park: Pennsylvania State University Press, 2008), chaps. 6, 8; Keith Thomas, *Religion and the Decline of Magic*, 255–258. See also [Anonymous], 'A Remark on the Reliques of Ancient Poetry—Fairies' (1795), in *The Gentleman's Magazine Library: Being a Classified Collection of the Chief Contents of the* Gentleman's Magazine *from 1731–1868: English Traditional Lore to which is added Customs of Foreign Countries and Peoples*, ed. George Laurence Gomme (London: Elliot Stock, 1885), 43ff; Edwin Sidney Hartland, *The Legend of Perseus: A Study in Tradition in Story, Custom and Belief*, II (London: David Nutt, 1895), 13ff; Frederick W. H. Myers, *Human Personality and its Survival of Bodily Death* (London: Longmans, Green, and Co., 1903), I, 236ff, II, 574ff; Andrew Lang, *The Making of Religion* (1898, repr. New York: AMS Press, 1968), ch. 5; Frank Podmore, *Mediums of the 19th Century* (1902 [originally titled as *Modern Spiritualism*], repr. New York: University Books, 1963), I, 12–14. 19 世紀前半の英国における水晶を用いた精霊召喚作業の実践記録については、たとえば以下を参照。Frederick Hockley, *The Rosicrucian Seer: Magical Writings of Frederick Hockley*, ed. John Hamill (Wellingborough: The Aquarian Press, 1986), 102ff.

＊4　*Faerie Queen*, bk. III, can. ii, st. 19; *Measure for Measure*, act II, sc. ii.

＊5　Jules César Boulenger, *Opusculorum systema*, I, bk. III, ch. vii, quoted in Whitby, 79.

＊6　John Aubrey, *Miscellanies*, in idem, *Three Prose Works*, ed. John Buchanan-Brown (Fontwell, Sussex: Centaur Press, 1972), 99–100. See also W. C. Hazlitt, ed., *Dictionary of Faiths and Folklore: Beliefs, Superstitions and Popular Customs* (1905, repr. London: Bracken Books, 1995), 46. なお、当時は、緑柱石（beryl）はしばしば水晶の意味でも用いられたことに注意。ちなみに、この箇所でオーブリはなぜかディーに言及していない。レジナルド・スコットもクリスタロマンシーの事例を挙げている。Reginald Scot, *The Discoverie of Witchcraft*, bk. XV, chaps. xii, xvi, xix. See also W. H. Hart, 'Observations on Some Documents Relating to

Magic in the Reign of Queen Elizabeth', *Archaeologia*, 11 (1866), 391–394, 396–397.

＊7 Georg Luck, *Arcana Mundi: Magic and the Occult in the Greek and Roman Worlds* (1985, repr. n.p.: Crucible, 1987), 254. 中世のキャトプトロマンシーにおける見者の処女性、童貞の重要性については、以下を参照。Claire Fanger, 'Virgin Territory: Purity and Divine Knowledge in Late Medieval Catoptromantic Texts', *Aries*, 5: 2 (2005), 200–224.

＊8 J. Raine, 'Divination in the Fifteenth Century by Aid of a Magical Crystal', *The Archaelogical Journal*, 13 (1856), 373. See also Besterman, 52–53.

＊9 Whitby, 84–86. See also Benedek Láng, *Unlocked Book*, 220–223; Owen Davies, *Popular Magic: Cunning Folk in English History* (2003, repr. London: Hambledon Continuum, 2007), 5, 94, 100–101. 16 世紀の天使や精霊の召喚については、たとえば以下も参照。Scot, bk. XV; K. M. Briggs, *Pale Hecate's Team: An Examination of the Beliefs on Witchcraft and Magic among Shakespeare's Contemporaries and His Immediate Successors* (London: Routledge and Kegan Paul, 1962), 244–248, 261–262.

＊10 中世における教会内での魔術実践については、以下を参照。Kieckhefer, *Magic in the Middle Ages*, 151–175. 16, 17 世紀における民間の巫術と知識人層の魔術との関係については、以下を参照。Thomas, 252ff.

＊11 Whitby, 84, 86

＊12 Kieckhefer, *Magic in the Middle Ages*, 152–153.

＊13 Saint Augustine, *The City of God*, tr. Marcus Dods (New York: Random House, 1950), bk. X, chaps. x–xi.

＊14 『聖なる書あるいは誓いの書』については、以下を参照。Robert Mathiesen, 'A Thirteenth-Century Ritual to Attain the Beatific Vision from *The Sworn Book* of Honorius of Thebes', in *Conjuring Spirits: Texts and Traditions of Medieval Ritual Magic*, ed. Claire Fanger (Stroud: Sutton Publishing, 1998), 143–162; Katelyn Mesler, 'The *Liber iuratus Honorii* and the Christian Reception of Angel Magic', in *Invoking Angels: Theurgic Ideas and Practices, Thirteenth to Sixteenth Centuries*, ed. Claire Fanger (University Park: Pennsylvania State University Press, 2012), 113–150; Frank Klaassen, *The Transformations of Magic: Illicit Learned Magic in the Later Middle Ages and Renaissance* (University Park: Pennsylvania State University Press, 2013), 102–11; Arthur Edward Waite, *The Book of Black Magic and of Pacts* (1898, repr. York Beach: Samuel Weiser, 1972), 31–35; Jan R. Veenstra, 'Honorius and the Sigil of God: The *Liber iuratus* in Berengario Ganell's *Summa sacre magice*', in *Invoking Angels*, 152–191; Arthur Edward Waite, *The Book of Black Magic and Ceremonial Magic* ([originally titled *The Book of Ceremonial Magic*, which itself was the revised edition of *The Book of Black Magic* published in 1898] 1911, repr. New York: Causeway Books, 1973), 18–22. 中世における精霊や天使の召喚については、以下を参照。Sophie Page, 'Speaking with Spirits in Medieval Magic Texts', in *Conversations with Angels: Essays towards a History of Spiritual Communication, 1100–1700*, ed. Joad Raymond (Basingstoke and New York: Palgrave Macmillan, 2011), 125–149; Sophie Page, *Magic in the Cloister: Pious Motives, Illicit Interests, and Occult Approaches to*

the Medieval Universe (University Park: Pennsylvania State University Press, 2013), 93–111; Jan R. Veenstra, 'The Holy Almandal: Angels and the Intellectual Aims of Magic', in *The Metamorphosis of Magic from Antiquity to the Early Modern Period*, eds. Jan N. Bremmer and Jan R. Veenstra (Leuvan, Paris and Dudley: Peeters, 2002), 189–229. 中世における天使論全般については、以下を参照。David Keck, *Angels and Angelology in the Middle Ages* (New York and Oxford: Oxford University Press, 1998).

＊15　British Library, MS Sloane 313; *LC*, ♯ DM70 and p. 57. さらに、ディーはたとえば『精霊の本質についての書』*Liber de essentia spirituum* といった中世の魔術書写本も所蔵、熟読していた。Page, *Magic in the Cloister*, 137.（『精霊の本質についての書』の英訳は同書に収録されている［pp. 147–159］）。

＊16　『印形術』は 17 世紀に幾つか刊本があり、そのうちひとつは英訳本。*Ars notoria*: *The Notory Art of Solomon* (1657), tr. Robert Turner (electronic publication: Benjamin Rowe, 1999) 〈http: //hermetic.com/norton/pdf/Ars_notoria.pdf〉.『印形術』及びそこに含まれるスクライングの技術については、たとえば以下を参照。Lynn Thorndike, *A History of Magic and Experimental Science*, II, 279–289; Christopher Whitby, 'John Dee and Renaissance Scrying', *Bulletin of the Society for Renaissance Studies*, 3: 2 (1985), 31; Stephen Clucas, 'John Dee's Angelic Conversations and the *Ars Notoria*: Renaissance Magic and Mediaeval Theurgy', in *John Dee*, ed. Stephen Clucas, 231–273; Klaassen, 89–94 et passim; Julien Véronèse, 'Magic, Theurgy, and Spirituality in the Medieval Ritual of the *Ars notoria*', in *Invoking Angels*, ed. Fanger, 37–78; Page, *Magic in the Cloister*, 112–129.

『ソロモンの鍵』及び『ミュンヘンの手引書』は、いずれも翻字刊行されている。*The Key of Solomon the King*, ed. and tr. S. L. MacGregor Mathers (1889, repr. Mineola: Dover Publications, 2009); 'The Necromancer's Handbook in Clm 849: Fols 3r–108v', in Kieckhefer, *Forbidden Rites*, 190–377.

ディー以降の時代も含めた魔術指南書には、他にたとえば以下のようなものがある。[Anonymous], *Arbatel: Concerning the Magic of Ancients*, tr. and ed. Joseph H. Peterson (Lake Worth: Ibis Press, 2009); [Abraham von Worms], *The Book of the Sacred Magic of Abra Melin the Mage, as Delivered by Abraham the Jew unto His Son Lamech, AD, 1458*, tr. S. L. MacGregor Mathers (1900, repr. New York: Dover Publications, 1975); Abraham von Worms, *The Book of Abramelin: A New Translation*, ed. Georg Dehn, and tr. Steven Guth (Lake Worth: Ibis Press, 2006); [Anonymous], *The Book of Gold: A 17th Century Magical Grimoire of Amulets, Charms, Prayers, Sigils and Spells Using the Biblical Psalms of King David*, ed. and tr. David Rankine and Paul Harry Barron (London: Avalonia, 2010); [Anonymous], *The Grimore of Armadel*, tr. S. L. MacGregor Mathers (1980, repr. Boston and York Beach: Weiser Books, 2001); [Anonymous], *The Grimoire of St. Cyprian: Clavis Inferni*, eds. Stephen Skinner and David Rankine (Singapore: Golden Hoard Press, 2009); [Anonymous] *The Lesser Key of Solomon: Detailing the Ceremonial art of Commanding Spirits Both Good and Evil*, ed. Joseph H. Peterson (York Beach: Weise Books, 2001); [Anonymous], *Sepher Raziel: Liber Salomonis: A Sixteenth Century English Grimoire*, eds. Don Karr and Stephen Skinner (Singapore: Golden Hoard Press, 2010). 魔術指南書全般の近年の概説書と

しては、以下がある。Owen Davies, *Grimoires: A History of Magic Books* (2009, repr. Oxford: Oxford University Press, 2010).

16 世紀英国の儀礼魔術については、以下を参照。Klaassen, 161–186. ディーの影響下にあった英国 17 世紀の天使召喚魔術文書としては、以下が翻字刊行されている。*A Treatise on Angelic Magic*, ed. Adam McLean (Grand Rapids: Phanes Press, 1990); *Practical Angel Magic of Dr John Dee's Enochian Tables*, eds. Stephen Skinner and David Rankine (London: Golden Hoard Press, 2004). See also *The Diary of Abraham de la Pryme, the Yorkshire Antiquary*, ed. C. Jackson (Durham, London and Edinburgh: the Surtees Society, 1870), xviii, 22, 26. 17 世紀のスクライングについては、ウィリアム・リリーも自分の見聞を記録しており、ウリエルやラファエルといった天使だけでなく「妖精の女王」を召喚した例も含まれる。William Lilly, *William Lilly's History of His Life and Times*, 149–152. 17 世紀ウェールズの隠秘哲学者トマス・ヴォーン(詩人ヘンリー・ヴォーンの双子の兄弟)は、「金剛石のなかの使い魔('a Familiar in Diamonds')」という言葉を使っている。Thomas Vaughan, *Aula Lucis, or The House of Light* (1651), in *The Works of Thomas Vaughn*, ed. Alan Rudrum (Oxford: Clarendon Press, 1984), 468.

*17 『隠秘哲学』三部作は 1651 年に英訳刊行されている。Henry Cornelius Agrippa, *Three Books of Occult Philosophy* (1651), tr. J. F. [John French?], ed. Donald Tyson (Woodbury: Llewellyn Publications, 1993). 以下、同書は Agrippa と略記。なお、アグリッパの作と称する『隠秘哲学』第四書が 1559 年に上木されたが、偽書であってアグリッパが執筆したものではない。これも 1655 年に英訳が刊行された。Henry Cornelius Agrippa [spurious], *The Fourth Book of Occult Philosophy* (1655), tr. Robert Turner (1655, repr. London: Askin Publishers, 1978). 同書は、ディーが参照した複数のグリモワールを収録しているが、これについては本書第 4 章参照。

なお、アグリッパのオカルティズム、魔術に対する態度は実は明快ではない。その点も含めて、アグリッパについては、たとえば以下を参照。Christopher I. Lehrich, *The Language of Demons and Angels: Cornelius Agrippa's Occult Philosophy* (Leiden and Boston: Brill, 2003); Paola Zambelli, *White Magic, Black Magic in the European Renaissance: From Ficino, Pico, Della Porta to Trithemius, Agrippa, Bruno* (Leiden and Boston: Brill, 2007), ch. 4; idem, 'Magic and Radical Reformation in Agrippa of Nettesheim', *Journal of the Warburg and Courtauld Institutes*, 39 (1976), 69–103; Frank L. Borchardt, 'The Magus as a Renaissance Man', *The Sixteenth Century Journal*, 21: 1 (1990), 57–76; Perrone Compagni, '"Dispersa Intentio." Alchemy, Magic and Scepticism in Agrippa', *Early Science and Medicine*, 5: 2 (2000), 160–177; Michael H. Keefer, 'Agrippa's Dilemma: Hermetic "Rebirth" and the Ambivalences of *De vanitate* and *De occulta philosophia*', *Renaissance Quarterly*, 41: 4 (1988), 614–653; Klaassen, 199–215; Wolf Dieter Müller-Jahncke, 'The Attitude of Agrippa von Nettesheim (1486–1535) Towards Alchemy', *Ambix*, 22: 2 (1975), 134–150; Wayne Shumaker, *The Occult Sciences in the Renaissance: A Study in Intellectual Patterns* (Berkeley, Los Angeles and London: University of California Press, 1972), 134–157; D. P. Walker, *Spiritual and Demonic Magic: From Ficino to Campanella* (1958,

repr. Notre Dame and London: University of Notre Dame Press, 1975), 90–96; Frances A. Yates, *Giordano Bruno and the Hermatic Tradition*, ch. 7.

＊18　*LC*, #742, #743, #1271. See also Whitby, 71–73; Clulee, 135ff. ただし、『隠秘哲学』三部作じたいは水晶を用いたスクライングには言及していない。ディーは『隠秘哲学』第四書も含めて所蔵していた。

＊19　*The Autobiography and Personal Diary of Dr. Simon Forman, the Celebrated Astrologer*, ed. James Orchard Halliwell (London: for private circulation only, 1849), 19–21. See also Lauren Kassel, '"The Food of Angels": Simon Forman's Alchemical Medicine', in *Secrets of Nature: Astrology and Alchemy in Early Modern Europe*, eds. William R. Newman and Anthony Grafton (2001, repr. Cambridge, Mass. and London: MIT Press, 2006), 370; Lauren Kassel, *Medicine and Magic in Elizabethan London: Simon Forman: Astrologer, Alchemist, and Physician* (2005, repr. Oxford: Oxford University Press, 2009), 215, 217–218; A. L. Rowse, *Simon Forman: Sex and Society in Shakespeare's Age* (London; Weidenfeld and Nicolson, 1974), 37; Judith Cook, *Dr Simon Forman: A Most Notorious Physician* (2001, repr. London, Vintage, 2002), 43, 46–47; Barbara Howard Traister, *The Notorious Astrological Physician of London: Works and Days of Simon Forman* (Chicago and London: University of Chicago Press, 2001), 97ff; Anthony Wood, *Athenae Oxonienses*, II, cols. 98–104; Robert Turner, *Elizabethan Magic* (Longmead: Element Books, 1989), 91–99. なお、オーブリは、『雑纂』の「天使や精霊との対話」と題する章で、フォーマンに言及している(Aubrey, 99)。なお、フォーマンは1604年に最晩年のディーと接触があった(本書第16章参照)。16世紀英国におけるスクライングの実践記録については本書7章も参照。

＊20　'The Bill against Conjurations and Witchcrafts and Sorcery and Enchantments, 1542', in Barbara Rosen, ed., *Stratford upon Avon Library 6: Witchcraft*, 53–54. なお、ベン・ジョンソンの『錬金術師』1幕2場には、サイモン・リードという人物への言及があるが、この男はトビー・マシューという人物の金を盗んだ犯人を見つけるために精霊を召喚した嫌疑で1607年に告発された。

＊21　Hart, 397; *Calendar of State Papers, Domestic Series, of the Reign of Elizabeth, 1581–1590,* ed. Robert Lemon (1865, repr. Nendeln, Liechtenstein: Kraus Reprint, 1967), 689 (20 Sep. 1590).

＊22　水晶の中に幻影を視てからほどない時期の1581年7月から8月にかけて、ディーが錬金術作業に集中して取り組んでいることに注意。Clulee, 179. この作業記録手稿の一部は、以下に翻字収録されている。*DD*, 308–309. ディーの錬金術研究については　本書第7章を参照

＊23　ヒックマンについては、以下も参照。Whitby, 51–52; *LC*, 43–44. なお、『日録』の1581年5月25日の記述における「水晶」と同じく、「水晶透視者たちは作業をおこなった」もギリシャ語のアルファベットを使って表記されている。他人に読まれたくない箇所の綴りをギリシャ語のアルファベットに置き換えるというのがディーの習慣であったから、彼が水晶にヴィジョンを視る作業を非常に重大なもの、あるいは知られてはならないものと考えていたと推測できよう。

＊24　John Dee, *The Mathematicall Preface*, sigs. A.iij^{r}.- A.iij^{v}.

＊25 *Ibid.*, sig. A.iij^v^. See also Nicholas H. Clulee, 'At the Crossroads of Magic and Science: John Dee's Archemastrie', in *Occult and Scientific Mentalities in the Renaissance*, ed. Brian Vickers, 57–71; Clulee, *John Dee's Natural Philosophy*, 166–169. なお、アルテフィウスは実在しなかった可能性もある。中世の光学とディーの錬金術の関係については、以下を参照。Urszula Szulakowska, *John Dee and European Alchemy*, 17ff.

＊26 1568年には、ディーは、ジョン・デイヴィスの誕生日及び時刻を、魔術的な方法によって入手していたとおぼしい。デイヴィスについては本書第7章、第11章を参照。ディーが早くも1555年から精霊召喚作業をおこなっていたとする説もある。Glyn Parry, *The Arch-Conjuror of England*, 35–37, 106–113.

＊27 ヨーハン・ヴォルフガング・フォン・ゲーテ『色彩論』第2巻、南大路振一、嶋田洋一郎、中島芳郎訳(工作舎、1999)、136頁。

＊28 ディーは、ソールに先立って「ふたりの異なった人物を用いての小規模な試行」(*AWS*, 10)をおこなったと述べているのだが、その折のスクライアーの姓名、素性とも知られていない。ただ、そのひとりが、錬金術実験の弟子、助手であったロジャー・クックであった可能性も存在する。Whitby, 52–54. クックについては、本書第7章及び16章を参照。

＊29 3月8日の『日録』にはケリーの具体的な名前は挙がっていないが(*PD*, 14)、『召喚記録』の3月10日欄外書き込みに「彼[タルボット＝ケリー]は2日前にも」云々とある(*AWS*, 18)。なお、ディーは3月8日の『日録』に北極光と推測される現象の目撃を書き記しているが(*DD*, 24)、彼がこれを吉兆、神の与えた徴《しるし》と解釈したこともありえなくはない。

＊30 「某水晶透視能力者が、かつて私に対して、善天使アンカーをこの石のなかに姿を現すべく召喚するように示唆した」云々という一節は、ディーが水晶のなかにヴィジョンを視たという『日録』の記述と密接に関連しているように思われるが、確証はない。

＊31 引用箇所のうち、「ミカエルがわたしたちの仕事の指導者である」以下、末尾に＊を付したウリエルの言葉はラテン語で発せられている。以降、引用に際しては、『精霊日誌』、『召喚記録』の双方でラテン語によって記された箇所は、特に必要がないかぎり註記区別しない。

＊32 錬金術においては、Δに似た図形が、火のシンボルとして用いられていた点にも注意。Fred Gettings, *Dictionary of Occult, Hermetic and Alchemical Sigils* (London, Boston and Henley: Routledge and Kegan Paul, 1981), 115.

＊33 *LC*, ♯DM 166; Whitby, 146–147; John H. Appleby, 'Arthur Dee and Johannes Bánfi Hunyades: Further Information on their Alchemical and Professional Activities', *Ambix*, 24: 2 (1977), 97.

＊34 *DD*, 23 (7 Jan. 1582), 265 (4 Apr. 1594), 276 (20 Oct. 1595).

＊35 British Library, MS Sloane 8 (*Aldaraia sive soyga vocor*).

＊36 たとえば、パラケルススの著作と称されたが実は別人の筆になる *Archidoxis magica* (c. 1570) は、癲癇を防ぐ呪符として、金と銀から作る三角形の板について詳しく説明している。*Paracelsus: Essential*

Readings, ed. and tr. Nicholas Goodrick-Clarke (Berkeley: North Atlantic Books, 1999), 195.

*37　実際には、直径が 9 インチの場合、円周の長さは 28.278 インチとなるはずで、数学者であったディーがウリエルあるいはケリーのこの言葉をそのまま記しているのは、いささか不可解といえよう。

*38　See e.g., Agrippa, bk. III, ch. xi, 335. 爪によるスクライングで AGLA を使用した例については、以下を参照。Kieckhefer, *Forbidden Rites*, 97.

第 4 章

*1　ミカエルの最後の言葉「人間は無常《はかな》い」('Man is frayle.')は『詩篇』39 篇 4 節に基づく。

*2　Owen Davies, *Grimoires*, 13.

*3　*The Key of Solomon the King*, 67; Abraham von Worms, *The Book of Abramelin*, bk. IV, 143ff. See also *The Book of the Sacred Magic of Abra Melin*, bk. III, 161ff; Briggs, *Pale Hecate's Team*, 262. Cf. [Anonymous], *The Veritable Key of Solomon*, eds. Stephen Skinner and David Rankine (Singapore: Golden Hoard Press, 2010). なお、数字を配して縦、横、対角線の和が同一となるいわゆる魔法陣については、アグリッパがそれを用いて魔術的印形を発生させるシステムを展開している。Agrippa, bk. II, ch. xxii, 318–27; Karl Anton Nowotny, 'The Construction of Certain Seals and Characters in the Work of Agrippa of Nettesheim', *Journal of the Warburg and Courtauld Institutes*, 12 (1949), 46–57; Christopher Lehrich, *The Language of Demons and Angel*, 139–144; I. R. F. Calder, 'A Note on Magic Squares in the Philosophy of Agrippa of Nettesheim', *Journal of the Warburg and Courtauld Institutes*, 12 (1949), 196–199. 魔法陣を掲げた中世の魔術書については、以下を参照。'*The Book of Angels*: Text and Translation', tr. Juris Lidaka, in *Conjuring Spirits*, ed. Claire Fanger, 64–75.

*4　Agrippa, bk. III, ch. xi, 474. Anoth はあるいはウガリット神話などの女神アナス(Anath)に由来するのか。Manfred Lurker, *Dictionary of Gods and Goddesses, Devils and Demons*, tr. G. L. Campbell (London and New York: Routledge, 1987), 25–26.

*5　Agrippa, bk. II, ch. x, 274. ただし、カマエルの綴りは同書では Camael.

*6　Agrippa, bk. III, ch. xxviii, 553. アグリッパで Corabiel に該当するのは、Cochabiel である。また、アグリッパが「惑星の七つの鳥」として挙げるもののなかには、鷲、白鳥、鳩が含まれているのも見逃せない。Agrippa, bk. II, ch. x, 274. なお、たとえば Zedekiel は、ユダヤ教の伝統では慈悲と記憶を司る天使である。Gustav Davidson, *Dictionary of Angels* (1967, repr. New York: The Free Press, 1971), 324. カバリズムにおける天使と惑星の対応関係については、たとえばユダヤ神秘主義の経典『創造の書』を参照。*Sepher Yetzirah: The Book of Creation*, ed. and tr. Aryeh Kaplan (1990, rev. ed. San Francisco and Newburyport: Weiser Books, 1997), 168.

*7　Peter de Abano [spurious?], *Heptameron: or Magical Elements*, in Henry Cornelius Agrippa, *The Fourth Book of Occult Philosophy*, 80, 91.『隠秘哲学』第四書が偽書である点については、本書第 3 章註 17 を参照。

＊8 [Anonymous], *Arbatel of Magick*, in Agrippa, *The Fourth Book of Occult Philosophy*, 177–217. See also *Arbatel*, ed. and tr. Joseph H. Peterson.

＊9 ルネサンス期における中世の魔術的伝統については、たとえば以下を参照。Frank Klaassen, 'Medieval Ritual Magic in the Renaissance', *Aries*, 3: 2 (2003), 166–199; idem, *The Transformations of Magic*.

＊10 ディーの「神の印章」については、以下を参照。Whitby, 118–123; Colin D. Campbell, *The Magic Seal of Dr. John Dee: The Sigillum Dei Aemeth* (York Beach: Teitan Press, 2009).

＊11 Agrippa, bk. III, ch. xi, 474; Johann Reuchlin, *De arte cabalistica: On the Art of Kabbalah*, tr. Martin and Sarah Goodman (1983, repr. Lincoln and London: University of Nebraska Press, 1993), 287.『召喚記録』におけるディーのロイヒリンへの言及については、以下を参照。*AWS*, 32. 神の名 Ehjeh については、たとえば以下を参照。ゲルショム・ショーレム「神の名とカバラーの言語論」、『ユダヤ教神秘主義』、高尾利数訳(河出書房新社、1975)、38 頁。

＊12 *LC*, ♯216, ♯1043. ロイヒリンのカバラ研究については、たとえば以下を参照。Yates, *The Occult Philosophy in the Elizabethan Age*, 23–27; Charles Zika, 'Reuchlin's *De verbo mirifico* and the Magic Debate of the late Fifteenth Century', *Journal of the Warburg and Courtauld Institutes*, 39 (1976), 104–138. ゲルショム・ショーレム「ロイヒリンから現在に至るカバラーの研究」、『ユダヤ教神秘主義』、230–235 頁。ディーのカバラ観についても解釈は分かれているが、ロイヒリンとはかなり隔たった数学的なものだという説もある。たとえば、以下を参照。Karen De León-Jones, 'John Dee and the Kabbalah', in *John Dee*, ed. Stephen Clucas, 143–158.

＊13 British Library, MS Sloane 313, fol. 4r. See also Jan R. Veenstra, 'Honorius and the Sigil of God: The *Liber iuratus* in Berengario Ganell's *Summa sacre magice*', in *Invoking Angels*, ed. Claire Fanger, 161, 180–181.

＊14 クーンラートについては以下を参照。Peter J. Forshaw, 'Curious Knowledge and Wonder-Working Wisdom in the Occult Works of Heinrich Khunrath', in *Curiosity and Wonder from the Renaissance to the Enlightenment*, eds. Robert John Weston Evans and Alexander Marr, 118ff; Peter J. Forshaw, '"Behold, the Dreamer Cometh": Hyperphysical Magic and Deific Visions in an Early Modern Theosophical Lab-Oratory', in *Conversations with Angels*, ed. Joad Raymond, 175–200; Arthur Edward Waite, *The Brotherhood of the Rosy Cross* (1924, repr. Kila: Kessinger Publishing Company, 1991), 61–72. See also Peter J. Forshaw, '"Paradoxes, Absurdities, and Madness": Conflict over Alchemy, Magic and Medicine in the Works of Andreas Libavius and Heinrich Khunrath' *Early Science and Medicine*, 13 (2008), 53–81; Peter J. Forshaw, 'Subliming Spirits: Physical-Chemistry and Theo-Alchemy in the Works of Heinrich Khunrath (1560–1605)', in *Mystical Metal of Gold: Essays on Alchemy And Renaissance Culture*, ed. Stanton Linden (New York: AMS Press, 2007), 255–275; Peter J. Forshaw, 'Alchemical Exegesis: Fractious Distillations of the Essence of Hermes', in *Chymists and Chymistry: Studies in the History of Alchemy and Early Modern Chemistry*, ed. Lawrence M. Principe (Sagamore Beach: Chemical Heritage Foundations and Science History Publications/ USA, 2007), 25–38. 16 世紀初頭のドイツの魔術関連の印章、図

としては、たとえば以下を参照。*The Magical Calendar: A Synthesis of Magical Symbolism from the Seventeenth-Century Renaissance of Medieval Occultism*, tr. Adam McLean (Grand Rapids: Phanes Press, 1994). 同書は 1620 年にフランクフルトで印行された。

＊15　Yates, *The Rosicrucian Enlightenment*, 38.

＊16　なお、『エジプトのオイディプス』に掲げられた「神秘のカバラの鏡」と題する壮麗な図は、神の 72 の名前を掲げている。See Daniel Stolzenberg, 'Four Trees, Some Amulets, and the Seventy-two Names of God: Kircher Reveals the Kabbalah', in *Athanasius Kircher: The Last Man Who Knew Everything*, ed. Paula Findlen (New York and London: Routledge, 2004), 149–69; Joscelyn Godwin, *Athanasius Kircher's Theatre of the World* (London: Thames and Hudson, 2009), 279. See also *John Dee's Five Books of Mystery*, ed. Joseph H. Peterson, Appendix 2.

＊17　Frances A. Yates, *Giordano Bruno and the Hermatic Tradition*, 80, 107. ディーと中世の儀礼魔術との関係については、以下を参照。Stephen Clucas, 'John Dee's Angelic Conversations and the *Ars Notoria*'; Christopher Whitby, 'John Dee and Renaissance Scrying'; Sophie Page, *Magic in the Cloister*, 132–146. 後の召喚作業(1584 年 6 月 27 日)において、ケリーが、天使が祈禱や着衣に関して与えた指示に対して、「昔風の魔術《マジック》のようだ」と異を唱えているのは興味深い(*TFR*, 184)。

＊18　Whitby, 134–137. See also Michael T. Walton, 'Alchemy, Chemistry, and the Six Days of Creation', in *Mystical Metal of Gold*, ed. Linden, 233–254.

＊19　British Library, MS Sloane 3191, fols. 33^{r}–51^{r}. 『七の神秘なる統治』は『召喚記録』本体 (British Library, MS Sloane 3188)には記述されていない情報も含む。これは以下の書として翻字刊行されている。*The Heptarchia Mystica of John Dee*, ed. Robert Turner (1983, enlarged ed. Wellingborough: The Aquarian Press, 1986). See also Geoffrey James, ed. *The Enochian Evocation of Dr. John De* (Gillette: Heptangle Books, 1984).

＊20　MS Sloane 3188, fol. 41^{r} にもほぼ同様の図があるが、そちらは一部欠損しているので、MS Sloane 3199, fol. 51^{r} を用いた。

＊21　*Sepher Yetzirah*, ch.IV, verses vi, xv, 167, 185. なお、7 つの文字とはヘブライ語の文字ベート(Bet), ギーメル(Gimel), ダレット(Dalet), カフ(Kaf), ペー(Peh), レーシュ(Resh), タヴ(Tav)を指す(*Ibid*., 31–32)。『創造の書』の重要性については、たとえば以下を参照。Gershom Scholem, *Kabbalah* (1974, repr. New York: Dorset Press, 1987), 21–30.

＊22　Agrippa, bk. II, ch. x, 270.

第 5 章

＊1　ディーの『召喚記録』手稿(British Library, MS Sloane 3188)に一部欠損があるため、『神秘の書』第 2 書のこの記載の日付は確定できないが、おそらく 1582 年 3 月 19 日頃と推測される。この欠損箇所

については、以下を参照。Whitby, 10–15; *PD*, 87; British Library, MS Sloane 3677, fol. 22r.

＊2 Meric Casaubon, 'The Preface' to *TFR*, sig. D2v.

＊3 C. H. Josten, ed. and tr., 'An Unknown Chapter in the Life of John Dee', *Journal of the Warburg and Courtauld Institutes*, 28 (1965), 255. これを本書では、本文及び註において、以下 'UC' と略記。

＊4 John H. Appleby, 'Arthur Dee and Johannes Bánfi Hunyades, 96. カルペパーについては以下を参照。Olav Thulesius, *Nicholas Culpeper: English Physician and Astrologer* (Basingstoke: Macmillan, 1992); Benjamin Woolley, *The Herbalist: Nicholas Culpeper and the Fight for Medical Freedom* (2004, repr. London: Harper Perennial, 2005). ディーの用いた水晶と称する偽物が流通していたことについては、本書第 2 章註 20 を参照。

＊5 Horace Walpole's letter of 22 March 1771 to Horace Mann, in *Letters of Horace Walpole* (Oxford: Oxford University Press, 1903–1905), ed. Paget Toynbee, VIII, 22–23. See also Theodore Besterman, *Crystal-Gazing*, 17ff; Whitby, 138–139.

＊6 Edward Browne's letter of 14 February [1669] to Thomas Browne, in *Sir Thomas Browne's Works, Including His Life and Correspondence*, ed. Simon Wilkin (1836, repr. New York: AMS Press, 1968), I, 175. エドワード・ブラウンについては、以下を参照。Brent Nelson, 'The Browne Family's Culture of Curiosity', in *Sir Thomas Browne*, eds. Reid Barbour and Claire Preston, 86ff.

＊7 Edward Kelley, *De lapide philosophorum* (1676), in *Edward Kelly the Englishman's Two Excellent Treatises on the Philosopher's Stone*, ed. and tr. Arthur Edward Waite (1893, repr. Largs: The Banton Press, 1991), 7.

＊8 Frances A. Yates, *Giordano Bruno and the Hermatic Tradition*, 149. Cf. K. M. Briggs, *Pale Hecates's Team*, 131. 19 世紀末にあっては、たとえばA・F・ポラードは「ケリーはごろつきだった」と断定、また、1963 年の時点で、エディス・シットウェルは、ケリーを「邪霊に憑かれた霊媒」、「ディーの発見したものを盗んだ男」と罵倒した。A. F. Pollard, 'Sir Edward Kelley', 36; Edith Sitwell, *The Queens and the Hive* (London: Macmillan, 1963), 483. 他方、1948 年の時点で、E・M・バトラーは、「自分自身の欺瞞行為の犠牲となったのか精霊たちの犠牲となったのかは分明でないが、ディーよりむしろケリーのほうが犠牲者であるように思える」との見解を提出した。E. M. Butler, *The Myth of the Magus*, 165. なお、1933 年、ディーとケリーを主人公とする小説を刊行したマージョリー・ボウエンは、ケリーを基本的には悪漢として描きながらも、同書の末尾に付した註記では、ケリーが単なる詐欺師以上の存在であったにちがいないとする。Marjorie Bowen, *I Dwelt in High Places* (1933, repr. London: W. Collins Sons & Co. Ltd., 1935), 252–254. ちなみに、ディーを重要な登場人物とした最初の小説は、おそらく、ウィリアム・ハリソン・エインズワースの *Guy Fawkes or the Gunpowder Treason* (1841) である。小説については、本書附載の「引用及参照書目」II–3 を参照。

＊9 Nicholas Clulee, *John Dee's Natural Philosophy*, 197. ただし、クルリーは、ケリーについて、本人の意識せざるかたちでの欺瞞も絡んだかもしれないと認めてはいる。*Ibid.*, 205.

＊10 Deborah E. Harkness, *John Dee's Conversations with Angels*, 24.

＊11　ケリーの生涯については、主として以下の文献を参照した。Elias Ashmole, *Theatrum Chemicum Britannicum*, 478–484; Thomas Smith, *The Life of John Dee*, 42–43 et passim; William Lilly, *William Lilly's History of His Life and Times*, 146–149; Anthony Wood, *Athenae Oxonienses*, I, cols. 639–643; Thomas Fuller, *The History of the Worthies of England*, III, 369–370; Arthur Edward Waite, *Alchemists through the Ages* (1888 [originally published as *The Lives of Alchemystical Philosophers*], repr. New York: Rudolf Steiner Press, 1970), 153–158; Arthur Edward Waite, 'Biographical Preface' to *Edward Kelly the Englishman's Two Excellent Treatises*; Charlotte Fell Smith, *John Dee*, 77ff; Arthur Edward Waite, *The Secret Tradition in Alchemy: Its Development and Records* (1926, repr. London and New York: Routledge, 2013), ch. 15; Sidney Lee and Leslie Stephen, eds., *Dictionary of National Biography*, X, 1230–1232; Susan Bassnett, 'Absent Presence: Edaward Kelley's Family in the Writings of John Dee', in *John Dee*, ed. Stephen Clucas, 285–294; Jan Bäcklund, 'In the Footsteps of Edward Kelley: Some Manuscript References at the Royal Library in Copenhagen Concerning an Alchemical Circle around John Dee and Edward Kelley' in *John Dee*, ed. Clucas, 295–330; Michael Wilding, 'A Biography of Edward Kelly, the English Alchemist and Associate of Dr. John Dee', in *Mystical Metal of Gold*, ed. Stanton Linden, 35–90; Charles Nicholl, 'Death of an Alchemist: Edward Kelley in Bohemia', in idem, *Traces Remain: Essays and Explorations* (London: Allen Lane, 2011), 42–62. なお、このうちで Wilding の論考が現時点では最も詳細なものである。ケリーの綴りには Kelley と Kelly があるが、文献の原表示に従い、統一は図っていない。

＊12　See also Ashmole, 479; Wilding, 27.

＊13　Wood, I, col. 639.

＊14　Bassnett, 285.

＊15　Ibid., 286.

＊16　Wilding, 37. 本書第 15 章も参照。

＊17　C. H. Josten, ed., *Elias Ashmole (1617–1692): His Autobiographical and Historical Notes, his Correspondence, and Other Contemporary Sources Relating to his Life and Work* (Oxford: Clarendon Press, 1966), IV, 1436.

＊18　John Weever, *Ancient Funeral Monuments within the United Monarchie of Great Britaine, Ireland, and the Islands adiacent* (1631, repr. Norwood and Amsterdam: Walter Johnson and Theatrum Orbis Terrarum, 1979), xlv–xlvi. ウィーヴァーについては、以下を参照。Graham Parry, *The Trophies of Time*, ch. 7.

＊19　Meric Casaubon, 'Postscript' to *TFR*. See also John Eglington Bailey, 'Memoir of Dr. Dee, 1527–1594', in John Dee, *Diary for the Years 1595–1601*, 8–9; Briggs, 131–132. いっぽう、トマス・フラーは、ケリーについて、『古代墳墓論』に言及した上で、「そんなに悪い人物とは思えない」と述べている。Fuller, 370.

＊20　'Second Book of a Discourse on Devils and Spirits', in Reginald Scot, *The Discoverie of Witchcraft*, ed. Brinsley Nicholson (London: Elliot Stock, 1886), 504. ウィーヴァーを典拠にケリーを指弾するものとしては、18 世紀ではたとえば以下がある。Ebenezer Sibly, *A New and Complete Illustration of the Celestial Science of Astrology* (1784, 13th ed. London: for the proprietor, 1826), 1100. 以下の註 22 も参照。

＊21 Wilding, 36. なお、タルボットとケリーが同一人物だとする決定的証拠は存在しないとする立場もある。See Stephen Clucas, 'False Illuding Spirits & Cownterfeiting Deuills: John Dee's Angelic Conversations and Religious Anxiety', in *Conversations with Angels*, ed. Joad Raymond, 170, n.26.

＊22 Sibly, the plate facing p. 1106. たとえば、同図をそのまま転載した 19 世紀後半の本では、「死者の霊を召喚するケリーとディー博士」という題に変えられた。Thomas Seccombe, ed., *Lives of Twelve Bad Men*, the plate facing p. 34.

＊23 3 月 8 日の『日録』では、「クラークスン氏とその友人」とあるのみで、タルボットという名前は出てこないが(*PD*, 14)、3 月 10 日の『召喚記録』欄外書き込みには、タルボットが「2 日前」にディーを来訪していたことを裏書きする記述がある(*AWS*, 18)。なお、クラークスンという人物の素性は不明。See *DD*, 26, n.11.

＊24 なお、ケリーは当時の「学殖豊かな」者の備えているべき必須条件であったギリシャ語の知識を欠いていた。カソーボンはケリーがラテン語も「ほとんど理解できなかった」と断じたが、ウェイン・シューメイカーは、ケリーはラテン語を正確には喋れなかっただろうが読む能力はあったと推測している。Casaubon, 'Preface' to *TFR*, sig. D4r; Wayne Shumaker, *Renaissance Curiosa*, 36.

＊25 *DD*, 26, n.13. See also *PD*, 15, n; *DD*, 49, n.15.

＊26 *DD*, 44, 45, 46, 47, 48, 51, 70, 72. ただし、書き込みがケリーによるものか、あるいはディーによるものか判別できない場合もある。See Wilding, 38.

＊27 この箇所では、既に 3 月 8 日の時点で、ケリーの側からスクライングをおこなうとの申し入れがあったとも述べられている。

＊28 Wilding, 39. See also Michael Wilding, *Raising Spirits, Making Gold and Swapping Wives: The True Adventures of Dr John Dee and Sir Edward Kelly* (Nottingham and Sydney: Shoestring Press and Abbot Bentley, 1999), 20.

＊29 ケリーの結婚については、本書第 14 章及び 15 章も参照。

＊30 実際にはそういった解釈のほうが多数派を占める。しかしながら、たとえば、『エリベス朝のロマンス風伝記』(1842)で、ウィリアム・クック・テイラーは、ディーが詐欺師ケリーに騙された被害者という説は単純にすぎるとして、ディーが幾度もケリーを引きとめようとし、かつまた、後にケリーが完全に離反してからもディーが召喚作業をおこなった事実を指摘した。William Cooke Taylor, *Romantic Biography of the Age of Elizabeth*, I, 387–389. ケリーが常にディーを騙す側にいたわけではないという見解は、大英図書館所蔵の『精霊日誌』刊本に書き込まれた 17 世紀の筆者不詳のメモにも見出せる。Whitby, 103.

＊31 Whitby, 13. See also *DD*, 44. この箇所は後に抹消される。なお、Whitby と *DD* では該当部分の翻字に異同があり、ここでは前者にしたがう。

＊32 この箇所も後に抹消される。

＊33 *DD* の翻字は *PD* とは若干異なる(*DD*, 45)。Wilding, 'A Biography of Edward Kelley', 40 も参照。

＊34　この箇所については、以下に異なった内容の翻字が見出せる。David Beers Quinn, ed., *The Voyages and Colonising Enterprises of Sir Humphrey Gilbert*（1940, repr. Nendeln, Liechtenstein: Kraus Reprint, 1967）, 280, n. 2.

＊35　*DD*, 49, nn.15, 16.

＊36　この箇所も後に抹消。ケリーはそこに「以前はタルボットという名前」と書き足すが、それも抹消されている（*DD*, 49, n.21）。

＊37　ただし、11 月 15 日以前にも召喚作業がおこなわれたものの、『神秘の書』第三書の最終部が散佚したという可能性もある。以下を参照。Whitby, 12–14.

第 6 章

＊1　この霊的存在を「四十九の善なる天使たち」の 36 番目、ブナスペン（Bnaspen）とみなす解釈もある。Stephen Clucas, 'False Illuding Spirits & Cownterfeiting Deuills', 165. 円周に書かれた天使の名前については、以下を参照。Whitby, 419, 429; *AWS*, 216.

＊2　ブロックリー（Blockley）は *PD* では Blakely と翻字されている。なお、11 月 22 日の記載は後に全文抹消された（*DD*, 51）。

＊3　Thomas Browne's letter of March 1674 to Elias Ashmole, in Thomas Browne, *Works*, VI, 325.

＊4　Elias Ashmole, *Theatrum Chemicum Britannicum*, 481.

＊5　Charles R. Beard, *The Romance of Treasure Trove*（London: Sampson Low, Marston & Co., 1933）, 234–235.

＊6　Louis Figuier, *L'alchimie et les alchimistes: essai historique et critique sur la philosphie hermetique*（Paris: Librarie de L. Hachette, 1856）, 201–212; Arthur Edward Waite, 'Biographical Preface' to *Edward Kelly the Englishman's Two Excellent Treatises on the Philosopher's Stone*, xviff; A. F. Pollard, 'Sir Edward Kelley', 35–36. ちなみに、ディーはウェールズの王家の末裔を自称しており、また、アーサー王の事蹟の研究に精力を傾けた。周知のように、アーサーの遺骸はグラストンベリーにあると信じられていた。アーサー王がディーにとって持った意味については、以下を参照。Peter French, *John Dee*, 188ff. 博士は自分の長男の名前をおそらく王にちなんでつけたものと思われる。したがって、ケリーの放浪、手稿発見の経緯として伝えられてきた話が、こういったディーの関心と重なりあっているのは決して偶然ではあるまい。本書第 7 章参照。

＊7　*AWS*, 229; *PD*, 25, 60; *TFR*, ＊27, ＊30, ＊34. ケリーの抜粋手稿は、後に火の不始末から危うく焼失しそうになる（*PD*, 25［12 Dec. 1587］）。本書第 15 章参照。

＊8　ダンスタンが金工に巧みであったという話は、'B' というイニシャルのみで知られる人物による最初の伝記『聖ダンスタン伝』が濫觴《らんしょう》である。Douglas Dales, *Dunstan: Saint and Statesman*（Cambridge: Lutterworth Press, 1988）, 12, 150; Nigel Ramsay, Margaret Sparks and Tim Tatton-Brown, eds., *St Dunstan: His*

Life, Times, and Cult (Woodbridge and Rochester, NY: The Boydell Press, 1992), 2–3, 315. ディーが洗礼を受けたのはロンドンの聖ダンスタン東教会であった事実も想起されたい(本書第1章参照)。なお、アーサー・ディーは *Tractus Maximi Domini Dunstani Episcopi Cantuariensis, veri philisophi, de Lapide philosophorum* という写本を所有、自分の著書『錬金術の束』*Fasculus chemicus* でも引用している。Arthur Dee, *Fasciculus chemicus*, tr. Elias Ashmole, ed. Lyndy Abraham (New York and London: Garland Publishing, 1997), 28–29, 84. See also Browne, VI, 322; Lyndy Abraham, 'Preface' to *Fasciculus chemicus*, lxi–lxii. この写本がケリーの持ち帰ったものと同じ内容かもしれないとする説もある。Wilding, 'A Biography of Edward Kelly', 40. また、サイモン・フォーマンは伝ダンスタンの著作を書き写している。Lauren Kassel, *Medicine and Magic in Elizabethan London*, 339. アシュモールも聖ダンスタンが書いたと称される書物『隠秘哲学』*De occulta philosophia* (コルネリウス・アグリッパの有名な書と同じ題名)に言及しているが、この正体は不詳。Ashmole, sig. A4^{v}. See also Lawrence M. Principe, *The Aspiring Adept: Robert Boyle and His Alchemical Quest* (1998, repr. Princeton: Princeton University Press, 2000), 198. いっぽう、『ダンスタンの書』はケリー自身の筆になるもので、彼の遺した著作のひとつ『賢者の石について』*De lapide phihsophorum* と同一だとする説がある。*Edward Kelly the Englishman's Two Excellent Treatises*, 4–50; Arthur Edward Waite, 'Biographical Preface' to *ibid.*, xl–xiii; Charlotte Fell Smith, *John Dee*, 193; *DD*, 61, n. 9. また、ケリーが持ち帰ったのは錬金術論と象形文字で記された本の2種類からなる手稿だとする解釈もある。Wilding, 40. ディーはこの本のことを「魔術と錬金術の書」とも呼んでいる。*AWS*, 325.

＊9 *TFR*, 8, 9, 69, 92, 448, ＊2, ＊9, ＊11, ＊12, ＊27.

＊10 Thomas Charnock, *The Breviary of Natural Philosophy* (1557), in Ashmole, 297.

＊11 Michael Hunter, *Robert Boyle (1627–91): Scrupulosity and Science* (Woodbridge: Boydell Press, 2000), 107–114; Principe, 95–97.

＊12 なお、ディーはなぜか x に対応する文字を間違えている。Whitby, 511; *DD*, 73, n.4.

＊13 メナバン(Menaban)はメナボン(Menabon)の誤りかと思われる。*DD*, 73, n.4.

＊14 Mons Mene は、ブロックリーから近い Meon Hill だとする説がある。Whitby, 512. 実際、同地では19世紀初頭になって古代の遺物が発掘されている。*DD*, 73, n.5. 絵図の示す地名については、さら以下を参照。Beard, 237, n.1. ただし、同書では、ケリーが巻物や粉薬をウェールズで入手したとされているので要注意。

＊15 John Leland, *Leland's Itinerary*, ed. Lucy Toulmin Smith (1907–1910, repr. London: Centaur Press, 1964), II, 36.

＊16 John Bale, *Select Works of John Bale*, ed. Henry Christmas (Cambridge: The Parker Society, 1849), 236.

＊17 French, chaps. 3, 8; William H. Sherman, *John Dee*, ch. 2; *LC*, 3ff.

＊18 'Dr. John Dee to his patron Lord Burghley . . . ', in Henry Ellis, ed., *Original Letters of Eminent Literary Men of the Sixteenth, Seventeenth and Eighteenth Centuries*, 32–40. See also John Strype, *Annals of the Reformation and*

Establishment of Religion and Other Various Occurrences in the Church of England during Queen Elizabeth's Happy Reign (1824, repr. New York: Burt Franklin, n. d. [1968?]), II, pt. ii, 558–563.

＊19　George Hill, *Treasure Trove in Law and Practice: From the Earliest Time to the Present Day* (Oxford: Clarendon Press, 1936), 187.

＊20　L. V. Grinsell, 'Barrow Treasure, in Fact, Tradition, and Legislation', *Folklore*, 78: 1 (1967), 8–9.

＊21　'Dr. John Dee to his patron Lord Burghley . . . ', 36–37.

＊22　John Aubrey, *Brief Lives*, ed. Oliver Lawson Dick, 90.

＊23　16, 17 世紀における埋蔵金探しと魔術、超自然の関係については、以下を参照。George Lyman Kittredge, *Witchcraft in Old and New England* (1929, repr. New York: Atheneum, 1972), ch. xiv; Keith Thomas, *Religion and the Decline of Magic*, 280–282; Beard, chaps. iv-v; Owen Davies, *Popular Magic*, 93ff; Benedek Láng, *Unlocked Books*, 214–219: Reginald Scot, *The Discoverie of Witchcraft*, bk. XV, ch. x, 339–341; Johannes Dillinger, *Magical Treasure Hunting in Europe and North America: A History* (Basingstoke and New York: Palgrave Macmillan, 2012).

＊24　Dawson Turner, 'Brief Remarks, Accompanied with Documents, Illustrative of Trial by Jury, Treasure-Trove, and the Invocation of Spirits for the Discovery of Hidden Treasure, in the Sixteenth Century', *Norfolk Archaeology*, I (1847), 47ff.

＊25　J. Kent Clark, *Goodwin Wharton* (Oxford and New York: Oxford University Press, 1984), 76. なお、宝探しと天使、精霊といえば、時代も国も異なるが、モルモン教の開祖ジョゼフ・スミス(1805–1844)を想起せざるをえないだろう。若い頃のスミスは実は宝探しの「達人」として活躍していたのだが、やがて、天使と遭遇、イスラエルの失われた部族の秘められた歴史を「古代エジプト語」で記した金の板の発見に導かれることになる。スミスがやはり「見者の石」を用いて スクライング をおこなっていたことなどを含めて、エリザベス朝の学者と 19 世紀アメリカの農家の息子との間には、幾つかの類似点が見られる。Fawn M. Brodie, *No Man Knows My History: The Life of Joseph Smith* (1945, revised ed. New York: Vintage Books, 1995), chaps. 2–5. なお、スミスの用いた「石」は「ほぼ黒だが、明るい色の条が入っていた」という。*Ibid.*, 20, n.

＊26　Hill, 237; Turner, 59–60. 15 世紀の魔術手稿のひとつには、オベリオン(Oberion)という精霊が登場しており、これもオベロンと関係があるのかもしれない。Frank Klaassen, *The Transformations of Magic*, 176.

＊27　[Anonymous], *The Book of Treasure Spirits*, ed. David Rankine (London: Avalonia, 2009), 108–114. レジナルド・スコットの『ウィッチクラフト曝露』においても、妖精召喚と埋蔵金探しが結びついた例が見られる。Scot, bk. XV, ch. viii, 336–338. 妖精と埋蔵金については、さらに以下も参照。Dillinger, 66ff; Diane Purkiss, *At the Bottom of the Garden: A Dark History of Fairies, Hobgoblins, and Other Troublesome Things* (New York: New York University Press, 2003), ch. 4.

＊28 Robert Kirk, *The Secret Common-Wealth & A Short Treatise of Charms and Spels*, ed. Stewart Sanderson (Cambridge and Totowa: D. S. Brewer, and Rowman and Littlefield, 1976), 61–62. See also I. R. F. Calder, *John Dee Studied as an English Neoplatonist*, I, 762–764. カークについては本書第 7 章註 58 も参照。

＊29 1587 年 4 月 18 日に出現した霊的存在は、自分がケリーに「粉薬」を与えたと述べるが、身長約 50 センチとされ、一種の妖精なのだろうか(*TFR*, ＊12)。本書第 14 章参照。

第 7 章

＊1 本書第 1 章註 47 参照。

＊2 Elias Ashmole, *Theatrum Chemicum Britannicum*, 478. ウィリアム・リリーも、ディーは「化学[錬金術]に没頭し、かなりの成功を収めた」と述べている。William Lilly, *William Lilly's History of His Life and Times*, 147.

＊3 *LC*, 7, 11, 191–193; Sherman, *John Dee*, 89–90. ディーは最終的には総計で約 90 冊の錬金術書、約 60 冊の錬金術写本を所蔵していたと推定される。*LC*, 34–35. なお、『象形文字のモナド』において、ディーは 1562 年の時点で自分は錬金術を既に 20 年間研究してきたと語っている。この言葉を信ずるならば、彼が錬金術を探求しはじめたのは、1542 年、つまり、僅か 15 歳の少年であった頃になる。C. H. Josten, 'A Translation of John Dee's *Monas Hieroglyphica* (Antwerp, 1564), with an Introduction and Annotations', *Ambix*, 12 (1964), 136/137. この文献は、以下、本書の註では *MH* と略記。ただし、'Introduction' の部分については、本書の註では Josten, 'Introduction' と表記。

＊4 Meric Casaubon, 'Preface' to *TFR*, sig. E3^{v}.

＊5 *MH*, 150/151. See also *ibid.*, 122/123–128/129, 140/141–146/147; Nicholas H. Clulee, *John Dee's Natural Philosophy*, 263, n.13.

＊6 『象形文字のモナド』についての、20 世紀以降の解釈については、たとえば以下を参照。Josten, 'Introduction', 84–111; I. R. F. Calder, *John Dee Studied as an English Neoplatonist*, I, 543ff; Frances A. Yates, *The Theatre of the World*, 41–54; idem, *The Rosicrucian Enlightenmen*t, 46ff. et passim.; Peter J. French, *John Dee*, 64–66; Allen G. Debus, *The Chemical Philosophy: Paracelsian Science and Medicine in the Sixteenth and Seventeenth Centuries* (New York: Science History Publications, 1977), I, 44–45; Graham Yewbrey, *John Dee and the 'Sydney Group': Cosmopolitics and Protestant 'Activism' in the 1570s* (Unpublished Doctoral Dissertation: University of Hull, 1981), 82–90; Charles Nicholl, *The Chemical Theatre* (London, Boston and Henley: Routledge and Kegan Paul, 1980), 41–54; Clulee, 77–115; Deborah E. Harkness, *John Dee's Conversations with Angels*, 77–90; Håkan Håkansson, *Seeing the Word*, 74ff; György E. Szőnyi, *John Dee's Occultism*, 161–179; Glyn Parry, *The Arch-Conjuror of England*, 53–59; James J. Bono, *The Word of God and the Languages of Man; Interpreting Nature in Early Modern Science and Medicine: vol. I, Ficino to Descartes* (Madison and London: University of Wisconsin Press,

1995）, 200–207. なお、*Monas hieroglyphica* というラテン語原題で用いられる monas は、英語の monad の謂である。混乱を生じやすいので注意。

＊7 Agrippa, bk. II, ch. iv, 241–242. See also Christopher Lehrich, *The Language of Demons and Angels*, 117–119. 134–135.

＊8 *MH*, 158/159–160/161; Josten, 'Introduction', 102–103. See also Fred Gettings, *Dictionary of Occult, Hermetic and Alchemical Sigils*, 56–57, 170–172. なお、月、太陽、白羊宮はハプスブルク王家の用いたシンボルでもあった。Parry, 53.

＊9 *MH*, 122/123.

＊10 *Ibid*., 132/133, 134/135. 後に、トマス・ヴォーンも由緒正しくないカバラが存在すると唱えた。Thomas Vaughan, *Magia Adamica, or The Antiquitie of Magic*（1650）, in *The Works of Thomas Vaughan*, 178–179. なお、1562 年、パリに滞在中にディーは「ヘブライのカバラの簡約表」という論考を執筆、『象形文字のモナド』と密接な関係をもつ内容と推測されるが、残念ながらこれは現存していない。*CR*, 26; *MH*, 136/137; Charles Henry Cooper and Thompson Cooper, *Athenae Cantabrigienses*, II, 506.

＊11 Clulee, *John Dee's Natural Philosophy* 106–110; Nicholas H. Clulee, '*Astronimia inferior*: Legacies of Johannes Trithemius and John Dee', in *Secrets of Nature: Astrology and Alchemy in Early Modern Europe*, eds. William R. Newman and Anthony Grafton（2001, repr. Cambridge, Mass. and London: MIT Press, 2006）, 173–233. ディーは、自分がモナスを着想したのは 1557 年であったと述べている（*MH*, 146/147）。

＊12 Wayne Shumaker, ed. and tr., *John Dee on Astronomy: Propaedeumata aphoristica*（*1558 and 1568*）, 148/149. ただし、『箴言による占星術入門』が基本的には自然哲学に属する科学的な著作なのか、あるいは、隠秘学的要素が濃いものかについては、解釈が分かれる。同書はメルカトルに献呈された。占星術をめぐってのディーとメルカトルの相互影響関係については、たとえば以下を参照。Steven Vanden Broecke, 'Dee, Mercator, and Louvain Instrument Making: an Undescribed Astrological Disc by Gerald Mercator（1551）', *Annals of Science*, 58（2001）, 219–240. ディーとメルカトルの学問上の交流については、以下も参照。E. G. R. Taylor, 'John Dee and the Map of North-East Asia', *Imago Mundi*, 12（1955）, 103–106; idem, 'A Letter Dated 1577 from Mercator to John Dee', *Imago Mundi*, 13（1956）, 56–67.

＊13 *MH*, 174/175. See also *ibid*., 164/165.

＊14 アシュモールも、錬金術の実践にあたっては「天文学と占星術の法則を勘案せねばならない」と主張した。Ashmole, 450.

＊15 Clulee, *John Dee's Natural Philosophy*, 101–13; Harkness, 88–90; Hilde Norrgrén, 'Interpretation and Hieroglyphic Monad: John Dee's Reading of Pantheus's *Voarchadumia*', in *John Dee's* Monas Hieroglyphica, ed. Stephen Clucas, *Ambix*, 52: 3（November 2005）, 217–245; Peter J. Forshaw, 'Cabala Chymica or Chemia Cabalistica: Early Modern Alchemists and Cabala', *Ambix*, 60: 4（2013）, 361–389. ディーはジョヴァンニ・パンテオの主著『錬金術と対抗するウォアルカドゥミア』（1530）を 1559 年の時点で入手していた。*LC*,

#D16. 'Voarchadumia' という言葉はパンテオがヘブライ語から作りだした造語で、「純粋精製の黄金」の謂。ディーはこの語を『象形文字のモナド』で使用している(*MH*, 136/137)。パンテオがディーに及ぼした影響については、本書第9章も参照。

＊16　*MH*, 160/161. ディーは『象形文字のモナド』で 'Arioton' という意味未詳の言葉を用いているが(*MH*, 136/137)、これはおそらく白羊宮(Aries)に由来する造語で、錬金を意味する可能性が高い。

＊17　*MH*, 174/175–176/177.「哲学者の卵」については、以下を参照。H. J. Sheppard, 'Egg Symbolism in Alchemy', *Ambix*, 6 (1958), 140–148; Lyndy Abraham, *A Dictionary of Alchemical Imagery* (Cambridge, New York and Melbourne: Cambridge University Press, 1998), 66–67. 天文学、特にコペルニクスの地動説との関連から論じたものとしては、以下がある。J. Peter Zetterberg, 'Hermetic Geocentricity: John Dee's Celestial Egg', *Isis*, 70: 3 (1979), 385–393.

＊18　See Josten, 'Introduction', 98; Yates, *The Rosicrucian Enlightenment*, 61. See also C. H. Josten, 'Book Review of *The Rosicrucian Enlightenment*', 132. 初版に基づく邦訳『化学の結婚』、種村季弘訳(紀伊國屋書店、1993)では、8頁にこの図版が掲げられている。ただし、註には「水銀の標徴」とのみある。『化学の結婚』がエドワード・フォックスクロフトによって最初に英訳されたのは1690年だが(『ヘルメス思想のロマンス、あるいは化学の結婚』)、同書の近年の復刻版には、たとえば Johann Valentin Andrea, *The Chymical Wedding of Christian Rosenkreutz*, tr. Edward Foxcroft (London: Minerva Press, n.d.) のように、この図版を欠くものも存在するので注意。

＊19　Debus, *The Chemical Philosophy*, I, 256–260. なお、ケプラーとフラッドの論争については、物理学者ヴォルフガング・パウリの著名な論考がある。W. Pauli, 'The Influence of Archetypal Ideas on the Scientific Theories of Kepler', tr. Pricscilla Silz, in Paul: and C. G. Jung, *The Interpretation of Nature and the Psyche* (1952, rev. ed. New York: Pantheon Books, 1955), 147–240. フラッドの議論の当該箇所は、モナスの図も含めて同論文の附録2として印刷されている(図は *Ibid.*, 234)。C・G・ユングとの関係も含めて、パウリのこの論考については以下を参照。Robert S. Westman, 'Nature, Art, and Psyche: Jung. Pauli, and the Kepler-Fludd Polemic', in *Occult and Scientific Mentalities in the Renaissance*, ed. Brian Vickers, 177–229. フラッドの思想については、たとえば以下を参照。Debus, *The Chemical Philosophy*, I, 205ff; William H. Huffman, *Robert Fludd and the End of the Renaissance* (London: Routledge, 1988). ただし、後者はディーの及ぼした影響を無視している。

＊20　Josten, 'Introduction', 98; Joscelyn Godwin, *Athanasius Kircher's Theatre of the World*, 280–282; Alexander Roob, *The Hermetic Museum: Alchemy and Mysticism* (Köln: Taschen, 1997), 598. See also Daniel Stolzenberg, 'Four Trees, Some Amulets, and the Seventy-two Names of God'.

＊21　Josten, 'Introduction', 98. See also Stanislas Klossowski de Rola, *The Golden Game: Alchemical Engravings of the Seventeenth Century* (New York: George Braziller, 1988), 311, plate 503.

＊22　Josten, 'Introduction', 98; Peter J. Forshaw, 'The Early Alchemical Reception of John Dee's *Monas Hiero-*

glyphica', in *John Dee's* Monas Hieroglyphica, 259–260;

＊23　Ronald Sterne Wilkinson, 'The Alchemical Library of John Winthrop, Jr. (1606–1676) and His Descendants in Colonial America', *Ambix*, 11 (1963), 39, 48, 50; Walter W. Woodward, *Prospero's America: John Winthrop, Jr., Alchemy, and the Creation of New England Culture, 1606–1676* (Chapel Hill: University of North Carolina Press, 2010), 35–37.

＊24　Josten, 'Introduction', 96; Bruce T. Moran, 'The Less Well-known Libavius: Spirits, Powers, and Metaphors in the Practice of Knowing Nature', in *Chymists and Chymistry*, ed. Lawrence M. Principe, 15–16; Stephen Clucas, 'Alchemy and Certainty in the Seventeenth Century', in *Chymists and Chymistry*, 44–46.

＊25　Josten, 'Introduction', 97; Norrgrén, 221–222.

＊26　Reginald Scot, *The Discoverie of Witchcraft*, bk. XIV, chaps. i–viii.

＊27　パウオ・ロッシ『魔術から科学へ』(前田達郎訳、サイマル出版会、1970)、第1章。また、同書40頁、註58も参照。ちなみに、アグリッパは、若い頃は別にして、錬金術には基本的に懐疑的であったかもしれない。Wolf Dieter Müller-Jahncke, 'The Attitude of Agrippa von Nettesheim (1486–1535) Towards Alchemy', 134–150. ジロラモ・カルダーノは、自分が関わらなかった学問として魔術、降霊術などと並んで錬金術を挙げた。Girolamo Cardano, *The Book of My Life*, 148.

＊28　ニュートンと錬金術の関係については、たとえば以下を参照。Betty Jo Teeter Dobbs, *The Foundations of Newton's Alchemy, or, 'The Hunting of the Greene Lyon'* (1975, repr. Cambridge: Cambridge University Press, 1983); idem, *The Janus Faces of Genius: The Role of Alchemy in Newton's Thought* (Cambridge: Cambridge University Press, 1991).

＊29　Keith Thomas, *Religion and the Decline of Magic*, 270; Paul Kléber Monod, *Solomon's Secret Art*, 23–52.

＊30　パラケルスス派の思想については、たとえば以下を参照。Debus, *The Chemical Philosophy*; Allen G. Debus, *The English Paracelsians* (New York: Franklin Watts, 1966). パラケルスス自身が遺した錬金術関連の主要論考の英訳は、以下に収録されている。Paracelsus, *The Hermetic and Alchemical Writings of Paracelsus*, ed. Arthur Edward Waite (1894, repr. Berkley: Shambhala, 1976), 2vols.

＊31　Clulee, '*Astronimia inferior*'; W. R. Newman and L. M. Principe, 'Alchemy vs. Chemistry: the Etymological Origins of a Historiographic Mistake', *Early Science and Medicine*, 3 (1998), 32–65; William R. Newman, *Gehennical Fire: The Lives of George Starkey, an American Alchemist in the Scientific Revolution* (1994, repr. Chicago and London: University of Chicago Press, 2003), 92–144, 141–169.

＊32　ディーの蔵書のなかでパラケルススの著作は突出した割合を占めており、彼はパラケルススの思想を英国に移入するにあたって重要な役割を果たしたものと思われる。*LC*, 11, 69; Debus, *The English Paracelsians*, 22ff, 101ff; French, 127–128.

＊33　Allen G. Debus, 'Introduction' to John Dee, *The Mathematicall Preface*, 7; Urszula Szulakowska, *John Dee and European Alchemy*, 1–3; Nicholas H. Clulee, 'John Dee and the Paracelsians', in *Reading the Book of Nature:*

The Other Side of the Scientific Revolution, eds. Allen G. Debus and Micahel Walton (n.p.: Sixteenth Century Journal Publishers, 1998), 111–132.

＊34 *LC*, 34ff. ディー架蔵のリプリーの著作写本は、以下の通り。*LC*, ♯DM4, ♯DM6, ♯DM10, ♯DM90, ♯DM91, ♯DM121. ノートンの著作写本は、以下の通り。*LC*, ♯DM96, ♯DM121. ノートンについては、たとえば以下を参照。John Reidy, ed., *Thomas Norton's Ordinal of Alchemy* (London, New York and Toronto: Oxford University Press, 1975); J. Reidy, 'Thomas Norton and *The Ordinall of Alchimy*', *Ambix*, 6: 2 (1957), 59–85. エドワード・ケリーはリプリーを高く評価していた。Jonathan Hughes, 'The Humanity of Thomas Charrnock, an Elizabethan Alchemist', in *Mystical Metal of Gold*, ed. Stanton Linden, 4. エドワード四世の宮廷における錬金術については、以下を参照。Jonathan Hughes, *Arthurian Myths and Alchemy: The Kingship of Edward IV* (Stroud: Sutton Publishing, 2002). ヘンリー六世統治下の錬金術については、以下を参照。D. Geoghegan, 'A Licence of Henry VI to Practise Alchemy', *Ambix*, 6: 1 (1957), 10–17.

＊35 アシュモールは、ディーの場合と同じく、チャーノックに関する資料も熱心に調査蒐集した。チャーノックについては、以下を参照。Ashmole, 475–478; Anthony Wood, *Athenae Oxonienses*, III, cols. 1236–1237; Thomas Fuller, *The History of the Worthies of England*, II, 153; F. Sherwood Taylor, 'Thomas Charnock', *Ambix*, 2 (1946), 148–176; Allan Pritchard, 'Thomas Charnock's Book dedicated to Queen Elizabeth', *Ambix*, 26: 1 (1979), 56–73; Hughes, 'The Humanity of Thomas Charrnock', 3–34. なお、チャーノックが、自分の占星術上の計算によれば、最後の審判の日は1581年に到来すると述べているのは興味深い。Pritchard, 62–64; Hughes, 'The Humanity of Thomas Charrnock', 20.

＊36 Quoted in Taylor, 172.

＊37 『自然哲学大意』はアシュモールの『英国の化学の劇場』に収録されている。Thomas Charnock, *The Breviary of Natural Philosophy*, in Ashmole, 291–303.

＊38 *Calendar of State Papers, Domestic Series, of the Reigns of Edward VI., Mary, Elizabeth, 1547–1580*, ed. Robert Lemon, 249 (7 & 9 Feb. 1565), 269 (7 Mar. 1566), 276 (19 Jul. 1566), 289 (13 Mar. 1567); Robert Steele, 'Alchemy', in *Shakespeare's England*, eds. Sydney Lee, Charles Talbut Onions and Walter A. Raleigh (1916, repr. Oxford: Clarendon Press, 1950), I, 472–473. セシルの錬金術やその周辺領域に対する関心については、以下を参照。Hughes, 'The Humanity of Thomas Charrnock', 9, 12; Deborah E. Harkness, *The Jewel House: Elizabethan London and the Scientific Revolution* (New Haven and London: Yale University Press, 2007), 142–160, 160–174.

＊39 Christopher Kitching, 'Alchemy in the Reign of Edward VI: an Episode in the Careers of Richard Whalley and Richard Eden', *Bulletin of the Institute of Historical Research, University of London*, 44: 2 (1971), 308–315; David Gwyn, 'Richard Eden, Cosmographer and Alchemist', *Sixteenth Century Journal*, 15: 1 (1984), 13–34.

＊40 John Strype, *Annals of the Reformation ad Establishment of Religion*, II, pt. i, 520–523; Parry, 88–93.

＊41 *Calendar of State Papers, Domestic Series, of the Reigns of Edward VI, Mary, Elizabeth, 1547–1580*, ed. Robert

Lemon (1856, repr. Nendeln, Liechtenstein: Kraus Reprint, 1967), 403 (1570?); W. H. Hart, 'Observations on Some Documents Relating to Magic in the Reign of Queen Elizabeth', 390.

＊42　Wood, I, cols. 632–634; Edward Cradock, *A Treatise Touching the Philosopher's Stone*, in *Alchemical Poetry 1575–1700: From Previously Unpublished Manuscripts*, ed. Robert M. Schuler (1995, repr. London and New York: Routledge, 2013), 11–31. ディーは 1581 年 10 月 21 日にオックスフォードを訪れた際に、クラドックを訪ねている。*PD*, 13.

＊43　William Blomfild, 'Bloomefields Blossoms', in Ashmole, 305–323. See also Ashmole, 478; Robert M. Shuler, 'William Blomfild, Elizabethan Alchemist', *Ambix*, 20 (1973), 75–87.

＊44　Thomas Moffet, *Nobilis* (1593–4), quoted in Graham Yewbrey, *John Dee and the 'Sydney Group'*, 241. See also Roger Howell, *Sir Philip Sidney: The Shepherd Knight* (London: Hutchinson, 1968), 223–225. モフィットについては、以下も参照。John Aubrey, *Brief Lives*, ed. John Buchanan-Brown, 220; Debus, *The English Paracelsians*, 70ff; idem, *The Chemical Philosophy*, I, 183–184.

＊45　Yewbrey, 242. なお、イェイツはシドニーがディーの隠秘学全般の忠実な弟子であったと唱えたが、その決定的な証拠は存在しない。Yates, *The Theatre of the World*, 15. See also French, ch. 6.

＊46　John Aubrey, *Brief Lives*, ed. Oliver Lawson Dick, 138–139; Aubrey, *Brief Lives*, ed. John Buchanan-Brown, 151.

＊47　1579 年 7 月 13 日、ディーの 52 歳の誕生日に長子アーサーが誕生したとき、名付け親となったのもエドワード・ダイアーであった(*PD*, 6)。ディーとダイアーの関係については、たとえば以下を参照。Yewbrey, 243ff; Ralph M. Sargent, *At the Court of Queen Elizabeth: The Life and Lyrics of Sir Edward Dyer* (London and New York: Oxford University Press, 1935).

＊48　Laurence M. Principe and William R. Newman, 'Some Problems with the Historiography of Alchemy', in *Secrets of Nature*, 385–431.

＊49　*CR*, 30–31.

＊50　*DD*, 308; Nicholas H. Clulee, 'The *Monas Hieroglyphica* and the Alchemical Thread of John Dee's Career', in *John Dee's* Monas Hieroglyphica, 197; Szulakowska, 14–16.

＊51　*PD*, 12. ディーに最初に雇われたとき、クックはまだ 14 歳の少年だった。

＊52　たとえば、『日録』の 1581 年 9 月 25 日の項におけるクックに関する記述で、「哲学的」が「錬金術の」の意味で使われている(*PD*, 12)。See also *CR*, 23.

＊53　*MH*, 136/137. ディーはこういった人々を 'beryllisticus' という言葉で呼んでいる。

＊54　Meric Casaubon, 'The Preface' to *TFR*, sigs. E4^r–E4^v. カソーボンの超自然に対する立場については、たとえば以下を参照。Ian Bostridge, *Witchcraft and Its Tranformations*, 53ff; Lynn Thorndike, *A History of Magic and Experimental Science*, VIII, 514–516, 567–568.

＊55　Ashmole, sig. B1^v. アシュモールと類似した思想を有する 17 世紀英国の錬金術師の一派については、

以下を参照。Lawrence M. Principe, *The Aspiring Adept: Robert Boyle and His Alchemical Quest* (1998, repr. Princeton: Princeton University Press, 2000), 197ff. See also Robert M. Schuler, 'Some Spiritual Alchemies of Seventeenth Century England', *Journal of the History of Ideas*, 41: 2 (1980), 293–318.

＊56 'Robert Boyle's Dialogue on the Converse with Angels Aided by the Philosopher's Stone', printed in Principe, *The Aspiring Adept*, 312. See also Michael Hunter, *Robert Boyle (1627–91): Scrupulosity and Science* (Woodbridge: Boydell Press, 2000), 103–105.

＊57 'Burnet Memorundum', quoted in Hunter, *Robert Boyle*, 97.

＊58 John Aubrey, *Miscellanies*, in *Three Prose Works*, ed. John Buchanan-Brown, 101–103. See also Michael Hunter, *John Aubrey and the Realm of Learning*, 56ff and ch. 2. なお、オーブリのみならず、ボイル、ジョン・イーヴリン、サミュエル・ピープスといった人物たちがスコットランドに根強い透視予知能力者の伝統、伝承に示した関心については、以下を参照。Michael Hunter, ed., *The Occult Laboratory: Magic, Science and Second Sight in Late 17th-Century Scotland* (Woodbridge: Boydell Press, 2000). 同書では、妖精論の先駆『秘密の国』の著者ロバート・カーク(本書第6章参照)がボイルと交流があったなどの意外な事実が明らかにされている。

＊59 Principe, *The Aspiring Adept*, 196.

＊60 Wood, I, col. 639.

＊61 Aubrey, *Brief Lives*, ed. Oliver Lawson Dick, 5. アレンについては、以下も参照。Calder, I, 621–623; Andrew G. Watson, 'Thomas Allen of Oxford and His Manuscripts', in *Medieval Scribes, Manuscripts & Libraries: Essays Presented to N. R. Ker*, eds. M. B. Parkes and Andrew G. Watson (London: Scolar Press, 1978), 279–314.

＊62 *GRM*, title-page, 3–10, 56–58; Clulee, *John Dee's Natural Philosophy*, 182–185; French, 182–186. See also William H. Sherman, 'Putting the British Seas on the Map: John Dee's Imperial Cartography', *Cartographica*, 35: 3/4 (1998), 1–10; Ken Macmillan, 'Discourse on History, Geography, and Law: John Dee and the Limits of the British Empire, 1576–80', *Canadian Journal of History*, 36 (April 2001), 1–25. 当時のイングランドの航海事業全般の状況については、たとえば以下を参照。越智武臣「解説」、『大航海時代叢書第 II 期第十七巻　イギリスの航海と植民　一』(岩波書店、1983)、465–552 頁。

＊63 Sherman, *John Dee*, chaps. 6–7. Clulee, *John Dee's Natural Philosophy*, 180ff; Charlotte Artese, 'King Arthur in America: Making Space in History for *The Faerie Queene* and John Dee's *Brytanici Imperii Limites*', *Journal of Medieval & Early Modern Studies*, 33: 1 (2003), 125–141. ディーのアーサー王へのこだわりについては、本書第6章註6も参照。メドックとディーについては、以下を参照。Clulee, *ibid.*, 185 Sherman, 188–189; Gwyn A. Williams, *Madoc: The Legend of the Welsh Discovery of America* (1979, repr. Oxford and New York: Oxford University Press, 1987), 35ff. et passim. なお、イェイツはディーのこういった帝国の「再建」あるいは拡大の主張に宗教的、オカルト的色彩を賦与したが、後にこれは批判を浴びる。たとえば、以下を参照。Sherman, *John Dee*, 149ff.

＊64　Charles Merbury, *A Brief Discourse of Royal Monarchie* (1581), quoted in Sherman, *John Dee*, 150.

＊65　*CR*, 18; Clulee, *John Dee's Natural Philosophy*, 195–196.

＊66　*GRM*, 2. ただし、この航海論 'Atlanticall Discourses' の手稿は残存していない。Yewbrey, 43–44; Clulee, *John Dee's Natural Philosophy*, 181.

＊67　Richard Hakluyt, 'To the Favourable Reader', *The Principall Navigations, Voiages and Discoveries of the English Nation* (1589, repr. Cambridge: Published for the Hakluyt Society and the Peabody Museum at Cambridge University Press, 1965), I, sig. ★5.

＊68　Richard Collinson, ed., *The Three Voyages of Martin Frobisher* (1867, repr. New York: Burt Franklin, n.d.), 90–91, 352. See also Kenneth R. Andrews, *Trade, Plunder and Settlement: Maritime Enterprise and the Genesis of the British Empire, 1480–1630* (Cambridge: Cambridge University Press, 1984), 171; Parry, 98–102; Sargent, 40–46.

＊69　このエスキモーの絵は、以下に複製印刷されている。Kim Sloan, *A New World: England's First View of America* (London: The British Museum Press, 2007), 164–169.

＊70　*Correspondence of Sir Philip Sidney and Hubert Languet*, ed. and tr. Steuart A. Pears (1845, repr. Farnborough: Gregg, 1971), 119. 1578 年 3 月 1 日付の書簡では、シドニーは「フロビシャーが最初豪語していたほどの価値はないと判明」したと記している。*Ibid.*, 145.

＊71　Sargent, 42.

＊72　Calder, II, 325, n. 5; Sargent, 46.

＊73　Andrews, 173–174; Sherman, *John Dee*, 174–175; Clulee, *John Dee's Natural Philosophy*, 182, 187, 291, n. 55.

＊74　John Dee, 'The Mathematical Preface', sig. A.i^r. ただし、イニシャルのみの 'S. H. G.' として言及されている。ハンフリー・ギルバートについては、以下を参照。David Beers Quinn, ed., *The Voyages and Colonising Enterprises of Sir Humphrey Gilbert* (1940, repr. Nendeln, Liectenstein: Kraus Reprint, 1967); Andrews, ch. 9; Clulee, *John Dee's Natural Philosophy* 180–181, 186–189; Sherman, *John Dee*, 164–165; Parry, 84–85.

＊75　See also *PD*, 8 (28 Aug. 1580); Quinn, 52; Andrews, 190.

＊76　Quinn, 51, 239, n.2. これは『日録』には無記載。

＊77　Quinn, 56ff; 72–76; 435–482. シドニーも権利譲渡書を入手したひとりであった。Quinn, 74, 260–266; Clulee, *John Dee's Natural Philosophy*, 180, 184.

＊78　See also Clulee, 187–188; Quinn, 266–278; Andrews, 190–191. なお、1582 年 11 月 17 日の召喚作業では、ディーは天使に「スペイン国王の気持をわたしが現在抱いている目的にかなうように向けさせるには、如何にすればよいのか？」という質問を発している（*AWS*, 18–19）。「スペイン国王」とはフェリペ 2 世を指すのはいうまでもなく、これもディーの北アメリカの利権に対する関心から発せられたものかもしれない。See also *AWS*, 2ff, 35–37; Whitby, 388–389.

＊79　Sir George Peckham, *A True Reporte of the Late Discoveries . . .* (1583), reprinted in Quinn, 459.

＊80　エイドリアン・ギルバート、ジョン・デイヴィスとディーの関係については、以下を参照。Albert Hastings Markham, ed., *The Voyages and Works of John Davis* (1880, repr. New York: Burt Franklin, n.d.), vii–x; Quinn, 96–100, 483–489; Andrews, 179–182. See also Sherman, *John Dee*, 174, 244, n.86.

＊81　See also Quinn, 97. ディーのモスクワ会社との関係は 1550 年代半ばにまで遡るのかもしれない。Parry, 4. ジョン・デイヴィスは、後の北米探検航海の際に、現在のカナダ北部の岬を「ウォルシンガム岬」、「ダイアー岬」と命名した。Markham, 9. ウォルシンガムの探検事業やディーとの関わりについては、たとえば以下を参照。Conyers Read, *Mr Secretary Walsingham and the Policy of Queen Elizabeth* (1925, repr. New York: AMS Press, 1978), III, 370–410; John Cooper, *The Queen's Agent: Francis Walsingham at the Court of Elizabeth I* (2011, repr. London: Faber and Faber, 2012), 234ff.

＊82　Nicholas Popper, *Walter Raleigh's* History of the World *and the Historical Culture of the Late Renaissance* (Chicago and London: University of Chicago Press, 2012), 163–165.

＊83　Parry, 101–102.

＊84　*CR*, 13–14.

＊85　John Dee, 'A Brief Note Scholastical . . . ', to *GRM*.

＊86　John Davis, *The Seamans Secrets* (1607), reprinted in Markham, 234.

＊87　*DD*, 324; Clulee, *John Dee's Natural Philosophy*,140–141.

＊88　Sherman, *John Dee*, 174, 244, n.86.

＊89　British Library, MS Add. 36674, fols. 47^{r}–57^{v}, 58^{r}–62^{v}. See also Whitby, 87: *DD*, 324; Frank Klaassen, *The Transformations of Magic*, 167–170; idem, 'Ritual Invocation and Early Modern Science', in *Invoking Angels*, ed. Claire Fanger, 341–366. この文書で H. G. とイニシャルのみで表記されている人物が、ハンフリー・ギルバートと推測される。

＊90　前日の 3 月 25 日には、エイドリアン・ギルバートは「火の玉」のヴィジョンを目撃した(*AWS*, 239)。なお、3 月 24 日、召喚作業にディーとケリー以外に第三の人物が参加する必要性については、天使が語っており、また、エイドリアン・ギルバートの名前が召喚記録で最初に言及されている(*AWS*, 227)。

＊91　『完全なる航海術』第 1 部において、ディーはエリザベスを盟主とする強大かつ広大なキリスト教帝国樹立を提言した(*GRM*, 54)。ただし、アメリカ原住民のキリスト教への改宗計画についていえば、これはディーに限ったことではなく、ハクルートも『西方植民論』*Discourse of Western Planting* (1584) の第 1 章において同様な主張をおこなっている。したがって、これに過度に神秘主義的な色彩を賦与するのは危険であろう。Andrews, 31–32.

＊92　Aubrey, ed. Dick, 138–139; Aubrey, ed. Buchanan-Brown, 151, 261, n; John Aubrey, *The Natural History of Wiltshire*, ed. John Britton (1847, repr. New York: Augustus M. Kelley, 1969), 90.

＊93　Aubrey, ed. Dick, 254; Lucy Hutchinson, *Memoirs of the Life of Colonel Hutchinson with the Fragment of an Autobiography of Mrs. Hutchinson* (1806), ed. James Sutherland (London, New York and Toronto: Oxford University Press, 1973), 286–287. ロンドン塔幽閉の際の作業については、証言の文脈からすると、これはパラケルスス派の錬金術、つまり医薬を造り出すのが主たる目的のものと解釈できないこともない。

＊94　John William Shirley, 'The Scientific Experiments of Sir Walter Ralegh, the Wizard Earl, and the Three Magi in the Tower 1603–1617', *Ambix*, 4 (1949), 61–62.

第 8 章

＊1　エノク文字とラテン文字の分かりやすい対応表は、以下に見出せる。Robert Turner, *Elizabethan Magic* (Longmead: Element Books, 1989), 22; Aaron Leitch, *The Angelical Language, Volume I: The Complete History and Mythos of the Tongue of Angels* (Woodbury: Llewellyn Publications, 2010), 208. See also Donald C. Laycock, *The Complete Enochian Dictionary* (1978, repr. York Beach: Samuel Weiser, 1994); Aaron Leitch, *The Angelical Language, Volume II: An Encyclopedic Lexicon of the Tongue of Angels* (Woodbury: Llewellyn Publications, 2010).

＊2　*AWS*, 262; Whitby, 469–470. See also *John Dee's Five Books of Mystery*, ed. Joseph H. Peterson, 291.

＊3　Laycock, 32–33; Leitch, I, 58–59.

＊4　ただし、最後の 9 行だけは、第 2 葉以降と同じく、1 升につき 1 字となっている(*AWS*, 320)。

＊5　4 月 18 日にもこの命令が繰り返される(*AWS*, 336)。

＊6　*The Fourth Book of Ezra*, tr. B. M. Metzger, in *The Old Testament Pseudepigrapha volume 1: Apocalyptic Literature and Testaments*, ed. James H. Charlesworth (New York: Doubleday and Company, 1983), 555.『第四エズラ書』、新見宏訳(関根正雄編『旧約聖書外典』下巻［講談社、1999］所収)、202 頁。なお、『第四エズラ書』においては、天使ウリエルが重要な役割を果たすことに注意。

＊7　British Library, MS Sloane 3189. この冒頭部分は『精霊日誌』刊本末尾の頁に翻字されている。

＊8　「聖なる台座」における「四十九の善なる天使たち」の配列の詳細については、以下を参照。Whitby, 150–151, 543–544, 561–562

＊9　Turner, 155, 157; Whitby, 150–151.

＊10　Whitby, 149–150, 156, n.27

＊11　後になって、Za 及び Vaa という天使たちは「わたしたちの名前は、エノク及びおまえに与えられた、神の慈悲溢れる表《テーブル》に見出せるだろう」と告げる(*TFR*, 229)。

＊12　『精霊日誌』刊本では、ロガーの綴りが Loagaeth ではなく Logaeth と誤まって翻字されているので、ここではディーの手稿に従って訂正しておいた。See British Library, MS Cotton Appendix XLVI, vol. I, fol. 15r.

＊13 後日になって、別の天使 Ave は、この書物の題名は「神を畏怖する尊い者たちに読ませよ」を意味するとしている(*TFR*, 174)。

＊14 ディーは、第一葉がもし最終葉であるなら、「邪悪で地獄のような性質」のものであるとしか理解できないと欄外に書き込んでいる(*TFR*, 19)。ディーがここで示唆しているのは、最終葉の内容は反キリストの出現、この世の終末などに関するにちがいないということだろう。本書第 10 章参照。

＊15 この文脈からすると、天使ガルヴァーはエノク語をそのまま音読しているようにも思える。

＊16 図版 8O の 2 行目と 3 行目の間の右端に見える細かな文字 'now seas appear' は、おぞましい姿の獣が出現するヴィジョンの追加説明である。

＊17 この箇所で、天使は「48 葉を綴じよ」と命じる。1 升につき 1 語が入るふたつの方陣は普通の大きさの紙には記載困難であるから、それらを除いて 48 葉ということなのか。

＊18 See also *TFR*, 196.

＊19 『天使の四十八の鍵』全体の翻字は以下に見出せる。Turner, 31–49; Geoffrey James, ed., *The Enochian Evocation of Dr. John Dee*, 65–102; Leitch, I, 242–279.

＊20 Laycock, 41ff; Leitch, II, 14–37. なお、「祈禱咒」は唱えることが前提になっている以上、発音が重要なのはいうまでもないが、本書では立ち入らない。

＊21 統語法《シンタックス》の面では、逐語訳から判断する限り、エノク語はときに英語にきわめて近い印象を受ける。

＊22 British Library, MS Cotton Appendix XLVI, vol. I, fol. 79r. 『精霊日誌』刊本はこの箇所の翻字が不正確なため(*TFR*, 79)、引用は手稿に拠った。また、刊本では(♯)の箇所に 86 という数字が印刷されているが、これは 'Iaida' が第一「祈禱咒」の 86 番目の言葉であることを示すディーの書き込みで、本来は欄外に位置すべきものであるから、混乱を避けるために引用では削除した。

＊23 ただし、最初の A については如何にして得られたのか判然としない。

＊24 ディーの手稿でも同じく 312004 とあり、『精霊日誌』刊本の翻字の誤りや誤植ではない。MS Cotton Appendix XLVI, vol. I, fol. 81r.

＊25 第 1「祈禱咒」の 71 番目の語の指示に際しては、用いた 4 つの数字の総計 4723 について、ナルヴェージはそれを「神秘の平方根」と呼ぶ(*TFR*, 80)。

＊26 See Colin D. Campbell, *The Magic Seal of Dr. John Dee*, xvi.

＊27 Paracelsus, *Astronomia Magna order die ganze Philosophia Sagax der grossen und kleinen Welt* (1537–1538), quoted in Franz Hartmann, *The Life of Philippus Theophrastus Bombast of Hohenheim Known by the Name of Paracelsus and the Substance of His Teaching* (1887, rev. ed. London: Kegan Paul, Trench, Trubner & Co., n.d.), 118–119.

＊28 1583 年 4 月 15 日、霊的存在に左腕をつねられたとして、ケリーはディーに「グロート銀貨」の大きさの赤い痕を見せている(*AWS*, 326)。これはケリーが自分でつけたものなのか、あるいは、いわゆるスティグマ現象のように心身相関的《サイコソマティック》なものなのか。

第9章

＊1　Nicholas H. Clulee, *John Dee's Natural Philosophy*, 209.

＊2　Reginald Scot, *The Discoverie of Witchcraft*, bk. XV, ch. xxxi, 374.

＊3　『エチオピア語エノク書』が実際に西欧にもたらされたのは1770年のことで、スコットランド人の旅行家J・ブルースの功績である。E. Isaac, '1 (Ethiopic Apocalypse of) Enoch', in *The Old Testament Pseudepigrapha volume 1*, ed. James H. Charlesworth, 8; [Anonymous (Charles Gill?)], 'Introduction' to *The Book of Enoch the Prophet* (1821), tr. Richard Laurence (1883 [corrected ed.], repr. Minneapolis: Wizards Bookshelf, 1972), vii.『エチオピア語エノク書』のテクストとしては、日本語訳（村岡崇光訳、日本聖書学研究所編『聖書外典偽典4』[教文館、1975] 所収）、英訳（*The Book of Enoch*, tr. E. Isaac, in Charlesworth, 13–89）を参照。なお、ヘブライ語で書かれたいわゆる『エノク第三書』の断片が1579年にクラクフで印行されている。P. Alexander, '3 (Hebrew Apocalypse of) Enoch', in Charlesworth, 224.

＊4　William J. Bouwsma, *Concordia Mundi*, 13; Marion L. Kuntz, *Guillaume Postel*, 65.

＊5　Bouwsma, 62; Ariel Hessayon, *'Gold Tried in the Fire': The Prophet TheaurauJohn Tany and the English Revolution* (Farnham and Burlington: Ashgate, 2007), 258.

＊6　ディー所蔵の『種々《くさぐさ》の起源について』(*De originibus, seu, de varia et potissimum orbi latino . . .*) は、以下の通り。*LC*, ♯868. See also Clulee, 209.

＊7　ポステルは『光輝《ゾーハル》の書』を翻訳するなど当時有数のカバラ学者であり、ディーは既に『象形文字のモナド』の執筆時点でもその影響を強く受けていたものとおぼしい。ポステルの用いた錬金術記号、「象形文字」については以下を参照。Kuntz, 155–166, 175–176. ポステルのカバラ観については、以下を参照。Bouwsma, 37–46; Yvonne Petri, *Gender, Kabbalah and the Reformation: The Mystical Theology of Guillaume Postel (1510–1581)* (Leiden and Boston: Brill, 2004), ch. 4.

＊8　Bouwsma, 136. See also *ibid.*, 10, 105, 254–255.

＊9　Robert J. Wilkinson, *Orientalism, Aramaic and Kabbalah in the Catholic Reformation: The First Printing of the Syriac New Testament* (Leiden and Boston: Brill, 2007), chaps. 4–5; Bouwsma, 20.

＊10　*LC*, ♯1586.

＊11　*Sepher Raziel*, eds. Don Karr and Stephen Skinner, 132–135; Stephen Clucas, 'John Dee's Angelic Conversations and the *Ars Notoria*', 243.

＊12　Fred Gettings, *Dictionary of Occult, Hermetic and Alchemical Sigils*, 82. See also *ibid.*, 231–234. 西欧における文字をめぐる「幻想」の概説としては、たとえば以下を参照。Johanna Drucker, *The Alphabetic Labyrinth: The Letters in History and Imagination* (1995, repr. London: Thames and Hudson, 1999).

＊13　Agrippa, bk. III, ch. xxx, 560. See also Gettings, 81.

＊14　Wilkinson, chaps. 4 and 5.　17世紀にあっても、同様な考えは継承される。たとえばキルヒャーの

原言語、原アルファベット観については、以下を参照。Joscelyn Godwin, *Athanasius Kircher's Theatre of the World*, 279–280.

＊15 *LC*, ♯978. ゴオリについては以下を参照。Clulee, 88; Paolo Rossi, *Logic and the Art of Memory: The Quest for a Universal Language*, tr. Stephen Clucas (Chicago and London: University of Chicago Press, 2000), 62–63; D. P. Walker, *Spiritual and Demonic Magic: From Ficino to Campanella* (1958, rpr. Notre Dame and London: University of Notre Dame Press, 1975), 96–106; Thorndike, *A History of Magic and Experimental Science*, V, 630–640; Jeanice Brooks, 'Music as Erotic Magic in a Renaissance Romance', *Renaissance Quarterly*, 60: 4 (2007), 1207–1256.

＊16 Meric Casaubon, 'Preface' to *TFR*, sig. E4^{r}.

＊17 エノク語のアルファベットとサマリア語あるいは古代エチオピア語のアルファベットとの漠然とした類似を指摘する説もある。Laycock, 28.

＊18 Laycock, 28–29.

＊19 Agrippa, bk. III, ch. xxx, 560–561.

＊20 British Library, MS Sloane 8. See also Deborah E. Harkness, *John Dee's Conversations with Angels*, 44–45.

＊21 Jim Reeds, 'John Dee and the Magic Tables in the Book of Soyga', in *John Dee*, ed. Stephen Clucas, 177–204.

＊22 MS Sloane 8, fol. 6^{r}.

＊23 『召喚記録』の 1583 年 4 月 29 日の項には、『ソイガの書』におけるアダムの表記についての言及が見出せる。*AWS*, 359; Whitby, 545.

＊24 ゲルショム・ショーレムは、アグリッパの『隠秘哲学』のために、ルネサンス期のキリスト教世界でカバラと数秘学、妖術が誤って結びつけられたのだとしている。Gershom Scholem, *Kabbalah*, 198.

＊25 Agrippa, bk. III, ch. xxv, 538–546, 762–767; Christopher Lehrich, *The Language of Demons and Angels*, 186–193; Reeds, 199–200, 202, n. 33. アグリッパの掲げる「ヅィラフの組み合わせ表(tabula combinationum Ziruph)」は、おそらくロイヒリンの『カバラの術』第 3 部に負うている。Johann Reuchlin, *De arte cabalistica*, 326–329.

＊26 See e.g. David Kahn, *The Code Breakers: The Comprehensive History of Secret Communication from Ancient Times to the Internet* (1967, rev. ed. New York: Scribner, 1996), 130–137.

＊27 Noel L. Brann, *Trithemius and Magical Theology: A Chapter in the Controversy over Occult Studies in Early Modern Europe* (Albany: State of New York University Press, 1999), 51ff, 91ff. トリテミウスについては、他に以下を参照。Noel L. Brann, 'Trithemius, Cusanus, and the Will to the Infinite: A Pre-Faustian Paradigm', *Aries*, 2: 2 (2002), 153–172; Wayne Shumaker, *Renaissance Curiosa*, ch. 3; Ioan P. Couliano, *Eros and Magic in the Renaissance*, tr. Margaret Cook (Chicago and London: University of Chicago Press, 1987), 162–175.

＊28 Agrippa, liii–liv.

＊29 Agrippa, bk. III, ch. xxix, 558; Robert Mathiesen, 'A Thirteenth-Century Ritual to Attain the Beatific Vision

from *The Sworn Book* of Honorius of Thebes', 15. See also Clucas, 237.

＊30　'Letter of Dr. John Dee to Sir William Cecil 1562–3', 9–10. なお、ディーが所有していた『秘密書記法』の写本は彼の死後散佚して発見されていない。*LC*, ＃DM165.

＊31　*LC*, ＃218, ＃359, ＃622.

＊32　*LC*, 9.

＊33　Shumaker, 97–98; Thorndike, VI, 439–440.

＊34　Casaubon, 'Preface' to *TFR*, sigs. G2r–G2v.

＊35　Walker, 86–90; Shumaker, 91, 106ff. See also Clulee, 103–104, 136–139. ちなみに、フランセス・イェイツは、『秘密書記法』全体を「実践カバラあるいは精霊召喚魔術」の書だとみなしていた。Frances A. Yeats, *Rosicrucian Enlightenmennt*, 108, n.1.

＊36　Thomas Ernst, 'The Numerical-Astrological Ciphers in the Third Book of Trithemius's *Steganographia*', *Cryptologia*, 22: 4（1998）, 318–341; Jim Reeds, 'Solved: The Ciphers in Book III of Trithemius's *Steganographia*', *Cryptologia*, 22: 4（1998）, 291–317.

＊37　'Royal Society Copy Journal Book', quoted in Michael Hunter, 'Hooke the Natural Philosopher', in Jim Bennett, Michael Cooper, Michael Hunter and Lisa Jardine, *London's Leonard: The Life and Works of Robert Hooke*（Oxford: Oxford University Press, 2003）, 147. See also Brann, 233–236; Whitby, 104.

＊38　『象形文字のモナド』自体がトリテミウスの魔術理論の影響下に書かれたとする説もある。C. H. Josten, 'Introduction' to *MH*, 108–110. ディーの蔵書には、『秘密書記法』、『多表書記法』以外にトリテミウスの著作が 4 冊存在した。*LC*, ＃286, ＃678 / ＃969 / ＃1884, ＃646, ＃897.

＊39　*Religio Medici*, pt. I, sect. 16: *The Works of Sir Thomas Browne*, I, 21. ちなみに、ブラウンは cryptography（暗号術）という英語の言葉をおそらく最初に用いた人物でもある。ブラウンとカバラの関係については、たとえば以下を参照。Joseph Leon Blau, 'Browne's Interest in Cabalism', *PMLA*, 49（1934）, 963–964; Philip Beitchman, *Alchemy of the Word: Cabala of the Renaissance*（Albany: State University of New York, 1998）, 245–258. 17 世紀のイギリス文化における暗号、暗号術については、たとえば以下を参照。Ann Geneva, *Astrology and the Seventeenth Century Mind*, ch. 2.

＊40　Brann, 179–185.

＊41　*MH*, 124/125, 126/127.

＊42　*MH*, 134/135.

＊43　*MH*, 122/123.

＊44　『秘密書記法』を精霊魔術の書と誤読したために、ディーが召喚作業に没頭したのではないかとする説もある。Shumaker, 173. なお、天使が複雑でない暗号によってメッセージを下し、それをディーが解読した例は、『精霊日誌』の後半に 2 箇所存在している。*TFR*, 363–367（17, 18, 19 Jan. 1585）; *TFR*, ＊14–15（18 Apr. 1587）. 後者については本書第 13 章参照。See also Laycock, 49–50, 55–56. なお、『エノ

クの書』自体を暗号だとして「解読」した現代の試みとしては、以下を参照。David Langford, 'Deciphering John Dee's Manuscript', in *The Necronomicon: The Book of Dead Names*, ed. George Hay (1978, repr. London: Corgi Books, 1980), 81–102.

第 10 章

*1 William H. Sherman, *John Dee*, 119. 尚古家としてのディーについては、以下を参照。*Ibid.*, 118ff; Peter French, *John Dee*, ch. 8. なお、1592 年 5 月 3 日、ディーはキャムデンの学校に長男アーサーを入学させている(*PD*, 40)。本書第 16 章も参照。

*2 William Camden, *The History of the Most Renowned and Victorious Princess Elizabeth, Late Queen of England*, tr. Richard Norton, 4th edition (1688, repr. New York: AMS Press, 1970), 286.

*3 ディーは『日録』の初出箇所では Alaski と表記、別の箇所では Lasky, Laski などと様々に綴っている。

*4 Raphaell Holinshed, William Harrison et al., *Holinshed's Chronicles of England, Scotland and Ireland* (1807–1808, repr. New York: AMS Press, 1976), IV, 507. 同書は 1577 年に初版上梓で、1588 年に第二版が刊行。主たる著者であるラファエル・ホリンシェッドは、執筆にあたってディー所蔵の資料の一部を用いた。French, 205.

*5 Konstanty Żantuan, 'Olbracht Łaski in Elizabethan England: An Episode in the History of Culture', *The Polish Review*, 13: 4 (1968), 13. 当時のポーランドの政治的情勢については、たとえば以下を参照。Norman Davies, *God's Playground: a History of Poland* (Oxford: Clarendon Press, 1981), I, chaps. 12–13.

*6 Harris Nicolas, *Memoirs of the Life and Times of Sir Christopher Hatton* (London: Richard Bentley, 1847), 325.

*7 See also Sherman, 130, 154–155; *PD*, 4 (1 Dec. 1577), 5 (22 June 1579).

*8 ノースについての詳細は不明だが、学者のジョン・ノースを指すのか。See *DD*, 61, n.8.

*9 Żantuan, 6–7, 9.

*10 Ibid., 9.

*11 Nicolas, 326.

*12 Quoted in Thomas Birch, *Memoirs of the Reign of Queen Elizabeth from the Year 1581 till her Death* (1754, repr. New York: AMS Press, 1970), I, 30–31.

*13 Żantuan, 10.

*14 John Bossy, *Giordano Bruno and the Embassy Affair* (New Haven: Yale University Press, 1991), 22. なお、フランシス・ウォルシンガムの断片的な日録には、1582 年 9 月、同年 11 月及び 12 月に、それぞれポーランド大使、ロシア大使に関する記述が見える。Charles Trice Martin, ed., *Journal of Sir Francis Wals-*

ingham from December 1570 to April 1583, *The Camden Miscellany*, vol. 6, no. 104, pt. 3（London: The Camden Society, 1871）, 47.

＊15 Bossy, 26.

＊16 Żantuan, 5; R. J. W. Evans, *Rudolf II and his World*, 220. ラスキは一時期マクシミリアン２世をポーランド国王として迎えるべく画策していたのだが、マクシミリアンとはディーが『象形文字のモナド』を献呈した人物である。16 世紀ポーランドにおける錬金術とラスキの関係については、以下を参照。W. Hubicki, 'Chemie und Alchemie des 16. Jahrhunderts in Polen', *Annales Universitatis Mariae Curie-Skłodowska, Sectio AA, Physica et chemia*, 10（1955）, 65ff.

＊17 アンソニー・ウッドの伝えるところによれば、ラスキはトマス・アレンにも接触を図り、彼をポーランドに招聘しようとしたという。Anthony Wood, *Athenae Oxonienses*, II, col. 542. アレンとも近い位置にいたレスター伯が仲介したのかもしれない。アレンについては以下も参照。Andrew G. Watson, 'Thomas Allen of Oxford and His Manuscripts', in *Medieval Scribes, Manuscripts & Libraries: Essays Presented to N. R. Ker*, eds. M. B. Parkes and Andrew G. Watson（London: Scolar Press, 1978）, 280–281.

＊18 ラスキがロンドンに到着する直前の４月 18 日、エリザベス女王がグリニッジへの途上でモートレイクに立寄り、ディーに「約束の実現が遅れているにせよ、約束が破られたわけではない」という言葉をかけているのは、意味深長である（*PD*, 20）。これは明らかに女王が彼にかねてから約束していた安定した収入を伴う身分、職に関連する発言であるからだ。本書第７章参照。

＊19 Margaret Aston, 'The Fiery Trigon Conjunction: An Elizabethan Astrological Prediction', *Isis*, 61（1970）, 159–187; Ann Geneva, *Astrology and the Seventeenth Century Mind*, 118–140; Deborah E. Harkness, *John Dee's Conversations with Angels*, 69–71.

＊20 天使はディーに 1588 年あるいは 90 年に終末が来ることを匂わせる発言もおこなっている。たとえば、プラハに移動してからの召喚記録では、1584 年 9 月 5 日、ウリエルは「88 年に（in the year eighty eight）太陽が逆行するのをおまえたちは見るだろう」との予言を発しており、ディーは「88 年」とはおそらく 1588 年を指すものと解釈している（*TFR*, 233）。See also *AWS*, 149（16 Nov. 1582）; *TFR*, 43（26 Oct. 1583）; Whitby, 171. ディーの時代において予言が孕んでいた重要さについては、たとえば以下を参照。Charles Webster, *From Paracelsus to Newton: Magic and the Making of Science*（1982, repr. New York: Barnes and Noble, 1996）, ch. 2.

＊21 Aston, 164; Lynn Thorndike, *A History of Magic and Experimental Science*, VI, 69.

＊22 *De conjunctionibus magnis insignioribus superiorum planetarum*（1564）, quoted in Aston, 165. ブラーエのレオヴィッツ批判については、以下を参照。Thorndike, VI, 111.

＊23 *LC*, ＃631. See also Evans, 221–222. 惑星の合という概念は、アラビアの占星学、天文学の著作の翻訳を通してヨーロッパに伝わったのだが、そのなかで特に重要なアブ・マシャールの『大いなる合について』のラテン語版 *De magnis conjunctionibus*（1515）もディーは所蔵していた。*LC*, ＃421.

＊24 Holinshed, IV, 510, 511.

＊25 Thomas Nashe, *Pierce Penniless his Supplication to the Devil*, in *The Works of Thomas Nashe*, ed. Ronald McKerrow, rev. F. P. Wilson (1958, repr. Oxford: Basil Blackwell, 1966), I, 196. ナッシュとリチャード・ハーヴィ、及び、その兄ゲイブリエルとの論争については、以下を参照。*The Works of Thomas Nashe*, V, 65–110, 164–175; Nicholas Popper, 'The English Polydaedali: How Gabriel Harvey Read Late Tudor London', *Journals of the History of Ideas*, 66: 3 (2005), 375ff. さらに、ナッシュのケリーへの言及については、本書第 15 章参照。

＊26 この台詞は、王子ヘンリーの「今年は土星と金星が合をなすのだぞ！ 暦にはどう出ている？」という言葉を受けたものである。土星と木星ではなく土星と金星の合になっている理由については、以下を参照。Aston, 184–187.

＊27 Aston, 165. 同年 4 月だと唱える占星術師もいた。

＊28 Ibid., 160, n.4.

＊29 Quoted in Nicolas, 331–332. ハールについては、以下を参照。Bossy, 26–27.

＊30 『精霊日誌』刊本のこの箇所には 'Lesden May 28. 1583.' と印刷されているが、'Lesden' は 'Tuesday' を誤って翻字あるいは誤植したものである。

＊31 マディミはラスキの一族が英国の貴族レイシー(Lacy)家を祖にもつのだとディーたちに教える。*TFR*, 2–3. See also *TFR*, 31. ラスキはこのことに関心を持ち、ジョン・ファーンという法曹家、好古家に自分の祖先がイングランド出身であるか調べるよう頼んだ。このことでファーンは非難を浴びることになる。ファーンが 1586 年に上梓した『名門の紋章』第 2 部は、レイシー一族の系図を扱っている。Stephen Longstaffe, 'Jack Cade and the Lacies', *Shakespeare Quarterly*, 49: 2 (1998), 187–190; Glyn Parry, *The Arch-Conjuror of England*, 167–168.

＊32 ディー所蔵は 1534 年版。*LC*, ♯897. 新約聖書では、天使は「娶《めと》らず嫁がず」とあり(『マタイ傳福音書』22 章 30 節)、肉体をもたない「霊」的存在として規定される(『ヘブル人への書』1 章 14 節)。

＊33 John Nichols, *Progresses and Public Processions of Queen Elizabeth* (1823, repr. New York: Burt Franklin, n.d.), II, 398, 406–410; Żantuan, 14ff.

＊34 ブルーノが 16 世紀イングランド文化に与えた影響については、たとえば以下を参照。Hilary Gatti, *The Renaissance Drama of Knowledge: Giordano Bruno in England* (London and New York: Routledge, 1989); William Boulting, *Giordano Bruno: His Life, Thought, and Martyrdom* (1914, repr. London and New York: Routledge, 2013), ch. 3; Frances A. Yates, *Giordano Bruno and the Hermatic Tradition*, 205ff. ブルーノとシドニーの関係については、以下を参照。Roger Howell, *Sir Philip Sidney*, 107ff.

＊35 Bossy, 13–14.

＊36 以下の書物は、ブルーノがモートレイクを訪問したかもしれない、あるいは、ディーがオックスフォードでブルーノが参加した討論会を見物したかもしれないと述べるが、いずれも証拠を欠く憶測

にすぎない。Bossy, 99; *Ingrid D. Rowland, Giordano Bruno: Philosopher / Heretic*（2008, repr. Chicago and London: University of Chicago Press, 2009）, 205.

＊37　ブルーノ密偵説を唱えたのは John Bossy であるが（*Giordano Bruno and the Embassy Affair*）、彼は後に自説をかなり後退させた。See John Bossy, *Under the Molehill: An Elizabethan Spy Story*（New Haven and London: Yale University Press, 2001）, 1, n.1. 密偵説への否定反駁は、以下を参照。Rowland, 299, n; Gatti, 196, n.7; Werner von Koppenfels, 'Ash Wednesday in Westminster: Giordano Bruno Meets Elizabethan England', in *Renaissance Go-Betweens: Cultural Exchange in Early Modern Europe*, eds. Andreas Höfele and Werner von Koppenfels（Berlin and New York: Walter de Gruyter, 2005）, 57. エリザベスの宮廷の諜報活動については、たとえば以下も参照。Alan Haynes, *Invisible Power: The Elizabethan Secret Services 1570–1603*（Stroud: Alan Sutton, 1992）; Alison Plowden, *The Elizabethan Secret Service*（Hemel Hampstead and New York: Harvester Wheatsheaf and St. Martin's Press, 1991）; Stephen Alford, *The Watchers: A Secret History of the Reign of Elizabeth I*（2012, repr. London: Penguin Books, 2013）. 当時の暗号文については、たとえば以下を参照。Haynes, 18–22; John Cooper, *The Queen's Agent*, 199ff.

＊38　John Aubrey, *Brief Lives*, ed. John Buchanan-Brown, 151, 261, n.

＊39　Wolf Dieter Müller-Jahncke, 'The Attitude of Agrippa von Nettesheim（1486–1535）Towards Alchemy', 148.

＊40　John Strype, *Annals of the Reformation and Establishment of Religion*, II, pt. ii, 616–619. ちなみに、エリザベス朝の有名な劇作家で横死を遂げたクリストファー・マーロウは、1592 年、ネーデルラントにおいて貨幣偽造の罪で逮捕された。Charles Nicholl, *The Reckoning: The Murder of Christopher Marlowe*（London: Jonathan Cape, 1992）, 234–239. 16 世紀英国における貨幣偽造と錬金術、魔術の関係については、本書第 16 章、及び以下も参照。Charles Nicholl, *A Cup of News: The Life of Thomas Nashe*（London, Boston, Melbourne and Henley: Routledge and Kegan Paul, 1984）, 194; idem, *The Chemical Theatre*（London, Boston and Henley: Routledge and Kegan Paul, 1980）, 11–12.

＊41　この欄外には「そのあらゆる部分が虚偽で、悪意ある嘘」と書き込まれている（*TFR*, 6）。手稿の該当箇所には一部欠損が生じているが、ディーの手跡かと思われる。British Library, MS Cotton Appendix XLVI, vol. I, fol. 7r.

＊42　ラスキはディーに対しては年棒 200 ターレルを提示した。See also *TFR*, 190（5 July 1584）. なお、天使ガルヴァーはラスキが金に窮していることを既に 6 月 19 日に示唆している（*TFR*, 22）。

＊43　See also *CR*, 13.

＊44　Francis Walsingham's letter of 6 July 1583 to John Herbert, in *Calendar of State Papers, Foreign Series, of the Reign of Elizabeth, Volume XVIII, July 1583–July 1584*, ed. Sophie Crawford Lomas（1914, repr. Nendeln, Liechtenstein: Kraus Reprint, 1969）, 8.

＊45　ただし、ディーはスレッドを以前から知っていたようで、既に 1582 年 9 月 10 日の『日録』にそ

の名前が言及される(*PD*, 17)。『日録』ではスレッドは Sted と誤って翻字されている。密偵としてのスレッドについては、たとえば以下を参照。Alford, 69ff; Haynes, 37, 39–46; Nicholl, *The Reckoning*, 125–126.

＊46 ちなみに、ウィリアム・リリーは、「水晶」によるスクライングをおこなっていた「薬剤師」で同名の人物に触れているが、単なる同名異人なのか。William Lilly, *William Lilly's History of His Life and Times*, 39–40.

＊47 See also Parry, 169–170, 308, n.42.

＊48 1557 年頃にごく簡略な蔵書リストが作成されている。*LC*, 7–8.

＊49 *LC*, 47–48, 81.

＊50 *LC*, 12

＊51 1583 年 9 月 7 日に天使はラスキを王にするとの神の「契約」を与えた事実が、後年の記録から分かる。*TFR*, 401 (20 May 1585).

第 11 章

＊1 *CR*, 31.

＊2 Richard Hakluyt, *Voyages and Discoveries*, ed. Jack Beeching (Harmondsworth: Penguin Books, 1972). 241–242.

＊3 Malcolm William Wallace, *The Life of Sir Philip Sidney* (Cambridge: Cambridge University Press, 1915), 291ff. 婚礼を 9 月 20 日だとするのは、以下の書物。Conyers Read, *Mr Secretary Walsingham and the Policy of Queen Elizabeth* (1925, repr. New York: AMS Press, 1978), III, 423. 1583 年 2 月 18 日の『日録』には、ウォルシンガム夫妻ならびにダイアーがディーを訪れたことが記録されているが、この結婚問題についての相談ではなかったかとの説もある。Katherine Duncan-Jones, *Sir Philip Sidney: Courtier Poet* (New Haven and London: Yale University Press, 1991), 248.

＊4 Duncan-Jones, 250.

＊5 *LC*, 53, 69.

＊6 Elias Ashmole, *Theatrum Chemicum Britannicum*, 480; Thomas Smith, *The Life of John Dee*, 52.

＊7 Charlotte Fell Smith, *John Dee*, 127; M. R. James, *Lists of Manuscripts Formerly Owned by Dr. John Dee*, 4, 23; Peter French, *John Dee*, 8. See also Gwyn A. Williams, *Madoc*, 36.

＊8 *CR*, 31.

＊9 *LC*, 12–13

＊10 *LC*, 50.

＊11 ディーの蔵書の散佚には、さらにニコラス・ソーンダー(あるいはソーンダーズ)という人物も重

要な役割を果たした。しかし、彼とディーの関係は不明である。ソーンダーは、1588年以降、たびたび国会議員を務め、1603年にはジェイムズ一世から騎士号を授与された。*LC*, 49–52.

＊12　天使が現れなくなった期間の1584年1月25日、ディーは「ケリーの きわめて非道な行為のために私の命が危うくなった」と書き留めた(*TFR*, 61)。ただし、ケリーが具体的に何をおこなったかは不明。

＊13　ゲルショム・ショーレム「神の名とカバラーの言語論」(1970)、『ユダヤ教神秘主義』(河出書房新社、1975)、高尾年数訳、11頁。

＊14　暦については、本書第1章註6, 12を参照。

＊15　*MH*, 172/173–174/175, 212/213. なお、新暦3月3日の7つの質問には、そのときディーたちが製作中だった「聖なる台座」を据える脚について、クラクフに移るとなると、それを同地で新規に作り直すよりは、運んでいくべきだろうかというものも含まれる。

＊16　『精霊日誌』刊本では、この箇所は、手稿の「粉薬 (powder)」が「力 (power)」と誤植されている。See British Library, MS Cotton Appendix XLVI, vol. I, fol. 92^{r}.

＊17　Agrippa, bk. I, ch. xxxi, 97. See also *DD*, 136, n.12.

＊18　Meric Casaubon, ‘Preface’ to *TFR*, sig. D3^{v}.

＊19　See also *TFR*, 118–119.

＊20　1583年7月4日には、天使マディミがケリーに取り憑いていた邪霊を祓う作業をおこなった(*TFR*, 32)。

＊21　これらの異端的教義は、1579年にポーランドにやってきたイタリアの神学者ファウスト・ソッツィーニのそれに類似するという説がある。*DD*, 136, n.18. ソッツィーニについては、本書第13章を参照。

＊22　Arthur de Champernon’s letter of 29 June 1584 to Francis Walsingham, in *Calendar of State Papers, Foreign Series, Elizabeth, Volume XVIII, July 1583–July 1584*, ed. Sophie Crawford Lomas, 557–558.

＊23　1584年6月24日の記録から、この頃、ラスキが再びクラクフに滞在していたこと、また、彼の宿所がフランシスコ修道会であった事実が分かる(*TFR*, 171)。

第12章

＊1　R. J. W. Evans, *Rudolf II and his World*, 152, 203–204, 222.

＊2　Roger Howell, *Sir Philip Sidney*, 33–36.

＊3　ギリェン・デ・サン・クレメンテは中世の高名な学者ライムンドゥス・ルルスの直系の子孫であり、かつ、先祖の業績に造詣が深かった。Evans, 222–223.

＊4　See also ‘UC’, 229. なお、クルツは後に帝国行政副長官に昇任する。Evans, 71.

＊5 'UC', 236. ディーの長男アーサーは、父親は博士号はもっていないと語っていた。

＊6 天使ウリエルがここで賢者の石の治癒力にも触れているのは興味深い(*TFR*, 243)。10月1日の召喚作業では、天使ガブリエルが、病気の原因など医学上の知識をディーに授けた(*TFR*, 251)。

＊7 なお、この後に正体不明の人物に関する不可解な言葉が続く。See Michael Wilding, *Raising Spirits, Making Gold and Swapping Wives*, 240.

＊8 9月27日には、クルツはディーの許を訪問して、皇帝が読めるように召喚記録のラテン語部分の抜粋副本を作成するよう求めたが、ディーは「時間の余裕があるときにおこなう」と答えたものの、実際に作成した痕跡はない(*TFR*, 247)。

＊9 大使に見せたのは『神秘の書』第四書である。手稿では以下に該当。British Library, MS Sloane 3188, fols. 44^{r}–59^{v}.

＊10 9月21日の召喚作業で、ディーに対しても、数ヶ月後にはイングランドに戻れるだろうとの託宣が下されていた(*TFR*, 242)。

＊11 ウリエルによれば、ディーの守護天使はAflaben, ケリーの守護天使はSudsamnaという名前だという(*TFR*, 224)。

第13章

＊1 ただし、末尾には十数頁のディー最晩年のロンドンにおける短い記録が付されており、最後の日付は1607年9月7日となる。本書第16章参照。

＊2 記録が本来は存在したこと自体はディーの言葉から明らかである(*TFR*, 354)。『精霊日誌』刊本における257頁から352頁にかけての欠落部分は、クラクフでのこの記録に対応する可能性がある。本書第1章註8も参照。

＊3 手稿のこの辺りの部分には図、絵を入れるためのものらしい余白が設けられているが、空白のままである。British Library, MS Cotton Appendix XLVI, vol. II, fol. 56^{r}; *TFR*, 355–356.

＊4 See e.g. Lyndy Abraham, *A Dictionary of Alchemical Imagery*, 104; Alexander Roob, *The Hermetic Museum*, 350.

＊5 「鍵」の暗号は1月20日の段階でほぼ解けていたようだが(*TFR*, 367)、正文の全体は1585年3月20日の項に掲げられている。

＊6 3月27日の記録には、ケリーが「オックスフォード」で「霊的存在」から見せられたという「輪(circle)」、「文字の輪」への唐突な言及が見える(*TFR*, 390, 391)。「輪」が具体的に何を指すのか、あるいは、オックスフォードが大学を指すのか町を指すのかどうかも判然としないが、1583年5月にケリーがブロックリーに赴いた際に、往路か復路でオックスフォードに立ち寄って同地で精霊との接触があったのだろうか。いずれにせよ、ケリーの魔術的活動には、明るみに出ていない闇の部分がかな

り存在すると思われる。なお、天使たちを悪霊だと依然として疑うケリーは、「輪」をイエズス会士に見せて意見を聴くつもりだと主張し、それに強く反対するディーとの間で何とつかみ合いの喧嘩にまでなった。

＊7　翌日の5月28日、天使は、賢者の石を作れるとステファンに告げるようディーに命じており（*TFR*, 407)、ルドルフとの謁見の際と同一のパターンが繰り返される。

＊8　この記録の英訳は以下に見出せる。'UC', 223–257. なお、17世紀にこれを英訳した手稿も存在する。'Appendices' to *TFR* (1992 repr. ed.), 5A–32A. See also *DD*, 191, n.1.

＊9　こういった非難が実際に発せられたことは、ディー自身が記録している（'UC', 229)。

＊10　R. J. W. Evans, *Rudolf II and his World*, 35. ルドルフ二世の宗教的立場、ローマ教会との関係などについては、以下を参照。*Ibid.*, ch. 3.

＊11　プッチについては、以下を参照。Anthony Wood, *Athenae Oxonienses*, I, cols. 587–589; Miriam Eliav-Feldon, 'Secret Societies, Utopias, and Peace Plans: the Case of Francesco Pucci', *Journal of Medieval and Renaissance Studies*, 14: 2 (1984), 139–158; Evans, 102–110, 224ff; H. C. G. Matthew and Brian Harrison, eds., *Oxford Dictionary of National Biography*, XLV, 500–501.

＊12　ディーの遺した文書でプッチの名前が最初に現れるのは、1585年7月12日である。Michael Wilding, *Raising Spirits, Making Gold and Swapping Wives*, 296–297.

＊13　Francesco Pucci's letter of 13 August 1585, quoted in Evans, 103.

＊14　*Liber scientia, auxilii et victoria terrestris*: British Library, MS Sloane 3191, art. 2. See also British Library, MS Sloane 3678, art. 2; Geoffrey James, *The Enochian Evocation of Dr. John Dee*, 103–116.

＊15　ただし、プッチは書物が「回復」されたことを後になって知る（*TFR*, 433)。

＊16　Eliška Fučiková, 'Prague Castle under Rudolf II, His Predecessors and Successors', in *Rudolf II and Prague*, ed. Eliška Fučiková, 2; Jaroslav Pánek, 'The Nobility in the Czech Lands, 1550–1650', in *Rudolf II and Prague*, 270. ヴィレム・ロジュムベルクについては、さらに以下を参照。Evans, 64–68, 212–16; Vladimír Karpenko, 'Bohemian Nobility and Alchemy in the Second Half of the Sixteenth Century: Wilhelm of Rosenberg and Two Alchemists.' *Cauda Pavonis*, 15: 2 (1996), 14–18; Wilding, 325–326; Tara Nummedal. *Alchemy and Authority in the Holy Roman Empire* (Chicago and London: University of Chicago Press, 2007), 99–102, 110–112, 132, 222–223, n.45.

＊17　『日録』では、クーンラートの名前がKenrich Khanradtと翻字されている（*PD*, 31)。Cf. *DD*, 239.

＊18　『精霊日誌』刊本では、この箇所は、誤植のために正しくは421であるべきノンブルが417になっている。次の箇所も同じ。

＊19　Glyn Parry, *The Arch-Conjuror of England*, 186.

＊20　この書簡には、「神はサウロ(E. K.)をパウロに変身させた」という一節も見られる（*TFR*, 423)。注目すべきは、その内容もさることながら、ケリーがイニシャルのみで言及される点で、これはウォル

シンガムの側がケリーについて熟知していたということを匂わせる。

＊21 Penny Bayer, ‘Lady Margaret Clifford’s Alchemical Receipt Book and the John Dee Circle’, *Ambix*, 52: 3 (2005), 277–278.

＊22 Quoted in Evans, 223; Michael Wilding, ‘A Biography of Edward Kelley’, 48. なお、この箇所で、セーガはケリーについて「跛行《はこう》」という言葉を用いているが、ケリーの足に実際に障害があったのか、あるいは、比喩的な罵倒の句であるのか詳らかでない。ただし、1587年5月23日の召喚作業でも、天界からの「声」は、ケリーに対して「跪《ひざまず》くのがおまえに困難なのは分かっている」と述べる（*TFR*, ＊26）。

＊23 この箇所も、『精霊日誌』刊本では、426となるべきノンブルが422になっている。

第14章

＊1 ヴィルヘルム四世と科学の関わりについては、以下を参照。Bruce T. Moran, ‘Wilhelm IV of Hasse-Kassel: Informal Communication and the Aristocratic Context of Discovery’, in *Scientific Discovery: Case Studies*, ed. Thomas Nickles (Dordrecht, Holland, Boston and London: D. Reidel Publishing Company, 1980), 67–96; Bruce T. Moran, ‘German Prince-Practitioners: Aspects in the Development of Courtly Science, Technology, and Procedures in the Renaissance’, *Technology and Culture*, 20: 2 (1981), 253–274. なお、カッセルでは、木星と土星の合、「火のトライゴン」（本書第10章参照）に関連する天文観測がおこなわれた。Moran, ‘Wilhelm IV’, 81–83.

＊2 Nicholas H. Clulee, *John Dee's Natural Philosophy*, 226–227, 300, n.78, n. 84; Glyn Parry, *The Arch-Conjuror of England*, 195.『略歴』において、ディーは、プラハ滞在中、彼の「女王陛下への務めを果たすための主な望み」が挫かれたのは「まずはボヘミアの人々、続いてはイタリア人たち、そして、最後には我が同国人の幾人《いくたり》か」によると述べている（*CR*, 23）。「イタリア人たち」とはもちろん教皇大使やプッチなどを指すが、「我が同国人の幾人《いくたり》か」にはセシルやウォルシンガムも含まれるのか。

＊3 Michael Wilding, *Raising Spirits, Making Gold and Swapping Wives*, 339.

＊4 Bruce T. Moran, *The Alchemical World of the German Court: Occult Philosophy and Chemical Medicine in the Circle of Moritz of Hessen (1572–1632)* (Stuttgart: Franz Steiner Verlag, 1991), 93; Wilding, 339. ディーはヴィルヘルムに『神の秘密と大いなる業』という小冊子も贈呈したという。

＊5 Hereward Tilton, *The Quest for the Phoenix*, 87ff.

＊6 See also *PD*, 42 (13 Oct. 1592). フランケンについては、以下を参照。R. J. W. Evans, *Rudolf II and his World*, 103, 105. 以降のプッチとディー、ケリーの関係については、以下を参照。*PD*, 26 (3 Apr. 1588), 27 (22 Apr. 1588).

＊7 ただし、『ジョン・ディー蔵書目録』は、「ヴォイニッチ手稿」の紙葉に書き込まれた丁番号がディー

の手跡であると同定して、ディーがこの手稿を一時期所蔵していたと結論づけている。*LC*, 54, 172–173, ♯DM93. また、アーサー・ディーの証言、すなわち、ディーが「象形文字」だけで綴られた書物を所有していたという話(本書第6章参照)を、「ヴォイニッチ手稿」と関連づける人々もいる。これをも含めて、ディーとケリーが「ヴォイニッチ手稿」の旧蔵者あるいは作者だとする諸説については、たとえば以下を参照。Wilding, 367; Robert S. Brumbaugh, ed., *The Most Mysterious Manuscript: The Voynich 'Roger Bacon' Cipher Manuscript* (Carbondale, Edwardsdale and London: Southern Illinois University Press, 1978), 55–72, 223–227; David Kahn, *The Code Breakers*, 866; Gerry Kennedy and Rob Churchill, *The Voynich Manuscript: The Mysterious Code that has Defied Interpretation for Centuries* (2004, repr. Rochester: Inner Traditions, 2006), 24–30, 128–130, 136–141; Nicholas Pelling, *The Curse of the Voynich: The Secret History of the World's Most Mysterious Manuscript* (Surbiton: Compelling Press, 2006), 11–13.

＊8　*CR*, 9; Richard Hakluyt, *The Principall Navigations, Voyages, Traffiques and Discoveries of the English Nation* (Glasgow: James MacLehose and Sons, 1903), III, 447–448.

＊9　*DD*, 204–205 (27 Dec. 1586; 13, 14, 15, 25, 28, 29 Jan. 1587).

＊10　Thomas Browne's letter of 25 January 1658 to Elias Ashmole, in *The Works of Sir Thomas Browne*, VI, 321.

＊11　Thomas Browne's letter of March 1674 to Elias Ashmole, in *ibid.*, 325.

＊12　『精霊日誌』刊本では「妻たち (wives)」が「狼たち (wolves)」と誤って翻字されているので、ここでは手稿に従う。British Library, MS Cotton Appendix XLVI, vol. II, fol. 195r. なお、ディーたち4人の頭のヴィジョンは、後にも「結ばれた我々4人の頭」(*TFR*, ＊12)「水晶の王冠の下に現れた、わたしたち4人の頭」として言及される(*TFR*, ＊16)。

＊13　この箇所では、ケリーが「ケリー氏」と呼ばれることに注意。力関係の変化、ディーの心の揺れが露呈している。

＊14　MS Cotton Appendix XLVI, vol. II, fol. 203r; *DD*, 218.

＊15　『精霊日誌』刊本では、この箇所は、誤植のために24であるべきノンブルが14になっている。なお、この日の召喚作業の後半では、天からの「声」は、欧州に迫る大変動を予言した――「10ヶ月後にトルコ人はロシア／モスクワ大公国と永続的な同盟を結び、13ヶ月後にはポーランドは攻略」され、続いてボヘミア、ドイツ、イタリアの崩壊が起こり、「23ヶ月後にはローマが滅ぼされるだろう」(*TFR*, ＊27)。北方には反キリストも出現するという。しかしながら、いずれもすべて現実とはならず、いっぽうで、十数ヶ月後に勃発するイングランドとスペインの戦いについては何も触れていない。

＊16　MS Cotton Appendix XLVI, vol. II, fol. 218r; Whitby, 35; *DD*, 224.「達しなかった」の箇所は、原文では 'she did not come after' となっており、この文脈ではオルガスムを意味するものと判断した。16世紀英国における 'come' という語の性的な用法については、たとえば以下を参照。Eric Partridge, *Shakespeare's Bawdy: A Literary and Psychological Essay and a Comprehensive Glossary* (1947, rev. ed., London: Routtledge and Kegan Paul, 1968), 27, 81–82; E. A. M. Colman, *The Dramatic Use of Bawdy in Shakespeare* (London: Longman,

1974), 12–13.

＊17 See *DD*, 235 (19, 26 May and 4 July 1588), 243, nn.23, 24.

＊18 *DD*, 247. なお、*PD*, 33 は Madinia と翻字。

＊19 'The Contents of the Second Part', *TFR*; Elias Ashmole's letter of February 1685 to Anthony Wood, in C. H. Josten, ed., *Elias Ashomole*, IV, 1758. アシュモールは「善なる天使たちは、夫婦交換の教義を非常におぞましく思ったので[中略]ディー博士の許に現われなくなった」とも記す。

＊20 John H. Appleby, 'Arthur Dee and Johannes Bánfi Hunyades', 96.

＊21 たとえば、ディーの最新の伝記は、「ケリーによる１ヶ月間の巧みな操作の後、ディーはケリーのあらゆるヴィジョンを無批判に受け容れた」としている。Parry, 199. ちなみに、現在ではフー・マンチュウ博士の創造者として記憶される小説家サックス・ローマーは、ケリーとジェインの間には以前から関係があったにちがいないと唱えた。Sax Rohmer, *The Romance of Sorcery* (London: Methuen, 1914), 163–164. See also Marjorie Bowen, *I Dwelt in High Places*.

＊22 ただし、それ以降も召喚作業が幾度かおこなわれたことを示唆する断片的記載が『日録』に遺っている。See *DD*, 230 (25 July 1587), 233 (5 Mar. 1588). また、1587 年 11 月 28 日の『日録』によれば、ケリー夫妻は、ディーが「悪魔と交渉している」という話を召使たちに洩らしたらしい(*DD*, 231)。ディーは単独、もしくはアーサーを使って召喚作業を試みたのか。

第 15 章

＊1 Edward Kelley's letters of 20 June 1587 and 9 August 1587, in *Edward Kelly the Englishman's Two Excellent Treatises on the Philosopher's Stone*, 51–52, 52–53.

＊2 Michael Wilding, *Raising Spirits, Making Gold and Swapping Wives*, 407.

＊3 馬糞が実験に用いられたことは、1588 年 3 月 24 日の「K[ケリー]氏はガラス器を糞のなかに入れた」との記録にも窺える(*PD*, 26)。

＊4 1587 年 5 月 23 日の「最後」の召喚作業では、「今日から 7 日後に、主がおまえたちに与えたものを持ってくるがよい。そのとき、この場所で、わたしに与えられた知識に従って、それらは用いられるだろう」との言葉が下された(*TFR*, ＊27)。「主がおまえたちに与えたもの」とは、ディーの欄外注記によれば、「粉薬」ならびに『ダンスタンの書』の謂である。

＊5 See e.g. Elias Ashmole, *Theatrum Chemicum Britannicum*, 428; Ben Jonson, *The Alchemist*, act sc. II, v.

＊6 See also *PD*, 25–26 (13 Jan. 1588).

＊7 1587 年 9 月 1 日、ジョン・バセットなる英国人が雇われてディーの子供達にラテン語を教えはじめるが(*PD*, 23)、1 年後の 1588 年 8 月 27 日に逐電《ちくてん》してしまう。のみならず、名前も偽りで、本名はエドワード・ウィットロックだと判明した(*PD*, 28)。彼はイングランドから送り込まれた間諜だった

のだろうか。

＊8　ちなみに、1588 年 3 月にはブルーノがプラハに到来して約 6 ヶ月を過ごしているが、このときも、彼がディーと接触した痕跡は存在していない。See e.g. William Boulting, *Giordano Bruno*, 210–213; R. J. W. Evans, *Rudolf II and his World*, 229–234; Ingrid D. Rowland, *Giordano Bruno*, 202ff.

＊9　フランシス・ガーランドにはエドモンド・クーパーなる人物が同行していたが、彼はジョーン・ケリーの兄あるいは弟である。

＊10　Ralph M. Sargent, *At the Court of Queen Elizabeth*, 94–96.

＊11　*Ibid.*, 78–81.

＊12　Evans, 216.

＊13　'Dr. Dee to Queen Elizabeth, from Bohemian Tribau . . . ', in Henry Ellis, ed., *Original Letters of Eminent Literary Men of the Sixteenth, Seventeenth and Eighteenth Centuries*, 45–46. 同書では 1588 年 11 月 10 日付になっている。なお、同年 11 月 13 日から 15 日にかけて、ラスキがトシェボニュに滞在した。現存する記録から判断する限りは、ディーとラスキとの連絡は 1593 年まで続く。See *PD*, 43 (7 Jan. 1593), 46 (12 Oct. 1593).

＊14　John Dee, *The Mathematicall Preface*, sig. bj^{v}.

＊15　1588 年 12 月 7 日の『日録』には、「金銭と例のもの[「粉薬」]2 オンスと引き換えに、大いなる友情が約束された」との記載がある(*PD*, 29)。

＊16　ディーは 1 ポンドを 5 ターレルに換算している。

＊17　John Strype, *Annals of the Reformation and Establishment of Religion*, III, pt. ii, 133. See also *ibid.*, 131–132.

＊18　Wilding, 'A Biography of Edward Kelly', 53; Evans, 226

＊19　Evans, 226; Angelo Maria Ripellino, *Magic Prague*, tr. David Newton Marinelli, ed. Michael Henry Heim (1973, repr. London: Picador, 1994), 96.

＊20　Liam Mac Cóil, 'Kelley of Imamyi', *London Review of Books*, 23: 10 (24 May 2001), 4.

＊21　Evans, 226.

＊22　Stanislas Klossowski de Rola, *The Golden Game*, 147.

＊23　Arthur Edward Waite, 'Biographical Preface' to *Edward Kelly*, xxxv–xxxvi.

＊24　Ronald Sterne Wilkinson, 'The Alchemical Library of John Winthrop, Jr.', 43. ディーがウィンスロップに与えた影響については、以下を参照。Ibid., 39, 48, 50; Walter W. Woodward, *Prospero's America*, 33–35. ハートリブについては、たとえば以下を参照。Frances A. Yates, *The Rosicrucian Enlightenment*, 175–181.

＊25　Evans, 226. See also John Ferguson, *Bibliotheca Chemica: A Catalogue of the Alchemical, Chemical and Pharmaceutical Books in the Collection of the Late James Young of Kelly and Durris* (1906, repr. London: Derek Verschoyle Academic and Bibliographical Publications, 1954), I, 242. 17 世紀、18 世紀の錬金術書におけるケリーへの言及については、以下も参照。Ferguson, I, 454–455; K. K. Doberer, *The Goldmakers: 10,000 Years of Al-*

chemy, tr. E. W. Dickes (London and Brussels: Nicholson and Watson, 1948), 128.

＊26 R. Werner Soukup, '*Mercurius Solis*: Hunting a Mysterious Alchemical Substance' (2010), 3. 〈http: // rudolf-werner-soukup. at/Publikationen/Dokumente/Mercurius_Solis.pdf〉

＊27 Thomas Browne's letter of March 1674 to Elias Ashmole, in Browne, *Works*, VI, 326.

＊28 *Ibid.*, 325.

＊29 Elias Ashmole's letter of 27 February 1685 to Anthony Wood, in C. H. Josten, ed., *Elias Ashmole*, IV, 1757.

＊30 Elias Ashmole, *Theatrum Chemicum Britannicum*, 481.

＊31 Francis Bacon, 'Apophthegms New and Old' (1625), in *The Works of Francis Bacon, Lord Chancellor of England*, ed. Basil Montagu (1823, repr. New York: R. Worthington, 1884), I, 122.

＊32 Ashmole, 483.

＊33 Sargent, 110; Wilding, 'Edward Kelly', 59.

＊34 Wilding, 'Edward Kelly', 56–57; Glyn Parry, *The Arch-Conjuror of England*, 213–214.

＊35 Edward Kelley's letter of 24 July 1590 to William Cecil, quoted in Sargent, 109 and Wilding, 'Edward Kelly', 58–59.

＊36 Ripellino, 97.

＊37 Vladimír Karpenko, 'Bohemian Nobility and Alchemy in the Second Half of the Sixteenth Century', 14.

＊38 Wilding, 'Edward Kelly', 59.

＊39 Sargent, 111–113.

＊40 Penny Bayer, 'Lady Margaret Clifford's Alchemical Receipt Book', 275–277.

＊41 Strype, III, pt. ii, 620.

＊42 Ivan Sviták, 'John Dee and Edward Kelley', *Kosmas* [*The Journal of Czechoslovak and Central European Studies*], 5: 1 (1986), 133–135. ちなみに、この論文はボヘミア側の記録を用いている点で貴重なものだが、同時に困惑もさせられる。というのは、著者は、末尾において、魔術師のアレスター・クロウリーやウィーン生まれの小説家のグスタフ・マイリンクを引き合いに出して、唐突に、自分こそが真のケリーの生まれ変わりだと称するからである(p. 138)。これは一種のジョークなのか、あるいは、額面通りに受け取るべきなのか。クロウリーが自分の「過去生」のひとつをケリーだと考えていたことは、本書第 2 章で触れた。いっぽう、幻想小説『ゴーレム』(1914)で最もよく知られるマイリンクであるが、彼の最後の長篇『西の窓の天使』(1927)では、主人公が自分をディーが転生した存在とみなすにいたる。論文の著者イヴァン・スヴィタクは　チェコの哲学者、詩人で、1968 年以降アメリカで亡命生活を送り、1990 年母国へ戻ったが 4 年後に死亡した。『西の窓の天使』については、たとえば以下を参照。Frans Smit, *Gustav Meyrink: Auf der Suche nach dem Übersinnlichen* (Munich and Vienna: Langen Müller, 1988), 246ff.

＊43 Evans, 215. 錬金術と鉱山採掘の関係については、たとえば以下を参照。Tara Nummenal, *Alchemy*

and Authority in the Holy Roman Empire, 33–39, 85–95, et passim.

＊44　*LC*, ＃1425, ＃1448, ＃1476, ＃1482, ＃1524, ＃M35, ＃DM74, ＃DM 75, ＃DM76, ＃DM81, etc. See also Nicholas H. Clulee, 'The *Monas Hieroglyphica* and the Alchemical Thread of John Dee's Career', 199–200. なお、ディーに大きな影響を及ぼしたアグリッパの場合、錬金術そのものには否定的であったが、探鉱技術の進歩革新に錬金術が果たした役割については評価していた。Wolf Dieter Müller-Jahncke, 'The Attitude of Agrippa von Nettesheim (1486–1535) Towards Alchemy', 149.

＊45　Evans, 210, 216; *DD*, 335.

＊46　*DD*, 204 (14 Nov. 1586), 238(25 Jan. 1589). なお、*PD*, 30 (25 Jan. 1589)は Maius を Mains と翻字。

＊47　Karpenko, 14.

＊48　Evans, 216; Nummendal, 89.

＊49　Ferguson, I, 453.

＊50　Edward Kelley, *De lapide philosophorum*, in *Edward Kelly*, 5–6.

＊51　Strype, III, pt. ii, 621–625. See also *ibid.*, 134–135*; The Fugger News-Letters: Second Series: Being a Further Selection from the Fugger Papers Specially Referring to Queen Elizabeth and Matters Relating to England during the Years 1568–1605, Here Published for the First Time*, ed. Victor von Klarwill, tr. L. S. R. Byrne (London: John Lane, The Bodley Head, 1926), 221–222; Charles Nicholl, 'Death of an Alchemist', 54–56.

＊52　Wilding, 'Edward Kelly', 67.

＊53　Strype, III, pt. ii, 135–136; Sargent, 120.

＊54　Bayer, 276–277.

＊55　*The Fugger News-Letters: Being a Selection of Unpublished Letters from the Correspondents of the House of Fugger during the Years 1568–1605*, ed. Victor von Klarwill, tr. Pauline de Chary (London: John Lane, The Bodley Head, 1924), 160–161.

＊56　ペテルについては、以下を参照。Evans, 140–143.

＊57　*The Fugger News-Letters: Second Series*, 227. See also *ibid.*, 222.

＊58　*The Fugger News-Letters*, 162–163.

＊59　1565 年から 92 年にかけてロジュムベルクに雇われた錬金術師アントニウス・ミヒャエルの得た待遇、報酬については、以下を参照。Karpenko, 14.

＊60　Sargent, 121.

＊61　ケリーの逮捕がルドルフの宮廷内の権力抗争に起因するという説に立てば、ロジュムベルクの死がケリーに有利に働いた可能性もある。Sviták, 137.

＊62　Christopher Parkins' letters of 18 and 20 July 1593 to Robert Cecil, quoted in Wilding, 'Edward Kelly', 71–72.「縮小」と訳した箇所の原語は 'diminishing'。

＊63　Strype, IV, 1–2; Wilding, 'Edward Kelly', 53–55.

＊64 Abraham Faulkon's letter of 3 September 1593 to Richard Hesketh, in *Calendar of the Manuscripts of the Most Hon. The Marquis of Salisbury, K. G. . . . preserved at Hatfield House, Hartfordshire,* pt. IV, ed. R. A. Roberts (London: Printed for Her Majesty's Stationery Office by Eyre and Spottiswoode, 1892), 366. なお、この書簡の日付は新暦の9月3日となっているが、これは編集あるいは翻字上の錯誤と思われる。また、トマス・スティーヴンソンという英国人のイエズス会士が新暦12月5日付でプラハから発信した書簡2通にも、「サー・エドワード[・ケリー]はリーベンにいるが、まだ本調子ではない」、「サー・エドワードはリーベンにいるが、彼は2ヶ月前に釈放された」との記述がある。*Ibid.*, 424, 425. See also *ibid.*, 450–452. ディーはケリー釈放の日付を旧暦の10月4日とする(*PD*, 46)。本書第16章も参照。

＊65 Philip Gawdy's letter of Dec 1593 to Bassingbourne Gawdy, in *Letters of Philip Gawdy of West Harling, Norfolk, and of London to Various Members of His Family: 1579–1616*, ed. Isaac H. Jeayes (London: J. B. Nichols and Sons, 1906), 76.

＊66 Nicholl, 58; Sviták, 137.

＊67 Seth Cocks' letter of 8 April 1595 to Robert Cecil, quoted in Wilding, 'Edward Kelly', 76.

＊68 Evans, 227–228; Sviták, 137.

＊69 Evans, 142–143.

＊70 Sviták, 137.

＊71 Nicholl, 58; Ripellino, 98.

＊72 Thomas Nashe, *Have with You to Saffron-Walden* (1596), in *The Works of Thomas Nashe*, ed. Ronald McKerrow, III, 52. なお、ナッシュは、別の作品で偽りの予言が世間に流布するのを非難した際、ディーの名前を引き合いに出している。Thomas Nashe, *Christ's Tears over Jerusalem* (1593), in *ibid.*, II, 172.

＊73 Browne, VI, 296–298; Ashmole, 483; Josten, IV, 1372–1373; John Weever, *Ancient Funeral Monuments*, 45–46.

＊74 Nicholl, 61–62. ブデックがこれを記したのは1604年頃である。ブデックについては、以下を参照。Evans, 217–218. 1597年夏にケリーの妻ジョーンが、夫の釈放を嘆願するためにルドルフの謁見を求めたが却下され、ケリーは同年11月に毒をあおいで自殺したとする説もある。Ripellino, 98–99.

＊75 Sviták, 137.

＊76 Thomas Fuller, *The History of the Worthies of England*, III, 217–218. 現在におけるウェストンの文学史上の位置づけについては、たとえば以下を参照。J. W. Binns, *Intellectual Culture in Elizabethan and Jacobean England: the Latin Writings of the Age* (Leeds: Francis Cairns, 1990), 110–114. See also Evans, 150–151.

＊77 Elizabeth Jane Weston, 'In Obitum . . . Ioannae', in idem, *Collected Writings*, eds., and tr. Donald Cheney and Brenda M. Hosington (Toronto, Buffalo and London: Toronto University Press, 2000), 337. See also Susan Bassnett, 'Absent Presence: Edaward Kelley's Family in the Writings of John Dee', 290. ブデックによれば、ケリーは獄中での死の直前に妻と「娘」と会ったという。Nicholl, 61. なお、まったく信憑性を欠くもの

であるけれど、ケリーの末裔に関する以下の挿話も念のために書き留めておこう。1981 年夏、いわゆるネス湖の怪獣の写真がまたもや出現したが、撮影したのはパトリック・オタルボット・ケリーという名前の人物で、自分はエドワード・ケリーの直系の子孫だと主張した。ケリーが最初はタルボット姓を名乗っていたことを想起されたい。Tony 'Doc' Shiels, *Monstrum!: A Wizard's Tale* (1990, repr. Woolsery: CFZ Press, 2011), 82–83.

*78　Donald Cheney and Brenda M. Hosington, 'Introduction' to Weston, xii. エリザベス・ウェストンは 1612 年にプラハで逝去するが、その墓碑銘は彼女の生年を 1581 年ではなく 1582 年としている。*Ibid.*, xxix, n.7; Bassnett, 291; Donald Cheney, 'Introductory Note', in idem, ed., *Neo-Latin Women Writers: Elizabeth Jane Weston and Bathsua Reginald* [*Makin*], *The Early Modern Englishwoman: A Facsimile Library of Essential Works*, series I, vol. 7 (Aldershot and Burlington: Ashgate, 2000), ix.

*79　Weston, 339.

*80　ジョン・ウェストンとエリザベス・ウェストンはイングランドの父方か母方の祖母に預けられていたとする説がある。Cheney and Hosington, xii.

*81　Weston, 61, 165, 167; Bassenett, 291.

*82　Evans, 142.

*83　Jan Bäcklund, 'In the Footsteps of Edward Kelley', 295–330.

*84　なお、1617 年にミヒャエル・マイアーは「ケリーの来歴と悲惨な末路はまだ我々の記憶に新しい」と記した。Michael Maier, *Symbola aureae mensae* (1617), quoted in Ferguson, I, 454.

第 16 章

*1　「略奪者」のひとりエイドリアン・ギルバート(本書第 7 章及び 11 章参照)の場合、1589 年 12 月 29 日に早々とモートレイクを訪問、博士に金銭的補償を申し出た(*PD*, 32)。フロモンズとの金銭問題は 1590 年 1 月 26 日にいったん決着する(*PD*, 33)。

*2　Glyn Parry, *Arch-Conjuror of England*, 207ff.

*3　なお、1591 年には『象形文字のモナド』第 2 版がフランクフルトで印行された。C. H. Josten, 'Introduction', to *MH* 96.

*4　*PD*, 20 (18 Apr. 1583), 21 (31 July 1583), 54 (9 Oct. 1595).

*5　*PD* では E. K. ではなく G. K. と翻字されている。

*6　*Calendar of State Papers, Domestic Series, of the Reign of Elizabeth, 1591–1594*, ed. Mary Ann Everett Green (1867, repr. Nedeln, Liechtenstein: Kraus Reprint, 1967), 376–377 (20 Oct. 1593), 423 (2 Feb. 1594); 435 (20 Feb. 1594), 558 (30 Sep. 1594); *Calendar of State Papers, Domestic Series, of the Reign of Elizabeth, 1595–1597*, ed. Mary Ann Everett Green (1869, repr. Nendeln, Liechtenstein: Kraus Reprint, 1967), 17 (13 Mar. 1595),

18 (14 Mar. 1595), 31 (15 Apr. 1595), 105 (4 Oct. 1595), 119–120 (Oct.? 1595), 539 (29 Nov. 1597). なお、ロロフ・ピーターソンは、ジョン・ピーターソン(本書第 7 章参照)の縁者であった可能性が高い。

＊7　ディーは 1594 年春にも地位を獲得するのに失敗していた。*Calendar of State Papers, Domestic Series, of the Reign of Elizabeth, 1591–1594*, 513 (May 1594). 同年 5 月 3 日及び 6 月 3 日にディーはエリザベスに会っている(*PD*, 49)。See also *PD*, 50 (29 June 1594), 51 (28 Oct. 1954).

＊8　1595 年 3 月 18 日の『日録』には、ケリーについての話をフランシス・ガーランドと交わした旨の記載がある(*PD*, 51–52)。なお、ディーは自分にとって貴重きわまりない『ソイガの書』写本(本書第 9 章参照)――彼は同書を「アラビアの本」とも呼んでいた――をいったん紛失するのだが、これを取り戻したのがやはり 1595 年のことである。『日録』の同年 10 月 20 日に「リチャードがわたしのアラビアの本を求めてオックスフォードに馬で出発」、11 月 19 日に「わたしのアラビアの本が神の恩寵《おんちょう》によって取り戻された」という記載が見出せる(*PD*, 54)。

＊9　マンチェスター時代のディーの活動については、*PD*, *DD* の他に以下も同時に参照した。John Dee, *Diary, for the Years 1595–1601, of Dr. John Dee, Warden of Manchester from 1595 to 1608.* 同地における 1596 年のディーの活動については、以下も参照。Stephen Bowd, 'John Dee and Christopher Saxton's Survey of Manchester (1596)', *Northern History*, 42:2 (September 2005), 275–292.

＊10　Quoted in Parry, 246.

＊11　Parry, 247ff.

＊12　この事件やダレルについては、以下を参照。John Darrel, *An Apologie, of Defence of the Possession of William Sommers, a Yong Man of the Towne of Nottingham* (1599?), in *English Witchcraft 1560–1736: Volume 2 Early English Trial Pamphlets*, ed. Marion Gibson (London: Pickering and Chatto, 2003), 165–251; Benjamin Brook, *The Lives of the Puritans* (London: James Black, 1813), II, 117–122; Keith Thomas, *The Religion and the Decline of Magic*, 576–580; Michael MacDonald, 'Introduction' to idem, ed., *Witchcraft and Hysteria in Elizabethan London: Edward Jorden and the Mary Glover Case* (London and New York: Tavistock / Routledge, 1991), xxi–xxvi; D. P. Walker, *Unclean Spirits: Possession and Exorcism in France and England in the Late Sixteenth and Early Seventeenth Centuries* (Philadelphia: University of Pennsylvania Press, 1981), 57–59.

＊13　Dee, *Diary, for the Years 1595–1601*, 87; Parry, 267.

＊14　*DD*, 291, n.12, 302–303, n.2.

＊15　1595 年 1 月、猟官運動のため、ディーは、自分がキリスト教に則ったまともな学問に精進、多くの著作を通じて如何に女王、国家に貢献してきたかを綴る書状を、ウィットギフト宛てに送った。それをディーは『簡潔な弁明を含む書簡』として 1599 年に印行したが、1604 年に再度刊行、この行動も新たな巫術禁止法を恐れてのことであろう。John Dee, *A Letter, Containing a Most Brief Discourse Apologeticall'*, in idem, *Autobiographical Tracts*, 69–84. なお、ディーは、1603 年 8 月にジェイムズお抱えの数学者となったと主張していた。Parry, 265.

＊16　Parry, 269.

＊17　Nicholas H. Clulee, *John Dee's Natural Philosophy*, 229, 300, n. 95.

＊18　*LC*, 156. See also A. L. Rowse, *Simon Forman*, 188–189.

＊19　Penny Bayer, 'Lady Margaret Clifford's Alchemical Receipt Book', 276–277; *DD*, 255（10, 11 Apr. 1592).

＊20　*PD*, 47 (3, 4 Dec. 1593); Bayer 277, 283–284.

＊21　ウェブの逮捕については、以下を参照。*Calendar of State Papers, Domestic Series, of the Reign of Elizabeth, 1591–1594*, 524, 525; *Letters of Philip Gawdy*, 84; Parry, 240–241.

＊22　John William Shirley, 'The Scientific Experiments of Sir Walter Ralegh', 61.

＊23　*LC*, 43, 71, n.57.

＊24　ネイピアについては、たとえば以下を参照。John Aubrey, *Brief Lives*, ed. Oliver Lawson Dick, 217–218; idem, *Three Prose Works*, 86, 101–102; William Lilly, *William Lilly's History of His Life and Times*, 52–54, 101; Anthony Wood, *Athenae Oxonienses*, II, cols. 103–104. Michael MacDonald, *Mystical Bedlam: Madness, Anxiety and Healing in Seventeenth-Century England*（1981, repr. Cambridge: Cambridge University Press, 2008), 17–19; Rowse, 33; *DD*, 303, n.3.

＊25　*LC*, 59–60. See also *TFR*, ＊44.

＊26　Parry, 213.

＊27　See also *DD*, 255, 270, n.13.

＊28　本書第 3 章註 28 参照。

＊29　ヒックマンは早くから 1600 年 9 月に大規模な変化が世界に起こると予言しており、それが外れたため、ニコルズがディーに焼却するよう説得したのだという説がある。Parry, 239, 255. Cf. Whitby, 52.

＊30　*LC*, 59ff; *TFR*, ＊36, ＊37–38, ＊43–44.

＊31　C. H. Josten, ed., *Elias Ashmole*, IV, 1333. See also *ibid.*, 1298–1300.

＊32　Parry, 269–270.

＊33　*LC*, 60, ＃D13. See also Anthony Wood's letter of 26 December 1672 to Elias Ashmole, in Josten, III, 1288.

＊34　アーサー・ディーについては、以下を参照。Anthony A Wood, *Athenae Oxonienses*, III, cols. 286–287; Arthur Dee, *Fasciculus chemicus*, tr. Elias Ashmole, ed. Lyndy Abraham; F. Sherwood Taylor and C. H. Josten, 'Johannes Bánfi Hunyades, 1576–1650', *Ambix*, 5（1953), 44–52; John H. Appleby, 'Arthur Dee and Johannes Bánfi Hunyades', 96–109; Ronald Sterne Wilkinson, 'The Alchemical Library of John Winthrop, Jr.（1606–1676)', 33, 38–39; Emil Schultheisz and Lajos Tardy, 'The Contacts of the Two Dees and Sir Philip Sidney with Hungarian Physicians', *Commnicationes de Historia Artis Medicinae*, Supplement 6, 'Medical History in Hungary'（1972), 97–111; N. A. Figurovski, 'The Alchemist and Physician Arthur Dee（Artemii Ivanovich Dii): An

Episode in the History of Chemistry and Medicine in Russia', *Ambix*, 13 (1965), 35–51; Lyndy Abraham, 'Introduction' to Arthur Dee, *Fasciculus chemicus*, xi–lxxxi; Lyndy Abraham, 'A Biography of the English Alchemist Arthur Dee, Author of *Fasciculus chemicus* and Son of Dr. John Dee', in *Mystical Metal of Gold*, ed. Stanton Linden, 91–114.

＊35 Henry Newcome's letter of 11 February 1673 to Elias Ashmole, in Josten, IV, 1308.

＊36 John Dee's letter of 22 May 1592 to William Camden, in *Diary, for the Years 1595–160*, 81. なお、アーサーはオックスフォード大学に在籍したとする説もある。Wood, III, col. 286.

＊37 Thomas Smith, *The Life of John Dee*, 113–115; Edmund Gosse, *Sir Thomas Browne* (London: Macmillan, 1905), 135–136; William P. Dunn, *Sir Thomas Browne: A Study in Religious Philosophy* (Minneapolis: University of Minnesota Press, 1950), 20ff; Abraham, 'Introduction', xlv; idem, 'A Biography of the English Alchemist Arthur Dee', 107–109.

＊38 Thomas Browne's letter of March 1674 to Elias Ashmole, in Browne, *The Works of Sir Thomas Browne*, VI, 326.

＊39 Thomas Browne's letter of 25 January 1658 to Elias Ashmole, in *ibid.*, 321.

＊40 *Ibid.*, 322. See also Josten, II, 755. エドマンド・ゴスは、ブラウンが王立協会の正式会員となれなかったのは、彼が錬金術方面に耽溺しているとの評判のゆえだと示唆した。Gosse, 135–137. これに対する異論は、たとえば以下を参照。Dunn, 20ff. ブラウンは、1668 年、大陸を旅行中の息子エドワードに宛てた手紙のなかで、「ヘルウェティウス博士」の著書『黄金の仔牛』(1667) に言及している。Browne, VI, 35 (22 Sept. 1668). ヘルウェティウスとは、オランダの医師ヨハン・フリードリッヒ・シュヴァイツアー (1625–1709) を指す。彼は『黄金の仔牛』において黄金の造出に成功したと誇った。See e.g. H. Stanley Redgrove, *Alchemy: Ancient and Modern* (1911, rev. ed. London: William Rider and Son, 1922), 83–89; M. Nierenstein, 'Helvetius, Spinoza, and Transmutation', *Isis*, 17: 2 (1932), 408–411; John Ferguson, *Bibliotheca Chemica*, I, 383–385. エドワードに宛てた別の手紙で、ブラウンはルドルフ二世所蔵の「卑金属が黄金に変容したもの」に言及し、ディーがかつてプラハにいた事実にも触れる。Browne, VI, 45 (22 Sep. 1668), 48 (1 Mar. 1669). ルドルフ二世旧蔵の「魔法の鏡」に関するエドワード・ブラウンの報告については、本書第 5 章を参照。ブラウンの「賢者の石」に対する言及は以下に見られる。*Religio Medici*, pt. 1, sect. 39: Browne, I, 49. ブラウンと錬金術の関係については、さらに以下を参照。Stanton Linden, 'Smatterings of the Philosopher's Stone: Sir Thomas Browne and Alchemy', in *Mystical Metal of Gold*, 339–362. ブラウンと同時代の近代科学との関係については、以下を参照。Claire Preston, *Thomas Browne and the Writing of Early Modern Science* (Cambridge: Cambridge University Press, 2005).

＊41 *Fasciculus chemicus*, 18. アシュモールは『化学の束』をラテン語から英語に翻訳、James Hasolle というアナグラムによる変名で 1650 年に出版した。これは『英国の化学の劇場』刊行の 2 年前にあたる。『化学の束』の翻訳を出版する直前に、アシュモールは著者がまだ存命で英国にいる事実を知り、

アーサーとの接触を試みた。ただし、ふたりは手紙を交したにとどまり、直接顔を合わすことはなかった Abraham, 'Introduction', lxiv–lxvi.

＊42　Abraham, 'Introduction', lff. ジョン・ディー作と称される偽書『薔薇十字の秘密』が、アーサーの筆になるものかもしれないという説もある。French, *John Dee*, 14, n; John Dee [spurious], *The Rosie Crucian Secrets*, ed. E. J. Langford Garstin (Wellinbgorough: The Aquarian Press, 1985).

＊43　Browne's letter of March 1674 to Ashmole, in Browne, VI, 325. アーサーは父が使用した水晶のひとつを所蔵していた(本書第 5 章参照)。

ジョン・ディー略年譜

＊月の記載はすべて本書のものに従う。ユリウス暦(旧暦)とグレゴリオ暦(新暦)とのずれ、それに関する本書の原則については、第1章註6, 12を参照。
＊同時代の歴史的事件はゴシック体で示した。

1517年	**マルティン・ルター、『九十五箇条の論題』で贖宥《しょくゆう》状などを批判。**
1527年	7月、ロンドンに生まれる。
1534年	**イングランド国教会成立。**
1535年	**トマス・モア、処刑。ハインリッヒ・コルネリウス・アグリッパ、没。**
1541年	**カルヴァン、ジュネーヴで宗教改革に着手。パラケルスス、没。**
1542年	ケンブリッジ大学セント・ジョンズ学寮に入学。 **メアリー・スチュアート、スコットランド女王に即位。**
1543年	**コペルニクス、地動説発表。**
1546年	セント・ジョンズ学寮を卒業。この年、ヘンリー八世によってケンブリッジにトリニティ学寮が創設され、そのギリシャ語助講師となる。
1547年	ネーデルラントに赴き、ルーヴェンにてメルカトルらと交流する。占星術、天文学の研究を開始。 **ヘンリー八世、崩御。エドワード六世、即位。**
1548-50年	ルーヴェン大学に留学。
1550年	パリでユークリッドの『幾何学原論』などについて講義をおこない、大きな反響を呼ぶ。
1551年	大陸からイングランドに戻る。ウィリアム・セシルの知遇を得る。
1553年	アプトン・アポン・セヴァーンの教区牧師禄を得る。 **エドワード六世、崩御。メアリー一世、即位。**
1555年	妖術を用いた廉で捕縛されるが、無罪放免となる。エドマンド・ボナーの屋敷に一時滞在する。エドワード・ケリー、おそらくこの年に生まれる。 **アウクスブルクの和議。モスクワ会社、設立。**
1556年	メアリー一世に宛てた「古代の著作家及び遺蹟の回復ならびに保存を望む嘆願書」を執筆。

1558年	『箴言による占星術序論』を刊行。 メアリー一世、崩御。エリザベス一世、即位。
1559年	エリザベス一世の戴冠式の日取りを、占星術によって判定するよう依頼される。ロング・レデナムの教区牧師禄を得る。
1562年-98年	ユグノー戦争。
1563年	「妖術、蠱術、巫術禁止法」成立。
1562-64年	大陸での長期滞在。ルーヴェン、アントワープ、パリ、チューリッヒ、ヴェニス、ローマなどを訪問。
1564年	『象形文字のモナド』をアントワープにて上梓。
1565年	寡婦キャサリン・コンスタブルと結婚。ほどなくして、モートレイクに居を構える。
1567年	遅くともこの年より、錬金術の実践を開始。
1570年	ユークリッド『幾何学原論』英訳刊行に際し、「数学に関する序文」を寄せる。
1571年	ロレーヌへと旅行。パリ経由で帰国。 レパントの海戦。
1572年	新星が天空に出現し、ティコ・ブラーエらが世界に大きな変動がもたらされると予言。
1574年	ウィリアム・セシル宛の書簡で、埋蔵金探索の独占権をエリザベス女王から自分に与えられるように乞う。
1575年	妻キャサリンが病没。
1576年	ルドルフ二世、父マクシミリアン二世から帝位を継ぐ。
1577年	『完全なる航海術』第一部を刊行。この前年より、航海探検事業に深く関わるようになる。
1577-80年	フランシス・ドレイクによる世界周航。
1578年	ジェイン・フロモンドと再婚。レスター伯とフランシス・ウォルシンガムによってドイツに派遣され、11月から翌年2月まで滞在。
1579年	水晶を用いたスクライングのおそらく最初の試行。長男アーサー誕生。

1581年	5月、『日録』に「『水晶』の中に幻影、そして、私は視た」との記載。12月より、スクライアーを用いる精霊召喚作業を本格的に開始。
1582年	3月、突如としてケリー(タルボット)の訪問を受け、彼がスクライアーを務める精霊召喚作業が始動。 教皇グレゴリウス十三世によって、従来のユリウス暦に代わるグレゴリオ暦の導入が決定。
1583年	3月、天使による『エノクの書』の開示、始まる。4月、アルバート・ラスキ(オルブラヒト・ワスキ)、イングランドに到来。9月、ラスキ、ケリーと共に大陸へと旅立つ。ネーデルラント、ドイツを経て、ポーランドへと向かう。 エリザベス一世の暗殺を図るフランシス・スロックモートンの陰謀、発覚。
1584年	2月、ラスキの領地ワスクに到着。3月、クラクフへと移動。8月、プラハに到来。9月、ルドルフ二世に謁見を許される。
1585年	4月、クラクフへ戻り、ポーランド国王ステファン・バトーリに謁見を許される。7月、プラハへと再び移動。 エリザベス一世、ネーデルラントに軍を派遣。
1585-86年	フランシス・ドレイクによる西インド航海。
1586年	3月、教皇大使ジェルマニコ・マラスピーナと会見。5月、ヴィレム・ロジュムベルクと会見、その庇護下に入る。同月、ルドルフ二世、ディー一行を自分の領土から追放する命令を下す。9月、トシェボニュに到着、以降、同地に滞在。12月、ケリー、金属変成の公開実験に「成功」。
1587年	4月、天使より「神の新たなる掟」が下される。5月、ディー夫妻とケリー夫妻との間で「共有」が実行される。同月、ケリーとのおそらく最後の精霊召喚作業。 メアリー・スチュアート、処刑。
1588年	エドワード・ダイアー、トシェボニュを訪問。 イングランドがスペイン無敵艦隊を破る。
1589年	3月、トシェボニュを去って、ブレーメンに向かう。おそらく初夏頃、ケリーはルドルフ二世によって騎士号を与えられる。11月、イングランドに帰国。
1590-91年	スコットランドで大規模な魔女狩り。
1591年	遅くともこの年より、スクライアーを用いた精霊召喚作業を再開。ルドルフ二世の命によって、ケリーが逮捕される。

1592年	学問研究に精進できる地位、手当を賦与してくれるようエリザベス女王に請う『略歴』を執筆。
1593年	おそらく秋頃、ケリー、釈放される。
1595年	マンチェスターの共住聖職者団聖堂長に任命される。翌年に赴任。
1595?-98?年	ケリー、再び逮捕され、ボヘミアにて獄死か。
1597年	シェイクスピア『ヘンリー四世』第一部、この頃に初演か。
1598年	スペイン国王フェリペ二世、崩御。
1600年	ロンドン東インド会社設立。ジョルダーノ・ブルーノ、処刑。
1603年	エリザベス一世、崩御。ジェイムズ一世、即位。
1604年	「妖術師」との汚名を晴らすため自分を裁判にかけてほしいと嘆願する書状を、ジェイムズ一世に送る。
1605年	議事堂爆破を企むガイ・フォークスらによる「火薬陰謀計画」、発覚。
1607年	9月、記録が残存する最後の精霊召喚作業。
1609年	3月頃に逝去か。享年81歳。
1642-51年	イングランド内乱期。
1651年	長男アーサー・ディー、没。
1659年	メリック・カソーボンにより『多年に亙《わた》ってジョン・ディー博士と精霊の間に起こったことの真正にして忠実な記録』が刊行される。

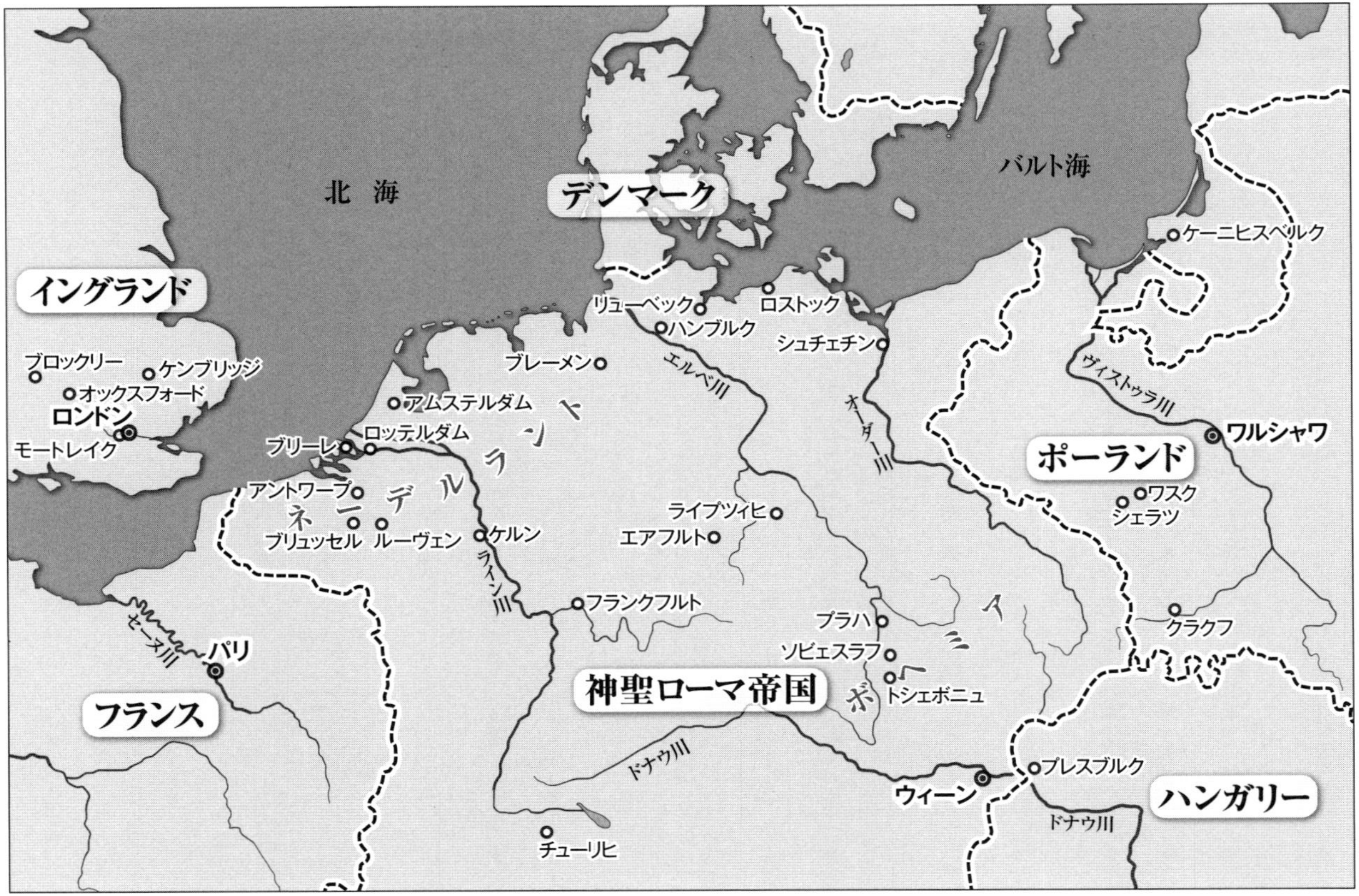

ジョン・ディー関連地図（1600年前後）

《著者略歴》

横山茂雄（よこやま　しげお）

一九五四年、大阪府生まれ。英文学者、作家。京都大学英文科卒、博士（文学）。現在、奈良女子大学教授。稲生平太郎、法水金太郎の筆名も用いる。著書に『異形のテクスト―英国ロマンティック・ノヴェルの系譜―』（国書刊行会）、『聖別された肉体―オカルト人種論とナチズム―』（書肆風の薔薇）、稲生名義で『アクアリウムの夜』（書肆風の薔薇、のちに角川スニーカー文庫）、『アムネジア』（角川書店）、『定本　何かが空を飛んでいる』（国書刊行会）、『映画の生体解剖―恐怖と恍惚のシネマガイド―』（高橋洋との共著、洋泉社）など。編著書に『遠野物語の周辺』（国書刊行会）、『危ない食卓―十九世紀イギリス文学にみる食と毒―』（新人物往来社）など。訳書にマーガニータ・ラスキ『ヴィクトリア朝の寝椅子』（新人物往来社）、法水名義でJ・G・バラード『残虐行為展覧会』（工作舎）など。『日影丈吉全集』（国書刊行会）の編集・解説も手がける。

KENKYUSHA

〈検印省略〉

神《かみ》の聖《せい》なる天使《てんし》たち
―ジョン・ディーの精霊召喚《せいれいしょうかん》一五八一～一六〇七―

二〇一六年二月二十九日　初版発行

著　者　横《よこ》　山《やま》　茂《しげ》　雄《お》

発行者　関　戸　雅　男

発行所　株式会社　研　究　社

〒一〇二―八一五二

東京都千代田区富士見二―十一―三

電話　（編集）〇三―三二八八―七七一一
　　　（営業）〇三―三二八八―七七七七

振替　〇〇一五〇―九―二六七一〇

http://www.kenkyusha.co.jp

装丁・本文デザイン　柳　川　貴　代

印刷所　研究社印刷株式会社

定価はカバーに表示してあります。
万一落丁乱丁の場合はおとりかえ致します。

ISBN 978-4-327-37740-3　C0022
Printed in Japan